suhrkamp taschenbuch
wissenschaft 2283

Das Unbewusste, das als Fremdes zur Sprache drängt, steht für Nähe und Ferne zwischen Phänomenologie und Psychoanalyse. Schlüsselthemen sind der Leib, der Andere, die Zeit, Vergessen, Verdrängen, Übergangsfiguren und Übertragung. Strittig ist der Kontrast zwischen Triebwünschen und Fremdansprüchen, der Umschlag von Fremdheit in Feindschaft. Als Kulturanalyse greift die Psychoanalyse über auf Kunst, Religion und Interkulturalität. Fluchtpunkt ist eine responsive Therapie mit dem Leitmotiv der Sorge. Neben Husserl und Freud spielen Goldstein, Merleau-Ponty, Levinas, Lacan, Laplanche, Klein, Winnicott sowie neuere Debatten der Psychoanalyse eine zentrale Rolle in Bernhard Waldenfels' neuem Buch.

Bernhard Waldenfels ist emeritierter Professor für Philosophie an der Ruhr-Universität Bochum. 2017 erhielt er den Sigmund-Freud-Kulturpreis der Deutschen Psychoanalytischen Vereinigung und der Deutschen Psychoanalytischen Gesellschaft. Im Suhrkamp Verlag sind zuletzt erschienen: *Hyperphänomene* (stw 2047), *Sozialität und Alterität. Modi sozialer Erfahrung* (stw 2137) und *Platon. Zwischen Logos und Pathos* (stw 2218).

Bernhard Waldenfels

# Erfahrung, die zur Sprache drängt

*Studien zur Psychoanalyse und Psychotherapie aus phänomenologischer Sicht*

Suhrkamp

Bibliografische Information der Deutschen Nationalbibliothek
Die Deutsche Nationalbibliothek verzeichnet diese Publikation
in der Deutschen Nationalbibliografie;
detaillierte bibliografische Daten sind im Internet
über http://dnb.d-nb.de abrufbar.

suhrkamp taschenbuch wissenschaft 2283
Erste Auflage 2019

Umschlag nach Entwürfen
von Willy Fleckhaus und Rolf Staudt
Druck: Druckhaus Nomos, Sinzheim
Printed in Germany
ISBN 978-3-518-29883-1

# Inhalt

# Vorwort

»Der Anfang ist die reine und sozusagen noch stumme Erfahrung, die nun erst zur Aussprache ihres eigenen Sinnes zu bringen ist.«
(Husserl, *Cartesianische Meditationen*)

»Das Es [...] kann nicht sagen, was es will.«
(Freud, *Das Ich und das Es*)

Anreiz und Anstoß für die folgenden Untersuchungen bilden Herausforderungen, die in erster Linie von der Psychoanalyse ausgehen, aber von da aus auf die weiteren Gebiete der Psychopathologie, der Psychiatrie und der Medizin als einer allgemeinen Heilkunde übergreifen. Philosophische Antworten auf solche Herausforderungen werden in einer Phänomenologie gesucht, die in der Beschreibung und Auslegung der Erfahrung Gestalt annimmt und dabei auf die Unzugänglichkeit von Fremdem stößt. Die wechselseitige Annäherung und Auseinandersetzung, um die es uns geht, wird dadurch erschwert, daß klinische Praxis, psychodynamische Forschung und philosophisches Nachdenken nicht in einem homogenen Raum, sondern auf verschiedenen Ebenen agieren. Doch dies schließt thematische und selbst methodische Überschneidungen nicht aus. Abgesehen davon hat der wechselseitige Austausch eine beachtliche Vorgeschichte, die es mit sich bringt, daß sowohl Psychoanalyse wie Phänomenologie im pluralen Gewande verschiedener Spielarten auftreten. Diese Entwicklung ist keineswegs abgeschlossen. Die folgenden Studien versprechen denn auch keine Bestandsaufnahme, sondern Suchaktionen und gezielte Eingriffe.

## Der gemeinsame Grundton der Erfahrung

Auf welche Weise lassen sich zwei so heterogene und vielschichtige Unternehmungen wie Phänomenologie und Psychoanalyse aufeinander einstimmen, ohne daß sie ihre Eigenart preisgeben? Die vorangestellten Mottos deuten auf Gemeinsames hin, das über die Maximen eines allgemeinen wissenschaftlichen Ethos hinausgeht. Für beide Ansätze gilt: Es gibt Verschwiegenes, das zur Sprache drängt, aber nicht schon von Grund auf in ihr beheimatet ist. Die Worte der Sprache sind Worte, die aus der Fremde kommen und deshalb nie ganz heimisch werden. Was sich in der Erfahrung zeigt, ruft nach einem Sinn, den es nicht vorweg schon hat und der den Widerständen des Nicht-Sinns abzuringen ist. Husserls Phänomenologie und Freuds Psychoanalyse bewegen sich gleichermaßen auf einer Schwelle, die Eigenes von Fremdem trennt und es zugleich an Fremdes bindet.

Doch kaum zieht man die Kontexte der eingangs zitierten Stellen in Betracht, schon sieht man, wie sich die Wege teilen. Bei Husserl geht es solchermaßen weiter: »Die wirklich erste Aussprache ist die Cartesianische des *ego cogito*.« (Hua I, 77) Also Cartesianismus? Vorsicht, bevor wir uns an Schranken der Egozentrik oder der Egologie ausrichten, sollten wir die Stolpersteine beachten, die Husserl sich selbst in den Weg legt. Das Cogito ist nichts ohne das *cogitatum*, es ist nichts ohne sein Anderes, von dem es sich in seiner Intentionalität abhängig macht. Und was das Ego betrifft, so beherrscht es nicht die Sprache, es kommt seinerseits zur Sprache; es spricht *sotto voce* zu sich selbst und über sich selbst, indem es Andere anspricht und Anderes bespricht, indem es von Anderen angesprochen und von Anderem angerührt wird. Dabei ist, sprachlogisch betrachtet, das performative Ich des Aussagens niemals identisch mit dem prädikativen Ich der Aussage. So stellt Jacques Lacan uns permanent vor die Frage: »Wer spricht?« Das *qui parle* ist mehr als eine Fangfrage, dahinter steht die Urfrage nach der maßgeblichen Instanz des Sprechens. Mit dem Versuch, Ungesagtes zur Sprache zu bringen und darüber hinaus Unsichtbares sichtbar, Unhörbares hörbar, Unauffälliges spürbar zu machen, beginnt das Abenteuer des sprachlichen und sinnlichen Ausdrucks, das die Bild- und Tonsprache ebenso einschließt wie die Körpersprache und die Sprache der Dinge. Wechseln wir über zu Freud, so geht es an der zitierten Stelle wie folgt weiter: Das Es hat »keinen einheitlichen Willen zustande gebracht. Eros und Todestrieb kämpfen in ihm« (*Das Ich und das Es*, GW XIII, 289). Das Es drängt sich vor, drängt sich uns auf, und dies gilt auch für das »es denkt«, das schon von Lichtenberg mit einem »es blitzt« verglichen wird. Das Ich wird kleinlaut, es ist ein Ich im Werden. Bei Husserl wird daraus ein Vor-Ich, das sich schon vorwagt, wenn »es raschelt«. Phänomenologen und Analytiker bewegen sich auf verschiedenem, aber nicht völlig verschiedenem Gelände. Es meldet sich ein gemeinsamer Grundton, wenn man nur genau hinhört. Aber es findet sich nicht leicht eine geeignete Stimmgabel.

## Husserl und Freud als Initiatoren

Besinnen wir uns auf die Anfänge von Phänomenologie und Psychoanalyse, so stoßen wir auf zwei Gründerfiguren, die lebenslang kaum voneinander Notiz nahmen – und dies, obwohl sie nahezu gleichzeitig im österreichischen Mähren geboren wurden, Husserl 1859 in Proßnitz/Prostějov, Freud 1856 in Freiberg/Příbor; obwohl beide in den 70er und 80er Jahren die Wiener Lehrveranstaltungen des Philosophen Franz Brentano besuchten; obwohl beide genau um die Jahrhundertwende mit so grundlegenden Werken wie den *Logischen Untersuchungen* und der *Traumdeutung* an die zunächst wenig geneigte Öffentlichkeit traten; obwohl ihnen, nach langen Jahren der Forschung, als jüdischstämmigen Wissenschaftlern am Ende ähnliches widerfuhr, da der eine sein Freiburger Haus und seine Universität räumen mußte, der andere aus seiner Wiener Arbeitsstätte ins Ausland vertrieben wurde. Dazu paßt, daß die Gesamtausgabe ihrer Werke im Ausland, einerseits in Den Haag, andererseits in London, ihren Ausgang nahm. Hinzuzufügen ist, daß beide Forscher sich, im Gegensatz zu vielen ihrer Zeitgenossen – im Falle Husserls auch im Gegensatz zu engsten Mitarbeitern, im Falle Freuds im Gegensatz zu anpassungsbereiten Weggenossen – mit Entschiedenheit sowohl einer lebensphilosophischen Aufweichung wie einer nationalen Aufheizung und totalitären Verkehrung der Vernunft in den Weg stellten. Phänomenologie und Psychoanalyse, »sie scheinen sich zu fliehen«, doch in vielem finden sie sich. Diese Konstellation, in der Nähe sich mit Ferne paart, bietet Anlaß, mit Walter Benjamin über eine latente Ungleichzeitigkeit in der Gleichzeitigkeit nachzudenken, die alles in allem eher die Regel sein dürfte als eine Ausnahme. Was unter der Hand geschieht, entzieht sich der bewußten Planung und wird erst nachträglich im offiziellen Kalendarium verzeichnet, nicht selten auch ver-zeichnet. Die Erwartung, daß die Menschen einst »ihre Geschichte mit vollem Bewußtsein selbst machen«, beruht auf fragwürdigen Hochrechnungen der Geschichte. Die mangelnde Synchronie, der wir hier wie auch sonst begegnen, schließt keineswegs die Möglichkeit aus, verpaßte Gespräche nachzuholen, ja, sie ermuntert uns erst recht dazu.

Von Gründungen oder Stiftungen sprechen wir, wenn außerordentliche Ereignisse als eine Art historische Wasserscheide fungieren: danach fühlt, sieht, denkt, spricht es sich anders als zuvor, ohne daß messerscharfe Grenzen zu ziehen wären. Es sind Ereignisse, die »sich nicht vergessen«, wie Kant der französischen Revolution nachsagte. Als Diskursbegründer oder Diskursstifter, denen laut Foucault auch Freud zuzuzählen ist (2001, S. 1022), gelten jene, deren Wirken und Nachwirken in besonderem Maße dazu beiträgt, die Grenzen des Sagbaren, Denkbaren und Machbaren zu verrükken. Sie finden ihren Ort oder besser gesagt: ihren Nicht-Ort in Übergangszonen. Sie finden ihre Zeit in den Winkeln eines Langzeitgedächtnisses, das im Stillen weiterarbeitet, abseits einer monumentalischen Geschichtlichkeit, der wir spätestens seit Nietzsche zu mißtrauen gelernt haben.

## Phänomenologische und psychoanalytische Bewegung

In den folgenden Untersuchungen soll es weniger darum gehen, herauszufinden, wer Husserl oder Freud waren, in welchem sozialen Umfeld und unter welchen Umständen ihr Wirken sich vollzog; dies ist weitgehend erforscht. Vielmehr werden wir uns fragen, wofür ihre Namen heute noch stehen, und diese Frage läßt verschiedene Antworten zu. Das »nach« Husserl und »nach« Freud, das in manche Titel eingegangen ist, hat die changierende Bedeutung von »danach« und »gemäß«, von *après* und *selon*. Wir haben es mit Bewegungen zu tun, deren Ursprung im Dämmerlicht liegt und deren Fortgang nicht feststeht. Maurice Merleau-Ponty, einer der Protagonisten der französischen Phänomenologie, schließt das Vorwort zu seiner 1945 erschienenen *Phänomenologie der Wahrnehmung* mit der Bemerkung, die Phänomenologie sei eher eine Bewegung als ein System und eine Doktrin; er vergleicht sie mit dem mühsam-langwierigen Werk, dem *œuvre laborieuse*, eines Balzac, Proust, Valéry oder Cézanne. Umgekehrt zieht Freud 1914 unter dem Titel *Zur Geschichte der psychoanalytischen Bewegung* eine Zwischenbilanz, die unter dem Pariser Wappenspruch *Fluctuat nec mergitur* steht. Ein solches Wogen bedeutet mehr als die Tatsache, daß etwas eine Weile *en vogue* ist. Bewegungen dieser Art sind voller Abweichungen, Abzweigungen und Abspaltungen. Wenn Paul Ricœur, der selbst nach Wegen zwischen Husserl und Freud suchte, 1953 in einem Artikel der Zeitschrift *Esprit* der Phänomenologie nachsagt, sie bestehe zu einem beträchtlichen Teil aus einer »Geschichte von Husserl-Häresien«, so dürfte ähnliches für die Freud-Häresien der Psychoanalyse gelten, bis hin zu den institutionellen Formen, in denen die Gründungsgeschichte ihre mitunter verwirrenden Spuren hinterlassen hat.

Doch wenn es etwas gibt, das imstande ist, solche Bewegungen in Gang zu setzen und in Gang zu halten, so sind es nicht allein, aber in entscheidendem Maße die »Sachen selbst«, jene αὐτὰ τὰ πράγματα, die schon Platon dem endlosen Meinungsstreit entgegensetzte (*Gorg.* 459b). Was in der Formel »Zurück zu den Sachen!« zum Ausdruck kommt, ist ein Forschungsimpuls, kein Forschungsbestand. Die Tatsache, daß Husserl auf den Höhen der Mathematik, Freud in den Niederungen der Physiologie begonnen hat, zeigt deutlich, wie wenig solch wirkungsmächtige Forschungsimpulse an bestimmte Gegenstände gebunden sind. Kurz nachdem Freud 1929/30 in Wien seinen Essay *Das Unbehagen in der Kultur* veröffentlichte hatte, hielt Husserl 1935/36 in Wien und Prag, im Vorschatten der deutschen Annexion, Vorträge, in denen er eine Krisis des europäischen Menschentums diagnostizierte, ausgehend von einer Krisis der europäischen Wissenschaften. In der *Krisis*-Schrift, die daraus hervorging, die 1936 in Belgrad als vorläufiges Fragment und erst 1954 in Den Haag als Band VI der Gesamtausgabe veröffentlicht wurde, erklärt er im Hinblick auf die schlichte Wahrnehmung: »Das ›Ding selbst‹ ist gerade das, was niemand wirklich gesehen hat, da es vielmehr immerfort in Bewegung ist [...]« (Hua VI, 167). Heidegger stellt in *Sein und Zeit* die Phänomenologie vor die Aufgabe, das aufzuweisen, »was sich zunächst und zumeist gerade *nicht* zeigt« (1953, S. 35). Doch das ›Ding‹, von dem hier die Rede ist, ist kein bloßer Grenzbegriff wie das kantische ›Ding an sich‹, sondern Index einer Grenzerfahrung, die darin besteht, daß wir nie gänzlich über das verfügen, was wir vor Augen oder zur Hand haben und was unsere Sinne preisgeben. Was umgekehrt Freud betrifft, so beharrt er in seiner Trieblehre ebenfalls auf den Grenzen der Erfahrung. In der *Neuen Folge* seiner Einführungsvorlesungen nennt er die Trieblehre in behutsamer Zurückhaltung »sozusagen unsere Mythologie«; weiter heißt es dann: »Die Triebe sind mythische Wesen, großartig in ihrer Unbestimmtheit. Wir können in unserer Arbeit keinen Augenblick von ihnen absehen und sind dabei nie sicher, sie scharf zu sehen.« (GW XV, 101) Auch die Triebe hat also niemand wirklich gesehen. Phänomenologie und Psychoanalyse weisen gleichermaßen weiße Flecken auf, die sich sicherlich nicht decken, die aber doch eine Offenheit der Erfahrung erzeugen, die verwandte Züge aufweist.

Die entschlossene Weigerung, das *Was* der Erfahrung von dem *Wie* der entsprechenden Zugangs- und Erscheinungsweise abzutrennen, erzeugt einen Krebsgang, der dazu führt, daß die Forschung, ähnlich wie die zu erforschende Erfahrung, immer wieder auf ihre eigenen Schritte zurückkommt und sich nicht geradlinig einem Ziel zubewegt. Husserl spricht gelegentlich von einer »Zickzackbewegung«, Heidegger von einem »Schritt zurück«. Bei Roland Barthes, einem Grenzgänger zwischen Phänomenologie und Semiologie, gewinnt das Schema des Zickzack, im Gegensatz zur geraden Linie, eine buchstäbliche Bedeutung als »das Widerspiel, der Gegenmarsch, die Widrigkeit, die reaktive Energie, die Verleugnung, die Zurückbewegung einer Hinbewegung, die Bewegung des Z als des Buchstabens des Abweichens« (1978, S. 99). Über Grenzen hinweg zeichnet sich im Laufe der »Arbeit an den Phänomenen« (Husserl 2003) ein gemeinsamer Stil ab, der sich nicht in Thesen bündeln läßt, der jedoch vielfältige Resonanzen weckt.

## Interdisziplinäre Annäherungen

Wenn Phänomenologie und Psychoanalyse in all ihrer Vielfältigkeit und Verschiedenartigkeit aufeinanderstoßen, so kann es nicht um einen Vergleich gehen oder um einen Ausgleich, wohl aber um eine wechselseitige Herausforderung und Erprobung, die einen Prozeß der Annäherung auslöst. Auf der einen Seite haben wir die Phänomenologie mit ihrer Analyse von Sinn und Bedeutung und ihrer Beschreibung dessen, was sich zugleich entbirgt und verbirgt, und auf der anderen Seite die Psychoanalyse mit ihrer Analyse, Deutung und Behandlung psychodynamischer Prozesse, die ihren Sinn mit sich führen wie eine Schmuggelware. Die beiden Bewegungen konvergieren nicht, da sie kein gemeinsames Ziel verfolgen, doch sie interferieren, sobald sie auf Themen stoßen, bei deren Behandlung ein Zugangsbereich sich mit dem anderen überschneidet. Phänomene sind von Hause aus interdisziplinär oder prädisziplinär; eine disziplinäre Monopolisierung und eine Reduktion auf pure Daten würde sie verkürzen und verfälschen.

Dies gilt für Grundthemen wie Leben und Tod, Liebe und Hunger, Sinnesfreude und Angst, Kindheit und Alter, Wahrheit und Lüge, Mitleid und Neid, Krieg und Frieden; es gilt für Formen der Geselligkeit, für Familienstrukturen, für politische Institutionen in all ihren speziellen Ausformungen. »Die Seele ist auf gewisse Weise alles«, so heißt es in der aristotelischen Schrift *Über die Seele*. Das Rätsel liegt bis heute in dem »auf gewisse Weise«. Man kann nicht der Philosophie, die das Leben und die Welt im Ganzen fragend umkreist, den Rücken kehren und dennoch Themen und Probleme in Angriff nehmen, die unsere Lebenswelt insgesamt prägen, die sich also nicht auf kulturelle Sonderwelten wie Politik, Ökonomie, Ökologie, Recht, Medizin, Kunst oder Religion aufteilen und nicht aus dem Untergrund einer physischen oder biologischen Natur herleiten lassen. Eine Verdrängung der Philosophie hätte zur Folge, daß die Psychoanalyse sich entweder auf außerklinische Amalgame aus Alltagsvorstellungen und Alltagswünschen verläßt oder sich an Spezialwissenschaften wie Physiologie, Biologie und heutzutage Neurologie anlehnt und sich einer Seelenmechanik oder Seeleninformatik annähert. Freud opponiert mit guten Gründen gegen eine verbreitete Form von Systemphilosophie, die allem und jedem seinen Platz zuweist; doch die Alternative kann nicht lauten: Nicht-Philosophie, sie müßte lauten: *andere Philosophie*, so wie schon Ludwig Feuerbach in seinen *Thesen zur Reform der Philosophie* fordert, man solle mit der »Nichtphilosophie« beginnen, um sie in den Text der Philosophie aufzunehmen (1966, S. 135, 244). In diesem Zusammenhang sei erwähnt, daß Maurice Merleau-Ponty eine seiner beiden letzten Vorlesungen, die er 1960/61 am Collège de France hielt und an die ich mich noch gut erinnere, unter den programmatischen Titel »Philosophie et non-philosophie depuis Hegel« stellte. Der französische Phänomenologe bezog sich dabei auf eine implizite oder spontane Form der Philosophie, die den Rahmen der offiziellen Philosophie sprengt und zu der Saussures Linguistik, Prousts *Recherche* oder Cézannes *penser en peinture* ebenso zählten wie Freuds Psychoanalyse. Zu der anderen Art von Philosophie, die sich hier zu Wort meldet, können beide Seiten auf ihre eigene Weise beitragen: eine aus lebendiger Erfahrung schöpfende Philosophie ebenso wie eine methodisch reflektierte Analyse psychischer Prozesse und ihrer pathologischen Auswüchse. Andernfalls liefe die Psychoanalyse Gefahr, zu eng oder zu weit anzusetzen, so daß sie entweder zu einer psychologischen oder psychotechnischen Spezialdisziplin und zu einer kassentauglichen Therapie zusammenschrumpfen oder aber überzogene Ansprüche stellen und übertriebene Erwartungen wecken würde, als sei die Metapsychologie eine Art Fundamentaldisziplin. Der Hiatus, der sich zwischen Metapsychologie und analytischer Praxis mitsamt ihrem alltäglichen Vorfeld auftut, läßt sich weder von der einen noch von der anderen Seite her aufheben.

Die Stärke der Psychoanalyse scheint vielmehr darin zu liegen, daß sie, beginnend mit Traumdeutungen und alltäglichen Fehlleistungen und vordringend ins Feld psychosomatischer Symptome, einer Empirie folgt, die sich nicht in *empiristischer* Manier auf bloße Tatsachen stützt, und daß sie andererseits theoretische Kategorien und Modelle entwickelt, die sich nicht in *rationalistischer* Manier über die Erfahrung erheben. In der Psychoanalyse wiederholt sich auf eigentümliche Weise der zweideutige Status der Medizin als einer Disziplin, die zwischen naturwissenschaftlicher Techno-Science und humaner Therapie, zwischen Forschung und Kunstfertigkeit oszilliert. Auf der anderen Seite bietet ein Philosophieren, das als eine radikale Form von Phänomenologie oder Hermeneutik jedem ersten und jedem letzten Wort mißtraut, Chancen für denkerische Interventionen, die sich im Andersdenken, einem *penser autrement* üben, ohne Hegemonialansprüche zu stellen. Das Feld zwischen Phänomenologie und Psychoanalyse, in dem sich unsere Überlegungen bewegen, wäre so besehen ein Erprobungsfeld. Für den Zwischenbereich von Philosophie, Psychopathologie und Humanmedizin, in dem die medizinische Anthropologie sich als Brückendisziplin etabliert hat, würde ähnliches gelten.

Vieles von dem Gesagten klingt nach methodologischem Postulat. Fassen wir jedoch die konkreten Bezüge von Phänomenologie und Psychoanalyse, von Philosophie und Medizin ins Auge, so stoßen wir auf wechselnde kulturhistorische und kulturgeographische Konjunkturen, die sich faktisch ergeben und zu verschiedenen

Gewichtsverteilungen geführt haben. Die Psychoanalyse entfaltete sich bekanntlich im Schatten der Klinik, zunächst beschränkt auf den deutschsprachigen und den ostmitteleuropäischen Bereich, mit dem alten Österreich-Ungarn und der Schweiz als Kernländern. Wenn sich in diesem Anfangsstadium Bezüge zur Philosophie herstellten, so war dies in erster Linie das Verdienst philosophisch geschulter, oft auch phänomenologisch inspirierter Mediziner wie Ludwig Binswanger, Kurt Goldstein, René Spitz, Erwin Straus oder Viktor von Weizsäcker, die sich für die Psychoanalyse erwärmten, aber zumeist auf halbkritische Distanz bedacht waren. Diese spezielle Tradition setzte sich in Frankreich abseits des Mainstreams fort, so etwa bei Henri Maldiney und beim frühen Foucault. Aufs Ganze gesehen nahm die Rezeption in Frankreich jedoch einen anderen Verlauf. An der Freud-Rezeption, die sich mit Freuds Forschungsaufenthalt bei Charcot angebahnt hatte, waren von Anfang an Philosophen und philosophisch geschulte Psychiater wie Henri Ey, Angelo Hesnard, Daniel Lagache oder Eugène Minkowski beteiligt, und dies vor dem Hintergrund einer breiten intellektuellen Öffentlichkeit. Husserl und Heidegger, Hegel und Marx, Kierkegaard und Nietzsche, teilweise auch Bergson und eben auch Freud wurden oftmals im gleichen Atemzug gelesen und verarbeitet. Man lese dazu etwa die 1948 von Merleau-Ponty unter dem Titel *Sens et non-sens* veröffentlichten Aufsätze, die das Rezeptionsklima der Nachkriegszeit prägnant widerspiegeln. Lacan, seine Anhänger wie auch seine gemäßigten Abweichler haben an dieser Entwicklung großen Anteil, ohne daß die französischsprachige Allianz aus Philosophie und Psychoanalyse sich in der Lacan-Schule erschöpft. Die Weiterentwicklung der Psychoanalyse im englischsprachigen Raum, bei der die Phänomenologie nur eine Nebenrolle spielte, werden wir im folgenden von Fall zu Fall berücksichtigen, wenn Sachfragen dies nahelegen. Dies gilt vor allem für Melanie Klein, Michael Balint, Wilfred Bion und Donald Winnicott, die inzwischen auch in den deutschsprachigen Bereich Eingang gefunden haben. Der Versuch, Brücken zu schlagen zwischen Phänomenologie und Psychoanalyse, zwingt in jedem Fall zur Selektion, die im vorliegenden Fall von den speziellen Sachinteressen und Vorkenntnissen des Autors mitbestimmt wird. Vieles andere möge weiteren und detaillierteren Untersuchungen überlassen bleiben.

## Am Leitfaden des Fremden

Der Versuch einer Annäherung zwischen Phänomenologie und Psychoanalyse wirft die Frage auf, welche Art von Phänomenologen sich als besonders zugkräftig erweist und an welchen Stellen ein solcher Versuch anknüpfen könnte. Als Leitfaden bot sich mir das Phänomen des Fremden an, das ich seit langem in zahlreichen Schriften vielfach hin und her gewendet habe. Die Bemühungen um eine adäquate Phänomenologie des Fremden haben mich zunehmend an die Psychoanalyse herangeführt. Ich gehe dabei von der Annahme aus, daß das Unbewußte sich als eine besondere Form des Fremden verstehen läßt. Dies bedeutet, daß in meinem Falle eine bestimmte Spielart der Phänomenologie in den Vordergrund tritt, die ebenso wie die bekannten intentionalen, existentialen oder strukturalen Varianten vom *leiblichen* und *zwischenleiblichen* Verhalten ausgeht, darüber hinaus jedoch einen *pathisch-responsiven* Grundzug aufweist. Die grundlegende Frage lautet dann nicht mehr: auf welchen Sinn ist unser Verhalten gerichtet und nach welchen Regeln richtet es sich, sondern: *wovon* sind wir leibhaftig getroffen und *worauf* antworten wir, wenn wir uns in bestimmter Weise zur Welt und zur Mitwelt äußern und verhalten. Dabei stoßen wir auf ein anfängliches Doppelereignis aus Pathos und Response, aus Widerfahrnis und Antwort. Das Pathische weist überdies einen Zug zum Pathologischen auf; denn die Dissoziation beider Glieder, die sich in einer wechselnden Tendenz hin zum Pathos ohne Response oder zur Response ohne Pathos äußert, treibt diverse Pathologien hervor, die einer untilgbaren Verletzlichkeit entspringen.

Entscheidend ist dabei, daß der Bezug auf Fremdes sich nicht als bloßer Mangel darstellt, sondern als *Entzug*, das heißt als Abwesenheit in der Anwesenheit, als Ferne in der Nähe. Dieser blinde Fleck der Erfahrung ruft Antworten hervor, die sich dadurch auszeichnen, daß sie nicht im Eigenen beginnen, sondern *anderswo*. Nicht ich beginne, sondern *es beginnt mit mir*. Somit nimmt die phänomenologische Topik des Fremden Züge einer originären Atopie an. Umgekehrt gelten die Triebe, von denen die Psychoanalyse ausgeht, als unbewußt, sofern sie Kräften der *Verdrängung* ausgesetzt sind. Dann aber fragt es sich, wie das Un- des Unbewußten zu verstehen ist, ob als purer Mangel oder als ein Überschuß, als ein *plus ultra*. Es kommt also darauf an, wie sich die Freudsche Topik des Unbewußten mit der phänomenologischen Topographie des Fremden zusammenreimt. Die Dynamik, die in der Psychoanalyse freigelegt und freigesetzt wird und die von den tiefsten Tiefen bis in sublime Höhen vorstößt, bemißt sich nicht zuletzt daran, wie das Fremde einzuschätzen ist.

Es sind gewisse Kernmotive, die unsere phänomenologische Sichtung der Psychoanalyse in besonderem Maße bestimmen und sich ihr als eine Art Matrix unterschieben.

- Als Basso continuo dient uns die *Leiblichkeit*, die sich der cartesianischen Scheidung von Geist und Natur, von Seele und Körper widersetzt. Die phänomenologische Differenz von fungierendem Leib und materiellem Körperding stellt uns ebenso wie die psychoanalytische Trieblehre mit ihrer Topik von Ich und Es vor die Frage, wie auftretende Konflikte und Spaltungen sich denken lassen, ohne daß wir in einen dualistischen Engpaß geraten oder umgekehrt in einem Ozean der Gefühle versinken. Das Verhältnis von Sinn und Kraft stellt eine besondere Nagelprobe dar.
- Von heiklem Gewicht ist die *Alterität*, das heißt die spezifische, irreduzible Fremdheit des Anderen. Wiederum ergeben sich analoge Weichenstellungen. Die Phänomenologie, die das Konzept der Intersubjektivität geprägt hat, hatte anfangs mit den Aporien eines transzendentalen oder existentialen Solipsismus zu kämpfen, während sich die Psychoanalyse mit den Vorgaben eines primären Narzißmus und eines Uregoismus auseinanderzusetzen hatte. Eine besondere Rolle spielen hierbei Motive wie das fremde Angesicht, das uns frontal entgegentritt, und die Zwischenleiblichkeit, die uns in einer Zwischenwelt situiert. Die Verschränkung von eigenem und fremdem Erleben, von der die analytische Technik der Übertragung geprägt ist, hat ihr phänomenologisches Pendant in einer synkretistischen Phase des Selbst, in der die soziale Differenzierung nur schwach entwickelt ist. Fremdheit und Eigenheit bilden ein Geflecht, aus dem sich soziale Fäden aussondern. Die klassische Psychoanalyse stellt uns vor die Frage, ob psychopathologische Phänomene primär Symptome eines Triebkonflikts sind, der zu einem Realitätsverlust führt, oder ob sie nicht ebensosehr Symptome einer mangelnden Responsivität sind, die einen Alteritätsverlust nach

sich zieht. Es gibt neuere Ansätze, die sich geradewegs als Objektbeziehungstheorie, relationale Psychoanalyse oder Interaktionismus, kurz: als Ausdruck einer intersubjektiven Wende zu erkennen geben; doch selbst sie sind daraufhin zu befragen, ob und wieweit sie den Ansprüchen des Anderen gerecht werden. Wiederum geht es um das zugebilligte Maß an Fremdheit.

- Weitere Fragen betreffen die *Zeitlichkeit* der individuellen und gemeinsamen Erfahrung, nämlich das Vor und Zurück von Erinnerung und Erwartung, die Rolle der Nachträglichkeit, die wechselseitige Fremdheit der Generationen, die transgenerative Weitergabe von Traumatisierungen und die produktive Wiederholung im Kontrast zum Wiederholungszwang. Eine radikale Fremderfahrung, die nicht bei sich selbst beginnt, konfrontiert uns mit dem Paradox einer Wiederholung des Unwiederholbaren.
- Die *Transformation* der Erfahrung, in der etwas *als etwas* vorgestellt und hergestellt und etwas *in etwas* begehrt wird, verwandelt Reize und Affekte in Wahrnehmungs- und Zielobjekte. Hier fragt es sich, auf welche Weise Freuds Mechanismen der Verschiebung und Verdichtung in einer phänomenologischen Sinnbildung Platz finden, wie Phantasie und Realitätssinn zusammenspielen und auf welche Weise sich die Medien von Bild und Wort sowie digitale Formen der Datenverarbeitung einschalten. Phänomenologie und Psychoanalyse nähern sich so den Künsten, die sich an den Rändern der Worte und Bilder bewegen und dabei die Wort- und Bildlosigkeit streifen.

## Phänomenologische und psychoanalytische Epoché

Betreten wir den Boden einer praktizierten Phänomenologie und einer praktizierten Psychoanalyse, so fragt es sich, was den phänomenologischen Blick und die hermeneutische Auslegung mit einer klinischen Diagnose oder einer Gesprächskur verbindet. Wie verhalten sich Theorie und Therapie zueinander? Welche Verpflichtung geht der Dialogpartner ein, welche der Therapeut? Was hat das Irren mit dem Leiden, das Überzeugen mit dem Heilen zu tun? Daß es grundlegende Unterschiede gibt, liegt auf der Hand, dennoch zeigt sich eine bemerkenswerte methodische Verwandtschaft. Der Einstieg in die phänomenologische Einstellung läuft bei Husserl über eine *phänomenologische Epoché*, die darauf abzielt, den Bann der natürlichen Einstellung zu durchbrechen und geläufige vorwissenschaftliche und wissenschaftliche Annahmen zu suspendieren. Die phänomenologische Einstellung entspringt einer Umstellung, einem Blick- und Sprachwechsel, durch den Vertrautes verfremdet wird. Der traditionelle Begriff der Urteilsenthaltung erfährt eine Radikalisierung. Die Epoché begnügt sich nicht mit einer Prüfung sachlicher Urteile, sie zielt ab auf eine Enthüllung vorprädikativer Erfahrung und auf eine fiktive Entwirklichung der Wirklichkeit, und dies nicht etwa in der Absicht, den primären Wirklichkeitsglauben umzustoßen, sondern in dem Bestreben, das Geglaubte in die Schwebe zu versetzen, es als solches zu prüfen und zu analysieren. Alte Motive wie die platonische *doxa* oder der Humesche *belief* rücken in ein neues Licht. Husserl bekennt sich als Phänomenologe zu einer eigentümlichen »Berufsepoché«, was keineswegs besagt, daß es gleich ist, »ob man Schuster ist oder Phänomenologe« (Hua VI, 140). Was hierin anklingt, sind Max Webers Überlegungen zur Wissenschaft oder zur Politik als Beruf, aber auch Freuds Reflexionen zur Lehranalyse und zur Laienanalyse sind nicht fern.

Wechseln wir über zur Psychoanalyse, so stoßen wir auf eine *klinische* oder *therapeutische Epoché*, die der phänomenologischen Variante bis zu einem gewissen Grad ähnelt. Die analytische Praxis stützt sich auf Techniken wie die »freie Assoziation« und die »gleichschwebende Aufmerksamkeit«, die verhindern, daß Analysanden immer nur wiederfinden, was sie bereits kennen oder zu wissen glauben. Hier spinnen sich Fäden an zu einer Phänomenologie der Aufmerksamkeit, die sich hütet, all das, was uns auffällt oder einfällt, was uns erstaunt und erschreckt, als bloße Vorstufe eines aktiven Aufmerkens, als ein bloßes Vorbemerken anzusetzen. Die klinische Epoché verhindert andererseits, daß Analytiker nur hören und sehen, was sie vorweg schon verstehen und begreifen. Wenn bei Husserl so gut wie bei Freud von Techniken die Rede ist, so kann es sich nur um Techniken handeln, die Zurückhaltung üben. Es geht nicht schlicht darum, Fremdes verstehend zu bewältigen und Fremdartiges einer fertigen Wirklichkeit anzupassen, sondern darum, Fremdes geradezu zu provozieren. Gehen wir davon aus, daß jede Berufstätigkeit auf Erlerntes angewiesen ist, so stellt sich die Frage, inwieweit Phänomenologie und Psychoanalyse sich tatsächlich professionalisieren lassen. Paul Feyerabends Parole »Wider den Methodenzwang« verdient auf beiden Seiten Gehör.

Die methodische Infragestellung des Selbstverständlichen bewährt sich darin, daß Phänomenologen und Psychoanalytiker sich, wenngleich auf verschiedene Weise, an die Grenzen des Normalen herantasten, indem sie die Scheidung in Normales, Anomales oder Pathologisches nicht als gegeben hinnehmen, sondern sie permanent hinterfragen, wie es uns einst »von ein paar griechischen Sonderlingen« vorgemacht wurde (Hua VI, 336). Die Grenzzonen zwischen dem Normalen und dem Anomalen entpuppen sich als ein Feld, wo Phänomenologie und Psychoanalyse aufeinandertreffen und sich stellenweise überkreuzen. Das Fremde könnte dabei als eine Art *missing link* fungieren. Die Grenzgänge, in denen Eigenes sich von Fremdem absondert, konfrontieren uns schließlich und endlich mit der alle Disziplinen übergreifenden Rolle des Dritten, der in das Geschehen, das sich zwischen Therapeut und Patienten oder zwischen Lehrer und Schüler abspielt, eingreift, aber nur als indirekter Mitspieler. Die sokratische Maieutik gehört ebenso wie die sokratische Atopie zu den Leitbildern eines Umgangs mit dem Fremden.

## Eigene Zugangswege

Der vorliegende Buchtext fügt sich ein in einen größeren Forschungskontext. In ihm setzt sich ein Weg fort, der mich ganz allmählich von der Phänomenologie auf die Bahnen der Psychoanalyse geführt hat. Der Weg begann als ein Umweg. In meinem Fall, der ich aus einem nicht gerade erinnerungsfreudigen Nachkriegsdeutschland kam, wo Vertreibung vielfach durch Vergessen besiegelt wurde, führte der Weg über Frankreich, wo vieles überwintert hatte, was hierzulande keinen rechten Platz mehr fand. Um einige Namen zu nennen: zunächst waren es Maurice Merleau-Ponty und Paul Ricœur, bei denen ich in den frühen sechziger Jahren nach Abschluß meiner Münchener Promotion weiterstudierte; es folgten Emmanuel Levinas, Jacques Derrida und Cornelius Castoriadis, mit denen ich danach in persönlichen Kontakt trat; es ging weiter mit Autoren wie Michel Foucault, Jacques Lacan, Didier Anzieu,

Jean-Bertrand Pontalis und Jean Laplanche, deren Schriften ich aufmerksam studierte. Auf den Letztgenannten, der meinem eigenen responsiven Ansatz sehr entgegenkommt und dem ich selbst noch 2004 auf einer vom Frankfurter Psychoanalytischen Institut ausgerichteten Tagung begegnet bin, werde ich mich besonders intensiv beziehen. Die breite Rezeption der Psychoanalyse in der französischen Phänomenologie und die gleichzeitige Rezeption der Phänomenologie in der französischen Psychiatrie und Psychoanalyse finden sich dokumentiert in meiner 1983 erschienenen, 1998 mit einem Nachtrag wiederaufgelegten *Phänomenologie in Frankreich*, insbesondere in Kapitel VIII, 9, in dem die Phänomenologie in Bezug gesetzt wird zur zeitgleichen Psychopathologie, Psychiatrie, Psychoanalyse und Daseinsanalyse.

Bei der Ausarbeitung einer responsiven Phänomenologie des Fremden beschäftigte mich auch das spezielle Verhältnis von Phänomenologie und Psychoanalyse. Dies geschah mit Beginn der achtziger Jahre im Rahmen einer Reihe von Bochumer Seminaren, in die Hans-Dieter Gondek seine besondere Kennerschaft mit einbrachte. Zeugnisse einer fortschreitenden Annäherung sind reichlich über meine Schriften verstreut. Systematische Anknüpfungen finden sich in verschiedenen Buchkontexten, in *Antwortregister* (1994), Kap. III, 10.9: »Der libidinöse Leib«; in *Bruchlinien der Erfahrung* (2002), Kap. VII: »Psychoanalytische Aufsprengung der Erfahrung«; in *Idiome des Denkens* (2005): Kap. 13: »Jean Laplanche: Der verführerische Andere«; in *Sozialität und Alterität* (2015), Kap. 3: »Angst und Furcht als Ausdruck des Pathischen«, Kap. 4: »Geburt und Tod als Grenzzonen des Mitseins« und Kap. 9: »Transformationen der Erfahrung«.[1] Die schriftliche Beschäftigung mit der Psychoanalyse wurde ergänzt und verstärkt durch Vortragseinladungen in verschiedene Institute der Psychiatrie: Marburg 1985, Essen 1990, Bochum 1995, Düsseldorf, Witten 1996, Stadtlengsfeld 2006, Heidelberg 2001, 2011, 2014-2016 und Liestal 2016. Hierbei standen vor allem der Kranke als eine Figur des Fremden und die Behandlung des Fremden in der Gesprächstherapie im Vordergrund. Diese Bemühungen fanden ihren Niederschlag in

1 Auf zentrale Schriften wird von Fall zu Fall mit Kürzeln verwiesen. Bei der Ausarbeitung des Textes wurde für gewisse Kernaussagen eine Wiederholung in Kauf genommen, um die verschiedenen Problemansätze auf eigene Füße zu stellen.

der Aufsatzsammlung *Grenzen der Normalisierung* (1998, erweiterte Ausgabe 2008), vor allem in Kapitel 5: »Response und Responsivität in der Psychologie« und Kapitel 6: »Der Kranke als Fremder. Therapie zwischen Normalität und Responsivität«. Eine Einladung an die Universität Bukarest gab mir 1995, nachdem die politischen Barrieren gefallen waren, Gelegenheit, vor rumänischen Kollegen über »Phénoménologie et psychanalyse en France« zu sprechen. Dieser Besuch gehört zu den Kontakten mit dem östlichen Teil Europas, das wie in Polen oder Rußland auf ältere Traditionen zurückblicken kann, die sich aber vor 1989 nur mit Mühe aufrechterhalten ließen. Von besonderer Bedeutung waren für mich Postgraduiertenkurse zum Thema »Phänomenologie und Marxismus«, die ich in den Jahren 1975 bis 1978 gemeinsam mit einem belgischen und einem kroatischen Kollegen am Interuniversitären Zentrum Dubrovnik abhielt.

## Zur Disposition des Textes

In der Disposition des Buches spiegeln sich wichtige Etappen jenes Erkundungsganges, mit dem ich als Phänomenologe in das Feld der Psychoanalyse vorgedrungen bin. Grundlegend sind die Kapitel 1 bis 3. Diese Anfangskapitel kreisen um das Motiv des *Fremden* und das Spannungsverhältnis von *Realität* und *Alterität*; sie suchen von da aus nach einem speziellen Zugang zur Psychoanalyse. Das Jenseits des Lustprinzips, das der späte Freud ins Auge faßt, entspricht phänomenologisch gesehen einem Begehren des Anderen als einem zugleich Begehrten und Begehrenden. Freuds Realitätsprüfung schließt so besehen von vornherein eine Alteritätsprüfung mit ein. Das Fremde zerteilt sich seinerseits, wie meine früheren Fremdheitsstudien ausführlich darlegen, auf die verschiedenen Dimensionen einer Fremdheit von Sinn und Ordnung, einer Fremdheit meiner selbst und einer Fremdheit des Anderen. Dabei stellt sich, wie schon angedeutet, die Frage, inwieweit das, was in jüngerer Zeit in der Psychoanalyse als intersubjektive Wende ausgegeben wird, den Anforderungen einer radikalen Phänomenologie des Fremden gerecht wird. Das Phänomen des Fremden begegnet uns gespickt mit Widerhaken, die weiterer Überprüfung bedürfen, darunter das Ineinander von Eigenem und Fremdem in der Übertragung und Gegenübertragung, das Oszillieren zwischen Fremdheit und Feindschaft, das Motiv des Doppelgängers, die Verdoppelung von Blick und Wort, die fremde Urhilfe, ferner die Rolle von Verneinung und Widerstand.

In den nachfolgenden Kapiteln betreten wir mit dem späten Freud den Boden einer *Kulturanalyse*, deren Bezug zur Individualanalyse sich als ebenso problematisch erweist wie das Verhältnis des Ich/Es zum Wir und zum Man, mit dem sich die Phänomenologie des Sozialen und des Politischen abmüht. Die Kulturanalyse setzt in Kapitel 4 bei den Ursprüngen des *Religiösen* an. Der Freudschen Religionskritik, die der Religion generell pathologische Züge unterstellt, stellt sich eine Religionsphänomenologie entgegen, die das Heilige als ein Phänomen sui generis behandelt. Meine eigene Metakritik schlägt einen indirekten Weg ein, indem sie die Frage nach Gott und dem Göttlichen auf die Perspektive der Alterität verschiebt und das Religiöse als eine Form des Fremden betrachtet. Als maßgeblich erweist sich der Kontrast zwischen eigenen Wünschen und fremden Ansprüchen sowie der Anspruch, der uns aus dem fremden Gesicht entgegenschlägt, dazu die entsprechende Einschätzung des Jüdischen. Methodisch fragen wir uns, ob nicht ›das Religiöse‹ ebenso wie ›das Sexuelle‹ lediglich einen Gesichtspunkt der Erfahrung darstellt und ob wir nicht mit spezifisch mythogenen und religionsaffinen Phänomenen zu rechnen haben, die einer Grauzone angehören.

In Kapitel 5 wechseln die Kulturanalysen über zur speziellen Rolle der *Kunst*, die von Freud mit Traum und Spiel in eine Reihe gestellt wird. Phänomenologie und Psychoanalyse begegnen sich in der Frage nach der Rolle von Illusionen, nach der Einschätzung der Phantasie, nach ihrem Bezug zur Wirklichkeit, nach der Wirkkraft der Kunst und nach deren Zeitbezug, namentlich nach der Zugkraft einer Zukunft, die allen Planungen vorauseilt. Das anschließende Kapitel 6 zieht beispielhaft Werke aus der Heidelberger Sammlung Prinzhorn heran. Diese konfrontieren uns mit einem Pathos des Fremden, das in der Anomalität von Kunstbildern und Patientenbildern eine sowohl verwandte wie verschiedenartige Gestalt annimmt. So stellt sich die Frage nach einem Zusammenhang von Pathischem, Pathogenem und Pathologischem, der geeignet scheint, die Selbstgefälligkeit einer rein ästhetischen Kunst ebenso zu erschüttern wie die Selbstgenügsamkeit einer reinen Vernunft. Die Differenz von Normalem und Pathologischem bildet eine Brücke zwischen der von Husserl wie von Freud ausgehenden Abwehr eines Normalismus, der sich auf einer fertigen Normalität ausruht.

In den Kapiteln 7 bis 9 weitet sich der Blick. Von der Sonderdisziplin der Psychoanalyse, die zunächst im Vordergrund stand, wandert der Blick hinüber zu allgemeineren Fragen der Psychopathologie und der Psychiatrie, um beim generellen Status der Medizin als Heilkunde zu enden. Kapitel 7 befaßt sich mit der *Ethnopsychiatrie*, beiläufig mit der *Ethnopsychoanalyse*, wie sie sich von Georges Devereux her entwickelt hat. Das Thema der Fremdheit, das unsere Überlegungen leitet, potenziert sich, wenn Krankheiten die Grenzen der eigenen Kultur überschreiten. Der Fall eines fremdländischen Psychopathen, der seine Tochter als rituelles Opfer darbringt, wirft die Frage auf, ob und wie im Falle ethnischer Störungen das Unbewußte verschiedener Kulturen miteinander kommuniziert und wie interkulturelle Krankheitsphänomene sich beurteilen lassen, ohne daß sie universalistisch überspielt oder kulturrelativistisch eingeebnet werden.

Kapitel 8 bildet eine Einlage, die an eine aktuelle Debatte anknüpft. Response und Responsivität werden mit dem Thema der *Resonanz* kontrastiert, das von Hartmut Rosa aus soziologischer Sicht ins Zentrum der Weltbeziehung gerückt wurde. Im Gegenzug zu einer vagen Metaphorisierung und einer normativen Überfrachtung dieses Konzepts wird unterschieden zwischen anspruchsgerechten Antworten, die man gibt oder verweigert, und Resonanzen, die sich ausbreiten, immer wenn etwas in Schwingung gerät. Resonanzen werden gewürdigt als Verkörperungen kinetischer und affektiver Antworten, als Spiegelungen und Echowirkungen, denen es allerdings an jener Resistenz fehlt, die von fremden Ansprüchen ausgeht. Die Widerstandskraft konfrontiert uns mit einem Motiv, das in der Psychoanalyse, doch darüber hinaus in jeder kritischen Sondierung der Erfahrung eine wichtige Rolle spielt.

In Kapitel 9 greifen wir das alte Motiv der Sorge auf, das jeder Therapie zugrunde liegt. Vor dem Hintergrund einer langen Tradition, die vom platonischen Sokrates über Hobbes bis zu Heidegger, Foucault und Levinas reicht, wird die Fremdsorge im Sinne eines professionellen Umgangs mit der Alterität von der bloßen Selbst- und Gemeinsorge unterschieden. Eine responsive Therapie, die sich auf Kurt Goldsteins Definition der Krankheit als mangelnder Responsivität stützt, führt mit Levinas, Lacan und Laplanche auf die Spuren einer responsiven Analyse, die ihren Schwerpunkt außerhalb des eigenen Selbst findet. Die Auseinandersetzung zwischen Phänomenologie und Psychoanalyse erfährt hier eine letzte Zuspitzung.

*

Einige Kapitel dieses Buches gehen auf frühere Vorträge zurück. Die zugehörigen Texte wurden teilweise in einer ersten Fassung veröffentlicht und anschließend für den vorliegenden Band überarbeitet und ergänzt, teilweise sind sie unveröffentlicht.

Veröffentlicht: Kapitel 1: Sigmund Freud Vorlesung, Frankfurt Nov. 2012, veröffentlicht in: *Zeitschrift für Psychoanalytische Theorie und Praxis* 28 (2013), S. 310-324. – Kapitel 2: Vortrag in Bad Homburg auf der Herbsttagung 2016 der DPV, veröffentlicht als »Verfremdung der Erfahrung in der Psychoanalyse« in: G. Allert u. a. (Hg.), *Das Fremde in uns – das Fremde bei uns*, Gießen: Psychosozial-Verlag 2017. – Kap. 6: Vortrag auf einer Tagung zur Bilderfahrung anhand der Prinzhorn-Sammlung, Heidelberg 2012, veröffentlicht in: S. Frohoff, Th. Fuchs, St. Micaly (Hg.), *Bilderfahrung und Psychopathologie. Phänomenologische Annäherungen an die Sammlung Prinzhorn*, Paderborn: Fink 2014. – Kap. 7: Vortrag auf einer Tagung der Transcultural Psychiatry Section der World Psychiatric Association, Wien 2006, veröffentlicht auf englisch in: *Schutzean Research*, vol. 1 (2009), S. 51-65, auf deutsch in: M. Staudigl (Hg.), *Gelebter Leib – verkörpertes Leben*, Würzburg: Königshausen & Neumann 2012.

Unveröffentlicht: Kap. 4: Vortrag auf einer Tagung »Religion und Psychoanalyse« im Haus am Dom, Frankfurt 2016. – Kap. 8: Vortrag auf einem Symposium zum Thema »Resonanz« an der International Psychoanalytic University, Berlin 2017. – Kap. 9: Vortrag auf einer Tagung der Viktor von Weizsäcker Gesellschaft zum Thema »Sorge um den Menschen«, Freiburg 2015.

Mein abschließender Dank richtet sich an eine Reihe von Psychoanalytikern und Psychiatern, von denen ich, an verschiedenen Orten wie Berlin, Frankfurt, Freiburg, Heidelberg, Köln oder Den

Haag, aus persönlichen Kontakten und aus Einblicken in ihre Werkstatt lernen konnte. Ich nenne an erster Stelle Ilka Quindeau, mit dem jüngst verstorbenen Werner Schneider-Quindeau an ihrer Seite; sie hat mich mehrfach in die Arbeit am Frankfurter Sigmund Freud Institut einbezogen und mich auch zu der Sigmund Freud Vorlesung eingeladen, mit der dieses Buch beginnt. Ich denke ferner an Kolleginnen und Kollegen, die mich zu Tagungen der Deutschen Psychoanalytischen Vereinigung und der Deutschen Psychoanalytischen Gesellschaft eingeladen, mit mir diskutiert und meine Versuche 2017 durch die Verleihung des Sigmund-Freud-Kulturpreises gewürdigt haben. Namentlich genannt seien: Gebhard Allert, Herbert Blaß, Werner Bohleber, Horst Brodbeck, Thomas Fuchs, Ortrud Gutjahr, Jürgen Hardt, Maria Johne, Vera King, Ewa Kobylinska-Dehe, Joachim Küchenhoff, Wolfgang Kupsch, Marianne Leuzinger-Bohleber, Johannes Picht, Christa Rohde-Dachser, Jörg Michael Scharff, Eva Schmid-Gloor, Gerhard Schneider, Martin Teising, Christoph E. Walker, Rolf-Peter Warsitz sowie der jüngst verstorbene Pariser Kollege Félix-Guy Duportail.

München, Juni 2018

# 1. Das Fremde und das Unbewußte

## 1. Jenseits des cartesianischen Dualismus

Phänomenologie und Psychoanalyse sind zwei Problemfelder von solchem Ausmaß und solcher Vielfalt, daß ein Vergleich ins Leere laufen würde. So geht es im folgenden nicht um einen Vergleich, sondern um eine wechselseitige Annäherung und Auseinandersetzung, die insbesondere in Frankreich eine lange Geschichte hat. In einem ersten Anlauf greife ich zwei Kernmotive heraus, auf seiten der Phänomenologie das *Fremde*, das Husserl in seinen Analysen der Fremderfahrung neu entdeckt hat, auf seiten der Psychoanalyse das *Unbewußte*, das für Freud den Angelpunkt von Analyse und Therapie bildet. Die Behandlung dieser Kernmotive verbindet sich mit einer Kritik an dem *cartesianischen Dualismus*, den Husserl mitverantwortlich macht für eine Krisis der europäischen Wissenschaften (Hua VI, § 67) und der bis heute in offener oder versteckter Form nachwirkt.

Dieser Dualismus, der das Aufkommen der modernen Naturwissenschaften begleitet, führt zu einer dreifachen Spaltung: einer Spaltung der Welt, des Menschen und der Sozialität. Die Welt zerteilt sich zunächst in eine psychisch-mentale Innenwelt und eine physische Außenwelt. Die Innenwelt, die sich von der *res cogitans* her bestimmt, ist eine Welt des Sinnes, der Ziele und Werte, während die Außenwelt, die von der *res extensa* geprägt ist, von mechanischen Kausalkräften beherrscht wird. Methodisch entspricht dem die Unterscheidung von Verstehen und Erklären, die für die Wissenschaftskultur des 19. und des beginnenden 20. Jahrhunderts nahezu kanonisch ist. – Der Mensch wird sodann in diese Spaltung der Welt hineingezogen. Von innen her erfaßt er sich als Geist, Seele oder Bewußtsein, von außen her als Körperding unter anderen Dingen. Als Bürger zweier Welten gehört er einerseits zu einem Reich des Geistes oder der Kultur, andererseits zur geistesfremden Natur. Der Verkehr zwischen Geist und Natur, der über eine Kluft hinweg läuft, bleibt rätselhaft; er hat alle möglichen Spekulationen ins Leben gerufen, beginnend bei der Zirbeldrüse, der Descartes die Verknüpfung von Seele und Körper zuschrieb, und sich fortsetzend in esoterischen Phantasmen. – Schließlich greift der Dualismus über auf den Bereich des Sozialen. Die anderen denkenden Wesen, beginnend beim Alter ego, lassen sich weder in meine Welt integrieren noch in die Außenwelt verbannen. Wo sind sie dann zu finden? Der Weg zu ihnen läuft über eine Sozialwelt, die sich in Eigenwelt und Fremdwelt oder, wie es im 19. Jahrhundert heißt, in Eigenpsychisches und Fremdpsychisches zerteilt. Dabei liegt der Primat bei der jeweils eigenen Welt des Ichs, da nur die eigenen Erlebnisse direkt zugänglich sind und fremde Erlebnisse, die wir *other minds* zuschreiben, sich nur indirekt erschließen lassen. Noch die Einfühlung, die inzwischen in der sprachlichen Form der ›Empathie‹ zu uns zurückgekehrt ist und durch die Entdeckung von Spiegelneuronen großen Auftrieb erfahren hat, zehrt von dieser Erbschaft und kämpft mit ihr. Wie fühle ich mich in den Anderen ein oder hinein?

Jede Wissenschaft, die unsere gemeinsame Lebenswelt überspringt, nähert sich jedoch der Science-fiction, was keineswegs ausschließt, daß deren Folgen alles andere als fiktiv sind. In seiner *Krisis*-Schrift, die in den dreißiger Jahren entstand und sich aus phänomenologischer Sicht mit der Krisis der europäischen Wissenschaften befaßt, kommt Edmund Husserl auch auf die cartesianisch geprägte Ausgangslage zu sprechen. Der Begründer der Phänomenologie hat selbst als Mathematiker begonnen, und er weiß, wovon er spricht, wenn er feststellt: »Ein metaphysischer Rest liegt darin, daß die Naturwissenschaftler die Natur für konkret halten und die Abstraktion übersehen, in der ihre Natur zum wissenschaftlichen Thema gestaltet worden ist.« Was wir konkret erfahren, sind nämlich wir selbst als Menschen, die wir leibhaftig miteinander in einer natürlich vorgeprägten und kulturell gestalteten Welt leben. Der Ausdruck ›Lebenswelt‹, der sich inzwischen eingebürgert hat, stellt strenggenommen einen Pleonasmus dar. Er verdankt seine Bedeutung der Gegenstellung zu einer szientistisch ausgedünnten Welt. Solange die naturwissenschaftliche Abstraktion, die sich auf bloße Körperlichkeit beschränkt, den Lebensbereich ausspart, bedarf sie einer »ergänzenden Abstraktion«, aus der das verbleibende Innenleben als das rein Psychische hervorgeht (Hua VI, 231). Doch die Zusammenfügung zweier Abstraktionen führt zu keiner Konkretion. So bleibt nur die Bastelei. Es bilden sich Extremformen; dem Psychologismus oder Mentalismus tritt ein Physikalismus, dem Subjektivismus ein Objektivismus gegenüber, wobei beide Seiten einander das Feld streitig machen. Oder es kommt zu Mischformen wie in der *Philosophie des Unbewußten* von Eduard von Hartmann, die von einer »Phänomenologie des Unbewußten« zu einer »Metaphysik des Unbewußten« ansteigt, beginnend mit einer »Leiblichkeit«, die in der Annahme so monströser Dinge wie einem »Hirnwillen« und einem »Ganglienwillen« (1923, S. 55) mit der physiologischen Körperlichkeit verschmilzt. Das eigentümliche Kauderwelsch, das daraus entsteht, hatte einst einen vitalistischen Beiklang, der mit der Vieldeutigkeit des ›Lebens‹ spielte; heute kehrt es wieder in neurophilosophischem Gewande, wenn das Gehirn wie ein neu erdachter Homunkulus denkt, bewertet und entscheidet oder mit anderen Gehirnen kommuniziert. *Kein neues Menschenbild*, bemerkt Peter Janich zur neueren Sprache der Hirnforschung (2009). In die neuzeitliche Bastelstube gehört auch die Vorsicht, mit der Freud sich in seinem frühen *Entwurf einer Psychologie* (GW Nachtragsband, S. 426) an den »Nebenmenschen« heranpirscht; darunter versteht er ein »Objekt«, das »gleichzeitig das erste Befriedigungsobjekt, im ferneren das erste feindliche Objekt ist, wie die einzig helfende Macht. Am Nebenmenschen lernt darum der Mensch erkennen.« Dieses einzigartige Objekt schleppt zwei »Bestandteile« aus der cartesianischen Erbschaft mit sich, »von denen der eine [...] als *Ding* beisammenbleibt, während der andere durch Erinnerungsarbeit *verstanden*, d. h. auf eine Nachricht vom eigenen Körper zurückgeführt werden kann«. Der Ausdruck »Nebenmensch« ist mit Bedacht gewählt; denn ein »Mitmensch« wäre schon des Guten zuviel, er würde mich meines zumindest methodischen Privilegs berauben.

Doch eine Revision des herkömmlichen Cartesianismus ist seit langem im Gange. Innerhalb der jüngeren Philosophie hat die Phänomenologie daran ihren großen Anteil, aber auch Autoren wie William James, Mead, Peirce, Whitehead, Bergson oder Wittgenstein haben zu einem Umdenken geführt. Maurice Merleau-Ponty, der renommierte französische Phänomenologe der Leiblichkeit, äußerte in einem Arbeitsentwurf von 1952 (dt. 2000, S. 13) die Erwartung, »daß sich uns, diesseits des reinen Subjekts und des reinen Objekts, so etwas wie eine dritte Dimension eröffnet, wo unsere Aktivität und unsere Passivität, unsere Autonomie und unsere Abhängigkeit einander nicht mehr widersprechen«. Diese dritte Dimension findet ihren adäquaten Ausdruck in einer Phänomenologie der Leiblichkeit und der Zwischenleiblichkeit. Die Leiblichkeit bildet keinen Sonderbereich, der weiterhin der Ergänzung bedürfte, sondern ähnlich wie die Sprache bildet sie eine Sphäre der Vermittlung. Dies gilt auch für den Leib als Geschlechtswesen, dem Merleau-Ponty in seiner *Phänomenologie der Wahrnehmung* ein eigenes Kapitel widmet; der Leib weist als *être sexué* eine »erotische Struktur« auf, entfaltet eine »sexuelle Initiative«, versetzt uns in eine »erotische Situation« und zielt in der »erotischen Wahrnehmung« auf einen anderen Leib ab (Merleau-Ponty 1966, S. 187 f.); somit bildet er die Quelle einer permanenten »Metamorphose« (S. 197). Wie zuvor schon Husserl formuliert hat (Hua IV, 286), fungiert der Leib als eine »Umschlagstelle«, an der nicht nur Kulturelles und Natürliches, sondern auch Eigenes und Fremdes ineinander übergehen. Unser leibliches Selbst stellt sich dar als ein *Leibkörper* und *Mitleib*, das heißt als ein changierendes Gebilde aus Eigenleib und Fremdkörper, aus Eigenleib und Fremdleib. Für Phänomenologen resultiert daraus ein Austausch mit den Wissenschaften, und zwar derart, daß die Forschung ihren Platz findet zwischen den Extremen eines naturalistischen Fundamentalismus und eines sinnentleerten Funktionalismus oder eines Digitalismus, der produzierte Daten als Gegebenheiten des Bewußtseins oder der Erfahrung behandelt.

Im *Bruchstück einer Hysterie-Analyse*, einem besonders phänomennahen Text aus der Frühzeit, nähert sich Freud der phänomenologischen Sichtweise. Bezüglich der hysterischen Konversion, nämlich der Übertragung der rein psychischen Erregung ins Körperliche, die sich bei der Patientin Dora in Hustenanfällen und Stimmverlust äußert, spricht er von einem »somatischen Entgegenkommen«; dies besagt, daß somatische Vorgänge eine psychische Bedeutung, einen wiederholbaren Sinn und einen symbolischen Ausdruck annehmen. Die betont antidualistisch, aber dennoch nicht monistisch geprägte Passage lautet so: »Diesen Sinn bringt das hysterische Symptom nicht mit, er wird ihm verliehen, gleichsam mit ihm verlötet, und er kann in jedem Falle ein anderer sein, je nach der Beschaffenheit der nach Ausdruck ringenden unterdrückten Gedanken.« (GW V, 200) An anderer Stelle heißt es: »Wessen Lippen schweigen, der schwätzt mit den Fingerspitzen« (ebd. 240). Ernest Jones sieht im »somatischen Entgegenkommen« eine Nähe zur »physiologischen Resonanz« im Sinne von Herbart

(1984, Bd. 1, S. 430). Gleichwohl zeigen sich darin Spuren einer leiblichen Responsivität, die von Anfang an über rein körperliche Reaktionen hinausgeht. Hierzu paßt Freuds Konzeption des Triebs als eines Geschehens, das nicht bloß nach Kausalgesetzen abläuft und sich nicht wie bei Descartes als bloße *permixtio mentis cum corpore* (VI. *Meditation*, AT VII, 81) bestimmt, sondern als ein »Grenzbegriff zwischen Seelischem und Somatischem, als psychischer Repräsentant der aus dem Körperinnern stammenden, in die Seele gelangenden Reize, als ein Maß der Arbeitsanforderung, die dem Seelischen infolge seines Zusammenhanges mit dem Körperlichen auferlegt ist« (GW X, 214). Die Dynamik der Triebe verhält sich nicht nur neutral gegenüber dem Dualismus von Bewußtsein und Körper, sondern auch gegenüber der Unterscheidung von Sozialem und Biologischem (Pontalis 1968, S. 181). Darin nähert sich der psychoanalytische Trieb dem Status des phänomenologischen Leibes.

Paul Ricœur versucht diesen Grenzbereich mit methodischer Diskretion zu erschließen, indem er die Psychoanalyse als einen aus Energetik und Hermeneutik »gemischten Diskurs« versteht (1969, S. 79). Es fragt sich jedoch, wie diese Mischung zustande kommt. Der Weg dorthin führt über einen methodischen Doppelschritt. Der phänomenologischen Epoché als einer *Reduktion auf das Bewußtsein*, die alles Erfahrene auf seinen Sinn zurückführt, tritt eine umgekehrte, antiphänomenologische und antihermeneutische Epoché gegenüber, die als *Reduktion des Bewußtseins* alles auf sinnfreie Kräfte zurückführt (S. 132). Diese methodisch gefaßte Dualität bliebe jedoch in einem methodologischen Dualismus stecken, würden Hermeneutik und Energetik einander gleichgewichtig gegenübertreten. Die Kluft zwischen den beiden Diskursordnungen scheint überwunden, sobald man sich klarmacht, »daß die Energetik *durch eine Hermeneutik hindurchgeht* und daß die Hermeneutik eine Energetik *entdeckt*« (S. 79). Damit öffnet sich für Ricœur der Weg zu einer Semantik des Begehrens, die in einem ersten Schritt ein Loslassen (*déprise*) des Bewußtseins und ein Ablassen vom Sinn bewirkt, um in einem zweiten Schritt die Wiederaufnahme (*reprise*) des Sinns und das Bewußtwerden des Unbewußten zu bewerkstelligen (S. 434).

Diese wohldurchdachte Mischung aus Hermeneutik und Energetik, die auf eine Vermählung abzielt, hinterläßt jedoch die Frage, worin denn die gesuchte Wiedervereinigung von Sinn und Kraft, von Geist und Natur wurzelt, wenn nicht in einer vorgängigen, vom Geist bestimmten Einheit à la Hegel. Worin besteht denn die »Bindung der Kraft an den Sinn«, und was bedeutet die Annahme von »Kräften auf der Suche nach einem Sinn«, die den Anschein erweckt, den Kräften würde etwas ermangeln? (S. 161) Formulierungen dieser Art klingen nach einer Para-Physik. Gilbert Ryle sprach einst von einer »paramechanischen Hypothese«, die es uns mittels eines Kategorienfehlers erlaubt, Ausdrücke für geistige Vorgänge mit Ausdrücken für physische Vorgänge durch die Konjunktion »und« zu verbinden (Ryle 1969, S. 17-24). Was Ricœur betrifft, so gibt er sich keineswegs mit einem solchen psychophysischen Flickwerk zufrieden. Freuds Originalität sieht er darin, daß der »Punkt des Zusammenfallens von Sinn und Kraft« in das Unbewußte verlegt wird (S. 145). Bedeutet dies also, daß die Deckung beider Momente, jenseits von subjektivem Sinn und objektiver Kraft, im Bereich des Leiblichen zu suchen ist? Doch dazu äußert sich der Autor an einer anderen Stelle in einer immer noch recht cartesianisierenden Diktion: »Der Phänomenologe sagt nicht, daß das Freudsche Unbewußte Körper ist; er sagt lediglich, daß die Seinsweise des Körpers, insofern er weder Vorstellung in mir noch Ding außer mir ist, das *ontische Modell* für jedes denkbare Unbewußte ist.« (S. 391, Hervorhebung B. W.) Wäre es so, so wäre das Unbewußte am Ende *realiter* auf sich selbst angewiesen.

Die methodisch gefaßten Differenzen führen bis an eine Erfahrungsschwelle, die sie nicht überschreiten. Von dieser Verlegenheit können uns nur die ›Sachen selbst‹ heilen. Das Leibliche zeichnet sich nämlich gleich dem Unbewußten und dem Fremden dadurch aus, daß wir nur dann mit ihm in Berührung kommen, wenn wir von ihm ausgehen, ohne es binären Unterscheidungen wie Innen und Außen, Sinn und Kraft zu unterwerfen und ohne dauernd zwischen Klinik und Labor, zwischen Pathischem und Physiologischem hin- und herzuwechseln. Die Nähe von Leib und Unbewußtem würde schlichtweg daher rühren, daß es ein leibliches Denken *gibt*, genauso wie es ein unbewußtes Denken *gibt*, und zwar derart, daß eines sich mit dem anderen verschränkt. Was ›sich gibt‹ ist etwas, das ›sich zeigt‹, es ist aufweisbar, nicht beweisbar.

Der Zwischencharakter des Leibes, den wir im Auge haben und der mit der Fremdheit des Unbewußten korrespondiert, geht über den bloßen Leib hinaus. Er verdichtet sich in Form von Zwischendingen, von »Übergangsobjekten« im Sinne von D. W. Winnicott. Freud nähert sich dieser affektiven Besetzung von Dingen über den Fetischismus, der Fuß oder Schuh, Pelz oder Samt mit einer sexuellen Bedeutung ausstattet (GW XIV, 314). Daß diese Übergangszone über das individuelle Triebleben hinaus ökonomische, politische und allgemein kulturelle Formen annimmt, deutet sich an, wenn schon Marx die Ware mit einem der Ethnologie entlehnten sakralen Ausdruck als Fetisch bezeichnet.[1] Es ist bemerkenswert, daß Merleau-Ponty schon in seinem 1942 erschienenen Frühwerk *Die Struktur des Verhaltens*, lange vor der Ausrufung des *cultural turn*, den natürlichen mit dem kulturellen Leib zusammendachte, unter ausdrücklicher Bezugnahme auf Husserls genetische Leibkonzeption (1976, S. 244), und daß er in der vorletzten Zeile von *Das Sichtbare und Unsichtbare* in Anschluß an Marx jeden historischen Gegenstand als Fetisch anspricht (1986 S. 344). Phänomenologisch betrachtet bedeutet der Zwischencharakter des Leibes, daß der Selbstbezug des eigenen Leibes mit einem Zugleich von Selbstentzug und Fremdbezug einhergeht. Der Leib ist immer nur mehr oder weniger unser eigener, wie sich schmerzlich zeigt, wenn er uns in der Müdigkeit oder der Altersschwäche seine Dienste versagt, wenn er durch Krankheit verunstaltet wird oder wenn er unter fremder Gewalt leidet. So beginnt die Fremdheit am eigenen Leib, und die Fremdheit der Anderen hat ihr Pendant in der Fremdheit meiner selbst.[2]

In der von Freud inaugurierten Psychoanalyse ist es das Unbewußte, das den cartesianischen Dualismus untergräbt. Der Mensch, der als Ich nicht Herr ist im eigenen Hause (GW XI, 295), sieht sich einer Selbsterfahrung ausgeliefert, die er niemals völlig beherrscht

1 Vgl. dazu Karl-Heinz Kohl, *Die Macht der Dinge* (2003); der ethnologische Autor bezieht sich dabei auf »sakrale Dinge«, deren Qualität er allerdings exzessiv versteht und nicht bloß reduktiv als verkappten Gebrauchswert oder verkapptes Sexualobjekt.

2 Was die reichhaltigen Funde einer Leibphänomenologie betrifft, zu denen Husserl, Scheler, Plessner, Sartre, Merleau-Ponty und Levinas ebenso beigetragen haben wie Vertreter der medizinischen Anthropologie, verweise ich auszugsweise auf meine Vorlesungen *Das leibliche Selbst* (2000) sowie auf die medizinisch-anthropologischen Untersuchungen von Thomas Fuchs: *Leib, Raum und Person* (2000) und *Leib und Lebenswelt* (2008). Speziell zur Leiblichkeit und Zwischenleiblichkeit in der Psychoanalyse vgl. Scharff 2010 und Küchenhoff 2012 sowie zur Rolle der Leiblichkeit in der Pädagogik Meyer-Drawe 1984 und Seewald 1992.

und durchschaut, so daß es ihm nicht gelingt, das Unbeherrschte und Undurchschaute von sich abzuschütteln wie einen bloßen Erdenrest. Als *Unheimliches* sucht uns das Fremde buchstäblich heim, es nistet heimlich im eigenen Heim. Freud macht sich die in der deutschen Sprache gegebene Verwandtschaft von ›heimisch‹ und ›heimlich‹ zunutze (GW XII, 231); schon das gewöhnliche Haus wird zum »Haus, in dem es spukt« (ebd. 255), in dem fremde Geister und Gespenster ihr Unwesen treiben.[3] Die Grundhypothese, an der sich unser Austausch zwischen Phänomenologie und Psychoanalyse ausrichtet, lautet demgemäß: *Das Unbewußte läßt sich deuten als eine bestimmte Form des Fremden.* In alltäglichen Fehlleistungen, in der Körpersprache der Symptome, in individuellen und kulturellen Leidensformen findet das Leben des affektiv besetzten Leibes seinen indirekten Ausdruck.

Diese Lesart kann allerdings nicht darüber hinwegtäuschen, daß bei Freud eine Spannung besteht zwischen den Befunden der klinisch erschlossenen Erfahrung und den theoretischen Erklärungsmodellen, die vielfach vom Psychologismus und Physikalismus des 19. Jahrhunderts geprägt sind. Was die klinische Forschungspraxis angeht, so bekennt Freud im Nachwort zu dem zitierten Bruchstück einer Forschung: »Ich kann nur versichern, daß ich, ohne einem bestimmten psychologischen System verpflichtet zu sein, an das Studium der Phänomene gegangen bin, welche die Beobachtung der Psychoneurotiker enthüllt [...].« (GW V, 276) Diese Versicherung ist, selbst wenn sie in mancherlei Hinsicht ein Versprechen bleibt, nicht meilenweit entfernt von Husserls Geist einer philosophischen ἐποχή, die vor der eigenen Disziplin nicht haltmacht und sich »von jeder Abhängigkeitsbeziehung zu einer so strittigen und verdächtigen ›Wissenschaft‹, wie es die Philosophie

3 Ein Beispiel aus der umfangreichen Literatur der Geistergeschichten liefert Fontanes *Effie Briest.* Die Jungvermählte zieht in ein »Spukhaus« ein (1998, S. 215, vgl. Kap. 6-7). Fremdländische Einrichtungsgegenstände wie ein bewaffnetes Segelschiff, ein Haifisch und ein Krokodil und Geschichten von einem landfremden Chinesen geben dem Haus sein unheimliches Gepräge. Das Spukhafte durchzieht diesen Roman, auf den auch Freud sich bezieht; wir werden ihm noch weitere Zeugnisse einer herrschenden Alltags- und Gesellschaftsmoral entnehmen, in der es nie ganz geheuer zugeht. Das Unalltägliche nistet mitten im Alltäglichen; dies hat zur Folge, daß der sogenannte bürgerliche Roman nie ganz bürgerlich ist und die realen Dinge nie gänzlich real sind. Die Kontrastform des Irrealen deckt sich nicht mit dem Idealen.

ist«, befreit – oder dies zumindest versucht, wie in den *Ideen I* von 1913 nachzulesen ist (Hua III, 40).

Eine Annäherung zwischen Phänomenologie und Psychoanalyse erfordert Zugeständnisse von beiden Seiten. Sie setzt voraus, daß die Phänomenologie sich als eine Phänomenologie des Leiblichen und des Fremden von den engen Fesseln einer Phänomenologie der sinngebenden Bewußtseinsakte befreit und dem »Narzißmus des Selbstbewußtseins« entsagt (Merleau-Ponty 2007, S. 226). In seinem Vorwort zu dem Freud-Buch von Hesnard von 1960 (dt. in: Giuliani 2000, S. 329) warnt Merleau-Ponty ausdrücklich davor, die »objektivistische Abweichung« von der Freudschen Forschung, die auf einen Biologismus zusteuert, durch eine »idealistische Abweichung« zu ersetzen, die häufig im Gewand der Bewußtseinsanalyse oder der Bewußtseinskritik daherkommt und das »Barbarische« in uns übertüncht.[4]

Einer Hermeneutik des Verstehens und Deutens, an der die Psychoanalyse ihren gehörigen Anteil hat, wäre ein ähnlicher Zweifrontenkrieg zuzumuten. Als Psychoanalytiker unterscheidet Laplanche zwischen ›Deutung‹ auf der einen und ›Auslegung‹ oder ›Interpretation‹ auf der anderen Seite; während letztere mit Sinnsuche und Vorverständnis verbunden ist, hält das ›Deuten‹ im Sinne eines ›Deutens auf‹ (*indiquer*, *pointer*) an einem getrennten Element fest, das der Analyse entstammt und nicht der Synthese

4 Zu den hartnäckigen Bemühungen, mit denen sich Merleau-Ponty als Phänomenologe der Leiblichkeit der Psychoanalyse annäherte, zunächst noch gebremst durch die Vorbehalte von Binswanger, Goldstein und Politzer, später dann überwechselnd von der existentialen zu einer ontologischen Psychoanalyse, von einer *philosophie du corps* zu einer *philosophie de la chair* (Merleau-Ponty 1986, S. 338), vgl. aus kritischer Distanz Jean-Bertrand Pontalis«:Das Problem des Unbewußten bei Merleau-Ponty« (1968, S. 66-84), ausführlicher dann Birgit Frostholm: *Leib und Unbewußtes. Freuds Begriff des Unbewußten interpretiert durch den Leibbegriff Merleau-Pontys* (1978). Allerdings spielt in dieser Arbeit, in der Merleau-Ponty als »Denker der Integration« Freud als einem »Denker der Entfremdung« gegenübergestellt wird und monistische gegen dualistische Tendenzen ausgespielt werden (vgl. S. 66-71), das Motiv einer radikalen Fremdheit noch kaum eine Rolle. Guy-Félix Duportail nimmt einen neuen Anlauf, in dem er eine Phänomenologie des Unbewußten aus einer wechselseitigen Korrektur von Lacan und Merleau-Ponty zu gewinnen sucht. Dabei faßt er eine »topologische Wende« ins Auge, im Zuge derer die Figur des Chiasmas beim späten Merleau-Ponty sich dem Borromäischen Knoten beim späten Lacan annähert. Vgl. *L'analytique de la chair* (2011) und *L'origine de la psychanalyse* (2017).

(1999, S. 246). Was die Hermeneutik angeht, so wäre demgemäß zu unterscheiden zwischen sekundären, abgeleiteten Formen der Hermeneutik und einer grundlegenden Hermeneutik im Sinne einer »ursprünglichen Situation von jemandem, der zu deuten hat, der dem, ›was ihm widerfährt‹ (*ce qui lui arrive*) Sinn zu geben hat« (S. 228). Dazu paßt die Konzeption einer »mutativen Deutung«, die Jürgen Hardt im Anschluß an James Strachey entwickelt. Eine solche Deutung setzt bei einem »Dringlichkeitspunkt« an, der eine Art »Notfalldeutung« hervorruft und demzufolge den Analytiker nicht als bloßen Ersatz eines Über-Ichs in Anspruch nimmt, sondern in der vorübergehenden Rolle eines »Hilfs-Über-Ichs« (in: Johne 2018, S. 243). In unserer Sprache ausgedrückt bedeutet dies, daß die Deutung über alle Sinnsuche hinaus einen responsiven und pathischen Charakter behält, indem sie sich an das hält, was dem deutenden Analytiker aus der Sicht des Patienten widerfährt.

Alfred Lorenzer, der die Hermeneutik zu materialisieren sucht, setzt einen anderen Akzent. In seiner gesellschaftskritischen Ausrichtung der psychoanalytischen Arbeit, die unter dem Titel *Sprachzerstörung und Rekonstruktion* (1973) steht, schlägt er vor, das hermeneutische durch ein »szenisches Verstehen« zu ergänzen. Das Szenische ließe sich durchaus in Einklang bringen mit einer leiblich verfaßten Phänomenologie, nämlich als zeit-räumliches, leibliches Arrangement und als wechselseitiges Verstricktsein in eine gelebte Zwischenleiblichkeit. Problematisch wird es, wenn die Konstruktion, der die »Rekonstruktion der Ursprungsszene« aufgetragen wird, als »Idealfall des szenischen Verstehens« gilt, nämlich in der Erwartung, sie werde als »vollständigste (sic!) ›Wie-damals-Deutung‹« dafür sorgen, daß »die ganze konkrete historische Szene als unverhüllte ›Situation‹ durchsichtig« wird (S. 187). Die Situation steht hierbei nicht umsonst in Anführungszeichen; denn eine Situation, in der wir leiblich situiert sind, kann mit ihren offenen Horizonten niemals ausgeschöpft werden. Wie so oft neigt auch dieser Autor dazu, Analyse oder Beschreibung, die bei Freud wie bei Husserl mit Konstruktionen arbeiten, selbst als ein Konstruieren zu fassen, das strenggenommen diskrete Elemente voraussetzen würde, die erst zu synthetisieren sind, um einen Sinn zu ergeben. In den späteren Texten zu *Sprachspiel und Interaktionsformen* (1977) wird das szenische Verstehen, das Interaktionsformen durchleuchtet, ergänzt durch ein szenisches Verstehen, das aus dem »unmittelbaren Zusammenspiel von Analytiker und Analysand« hervorgeht und das seine Kritik in Form einer »Tiefenhermeneutik« entfaltet, die sich nicht mit dem Sinnverstehen der klassischen Hermeneutik begnügt, sondern den unbewußten Bereich beschädigter individueller Strukturen analysiert (S. 120-125). Doch das Kapitel »Lacan oder Marx« ist symptomatisch für die Grenzen dieser Hermeneutik. Lorenzer wirft Lacan Subjektivismus und abstrakte Geschichtsferne vor (S. 170 f.). Für das phänomenologische Leitthema einer Fremdheit des eigenen Leibes, des Anderen und der Zeit, das auch bei Lacan eine zentrale Rolle spielt und das man in seiner Konflikthaltigkeit einer »Tiefenphänomenologie« zurechnen könnte, bringt er wenig Interesse auf, obwohl die französische Phänomenologie auf ihre Weise den Gegensatz von subjektiver und objektiver Struktur unterwandert und sich von daher eine kritische Analyse politischer und ökonomischer Strukturen anbahnt. Die Lacan-Kritik, die sich nahezu ausnahmslos auf Sekundärquellen, vor allem auf Hermann Lang stützt, verrät eine Berührungsscheu, wie sie für die Frankreichferne der jüngeren Frankfurter Schule nicht untypisch ist; dies hat Auswirkungen auf die sozialphilosophische Rezeption der Psychoanalyse.

Was am Ende die klassische Psychoanalyse angeht, so käme es weiterhin darauf an, mit Entschiedenheit der Versuchung zu widerstehen, die Beschreibung anomaler und pathologischer Erfahrungen durch den schlichten Gebrauch szientistischer Modelle zu ersetzen, sich also davor zu hüten, »für *wahres Sein* [zu] nehmen, was eine *Methode* ist« (Hua VI, 52). Nur so bestünde Aussicht auf eine dritte Dimension, in der Innensicht und Außensicht, Sinnbezüge und Kräftespiel, Aktion und Passion sich nicht länger widersprechen, so daß sich die Wege der Phänomenologie und Hermeneutik mit denen der Psychoanalyse kreuzen.

## 2. Das Unbewußte als inneres Ausland

Zu Beginn seiner Schrift *Das Ich und das Es* bezeichnet Freud das Unbewußte nach jüdischem Sprachgebrauch als »erstes Schibboleth der Psychoanalyse« (GW XIII, 239). Ohne dieses Losungswort betritt also niemand das Reich der Psychoanalyse. Freud konnte bei der Wahl dieses Themas auf eine reiche Vorgeschichte zurückblicken. »Die Tiefenpsychologie beginnt als Tiefenphilosophie«, konstatiert Ludger Lütkehaus.[5] Wie der Interpret zeigt, führt der Weg von ersten Keimideen bei Leibniz, Kant und Herder, vom »ewig Unbewußten« bei Schelling und lebensphilosophischen Ausweitungen bei Schopenhauer und Nietzsche über eine Poesie des Unbewußten bei Autoren wie Karl Philipp Moritz und Jean Paul hin zu einer wissenschaftlich ambitionierten Psychologie des Unbewußten bei Herbart, Fechner und Theodor Lipps, die sich in Eduard von Hartmanns »metaphysischem Bestseller«, einer »Mischung aus Erfolg und Erlösung«, zu einer »eklektischen Synthese« auswächst (Lütkehaus 1989, S. 38 f.). Wiederkehrende Motive sind die Dunkelheit des Unbewußten, das impersonale Es, eine bewußtlose Tätigkeit, die sich nur aus ihren Produkten erschließen läßt, die affektive Aufladung des Sexuellen, der Schimmer des Göttlichen und als mehr oder weniger lockerer methodischer Leitfaden die innere Wahrnehmung, die seit John Locke die äußere Wahrnehmung ergänzt. In Jean Pauls Fragment *Selina* verdichtet sich dieses Gemisch zu einer Vision, in der sich Freuds »inneres Ausland« ankündigt; Lütkehaus hat sie in den Titel seiner Textsammlung aufgenommen. Es heißt dort: »Wir machen von dem Länderreichtum des Ich viel zu kleine und enge Messungen, wenn wir das ungeheure Reich des *Unbewußten*, dieses in jedem Sinne wahre innere Afrika auslassen.«

Doch der Überschwang und die Mischungslust dieses üppigen Angebots nötigen zur Vorsicht. Unbewußtes versteht sich nicht von selbst. Es bildet einen Stein des Anstoßes für alle, die sich – wie Husserl, wie aber auch Freud selbst – zunächst mit nüchterner Sachlichkeit auf dem Boden des Bewußtseins bewegen. In seinen Zeit-Vorlesungen stellt Husserl fest: »Bewußtsein ist notwendig Bewußtsein in jeder seiner Phasen.« (Hua X, 119) Ein abbröckelndes Bewußtsein wäre vielleicht etwas, das noch gerade bewußt ist, aber es könnte nicht mehr für sein eigenes Wissen gerade stehen. Doch auch Freud bekennt von sich: »Ein Bewußtsein, von dem man nichts weiß, scheint mir doch um vieles absurder als ein unbewußtes Seelisches.« (GW XIII, 243) Der Widerstand gegen das Unbewußte oder seine Verharmlosung geht bei Husserl und Freud zurück bis auf den gemeinsamen Wiener Lehrer Franz Brentano.

5 Ich beziehe mich auf die Sammlung deutschsprachiger Texte zur Entdeckung des Unbewußten vor Freud, die dieser Autor zusammengestellt hat (1989, hier S. 9).

Das Skandalöse des Unbewußten hängt an bestimmten Aspekten, mit denen das traditionelle Denken seine Rechte geltend macht.

(1) Auf den ersten Anhieb stellt sich das Un-bewußte als eine bloße *Negation* dar. In ihrer kontradiktorischen Form steht sie für einen Ausfall des Bewußtseins, in ihrer konträren Form für einen abgeschwächten Grad von Bewußtheit. In beiden Fällen setzt das Unbewußte schon Bewußtsein voraus, und somit erscheint es als bloßes Derivat ohne Eigenqualität. Ein »unbewußtes Bewußtsein« wäre ein Widerspruch in sich; Husserl läßt es nur in Anführungszeichen gelten als ein »letztes Bewußtsein«, das nicht schon als »Aufgemerktes« auf einen intentionalen Bewußtseinsakt zurückgeht (Hua X, 382). Eugen Fink folgt seinem Lehrer, indem er ein Unbewußtes, das sich nicht der Intentionalanalyse unterwirft, als philosophische Naivität abstempelt, so in der Beilage XXI der *Krisis*. Aber auch psychoanalytisch inspirierte französische Autoren wie Georges Politzer und Jacques Lacan äußern sich ablehnend oder zurückhaltend. Ersterer betont in seiner *Kritik der Grundlagen der Psychologie*, daß das menschliche Drama als Abfolge konkreter Handlungen sich erst zu psychologischen Tatsachen verfestigt, wenn man die erste Person durch die dritte ersetzt.[6] Letzterer bietet eine ganze Reihe von Ersatzformeln an, um diesen »trägen und undenkbaren Begriff« entbehrlich zu machen (*Écrits*, S. 182, dt. *Schriften* 2, S. 159). Dem späten Merleau-Ponty sind diese Bedenken durchaus geläufig; gleichwohl spricht er sich dafür aus, das Unbewußte beizubehalten, sich aber gleichzeitig darüber klar zu sein, »daß dieses Wort auf ein Rätsel verweist; denn es bewahrt wie die Alge oder der Kiesel, die man heraufholt, etwas von dem Meer, aus dem sie entstammt.« (Vorwort zu Hesnard, dt. 2000, S. 330) Das Meer, das kosmologische Assoziationen wachruft, steht für ein Element, das als diffuses Worin jeder Logifizierung und Digitalisierung spottet. Damit nähert sich Merleau-Ponty den Einsichten des Epistemologen und Poetologen Gaston Bachelard, dem unter anderem eine *Psychologie des Feuers* zu verdanken ist (1938, dt. 1959).

(2) Das Konzept des Un-bewußten lehnt sich allzu einseitig an das *Wissen* an. Doch es gibt kein Wissen ohne Wissensstreben und

6 Die deutsche Übersetzung des 1928 erstmals auf französisch veröffentlichten Aufsatzbandes erschien 1978 mit einem Nachwort von Alfred Lorenzer. Zur vielfältigen Wirkung dieses gebürtigen Ungarn, der zu den einflußreichen osteuropäischen Emigranten zählt, vgl. *Phänomenologie in Frankreich*, *passim*.

Wissenstrieb, wie schon Aristoteles betont; ihm verdanken wir den Grenzbegriff des ἀκούσιον als eines Unwissentlich-Unwillentlichen, das »gemischte Handlungen« zuläßt, in denen wir nicht wissen oder wollen, was wir tun. Der Begründer einer genuin praktischen Philosophie hütet sich, pure Unwissenheit (ἄγνοια) mit dem Unwissentlichen (ἀκούσιον) im Sinne des Unfreiwilligen oder Versehentlichen gleichzusetzen. *Unwissend* handeln und *aus Unwissenheit* handeln ist nicht dasselbe. Der Unterschied zeigt sich daran, ob jemanden das Getane nachträglich schmerzt und ob er bereut, was er getan hat, oder ob er es lediglich als Tatsache hinnimmt; im ersten Fall handelt jemand »unfreiwillig (ἄκων)«, im zweiten Fall lediglich »nicht freiwillig (οὐχ ἑκών)« (*Nik. Ethik*, III, 2, 1110b18-27). Logisch betrachtet weicht der konträre Gegensatz, der einen Spielraum läßt, einem kontradiktorischen Gegensatz. Man mag sich fragen, ob affektneutrales Handeln mehr bedeutet als einen Grenzfall. Bemerkenswert ist jedoch, daß mit dem Kriterium, ob »es mich reut« oder »ich es bereue«[7] ein Zeitfaktor ins Spiel kommt. Erst nachträglich entscheidet sich, was der Handelnde im Sinn hatte, was er ›eigentlich‹ getan hat. In Herodots Erzählung von Adrastos, der auf der gemeinsamen Jagd den Eber verfehlte und unfreiwillig (ἀέκων) den Sohn seines Gastfreundes Krösus tötete, sühnt der Täter diese Mordtat (φόνος), indem er sich selbst auf dem Grabmal seines Opfers den Tod gibt (*Historien*, II, 43-45). Der zeitliche Verzug bedeutet mehr als eine Zutat. Er öffnet ein Manövrierfeld für Selbstbezichtigungen und Selbstentschuldigungen, in unserem Falle für die Selbstzurechnung einer nicht gewollten Tat. In diesen Bereich fallen auch die ideologischen Indoktrinationen von Selbstmordattentätern und die sich häufenden medialen Bekenntnisschreiben, die sich an geschehene Terrorakte anheften.[8] Über solche Verarbeitungen, die Fremdes ins Eigene eindringen lassen, ohne daß eine strikte moralische Wasserscheide eines vom anderen ab-

7 Griechisch: μεταμέλει, μεταμέλλομαι; das μέλει: »es kümmert mich«, das uns im Schlußkapitel als Ausdruck der Sorge begegnen wird, verbindet sich mit dem zeitlichen Präfix μετα-, das ein Danach anzeigt.

8 Zur Abgründigkeit solch »unheimlicher Taten«, in denen die Regie vom Ich auf ein Ichideal übergeht und die Angst durch einen »totalen Narzißmus« aufgesagt wird, vgl. Johannes Döser, »Das Dämonisch Fremde – oder: die unheimliche Tat« (in: Allert 2017); der Autor zitiert unter anderem aus einem anonymen Schreiben, das im Reisegepäck eines der New Yorker Attentäter vom 11. September gefunden wurde.

sondert, nähert sich die praktische Unwissenheit der Verdrängung im Sinne der Psychoanalyse.

Ricœur hat sich dazu entschlossen, diese Fährte phänomenologisch weiterzuverfolgen. In seinem frühen Werk *Das Willentliche und das Unwillentliche* behandelt er die praktische Seite des Unbewußten, indem er einen offen aristotelischen Ansatz wählt und sich von daher der Psychoanalyse annähert. Dem cartesianischen Dualismus, der das Wollen strikt von der Körperbewegung absondert, stellt er eine phänomenologische Auffassung des leiblichen Handelns entgegen, mit der die Dualität von Willentlichem und Unwillentlichem sich in ein »Drama« verwandelt. Daraus folgert er: »Es gibt keinen willentlichen Akt, den wir nicht zuvor unwillentlich ausgeführt hätten.« (2016, S. 269) Allerdings hat die Annäherung an die Psychoanalyse ihre Grenzen. Der phänomenologische Autor neigt dazu, die Psychoanalyse in Anlehnung an seinen frühen Lehrer R. Dalbiez durch Absonderung von Methode und Doktrin zu entschärfen (S. 439, 445). Doch auch so wird deutlich, daß das Unbewußte voluntativ und affektiv zu unterfüttern ist, wenn es mehr sein soll als ein Wissensdestillat. Dies betont schon Eduard von Hartmann, wenn er sich in seiner *Philosophie des Unbewußten* von Schopenhauer abgrenzt, indem er das Unbewußte auf eine untrennbare Einheit von Wille und Vorstellung zurückführt und sich auf die aristotelische Seelenlehre (*De anima* III, 10) mit ihrem Zusammenhang von Streben (ὄρεξις) und Vorstellung (φαντασία) zurückbesinnt (1923, S. 24-26, 100-108). Freuds Triebiehre kommt nicht aus heiterem Himmel.

(3) Das Unbewußte ist nicht zu denken ohne eine minimale *Reflexivität*. Im Griechischen wird dieser Bezug dadurch wachgehalten, daß das Unbewußte als ein Zustand der Unbewußtheit durchwegs *jemandem* zugesprochen wird, dem etwas verborgen bleibt oder dem etwas entgeht. Berühmte Fälle sind Sokrates, der sich zu seinem Nichtwissen bekennt, oder Ödipus, der sich selbst als »fremd bezüglich des Getanen (ξένος τοῦ πραχθέντος)« erklärt (*König Ödipus*, 220). Erst Ödipus auf Kolonos versucht das Geschehnis als »willenlose Tat (ἆκον πρᾶγμα)« gänzlich von sich abzuschieben (977), womit jedoch von der Tragödie strenggenommen nichts Tragisches übrigbliebe. Wenn nun also Freud das Unbewußte in der *Traumdeutung* als »bewußtseinsunfähig« erklärt (GW II/III, 619), so wird es gleichwohl als eine Art *Selbst-Unbewußtes* ge-

dacht, das dem Träumer nicht bewußt ist, aber dennoch seinem Leben zugehört. Werden bestimmte Partien und Phasen des Gehirns in der Neurologie als ›unbewußt‹ bezeichnet, so läßt sich dieses neuronale ›Unbewußte‹ nur dann von einem schlicht ›Ungewußten‹ unterscheiden, wenn man von *jemandes* Gehirn ausgeht, also einen indirekten Selbstbezug gelten läßt (vgl. BE 412-414). Während Freud in seinem frühen Entwurf einer naturwissenschaftlich konzipierten Psychologie geradewegs darauf zusteuert, Neuronenvorgänge »als unbewußt zu betrachten und wie andere natürliche Dinge zu erschließen« (1975, S. 316), gesteht er später in schroffer Abgrenzung von einem präanalytischen Unbewußten, daß ihm »für das psychologische Verständnis der Angst nichts gleichgültiger sein könnte als die Kenntnis des Nervenweges, auf dem ihre Erregungen ablaufen« (GW XI, 408). Jean Laplanche formuliert das Problem in einer der Phänomenologie nahen Sprache, wenn er feststellt: »Das Feld des Unbewußten ist von der Zugangsweise zu ihm untrennbar, was bereits einen Hiatus zu allen Auffassungen des sogenannten ›vorfreudianischen Unbewußten‹ schafft, die [...] das Unbewußte entweder ganz einfach postulieren oder versuchen, es durch irgendeine Mantik zu erraten.« (1996, S. 17)

Ein Selbst-Unbewußtes wirft freilich ähnliche Probleme auf wie ein werdendes Selbstbewußtsein, das in Form einer *reditio in seipsum* aus der Entfremdung zu sich selbst zurückkehrt, dies aber nur tun kann, wenn es schon anfänglich bei sich war. Bliebe es dabei, so wäre das Unbewußte nichts weiter als ein archaisches Vorbewußtes, das sich einer zielstrebigen Teleologie des Bewußtseins einfügt.[9] Nimmt man dagegen an, das »subjektive Element des Bewußtseins« entstehe dadurch, »daß es sich selbst zum Objekt seiner Aufmerksamkeit macht« und der »Kern des Bewußtseins« bestehe in einer Form der »Selbstbeobachtung«, so gerät man in ein zirkuläres Verfahren, das voraussetzt, was es zu erweisen vorgibt.[10] Wir sehen,

9 Vgl. hierzu das vorletzte Kapitel von Paul Ricœurs Freud-Buch *Die Interpretation*, das auf eine Dialektik von Freudscher Archäologie und Hegelscher Teleologie hinausläuft.

10 Ich beziehe mich auf abschließende Bemerkungen von R. M. Galatzer-Levy in einem neueren Band *Das Unbewußte*, der eine Brücke zwischen Psychoanalyse und Neurowissenschaften zu schlagen sucht (Leuzinger-Bohleber u. a. 2017, S. 304). Die Herausgeberin äußert sich in den Vorbemerkungen vorsichtiger, indem sie den kritischen Austausch auf die Ebene der Konzepte verlegt und das konkrete klinische Handeln ausgespart sieht (S. 12). Doch müßte die »externale

wie traditionelle Probleme durch die Hintertür zurückkehren und dem Unbewußten erneut das Wasser abzugraben drohen. Freud läßt solche Rückzugsgefechte hinter sich, indem er das Unbewußte schrittweise radikalisiert.

## 3. Grade des Unbewußten

Im Verlaufe dieser Radikalisierung werden drei Formen des Unbewußten unterschieden. Das *deskriptive* Unbewußte, das auf der Unterscheidung von Bemerktem und Unbemerktem, von latentem und patentem Wissen aufbaut, verführt weiterhin zur Annahme eines Kryptobewußtseins, das einem Bewußtseinstheater als Hinterbühne zuzuordnen ist oder als untergründiges Kellerbewußtsein fungiert. Das Bewußtsein würde sich verdoppeln, ohne seine Bewußtheit aufzugeben. Verwandt damit ist die traditionelle, negative Bestimmung des Vergessens als eines »Verlusts von Wissen« bei Aristoteles, als eines »Mangels an Gedächtnis (*privatio memoriae*)« bei Augustinus. Ein solcher Mangel kennzeichnet ein Unvermögen, das noch immer als Kehrseite eines »ich kann« dem eigenen Vermögen nachhängt. Doch was Freud vorschwebt, ist ein »anderer Schauplatz«, der wie der spezielle »Schauplatz der Träume« einer andersartigen Regie unterliegt (GW II/III, 51, 541).

Mit dem *dynamischen* Unbewußten, wie es sich in neurotischen Phänomenen und in den Widerständen gegen die Analyse bemerkbar macht, setzt Freud einen neuen Akzent. Die unbewußten Gedanken sind nicht im Verborgenen vorhanden wie ein geheimer Seelenschatz, sondern sie werden »durch lebendige Kräfte« vom Bewußtsein ausgeschlossen (GW VIII, 436). Das Ausgeschlossene bringt Bewußtseinseffekte hervor, die als Effekte nicht selbst bewußt sind. Die durchgängige Unterscheidung zwischen dem Vorbewußten, das bewußtseinsfähig ist, und dem Unbewußten, das es nicht ist, löst sich ab von einer Psychologie vorgegebener Potenzen,

Kohärenz«, die der Psychoanalyse abgefordert wird, nicht auch den Neurowissenschaften zugemutet werden? Andernfalls bliebe es bei einem Monolinguismus zu mehreren. Was den neuerlichen Dialog zwischen Psychoanalyse und Neurowissenschaften angeht, so betont Leuzinger-Bohleber ausdrücklich, daß neurowissenschaftliche Beobachtungen und psychoanalytische Feldforschung sich auf einer völlig anderen Ebene abspielen (in: Walker 2014, S. 81-84).

da das Unbewußte einem Kräftespiel der Verdrängung entspringt. Das Unbewußte der Verdrängung ist strenggenommen kein Primäres, wie es die Rede von Primärvorgängen nahelegt, sondern ein »primär Gewordenes« (Laplanche 1996, S. 23). Andernfalls würde das Unbewußte ontologisiert und in ein Nichtgewußtes verwandelt, das dem erwähnten Nichtfreiwilligen bei Aristoteles gliche.

Schließlich folgt das *systemische* Unbewußte, das als Es eine eigene topische Instanz bildet. Da auch das Ich und das Über-Ich teilweise dem Bewußtsein entzogen sind, tritt das Unbewußte nicht mehr nur als Verdrängtes, sondern auch als Verdrängendes auf. Es bezeichnet nunmehr eine Differenz innerhalb einer Topologie. Mit der Auffassung des Unbewußten als eines Kontrastphänomens verliert das Bewußtsein seine zentrale Stelle. Wir kehren zurück zum adjektivischen Verständnis des Bewußt-seins als eines ›bewußten Seins‹, wie es im 18. Jahrhundert noch gang und gäbe war.

Trotz aller Differenzierung bleibt zu fragen, wie sich das Unbewußte denken läßt, wenn es mehr besagen soll als einen Mangel an Bewußtheit, als ein Moment im Kräftespiel, als einen Ort innerhalb eines Ortssystems, wenn es also mehr bedeutet als einen Posten im Seelenhaushalt, der sich einzig durch seine Unbestimmtheit auszeichnet. Entscheidend ist dabei, ob das Unbewußte einer originären Form von Fremd*erfahrung* entspricht, das heißt einer Erfahrung, die sich selbst fremd wird und nicht nur auf etwas Fremdes stößt. Dieser elementare Erfahrungsbezug wird auf methodischem Weg übersprungen, wenn das Unbewußte nicht allein als »Ort verdrängter Triebrepräsentanten« und als »Ort dissoziierter Selbstzustände« angesetzt wird, sondern zugleich als »abstrakter Begriff«, dessen Gehalt lediglich zu erschließen und nicht empirisch direkt zu erfassen ist.[11] Ferner ist zu fragen, wie sich ein Selbst den-

11 Vgl. Werner Bohlebers Editorial zu *Psyche* Heft 9/10, 67 (2013), S. 807. Wir geraten zurück auf alte Spuren wie die von Herbart, der in seiner Begründung der Psychologie als Wissenschaft darauf besteht, »daß das Erfahrene ohne Voraussetzung des Verborgenen sich nicht denken läßt«, das heißt nicht ohne die »Spuren alles dessen [..], was hinter dem Vorhange sich regt und wirkt« (1890, S. 202). Ähnliches gilt für Lipps; in seiner Psychologie des Unbewußten bezieht er sich auf ein kausal herzuleitendes »reales Ich« an, das dem »unmittelbar erlebten Ich« als ein »unbekanntes Etwas« zugrunde liegt und dem eine ebenso unbekannte »reale Welt« gegenübersteht (1896, S. 8). Merleau-Ponty betont demgegenüber, daß eine reflexive Philosophie des *sine qua non*, die sich mit notwendigen Bedin-

ken läßt, das zwar nicht reflexiv zu sich selbst zurückkehrt, aber doch einen Bezug zu sich selbst aufrechterhält, das also nicht durch bloße Außenkräfte entmachtet wird, sondern *sich selbst* fremd ist. Das Selbst wäre in diesem Fall reichhaltiger, zugleich aber zerbrechlicher als das Subjekt, das lange Zeit als Ich-Subjekt einen solch zentralen Platz eingenommen hat. Der »Stachel des Fremden«, von dessen Wirkung meine erste Schrift zum Fremden ausgeht, treibt uns an einen Ort »jenseits des Subjektprinzips« (1990, Kap. 9).

Aus der Perspektive einer Phänomenologie des Fremden betrachtet zeigt Fremdheit sich nicht als ein zu behebender Mangel, als eine Spielart der στέρησις, der privatio, der etwas zum Ganzen fehlt. Und Fremdes zeigt sich nicht als etwas, das *noch nicht* bekannt, *noch nicht* verstanden, *noch nicht* angeeignet ist, vielmehr entpuppt es sich als ein originärer *Entzug*, als leibhaftige *Abwesenheit*, als *Ferne* in der Nähe. Diese Ferne ist ebensowenig etwas rein Negatives wie das Negativ in der Photographie, an dem Roland Barthes seinen Fremdblick erprobt (siehe *Die helle Kammer*, 1989). Etwas ist da, indem es sich dem eigenen Zugriff entzieht; etwas wirkt auf uns ein, indem es der Eigeninitiative zuvorkommt oder sie durchkreuzt. Die *Wirkung* des Fremden geht über eine aus der Distanz zu beobachtende *Wirklichkeit* hinaus. Husserl greift in diesem Zusammenhang zu einer paradoxen Formulierung. Das Fremde, so heißt es in den *Cartesianischen Meditationen*, hat seinen Ort oder besser: seinen Nicht-Ort in einer »Zugänglichkeit des original Unzugänglichen« (Hua I, 144). Ähnlich äußert sich Merleau-Ponty in seiner späten Schrift *Das Sichtbare und das Unsichtbare*: Bewußtsein bedeutet »Anwesenheit für sich, die Abwesenheit von sich ist, Kontakt mit dem Selbst durch den Abstand zum Selbst«; dem entspricht ein »Unbewußtes des Bewußtseins«, das als zentrales *punctum caecum* fungiert (1986, S. 248, 321). Das »Reale« im Sinne von Lacan liegt auf der gleichen Linie. Reales, auf das wir in einer »verfehlten Begegnung« stoßen, das in den »Netzen des Lustprinzips« hängenbleibt und für das der Autor den alten Terminus *Tyche* verwendet, liegt jenseits des *Automaton*, das in seiner unaufhörlichen Wiederkehr dem Lustprinzip unterworfen ist (*Seminar* XI, 1978, S. 60f.). Was Freud angeht, so läßt sich seine Konzep-

gungen der Erfahrung begnügt, das Erfahrungsgeschehen überspringt, indem sie die phänomenologische Beschreibung durch Rekonstruktionen ersetzt (1966, S. 6).

tion des Unbewußten in eine ähnlich paradoxe Form kleiden wie das Fremde bei Husserl. Die Einsicht, zu der die *Traumdeutung* gelangt, »daß die kompliziertesten Denkleistungen ohne Mittun des Bewußtseins möglich sind« (GW II/III, 598), wäre wie folgt zu kommentieren: »Es gibt etwas, das sich dem Bewußtsein entzieht und das doch gewußt wird – in einem paradoxen unbewußten Wissen, das so wenig Instinkt und so sehr intellektuelle Prozedur ist, daß man genötigt ist, von einem ›unbewußten Denken‹ zu sprechen.« (Gondek 1990, S. 12)

Solche Umschreibversuche, die mit einem einzigen Schlag vordringen und zurückweichen, nähern sich Freuds berühmten Formulierungen vom »inneren Ausland« (GW XV, 62) oder vom »Unheimlichen« als jener »Art des Schreckhaften, welche auf das Altbekannte, Längstvertraute zurückgeht« (GW XII, 231). All dies deutet hin auf eine radikale Fremdheit, die als *originärer Selbstentzug* im eigenen Haus, am eigenen Leib, in der eigenen Sprache, beim eigenen Begehren einsetzt. Doch immer noch bleibt die hartnäckige Frage: Wie fremd ist diese Fremdheit, wie radikal wird Fremdheit bei Freud gedacht? Markiert die »Bewußtseinsunfähigkeit« des Unbewußten nur die *Grenzen* meiner eigenen Möglichkeiten, bedeutet das Unbewußte nur einen Grenzwert – oder enthält das Unbewußte ein *Mehr an Wirkung*, eine *gelebte Unmöglichkeit*, die das Eigene von innen her in Frage stellt und in Anspruch nimmt?

## 4. Spuren des Fremden

Für die rechte Einschätzung der Psychoanalyse hängt vieles davon ab, wie man die Grenzen zwischen dem *Normalen* und dem *Pathologischen* zieht. Philosophen neigen häufig dazu, die Psychoanalyse bestenfalls als eine Art Paraphänomenologie gelten zu lassen; sie wäre dann lediglich für das Anomale und das Pathologische zuständig, also für Sekundäres, von dem wir uns normalerweise dispensieren können.[12] Ganz anders steht es mit Freud. Er steht nicht allein,

12 Diese Rückzugsstrategie findet sich selbst bei so gesprächsoffenen Autoren wie Gadamer, Habermas oder Tugendhat, und Andeutungen davon finden wir noch bei Ricœur, der sich so gründlich wie kaum ein anderer Phänomenologe oder Hermeneutiker auf die Psychoanalyse eingelassen hat. Vgl. dazu meine kritischen Bemerkungen: BE 287-293.

wenn er ausdrücklich versichert: Wir werden »das scheinbar Einfache des Normalen aus den Verzerrungen und Vergröberungen des Pathologischen erraten müssen« (GW X, 148).[13] Im Hintergrund steht die Frage, ob das Anomale und das Pathologische als eine bloße Form von Unordnung zu bestimmen ist oder ob sich in diesen Abweichungen nicht vielmehr Spuren einer anderen Ordnung andeuten, selbst wenn diese mit körperlichen Beeinträchtigungen und mit Leiden verbunden ist. In diesem Punkt nehmen Phänomenologen wie Merleau-Ponty und phänomenologisch beeinflußte Mediziner wie Binswanger, Goldstein oder Canguilhem eine ähnliche Position ein, selbst wenn sie schärfer zwischen Normalem und Pathologischem unterscheiden.

Im folgenden werde ich mich auf drei Fremdheitsfelder konzentrieren, die den grundlegenden Dimensionen des Sinns, des Selbst und der Anderen zuzuordnen sind. Die Fremdheit wird dabei die wechselnden Formen eines Sinnentzugs, eines Selbstentzugs und eines Fremdentzugs annehmen.

## 5. Störungen: Sinnentzug

Betrachtet man mit Husserl die Intentionalität als Eingangspforte zur Phänomenologie, so ergibt sich eine grundlegende Trias von subjektivem Akt, allgemeiner Bedeutung und Bezugsobjekt. Erfahrungen bilden sich, indem wir wiederholt *etwas als etwas* meinen, ansehen, behandeln, begreifen, beurteilen und begehren. Was wir hier und jetzt erfahren, fügt sich ein in die offenen und umfassenden Horizonte einer Welt, die wir nie gänzlich überschauen werden. Doch Störungen, die als Zwischenfälle, als triviale, aber auch als produktive Einfälle auftreten und die sich bis zum Schock und zum Trauma steigern können, laufen quer zu unseren Intentionen. Sie sprengen den Welthorizont und durchlöchern unsere Diskurse. Da Störungen sich in unseren Intentionen einnisten, erhält alles, was wir unternehmen und was uns begegnet, etwas Doppelbödiges, etwas Zwielichtiges. Dies gilt auch für die psychoanalytische Praxis, die mit Fehlern und Fehlleistungen rechnet und aus ihnen

13 Freud wägt seine Worte genau ab; das Erraten, das in die zu entziffernde Sache eindringt, ist weder mit bloßem Rätselraten oder Problemlösen zu verwechseln noch mit dem Verharren vor einem Mysterium (Laplanche 1996, S. 134).

zu lernen weiß. Unsere Erfahrung ist niemals aus einem Guß, sie ist von Bruchlinien durchzogen. In groben Umrissen stellt sich dies wie folgt dar.

*Störereignisse.* – Störungen sind *Ereignisse*, die uns wider Erwarten und wider Willen zustoßen. Darin unterscheiden sie sich von *Akten*, die wir aus eigenem Antrieb vollziehen. Solche Ereignisse bezeichne ich generell als *Widerfahrnis*[14] oder mit einem griechischen Ausdruck als *Pathos*. Das griechische Wort bedeutet dreierlei: das Erleiden im Sinne des grammatischen Passivs, das Leiden unter etwas Widrigem oder die gesteigerte Form der Leidenschaft. Das Pathos war auch Freud gut vertraut aus der griechischen Tragödie, aus den Ausdrucksformen der Rhetorik oder aus der Lehre von den Affekten, die von der Antike bis in die Neuzeit in zahlreichen Traktaten ihren Niederschlag gefunden hat. Die grammatische Form, in der Widerfahrnisse ihren Ausdruck finden, besteht aus Impersonalien, die im Deutschen mit dem neutralen Pronomen *Es* verknüpft sind: »es blitzt«, »es raschelt«, »es klingelt«. Das Freudsche Es findet darin einen ersten sprachlichen Rückhalt, der im Deutschen besonders stark ausgeprägt ist, für das es aber verschiedene sprachliche und interkulturelle Varianten gibt, so etwa im Japanischen, wo der prädiktive Gebrauch von Verben weniger stark personalisiert ist als in westlichen Sprachen (vgl. *Topographie des Fremden*, S. 69-73). Lichtenbergs Empfehlung, man solle sagen »es denkt«, wie man sagt »es blitzt«, gehört ebenso wie Nietzsches Entthronung des Ichs zu den bereits erwähnten Vorboten der Psychoanalyse. Vorgänge, die uns treffen und angehen, lassen sich keinem *Ich* zuschreiben. Das Ich taucht zwar auf, aber nur in der obliquen Form des Dativs oder des Akkusativs: *mir* geschieht etwas, *mich* trifft etwas. Die immer wieder aufflackernden Rangstreitigkeiten zwischen Ich und Es, aber auch die zwischen Passivität und Aktivität finden in dem Doppelereignis von Pathos und Response keine Nahrung; das gilt für Freudsche und erst recht für Husserlsche Konzepte.

Wenn Husserl in seinen späten Manuskripten einen Mischbegriff wie den der »Triebintentionalität« einführt (vgl. etwa Hua XV, 593-597, Text von 1933), so liegt der Ton weiterhin auf der Intentionalität, die in eine universale Teleologie eingebettet ist. Sie ba-

14 Zur psychoanalytischen Unterscheidung von Widerfahrnissen und intendierten Regelabweichungen vgl. Gerhard Schneiders Beitrag zum Themenheft »Fehler und Fehlleistungen« des *Jahrbuchs der Psychoanalyse* 69 (2014), S. 32.

siert zwar auf einer »ichlosen Passivität«; sie geht auf eine »Vorzeit« zurück; sie weitet sich aus zu einer »Triebgemeinschaft« und findet ihre »Trieberfüllung« im Anderen noch vor der »Einfühlung in den Anderen«, so im Geschlechtsverkehr und in der Mutter-Kind-Beziehung. Aber letzten Endes läuft alles auf eine gestufte Ichaktivität hinaus, in der ich uranfänglich ebenso wie in der späteren Rückfrage *von mir ausgehe*. Das Kommen wäre dann nur ein abgeschwächtes oder umgekehrtes Gehen.[15] Michael Balint stößt auf ein ähnliches Problem, wenn er sich in der Suche nach »Urformen der Liebe« (1981) fragt, ob es nicht besser sei, anders als bei Ferenczi vorgesehen, der »aktiven Objektliebe« keine »passive«, sondern eine »primäre Objektliebe« gegenüberzustellen. Doch damit allein wäre die zeitliche Verschiebung von passivem Widerfahrnis und einer zu erfindenden Antwort, die uns noch öfters begegnen wird und die sich keineswegs auf ein Nacheinander von Erstem und Zweitem reduzieren läßt, immer noch nicht hinreichend erfaßt.

*Responsiver Sinn.* – Überraschend auftretende Ereignisse sind als solche sinn-los; sie besitzen noch keinen Sinn. Wir wissen zunächst nicht, was wir von ihnen zu halten haben. Bestenfalls bekommen sie einen Sinn, und zwar in der *Response*, mit der wir auf Anreize oder Appelle so oder so antworten, indem wir sie *als solche* erfassen, benennen, behandeln. Erst in der Antwort kommt die Intentionalität zum Zuge; insofern ist der intentionale Sinn, genetisch betrachtet, immer schon ein responsiver Sinn.[16] Ich wähle ein Beispiel aus Freuds Alltagspathologien. Eine junge Frau, der zum Kauf ei-

15 Demzufolge gleiten »Triebimpulse« und »Triebregungen« hinüber in »Triebhandlung« und »Triebwillen«, das passive Getriebenwerden verwandelt sich kontinuierlich in ein »Tun« (Bernet 2013, S. 318 f.). Das Husserlsche Subjekt, so wie es in dieser Interpretation vorgestellt wird, entspricht einem Freudschen Subjekt, von dem angenommen wird, daß es, wenngleich zumeist unbewußt, seine Begierden »ursprünglich konstituiert« (S. 336).

16 Dies versteht sich nicht von selbst. Auch ein phänomenologisch orientierter, Binswanger nahestehender Anthropologe wie Hans Kunz kommt über den Gegensatz von vitalen und intentionalen Bedeutungsgehalten nicht hinaus, da er die Intentionalität auf den Gegenstandsbezug einengt und das phänomenologische oder hermeneutische Als zu wenig beachtet (vgl. den 1966 in einer Festschrift für Erwin Straus erschienenen Aufsatz »Über vitale und intentionale Bedeutungsgehalte«, in: Kunz 2017, S. 227-276). Dem Geschehensbegriff, der als ein Drittes zwischen finalem Sinn und mechanischer Wirkung eingeschoben und gegen Freuds »latente Anthropologie« ins Spiel gebracht wird (2016, S. 267-291), fehlt es an Zwischentönen, um die sich Husserl ebenso wie Freud bemüht.

nes billigen Schmucks zwei Kronen fehlen, wird beim anschließenden Schlendern durch die abendlich belebten Straßen auf »ein am Boden liegendes kleines Blättchen aufmerksam, das sie eben achtlos passiert hatte. Sie wendet sich um, hebt es auf und bemerkt zu ihrem Erstaunen, daß es ein zusammengefügter Zweikronenschein ist«; es kommt ihr vor wie ein vom Schicksal gesandtes »Glücksgeld«, das sie kaum auszugeben wagt (GW IV, 233). Die Griechen schrieben einen solchen Glücksfund dem Hermes zu und nannten ihn ἕρμαιον. Die Antwort auf Überraschendes findet hier wie so oft einen mythischen, oft auch abergläubischen Ausdruck.

Das Pathische, das in solch unauffälligen Alltagsszenen steckt, ist mehr oder weniger pathogen; zu Unrecht wird es von den meisten großangelegten Handlungstheorien vernachlässigt, so wie sich kaum ein Historiker für die Nase der Kleopatra interessiert, es sei denn als Zitat. Die Frage, wer da jeweils spricht und handelt, ist somit schon beantwortet, bevor sie gestellt wird. Man wechselt allzu schnell vom *Antworten auf* das, was uns widerfährt, hinüber zum *Verantworten dessen*, was wir gesagt oder getan haben; man geht vom *Patienten* der Erfahrung allzu schnell über zum *Autor* eines Aktes, der sich im Raume eines Diskurses bewegt. Die sprachliche Verwandtschaft von ›Antworten‹ und ›Verantworten‹, die sich in der französischen Unterscheidung von *répondre de* … und *répondre à* … noch enger gestaltet, verführt dazu, die Erfahrung im schlechten Sinn zu ›rationalisieren‹ und nötige Gründe zu erschleichen. Im Gegensatz dazu nutzt Laplanche obige sprachliche Unterscheidung, um die eigengeartete *réponse* auf eine fremde Botschaft, die schon dem Kind zuzuschreiben ist, von der Rechenschaftsabgabe der *responsabilité* abzuheben (1999, S. 165), und ähnlich geht Levinas zurück bis auf eine unersetzliche »Antwort der Verantwortung«, die vom Anderen inspiriert ist (1992, S. 311). Antworten werden gegeben oder verweigert, aber nicht toto coelo konstituiert. Dies schließt Anteile an Konstitution oder Konstruktion nicht aus, aber sie geben nicht den Ausschlag. Was den Anderen angeht, so versichert schon Sartre: »Man begegnet dem Anderen, man konstituiert ihn nicht.« (1991, S. 452) In der ›Begegnung‹ steckt ein mobiles Gegenüber, das mehr bedeutet als einen Gegenstand.

*Gelockertes Als.* – Ereignisse, die uns überraschen, entfalten ihre Wirkung in der Lockerung des Als, das sich wie ein Scharnier zwischen Pathos und Response schiebt und dem Ereignis einen Sinn gibt. Diese Lockerung, die auch das durchgängige Triebziel und das bewegliche Triebobjekt von einander abspaltet, läßt *Verschiebungen, Verdichtungen* und *Verkehrungen* zu. Diese äußern sich in Fehlhandlungen wie dem Versprechen, wenn etwa das Begleiten einer Dame sich in ein »Begleitdigen« verunstaltet. Die Vorsilbe »ver-«, die im Versehen, Verhören und Vergessen wiederkehrt, wird für Freud zum Merkzeichen unscheinbarer Abweichungen und zur »Marke der Verdrängung« (GW XII, 259). In der Körpersprache der Symptome verbergen und verraten sich ähnliche Sinnverschiebungen. So berichtet Freud in der 17. seiner *Vorlesungen zur Einführung in die Psychoanalyse* von einem allabendlich ausgeführten pathologischen Schlafzeremoniell, das weit über die Schaffung normaler Schlafbedingungen hinausgeht. Ein 19jähriges Mädchen verschafft sich allabendlich Ruhe, indem es die Standuhren zum Stillstand bringt, alle übrigen Uhren aus dem Zimmer entfernt, Blumentöpfe und Vasen zusammenräumt, damit sie nicht mit Geräusch zu Boden fallen, und indem es das Bettzubehör peinlich genau arrangiert. Freud stößt bei der Deutung dieser neurotischen Verhaltenssymptome auf Spuren einer Sexualgeschichte, deren Symbolik üblicherweise bis in die frühe Kindheit zurückreicht. Solche Sinnverschiebungen setzen voraus, daß der Sinn, den wir im Alltag Dingen und Personen zuschreiben, nicht völlig festliegt und daß somit nichts und niemand völlig das ist, als was es normalerweise gilt. So kommt es, daß Fehlhandlungen sich in unser eigenes Tun einschleichen und Fremdworte unsere eigenen Worte durchdringen. Diese Störanfälligkeit gehört zum Status des Menschen als eines »nicht festgestellten Tieres«. Seine Flexibilität bildet die Kehrseite seiner Labilität.

Methodisch fordert Freud eine *gleichschwebende Aufmerksamkeit*, die unseren Assoziationen freien Lauf läßt und verhindert, daß der Analysand nur wiederfindet und wiedergibt, was er schon weiß (vgl. GW VIII, 377 f.). Schon Karl Philipp Moritz, der zu den Wegbereitern des Unbewußten gehört, empfiehlt eine »Aufmerksamkeit fürs Kleinscheinende« (Lütkehaus 1989, S. 24). In Anlehnung an Husserls phänomenologische Epoché könnte man von einer *psychoanalytischen Epoché* sprechen, die den normalen Sinn in die Schwebe versetzt und der Genese freien Lauf läßt. Dies entspräche einer Phänomenologie der Aufmerksamkeit, die alle Aufmerksamkeitsakte genetisch auf ein Wechselspiel von Auffallen und Aufmerken zurückführt, das jeder gezielten Beobachtung vorauseilt. Zu den Vorläufern gehören Rousseau mit seinen Rêveries, in denen nicht nur unsere Überzeugungen und Absichten, sondern auch unsere Affekte suspendiert werden.[17]

## 6. Das entsetzte Selbst: Selbstentzug

Sinnstörungen führen dazu, daß *etwas in der Welt* seine gewohnte Bedeutung verliert und die Welt sich verändert. Die Veränderungen können unmerklich auftreten oder in massiver Form wie in der Folge von Gewalttaten, Kriegszerstörungen oder Naturkatastrophen. Was wir Selbststörung oder Selbstverstörung nennen, wird oftmals durch solche Sinnstörungen ausgelöst und geht vielfach mit ihnen einher; dennoch nimmt sie eine eigene Form an, indem sie *unser eigenes Sein in der Welt* erschüttert. Kurt Goldstein spricht in solchen Fällen von »Katastrophenreaktionen«. Die Unterscheidung zwischen Sinnstörung und Selbststörung entspricht bis zu einem gewissen Grad Freuds pathologischer Unterscheidung zwischen neurotischer Realitätsverdrängung und psychotischer Realitätsverleugnung (GW XIII, 365). Das Selbst, das sich in der Selbstsetzung auf sich verläßt, wird ent-setzt, abgesetzt, und dieser Vorgang löst vielfach ein affektives Entsetzen aus.

Als paradigmatisch erweist sich die *Traumatisierung*; gegenüber der normalen Verletzung bedeutet sie eine Steigerungsform, die sich in traumatischen Neurosen niederschlägt. Die Traumatisierung weist jedoch charakteristische Züge auf, die generell zur Aufklärung der Erfahrung beitragen. Die Verletzlichkeit, die der Erfahrung als solcher innewohnt, schärft unseren Blick für den tastenden Gang einer Erfahrung, die ihren Weg sucht und nicht schon hat.

*Schrecken*. – Ökonomisch betrachtet bedeutet Schrecken einen unkalkulierbaren Überschuß. Heidegger unterscheidet in *Sein und Zeit* (§ 40) zwischen Angst und Furcht.[18] Während das Was

17 Zur »Suspension« der gewohnten Affekte, die uns im gewöhnlichen Leben beunruhigen, vgl. das Kommentarwerk, das Heinrich Meier den *Rêveries* gewidmet hat (2011, S. 154); der Autor fragt sich allerdings, »was der *rêverie* die Kraft zur Abstandnahme oder zur Suspension der Affekte verleiht«.

18 Zum Problemkomplex der Angst, in dem Philosophen, Psychologen und Psychoanalytiker zusammenfinden, vgl. Hans-Dieter Gondek, *Angst Einbildungs-*

der Furcht etwas in der Welt ist, betrifft das Wovor der Angst die Welt als solche. Man fürchtet sich vor etwas Bestimmtem; doch man ängstigt sich um das Sein, das als »Nichts von Zuhandenem« nicht etwas ist und das in seiner »Unbedeutsamkeit« die »Nichtigkeit des Daseins« enthüllt. Im Hintergrund dieser Daseinsanalyse steht die Unterscheidung von Ontologischem und Ontischem, von Seinsentwurf und innerweltlichem Seienden, aber auch die Grundlosigkeit jeden Entwurfs. Im Gegensatz zu Heideggers existentialontologischer Differenz begnügt Freud sich zunächst mit der psychologischen Differenz von subjektivem Zustand und Objekt. »Angst bezieht sich auf den Zustand und sieht vom Objekt ab, während die Furcht die Aufmerksamkeit gerade auf das Objekt richtet.« (GW XI, 410) In diesem Richtungsunterschied spiegelt sich noch der Dualismus von Innen- und Außenwelt. Was jedoch darüber hinausführt, ist das Überschußphänomen des Schreckens. So fährt Freud an der gleichen Stelle fort: »Schreck scheint hingegen einen besonderen Sinn zu haben, nämlich die Wirkung einer Gefahr hervorzuheben, welche nicht von einer Angstbereitschaft empfangen wird. So daß man sagen könnte, der Mensch schütze sich durch die Angst vor dem Schreck.« Der Schreck entspräche dann dem zuvor erwähnten Widerfahrnis, das noch kein Etwas ist, vor dem man sich hüten und gegen das man sich abschirmen kann. Dem Schrecken ist der Mensch als leibliches Wesen mehr oder weniger ausgesetzt, und dieses Ausgesetztsein liegt auch Heideggers Unterscheidung von ontologischer Ermöglichung und ontisch Wirklichem, von apriorischen Strukturformen und empirischen Gehalten voraus. Die Exposition ist früher als jede Position. Levinas versteht dieses Ausgesetztsein primär als ein dem fremden Anspruch Ausgesetztsein, dessen hyperbolische Kraft er teilweise mit klinischen Ausdrücken wie Traum, Besessenheit, Paranoia und Psychose benennt.

*Fixierung.* – Traumatisch ist ein Ereignis, das dauerhaft als traumatisch erlebt wird. Das traumatische Ereignis, auf das der Patient fixiert bleibt, äußert sich in einem traumatischen Erlebnis, das seinerseits fixiert, eingefroren oder verhärtet ist. Descartes berücksichtigt in den *Passiones animae* (Art. 73) unter anderem die schockartige Verblüffung, die den Körper regungslos erstarren läßt wie

*kraft Sprache. Ein verbindender Aufriß zwischen Freud – Kant – Lacan* (1990), Kap. III, ferner SA Kap. 3: »Angst und Furcht als Ausdruck des Pathischen«.

eine Statue. Das Kräftespiel der Lebenszeit gerät hierbei aus dem Gleichgewicht. Das Gewicht des Lebensbedeutsamen verlagert sich einseitig auf die Vergangenheit, die nicht Gegenwart werden will.[19] Freud berichtet von einem jungen Mädchen, das an der erotischen Bindung an den Vater festhält und sich jeder Verheiratung verschließt. Es ist, als wären solche Menschen »an ein bestimmtes Stück ihrer Vergangenheit fixiert, verständen nicht davon freizukommen, und seien deshalb der Gegenwart und der Zukunft entfremdet«; sie stecken in ihrer Krankheit wie hinter Klostermauern (GW XI, 282). Das zu lebende Leben versinkt in einem abgelebten Leben, einem bloßen Vorleben. Die schöpferische Wiederholung, die Kierkegaard in seinem Denkexperiment als »Erinnerung in Richtung nach vorn« bestimmt (1956, S. 329), erstarrt zu einem Wiederholungszwang, infolge dessen dieselben Waschszenen und dieselben furchterregenden geschlossenen Räume oder offenen Plätze »in ermüdender Monotonie« wiederkehren (GW XI, 279).

*Traumageschichte.* – Das traumatische Ereignis bleibt kein isolierter Einzelfall, es bildet den Keim einer Geschichte, wie Freud sie beim Wolfsmann minutiös zutage gefördert hat. Entscheidend ist die eigenartige Zeitstruktur des traumatischen Geschehens. Wir haben es mit keiner wachsenden Sinngeschichte und keinem linearen Zeitablauf zu tun, aber auch nicht mit einer zentralen Gegenwart, die auf das Vergangene zurückstrahlt und in die Zukunft ausstrahlt, sondern mit einem eigentümlichen Zu-früh und Zu-spät. Das traumatische Ereignis tritt auf mit einer unwiderruflichen *Vorgängigkeit.* Dem entspricht die *Nachträglichkeit* der Antwort, die sich zunächst in Körpersymptomen verbirgt und die in der Therapie durchgearbeitet und durchleuchtet wird. In seiner Behandlung traumatischer Ereignisse geht Freud generell von einer Frühzeitigkeit aus, die durch eine erhöhte Verletzlichkeit und Schutzlosigkeit gekennzeichnet ist. Dazu gehört die Geburt als Trennung von der Mutter, aber auch die kindliche Angst vor der Dunkelheit beim Vermissen der Pflegeperson. Freud berichtet von dem Kind, das aus der Dunkelheit heraus ins Nebenzimmer hinüberruft: »Tante, sprich doch zu mir, ich fürchte mich«, und das auf den Einwand der Tante: »Aber was hast du davon? Du siehst mich ja nicht« zur

19 Ich sehe hier ab von der Aktualneurose, die sich in der Gegenwart verhakt, ohne einen Symbolisierungsprozeß zu durchlaufen; vgl. das entsprechende Stichwort in: Laplanche, Pontalis 1973.

Antwort gibt: »Wenn jemand spricht, wird es heller.« (GW XI, 422) Das Kind erweist sich als der bessere Phänomenologe; denn das leibliche Befinden, das in eine umweltliche und mitweltliche Situation eingelassen ist und bis in pränatale und symbiotische Phasen zurückreicht, läßt sich nicht auf getrennte Sinneskanäle verteilen (vgl. Klinckwort 2013). Die Trennungs- und Verlustgeschichten, die Freud in klinischer Absicht heranzieht, verraten samt und sonders etwas über unsere normale Erfahrung, die nie gänzlich normal ist. Immer dann, wenn Überraschendes durchbricht, macht sich der »Zauderrythmus« im Leben geltend (GW XIII, 43). Mit den Worten Derridas aus seinem Freud-Essay in *Die Schrift und die Differenz*: »Der Aufschub (*différance*) bildet das Wesen des Lebens«, das im eigentlichen Sinne kein Wesen ist, sondern eine Spur (1976, S. 311).

Zwischen Pathos und Response, von denen anläßlich der Sinnstörungen die Rede war, liegt eine originäre Zeitverschiebung, die ich als *Diastase* bezeichne, als ein Auseinandertreten der Zeit, das sich niemals restlos in einer sinnverbürgenden »Ursynthese« (Hua III, 292) einfangen läßt. Die Zeit fließt nicht gleichmäßig dahin, es bilden sich immer wieder Wirbel, die den Fluß stocken lassen.[20] Die Fremdheit der eigenen Vergangenheit gehört einer *Vorzeit* an, die wie unsere eigene Geburt nie Gegenwart war. Dies wirkt sich aus auf die Zukunft. Die Zukunft, die schon begonnen hat, wenn wir uns auf Zukünftiges beziehen, entzieht sich als *zweites Futur* der eigenen Planung oder der gemeinsamen Abmachung. Die Fremdheit unserer selbst gründet in der Vorzeitigkeit unseres leiblichen Daseins.

## 7. Fremde Botschaft: Fremdentzug

Die Fremdheit taucht bei Freud immer wieder in verschiedenen Wendungen auf. So stoßen wir auf ein Unbewußtes, das dem Bewußtsein »völlig fremd« ist, auf eine generelle »Ichfremdheit« des Es, auf eine Aufteilung der Außenwelt in einen »Lustanteil« und einen »Rest, der ihm fremd ist«; der Mutter tritt im Kind ein Teil des eigenen Körpers »wie ein fremdes Objekt« gegenüber; im Beob-

20 Zum »Wirbel der Zeit« als einem Motiv aus Merleau-Pontys Zeitlehre vgl. *Idiome des Denkens* (2005), Kap. 6.

achtungswahn wird die »unbequeme Macht« des Beobachters »als etwas ihm Fremdes nach außen verlegt« und so fort. Doch offensichtlich handelt es sich hierbei ausschließlich um zu bewältigende Formen der *Selbstentfremdung*. Symptomatisch ist eine Äußerung wie die folgende: »Es ist nichts Fremdes in dich gefahren; ein Teil von deinem eigenen Seelenleben hat sich deiner Kenntnis und der Herrschaft deines Willens entzogen.« (GW XII, 10) Doch wird die nachträgliche Aussonderung eigener Anteile und ihre Projektion nach außen der ursprünglichen *Spaltung des Selbst* gerecht? Diese Spaltung geht unseres Erachtens zurück auf den erwähnten Zweitakt von Pathos und Response, der sich in der doppelten Figur von Patient und Respondent manifestiert. Ich bin sowohl jemand, *dem* oder *der* etwas widerfährt, wie auch jemand, *der* oder *die* darauf antwortet, ohne daß die Rolle des Patienten je mit der des Respondenten zur Deckung kommt. Pathos und Response sind zwar aufeinander angewiesen, doch eines läßt sich nicht aus dem anderen herleiten, außer im *fait accompli* eines normal geregelten oder gar digitalisierten Erfahrungsablaufs, bei dem ein Glied der Ereigniskette unverzüglich in das andere greift.

Doch besagte Fremdheitsstruktur der Erfahrung betrifft nicht nur mich selbst, sondern ebensosehr meine Beziehung zu den Anderen. An dieser Stelle blende ich die Verführungstheorie von Jean Laplanche ein, die meinen phänomenologischen Erwägungen in vielerlei Hinsicht entgegenkommt. Der Autor hält Freud das Fehlen einer fremden Botschaft vor. Dieser Mangel hat seines Erachtens zur Folge, daß die Nachträglichkeit der traumatischen Erfahrung in zwei Teile zerfällt, in eine »aufgeschobene Wirkung«, die einer physischen Ursächlichkeit zuzurechnen ist, und eine »rückwirkende Deutung«, die einer psychischen Wunschprojektion entstammt.[21] Die traditionelle psychophysische Dualität, die an dieser Stelle unvermindert durchbricht, läßt keinen Platz für eine genuine Andersheit des Anderen, die sich infolge des Ineinanders von Ei-

21 Vgl. *Die unvollendete kopernikanische Revolution in der Psychoanalyse* (1996), S. 42; das Buch erschien 1992 auf französisch unter dem Titel *La révolution copernicienne inachevée* und wurde 1997 neu aufgelegt unter dem Titel *Le primat de l'autre*. Vgl. dazu den von Lothar Bayer und Ilka Quindeau herausgegebenen Band *Die unbewußte Botschaft der Verführung* (2014), darin meinen phänomenologischen Beitrag: »Der verführerische Andere«, wiederabgedruckt in: *Idiome des Denkens* (2005), Kap. 13.

genem und Fremdem der fraglichen Dichotomie von Außenwelt und Innenwelt, von Passivität und Aktivität, von Introspektion und Projektion entziehen würde. Es bliebe nur der Wunschzirkel, die Flucht unter die »Glückshaube« (GW XII, 133) – gestört durch die harte Realität.

Den traditionellen Vorurteilen, die an solchen Stellen immer wieder durchbrechen, begegnet Laplanche mit einer Psychoanalyse des radikal Fremden. Seine allgemeine *Verführungstheorie* vermeidet die Alternative von realer Verführung und bloßer Verführungsphantasie, in die Freud wie in eine Falle hineintappt. Folgende Punkte sind von entscheidender Wichtigkeit.

(1) Alles beginnt mit einer *Urverführung*: Die Mutterbrust – laut Freud das »erste Objekt des Sexualtriebes« (GW XI, 325) – bedeutet nicht nur Nahrungszufuhr, sondern auch eine »Nahrungseinfuhr« (Laplanche 1996, S. 43), die über die pure Behebung von Hilflosigkeit hinausgeht. Der Rekurs auf eine originäre Gabe untergräbt die Definition des Menschen als eines bloßen Mängelwesens. Diese erste Korrektur entspricht dem pathischen Ausgang der Erfahrung. Was uns affiziert, wörtlich: anmacht, was an uns appelliert, uns anspricht, kommt auf uns zu. Antworten bedeutet dann, auf etwas zugehen, das uns entgegenkommt. Das Geben der eigenen Antwort ist vom Entgegennehmen des fremden Anspruchs nicht zu trennen. Im Gegensatz zu Laplanche spreche ich in bezug auf den Anderen lieber von *Anspruch* als von Botschaft, um den Ereignischarakter des An-sprechens deutlicher von dem semantischen oder intentionalen Gehalt des Gesprochenen abzuheben und um zugleich den darin erhobenen Anspruch, analytisch gesprochen: die »psychische Arbeitsanforderung« hervorzuheben, die in der »Botschaft« liegt.[22]

(2) Was die Verführerin selbst angeht, so ist sie ihrerseits eine *verführte Verführerin*, da sich in ihr eine unbewußte Vorgeschichte des Fremden verkörpert, die intergenerative Ausmaße annehmen kann.[23] Der eigene Leib ist mit Fremdheit durchsetzt. Eine solche

22 Vgl. diesbezüglich Ilka Quindeau, *Spur und Umschrift. Die konstitutive Bedeutung von Erinnerung in der Psychoanalyse* (2004), S. 202. Die Autorin stellt uns vor die Frage nach einer responsiven Erinnerungsarbeit, die jenseits der Alternative von realer Wiedergabe und fiktionaler Derealisierung des Vergangenen ihren Weg geht.

23 Vgl. hierzu Golse, Roussillon 2010, S. 220-225 sowie eine aktuelle psychopoliti-

leibliche Verflechtung entspricht dem, was Merleau-Ponty als Zwischenleiblichkeit bezeichnet und mittels der rhetorischen Figur des Chiasmus oder der ophthalmologischen Figur des Chiasma verdeutlicht. Aus therapeutischer Sicht nimmt dieses Zwischen psychotische Formen eines »Übergangsleibs« an, mit dem sich der Psychotiker regressiv in ein frühes körperliches Ich-Stadium rettet (vgl. Küchenhoff, Warsitz 1992, S. 98).

(3) Die Botschaft: *ce qui m'arrive*, die also bei mir ankommt, mir geschieht, mir widerfährt, begreift Laplanche (1999, S. 229) als eine förmliche *Implantation des Anderen*. Ich habe selbst zeitig das Bild vom »Stachel des Fremden« gewählt, um die Eindringlichkeit dieser Urerfahrung hervorzuheben. Der fremden Botschaft entspricht auf seiten des Kindes eine *antwortende Übersetzung*, eine Übersetzung also, in der die Fremdheit des Urtextes gewahrt bleibt, so daß das Original weiterhin »durchscheinend« ist.[24] Eine solche Übersetzung geht jeder aktiven oder gar wechselseitigen Anerkennung voraus, wie sie sich zwischen autonomen Subjekten abspielen mag. Auf dem Boden dieser anfänglichen, unaufhebbaren Asymmetrie, die den Ansprüchen und Sprüchen des Ichs ins Wort fällt, begegnen sich radikale Psychoanalyse und radikale Phänomenologie des Fremden. Macht man mit diesen Voraussetzungen Ernst, so gelangt man zu einer *Verklammerung von äußerer und innerer Fremdheit*, die dem dualen Schema von Innen- und Außenwelt a limine widerspricht. »Die innere Fremdheit wird durch die äußere Fremdheit ›gehalten‹, und die äußere Fremdheit ihrerseits durch das rätselhafte Verhältnis des Anderen zu seinem eigenen inneren Fremden.« (Laplanche 1996, S. 32) Auf die Bedeutung dieses leiblichen Halts werden wir im nächsten Kapitel ausführlich zu sprechen kommen. Das Unbewußte erweist sich selbst als eine wandelbare Zwischeninstanz: »Weit davon entfernt, mein Kern zu sein, ist es der in mich implantierte Andere, der Metabolit des Anderen in mir: für immer ein ›innerer Fremdkörper‹.« (ebd., S. 135) Das »Kern-Selbst«, auf das sich Daniel Stern, ein Hauptvertreter der neueren Säuglingsforschung,

sche Studie von Maria Johne (in: Allert 2017, S. 43-56); darin geht es um transgenerative Identifizierungen und Traumatisierungen in der vom Staatssicherheitsdienst überwachten DDR, die bis heute bei »Wendekindern« in Form einer »gespaltenen Loyalität« Nachwirkungen zeigen.

24 Walter Benjamin, »Die Aufgabe des Übersetzers« (1972), S. 18; Laplanche beruft sich ebenfalls auf Benjamin.

beruft (vgl. 1992, Kap. 1), unterläge somit einer anfänglichen Kernspaltung.

Es gibt gewiß gute Gründe, nicht um jeden Preis bei der transzendentalen Phänomenologie Husserls oder bei der inzwischen als klassisch bezeichneten Psychoanalyse Freuds stehenzubleiben. Doch die inzwischen ausgerufene »intersubjektive Wende«, die uns wiederholt beschäftigen wird, mahnt zur Vorsicht. Nur eine Psychoanalyse, die innerklinisch und außerklinisch der Alterität ihren eigenen Raum gewährt und Eigenes und Fremdes nicht in einem fugenlosen Ganzen aufgehen läßt, trifft sich mit den Grundannahmen einer responsiven Phänomenologie, wie sie sich hier ankündigt. Alles eigene Verhalten trüge so besehen deutliche Züge eines Antwortens auf fremde Ansprüche, hervorgehend aus einem Ineinander von Eigenem und Fremdem. Die ›Sache des Fremden‹, die sich darin äußert, wird in den folgenden Kapiteln unter wechselnden Aspekten zur Sprache kommen.

# 2. Fremdheit in uns, außer uns und zwischen uns

Gehen wir dem Fremden in der Psychoanalyse auf den Grund, so stellt sich die Frage, wie das Fremde zu verstehen sei, ob als Resultat einer Entfremdung, die es soweit wie möglich zu beheben gilt, oder als Resultat einer Verfremdung, die sichtbar werden läßt, was der Erfahrung selbst an Fremdem innewohnt. Phänomenologisch gesprochen hätten wir es im ersten Fall mit einer vorläufigen und relativen Fremdheit zu tun, die vom Stand der gelingenden Aneignung abhängt, im zweiten Fall dagegen mit einer genuinen und radikalen Fremdheit, die an die Wurzeln der Dinge rührt. Speziell bleibt zu fragen, wie sich die Fremdheit meiner selbst mit der Fremdheit der Anderen verträgt. Dies betrifft sowohl das Verständnis des Fremden wie den Umgang mit ihm, der in der triadischen Aufsprengung einer Dyade, in der analytischen Situation der Übertragung, im Umschlag von Fremdheit in Feindschaft, in der Bedrohlichkeit fremder Blicke und Stimmen und in der Symbolisierung des Fremden auf exemplarische Weise ans Licht tritt.

## 1. Fremdheit als Defizit

Den Ausgangspunkt meiner Überlegungen bildet die Freudsche Grundgestalt der Psychoanalyse, die allerdings mit Fragezeichen zu versehen und nicht als Endfassung zu betrachten ist. Bekanntlich hat der Begründer der Psychoanalyse viele Begriffe geprägt oder neu geprägt, darunter Begriffe wie Es, Über-Ich, Narzißmus, Sublimierung, Verdrängung oder Übertragung, doch die Fremdheit gehört nicht dazu.[1] Dies bedeutet natürlich nicht, daß sie nicht

1 Um sich davon zu überzeugen, genügt ein Blick in diverse Begriffsregister und so auch in das von Laplanche und Pontalis herausgegebene *Vokabular der Psychoanalyse*. Allerdings sieht es in der traditionellen Philosophie nicht viel besser aus; in Band 2 (1972) des *Historischen Wörterbuchs der Philosophie* beschränkt sich der Artikel »Fremd, Fremdheit« auf einen logisch dürren Vierzeiler, ergänzt durch phänomenologische Zutaten wie »Fremderfahrung«, »Fremdich«, »Fremdpsy-

vorkommt, doch sie kommt nur in wechselnden Kontexten unter der Hand vor und unter Namen, die wie Deckadressen fungieren. Einige Textproben mögen dies belegen.

Die Skala des Fremden reicht von äußerster Ferne bis zu innerster Nähe. Den Außenpol bildet die Außenwelt, die nichtmenschliche Natur als das Reich des Nicht-Ich. Vom Ich aus gesehen zerfällt die Außenwelt in einen »Lustanteil« und einen »Rest, der ihm fremd ist« (GW X, 228). Die Kräfte der Natur bleiben »ewig fremd«, die beharrliche Tendenz zu ihrer Vermenschlichung ändert daran nichts (GW XIV, 338). – Die Fremdheit greift auf die Anderen über. Mit dem Kind tritt der narzißtisch gebliebenen Mutter ein Teil des eigenen Körpers »wie ein fremdes Objekt« gegenüber (GW X, 156). Selbst in der geliebten Person steckt ein »Stück Fremdheit« (GW X, 346). Zudem läuft durch die Mitwelt eine Scheidelinie, die meine Angehörigen als die »Meinen« von allen mir mehr oder weniger Fremden absondert. Diese Scheidung untergräbt »Idealforderungen« der Kultur wie das Gebot einer allgemeinen Nächstenliebe; denn da jede Liebe in ihrem Kern narzißtische Selbstliebe ist, verdient der Andere meine Liebe nur, wenn er mir ähnlich ist oder meinem Ichideal entspricht. Der »Fremde ist nicht nur im allgemeinen nicht liebenswert, ich muß ehrlich bekennen, er hat mehr Anspruch auf meine Feindseligkeit, sogar auf meinen Haß«, und da für den Anderen mir gegenüber das gleiche gilt, bleibt von dem biblischen Gebot nur ein *do ut des* übrig: »Liebe deine Nächsten, wie dein Nächster dich liebt« – oder eben nicht liebt (GW XIV, 469). Die Goldene Regel ist nicht mehr als eine vergoldete Regel. Wir werden im Rahmen der Religionskritik auf diese Einschätzung des Nächsten zurückkommen. – Eine letzte Steigerung erfährt die Fremdheit, wenn sie die »Festung Ich« (Musil) erobert und das eigene Ich sich selbst fremd wird. Hort dieser Urfremdheit ist das Unbewußte, das vom Bewußtsein als »völlig fremd, gegensätzlich« abgelehnt wird (GW XIII, 243); so zeichnet sich das Es, das als Triebreservoir fungiert und dem Ich als »seine andere Außenwelt« entgegentritt (ebd. 285), durch eine originäre »Ichfremdheit« aus (GW XV, 79). Diese Fremdheit ist nicht lediglich so zu verstehen, als gebe es etwas außerhalb des Verfügungsbereichs des Ichs, das

chisch« und »Fremdwelt«; erst in Band 12 (2004) wurde ein Artikel »Xenologie; Wissenschaft vom Fremden« nachgeschoben.

dem Ich fremd ist; sie ist vielmehr reflexiv zu verstehen als Fremdheit des Ich für sich selbst.[2] Sie erzwingt den Rückgang auf ein Es, das sich schon bei Lichtenberg und Nietzsche als ein »es denkt« ankündigt. Das Ich ist jedoch nicht einfach Niemand; denn ohne das Ich und seine »Eigenheitssphäre« gäbe es auch das Fremde nicht. Fremdheit ist ein Kontrastphänomen und ›fremd‹ ein zweistelliges Prädikat: etwas gilt als fremd in bezug auf etwas. Was die Verflechtung von Eigenem und Fremdem angeht, so bezeichnet Freud sie mit einer glücklichen, von der Dichtung inspirierten Wortwahl als das Unheimliche im Heimischen, das sich im Eigenen einnistet; es dringt nicht als »Neues oder Fremdes« von außen ein, sondern wurde durch Verdrängung »entfremdet« (GW XII, 254). – Die letzte Stufe einer illusionären und pathologischen Fremdheit ist erreicht, wenn die Abgrenzung des Ich gegen die Außenwelt unsicher wird oder die Grenzen unrichtig gezogen werden; dazu gehören »Fälle, in denen uns Teile des Körpers, ja Stücke des eigenen Seelenlebens, Wahrnehmungen, Gedanken, Gefühle wie fremd und dem Ich nicht zugehörig erscheinen, andere, in denen man der Außenwelt zuschiebt, was offenbar im Ich entstanden ist und von ihm anerkannt werden sollte« (GW XIV, 423 f.). So entstehen nicht nur Wunschbilder, sondern auch Angst- und Feindbilder.

Deutlich zeigt sich bei alldem, wie sehr das Fremde seinen Sitz im Leben hat. Die Fragen einer Zugänglichkeit und Unzugänglichkeit des Fremden werden nirgends rein kognitiv behandelt, etwa im Sinne einer Einfühlungsdebatte, durch die das cartesische Cogito hindurchschimmert; immer geht es zugleich um eine Zugehörigkeit und Nichtzugehörigkeit, die von affektiven Formen der Wertschätzung getragen wird und auf Widerstände stößt. Das *cogito* verliert als *desidero* seine Autarkie und Autonomie, in das *Auto* mischt sich ein *Heteron* ein. Im Gegensatz zum *cogito* läßt sich das *desidero* nicht verallgemeinern; es läßt sich keiner Ichheit und keinem Ich überhaupt zuschreiben, für das es am Ende gleichgültig ist, ob es, mit Kant zu reden, als »Ich, oder Er, oder Es (das Ding), welches denket« bezeichnet wird (KrV B 404). Rimbauds bekannte Formel aus dem *Zweiten Seher-Brief*, die in agrammatischer Form

2 Eine solche Fremdheit, die man als ein Außen des Innen bezeichnen könnte, findet sich auch bei Husserl, wenn er die präintentionalen, hyletischen Empfindungen als »Ichfremdes« (Hua XV, 128) und den Anderen als das »erste Ich-Fremde« (XVII, 248) bezeichnet.

von der ersten Person in der dritten spricht, bringt die originäre Andersheit des Ich treffend zum Ausdruck; es heißt dort nicht: »Es gibt einen Anderen außer mir«, sondern: »*JE est un autre – Ich* ist ein Anderer.« Diese Andersheit meiner selbst, die sich weder in ein reines Ich noch in ein reines Es verwandeln läßt, besagt mehr als die soziale Tatsache, daß es ein *alter ego*, daß es Mitmenschen oder Nebenmenschen gibt und daß das Subjekt in der Pluralität eines Wir auftritt.

Es kommt nun alles darauf an, wie das Fremde selbst beschaffen ist. Wir sehen, daß Fremdheit bei Freud wie bei vielen seiner Zeitgenossen durchwegs als Defizit bestimmt wird. Dies entspricht einer impliziten und latenten Philosophie, von der die Psychoanalyse nolens volens geprägt ist. Der Mensch versteht sich von Anfang bis Ende als ein *Wunschwesen*, das primär sein eigenes Wohlergehen sucht, auch wenn er es im Anderen sucht, und das unter einem dauernden, von Versagungen und Verboten hervorgerufenen Triebverzicht leidet, auch wenn er mit Anderen in einer gemeinsamen Welt lebt. Zugleich erfährt sich der Mensch in der Anfälligkeit und Hinfälligkeit seines Leibes als ein *gefährdetes Wesen*, dessen Selbsterhaltung von außen bedroht ist, so daß es Schutz sucht vor den Widrigkeiten des Lebens, und dessen Selbst von innen bedroht ist in seiner Auslieferung an die eigene Triebhaftigkeit, so daß es der Zügelung bedarf. Die Mutter als erste Geberin und der Vater als erster Gebieter fungieren als originäre Leitfiguren in einem Lebensdrama, das sich in seiner Frühform als ein Familiendrama darstellt. Das Geschwisterdrama tritt von Fall zu Fall verstärkend hinzu, indem es Rivalen ins Spiel bringt. Der Mensch erkrankt an sich selbst, indem er den Konfliktsituationen ausweicht und sich in Ersatzlösungen flüchtet. Dabei verlegt Freud, wie viele Psychopathologen nach ihm, die Konfliktsphäre in einen Grenzbereich zwischen Normalem und Pathologischem, der einen dauernden Balanceakt erfordert, da niemand gesichert oder verloren ist, solange er lebt. Das *dum spiro spero* bezieht sich auf den Lebensatem, der dem Lebendigen als solchem innewohnt. Im Mittelpunkt der Analyse stehen auffällige klinische Befunde und Patientengeschichten; doch die Analyse beginnt bereits fern der Klinik mit alltäglichen Fehlhandlungen und allnächtlichen Traumerlebnissen, und sie greift am Ende über auf kulturelle und kollektive Wunschvorstellungen. Sofern Fremdes hierbei eine unerläßliche Rolle spielt, könnte man von einer *Fremdheitsarbeit* sprechen, die das Fremde zu bewältigen sucht, analog zur Trauerarbeit, die einen langwierigen Prozeß der Lösung durch Ablösung durchläuft. Alle möglichen Winkel der Seele werden ausgeleuchtet.

Als problematisch erweist sich der Umstand, daß die phänomenbezogenen Beschreibungen, Deutungen und Ausgrabungen, beginnend mit der Erforschung der menschlichen »Ursituation« und sexueller »Urszenen«, weitgehend in ein theoretisches Gerüst gezwängt werden, das einer sedimentierten Philosophie entstammt, die sich vor allem gegen Ende des 19. Jahrhunderts nach Auflösung der großen Systeme im Schatten der methodisch und experimentell verfahrenden Wissenschaften entwickelt hat. Dies zeigt sich an Distinktionen wie Innenwelt und Außenwelt,[3] Aktivität und Passivität, Egoismus und Altruismus, die zunächst fraglos eingesetzt und nur teilweise und allmählich im klinischen Gebrauch umgemodelt werden. Die konzeptuelle Matrix ist nicht sonderlich originell, wenn man an Autoren wie Hobbes, Feuerbach, Schopenhauer, Nietzsche, Herbart, Helmholtz, Fechner, Wundt oder Lipps denkt. Es gibt Züge eines voranalytischen Freud, die denen des vorkritischen Kant gleichen. Vieles gehörte zu Freuds Zeiten zum Allgemeingut der gebildeten und speziell der wissenschaftlichen Öffentlichkeit, so daß die Frage, von wem Freud dieses oder jenes übernommen hat, als relativ unwichtig erscheint (vgl. Jones 1984, Bd. 1, S. 436). Was speziell das Fremde angeht, so läßt es sich in eine Formel fassen, die der alten Definition des Bösen gleicht: *alienum est privatio proprii* – das Fremde ist ein Mangel an Eigenem. Eine radikale Verfremdung des Eigenen ist so nicht zu erreichen.

Der Primat des Lustprinzips, das die Eigensphäre narzißtisch bestimmt, wird zwar am Ende durch Einführung des Todesprinzips gebrochen; doch mit diesem Kontrapunkt wird die Spirale der Selbstliebe lediglich zurückgespult bis zum völligen Spannungsabbau. Laplanche bietet eine Alternative an, indem er den Todestrieb nicht dem Eros entgegenstellt, sondern ihn dem Sexualtrieb einfügt im Sinne einer »Wiedereinrichtung des ungezähmten Pols der Sexualität« (1999, S. 203). In der Tat liegt die Pointe des Narzißmus nicht darin, daß das Selbst sich in irgendeiner Weise besitzt, son-

3 Die »Realität der Außenwelt« ist eine Erfindung der nachkantisch-fichteanischen Ichlehre. Vgl. den entsprechenden Artikel im *Historischen Wörterbuch der Philosophie*, Bd. 8 (1992).

dern darin, daß es sich selbst ausgeliefert ist. Der Narzißmus ist ein zweifelhaftes Geschenk, wie der Mythos des Narziß zeigt; es kann zu einem affektiven Kurzschluß kommen. Doch dies gehört schon zu den Deutungs- und Umdeutungsversuchen, die recht bald einsetzen. Melanie Klein verbindet den Todestrieb mit einer bereits während der Geburt einsetzenden »Vernichtungsangst«, die in der Spaltung der mütterlichen Brust in eine »gute« und eine »böse« Brust ihren frühzeitigen Niederschlag findet (1994, S. 167-174). Was Freud selbst angeht, so spricht aus dem Tod zwar nicht das Ich, aber auch nicht der Andere, der in der gelungenen Trauerarbeit einem Realtod anheimfällt derart, daß der »Respekt vor der Realität den Sieg behält« (GW X, 430). Besteht nicht die Gefahr, daß der neue Wein, den die Fremdheitsarbeit der Psychoanalyse in so reichlichem Maß herauskeltert, in alte Schläuche gefüllt wird?

## 2. Urmonade, dyadischer Ursprung und triadische Umwege

Die defizitäre und privative Auffassung des Fremden rührt daher, daß ein libidinöses Selbst den Anfang macht, als verstünde sich die Eigenheit meiner selbst und die Anhänglichkeit an mich selbst von selbst. Es ist, als wäre das Ich, mit Fichte gesprochen, Ich und Nicht-Ich zugleich. Letzten Endes geht es um die Grenzen des narzißtisch besetzten Ich, das sich zwar verkennt und sich in Frage gestellt sieht, das aber nicht vom Anderen her und durch den Anderen überhaupt erst zu sich kommt. Doch entspricht dies unserem Leben, das sich immer als ein Leben mit Anderen und durch Andere vollzieht? Gibt es nicht einen immer schon beschrittenen Weg zum Anderen und mit dem Anderen, der mehr bedeutet als einen Umweg zu mir selbst?

Schon zu Lebzeiten Freuds beginnt man in seinem Umfeld damit, das monadische Selbst mittels sogenannter *Objektbeziehungen* aus den Fängen der selbstbezogenen Triebwünsche zu befreien. Ich denke hierbei in erster Linie an den ungarischen Analytiker Michael Balint, einen Schüler von Sandor Ferenczi, der in den dreißiger und fünfziger Jahren zusammen mit Alice Balint eine Reihe von Studien verfaßte, die gesammelt in dem Band *Die Urformen der Liebe und die Technik der Analyse* (1981) vorliegen. Für Philosophen hat der Terminus ›Objekt‹ mehr mit sachlicher Objektivität zu tun als mit Andersheit oder Fremdheit; für Psychoanalytiker, die den Objektbegriff zumeist ohne sonderliche Hintergedanken benutzen, bedeutet ›Objekt‹ dagegen ein mehr oder weniger personales Trieb- und Behandlungsobjekt. Aus dieser Redeweise resultiert eine Verdoppelung des Objektbegriffs.[4] Balint, der dem »Liebesobjekt« seine besondere Aufmerksamkeit schenkt, geht in einem 1951 gehaltenen Vortrag »Über Liebe und Haß« von »prägenitalen« oder »primitiven« Objektbeziehungen des Kindes aus.[5] Hierbei stützt er sich auf folgende Voraussetzung: »Die urtümliche Objektbeziehung ist eine Beziehung, in welcher nur *ein* Partner Forderungen stellen darf, der andere wird als Objekt behandelt, wenn auch als Trieb- oder Liebesobjekt« (1981, S. 157). Was derart *als Objekt* behandelt wird, zeichnet sich offensichtlich dadurch aus, daß es *mehr* ist als ein bloßes Objekt. In der Sprache von Martin Bubers Dialogismus, der die Wortpaare »Ich-Du« und »Ich-Es« als Grundworte ansetzt, würde dies besagen, daß das Du zunächst nicht als Du, sondern als Es angesprochen wird (1962, S. 79), allerdings als ein Es, das der Unterscheidung von Jemand und Etwas vorausgeht. Der Ausgangspunkt von Balints Überlegungen findet seinen Ausdruck in der wiederholten These: »Das erste und ewige Ziel aller Objektbeziehungen ist der primitive Wunsch: *Ich möchte geliebt werden* ohne Verpflichtung meinerseits, ohne daß die anderen etwas von mir als Gegenleistung erwarten.« Von dieser Grundvoraussetzung wird angenommen, daß sie in die allmählich sich herausbildenden Fremdbeziehungen mit eingeht: »Alle ›erwachsenen‹ Weisen der Objektbeziehung, d. h. des Liebens und Hassens, sind Kompromisse zwischen dem ursprünglichen Wunsch und der Hinnahme einer unfreundlichen, unlustbereitenden, gleichgültigen Realität.« (Balint 1981, S. 284) Damit wird Ferenczis »passive Objektliebe«

4 Französische Analytiker wie André Green unterscheiden demgemäß zwischen *objective* und *objectal.*

5 Es gehört zur *splendid isolation* der frühen Psychoanalyse, daß Max Schelers mehrfach aufgelegte Sympathie-Schrift, die 1913 unter dem Titel *Zur Phänomenologie und Theorie der Sympathiegefühle und von Liebe und Haß* erschien, in den *Studien* nirgends erwähnt wird, während umgekehrt Scheler zu den wenigen Philosophen gehört, die Freud frühzeitig, wenn auch kritisch, rezipiert haben. Daß Schelers Werttheorie und Freuds Trieblehre vieles voneinander trennt, versteht sich. Zur Abgrenzung der responsiven Phänomenologie von Schelers Wertphänomenologie vgl. SA 85-93.

(S. 65 u.ö.) zwar durch eine primäre Liebe ersetzt, an der das Kind von Anfang an beteiligt ist, aber dies geschieht eben auf eine höchst einseitige Weise. Man ist geneigt, Goethe zu zitieren: »Wenn ich dich liebe, was geht's dich an?« Das Du ist ein Du von Gnaden des Ich.

Überzeugender klingen die Argumente, mit denen Balint in den zwischen Wien, London und Budapest schwelenden Konflikt um die Hypothese eines primären, objektlosen Narzißmus eingreift. In seinem Aufsatz »Frühe Entwicklungsstadien des Ichs. Primäre Objektliebe« von 1937 moniert er, dieser Urnarzißmus sei rein negativ definiert und ihm wohne eine »Vordatierungstendenz« inne,[6] so daß er sich in das »ewige Spiel mit den beiden Adjektiven ›schon‹ und ›noch‹« verwickle. Seinerseits schlägt er vor, die »narzißtische Befriedigung des Früh-Ichs« gegen eine »primäre Objektbeziehung« und die »Zweieinigkeit« einer Verschmelzung von Mutter und Kind gegen eine »Mutter-Kind-Einheit« einzutauschen (1981, S. 107-113). In seinen späteren Erläuterungen stellt er fest, daß die primitive Objektbeziehung der Fähigkeit zur Unterscheidung von Ich und Es vorausgehe und »sozusagen schon im Es vorhanden« sei (ebd., S. 135).[7] Aufs Ganze gesehen versichert er, er habe in seinen Analysen und Beobachtungen, soweit man auch in der Geschichte des Menschenlebens zurückgehe, ausnahmslos Objektbeziehungen vorgefunden. Die sogenannten autoerotischen Objektbeziehungen seien entweder belanglose Spiele oder Kompromißbildungen, die sich in der Analyse als »Trost- oder Trotzmechanismen für verlorengegangene oder konfliktuös gewordenen Objektbeziehungen« entpuppen (ebd., S. 62 f.). Lacan rät frühzeitig dazu, auf Begriffe wie Autoerotismus und Narzißmus gänzlich zu verzichten, weil in

6 Auch Husserls genetische Phänomenologie ist in der Suche nach einem urtümlichen Stadium der Sinn- und Ichbildung nicht frei davon, wenn etwa die »Primordialität« des Ich zur »Uroriginalität« gesteigert wird (Hua XV, 559).

7 Den Begriff der ›Verschmelzung‹ gebraucht auch Husserl, indem er im Anschluß an die Tonpsychologie seines Lehrers Carl Stumpf zwischen »sich abhebenden« und »verschmolzenen« Empfindungsinhalten unterscheidet; dabei geht es primär um graduelle Unterscheidungen und nicht um substantielle Ganzheiten (vgl. III. *Logische Untersuchung*, Hua XIX/1, 246-252). Später betrachtet er auch die »Urstiftung der Liebe« als »Verschmelzung« oder »Zweieinigkeit der Personen«, ohne daß die Eigenheit des Ich geopfert wird (vgl. Hua XV, 599). Die Annahme einer symbiotischen Verschmelzung von Mutter und Kind ist inzwischen sehr umstritten; ihr setzt Martin Dornes den »kompetenten Säugling« entgegen (1993).

diesem Frühstadium noch kein Ich konstituiert sei und es noch kein Ichbild gebe (*Die Familie*, in: *Schriften* III, S. 50).

Dies sind klare Worte, die alle Hintertüren hin zu einem angeblichen Urnarzißmus und Uregoismus verschließen. Doch es bleiben Fragen zurück. An erster Stelle stellt sich die Frage, ob die Korrektur des monadischen Ansatzes durch einen primär dyadischen Ansatz wie den der Mutter-Kind-Dyade nicht die unentbehrliche Rolle des Dritten schwächt oder unterschlägt.[8] Der Dritte ist es, der die Differenz zwischen mir selbst und dem/der Anderen aufrechterhält und artikuliert und so verhindert, daß der fragwürdige Urnarzißmus sich lediglich in die Spiegelungen eines reziproken oder pluralen Narzißmus verlagert. Der Dritte steht für die Fremdheit im Sinne einer *Zugänglichkeit des Unzugänglichen als des Unzugänglichen*; diese besagt, daß mir der Andere *als jemand* entgegentritt, der mir zwar gleichgestellt wird, aber nicht mit mir gleich ist. Alterität fällt nicht zusammen mit Egalität. Das Paradox eines »Gleichsetzen des Nichtgleichen«, das der Fremderfahrung innewohnt (vgl. SA Kap. 12), hält zwischen mir und dem Anderen einen Spalt offen, der sich nur mit Gewalt oder zum Schein schließen läßt. Die bloße Verkehrung des Egoismus in einen Altruismus, die zum fortwirkenden Erbteil der Moderne gehört, vertauscht lediglich die Rollen, ohne die Erfahrung im Zuge einer veritablen Fremderfahrung aus dem Tritt zu bringen. Doch der Dritte spielt seine Rolle nur, wenn er als intervenierender Dritter in die Fremderfahrung eingreift, ohne sie als vermittelnder Dritter zu übersteigen oder sie im Gemeinsamen als einem geteilten Dritten aufgehen zu lassen.[9] Diese triadische Beziehung ist es, die in ihrer zunehmenden Radikalisierung des Fremden nicht nur von Husserl zu Levinas, sondern auch von Freud zu Lacan führt. Die Debatte, die sich daran anschließt, geht aus von der Vaterrolle, vom ödipalen Dreieck und den kulturellen Normen eines Überich, sie endet aber nicht dort; die psychoanalytisch vertrauten Motive werden vom fremden Antlitz, vom Symbolischen und auch von der Geschlechterdifferenz her umgedacht (vgl. Bedorf 2003, speziell S. 188-196).

8 Gemeint ist der/die/das Dritte; das Französische und das Englische tun sich leichter, indem sie personale Dritte als *tiers* oder *third* bezeichnen. Auf den Dritten kommen wir in Kapitel 7 anläßlich der Behandlung des Kranken zurück.

9 Zu den Nahtstellen, an denen der Dritte in die Fremderfahrung eingreift, vgl. AR II, 13-14; BE 251-258.

Weitere Fragen betreffen die immer noch allzu traditionelle Verwendung der Adjektive ›passiv‹ und ›aktiv‹, die mit der Ersetzung der passiven durch eine primäre oder primitive Liebe nicht plausibler wird. Kann ein Mensch, wie früh auch immer, einem anderen Menschen etwas abverlangen, ohne auf einen anfänglichen Anspruch zu antworten? Wohlgemerkt, was hier als Antworten bezeichnet wird, entspringt keiner reinen Passivität *vor* der eigenen Aktivität, die Balint mit guten Gründen zurückweist, wohl aber einer Passivität *in* der eigenen Aktivität, die sich schon bei Husserl findet.[10] Levinas gibt der Passivität eine zusätzliche paradoxe Schärfe; er proklamiert eine »Urpassivität«, die »passiver ist als jede Passivität«, passiver als jede Passivität, die ich mir selbst zumute und aus freien Stücken »übernehme« (1992, S. 49). Wir hätten es demzufolge mit einem Es zu tun, mit dem der Andere mir selbst zuvorkommt und mit dem ich mir selbst zuvorkomme, ohne Aussicht darauf, daß dort, »wo Es war«, jemals »Ich sein wird«. Eine derartige Abhängigkeit von einem Voranfang wäre kein Zeichen von Unreife und mangelnder Anpassung, und die Response als das Zurückgehen auf einen solchen Voranfang wäre nicht mit Regression gleichzusetzen. Die Rückbindung an einen Voranfang würde selbst noch das Ziel in Frage stellen, das André Green in engem Anschluß an Freuds Trieblehre mit der analytischen Situation verbindet, das Ziel nämlich, mittels der Befriedigung des Triebes, der ein Objekt besetzt, »auf einem Umweg über den Anderen zu sich selbst zurückzukehren« (in: Altmeyer, Thomä 2006, S. 238).

Ein weiteres Problem bildet das Verhältnis von Selbstliebe und Fremdliebe mitsamt ihren variablen pathogenen Aspekten. Alice Balint, deren Überlegungen und Forschungen in das gemeinsam mit ihrem Mann verfaßte Buch eingegangen sind, geht in einem eigens von ihr gezeichneten Kapitel zur Mutterliebe davon aus, daß »die Autoerotik und die archaische Verbundenheit mit der Mutter« zwar einander die Waage halten, daß sie jedoch beiderseits krankheitsanfällig sind, sei es in der »Überlastung der autoerotischen Funktion«, die zur Sucht entartet, sei es in der »Überbelastung der Objektbeziehungen«, die bei einer allzu starken erzieherischen Unterdrückung der Autoerotik zur anklammernden Überanhänglichkeit führt. Als Therapeutin plädiert sie mit guten Gründen für

10 Siehe *Erfahrung und Urteil* (1958), S. 119. Zur vielfältigen Rolle der Passivität bei Husserl vgl. Montavont 1999.

ein dem Alter entsprechendes optimales Gleichgewicht und für die »Herrschaft des Realitätssinnes im Liebesleben des Menschen« (Balint 1981, S. 130 f.). Diese Ausbalancierung der Beziehung ist ein erster Schritt. Wir werden uns jedoch fragen, ob es mit der Suche nach Ausgewogenheit getan ist, ob nicht das asymmetrische Verhältnis von Pathos und Response mit seiner zeitlichen Verschiebung jeder Suche nach einem optimalen Gleichgewicht zuwiderläuft. Es fällt auf, daß weder bei Michael noch bei Alice Balint die Zeitverschiebung eine nennenswerte Rolle spielt.

Vor ähnliche Probleme stellt uns Winnicott mit seinem vielbeachteten Buch *Vom Spiel zur Kreativität*. Der Autor mißt der Kreativität des Spielens und des Miteinanderspielens eine große Bedeutung bei, doch ähnlich wie schon Freud betrachtet er jede Erklärung des kreativen Impulses als unmöglich. Es geht ihm lediglich darum, Kreativität generell mit dem Leben in Verbindung zu bringen; darüber hinaus begnügt er sich mit Hinweisen auf faktisch vorliegende Fähigkeiten und günstige Umweltbedingungen (1973, S. 82-85). Für die Kreativität des kindlichen Spiels bleibt dann nur der trockene Hinweis auf ein Paradox, das so klingt: »Das Kleinkind erschafft das Objekt, aber das Objekt war bereits vorher da, um geschaffen und besetzt zu werden.« (S. 104) Wie so oft trifft die Zirkularität manches, aber nicht alles. Der Zeitcharakter des besagten »bereits« und des »um zu« bleibt unerörtert; damit droht das Paradox herabzusinken zu einer bloßen zirkulären Tatsache, ohne daß das Unerklärliche darin ernsthaft zur Sprache kommt. Mit Balint gesprochen bleibt es beim Spiel mit dem ›schon‹ und ›noch‹. Selbst André Green greift zur Wunderwaffe der Dialektik, wenn es darum geht, den Wechselbezug von Trieb und Objekt zu entschlüsseln. So äußert er sich in bezug auf »Das Intrapsychische und das Intersubjektive in der Psychoanalyse« wie folgt: »[…] die Erschaffung des Objekts führt rückwirkend zur Erschaffung des Triebs, der das Objekt erschafft.« Und weiter dann: »Ohne Dialektik bleibt uns nichts anderes übrig, als uns des Triebs zu entledigen, weil wir nicht wissen, was wir mit ihm anfangen sollen.« (in: Altmeyer, Thomä 2006, S. 241). Könnte diese eingestandene Hilflosigkeit nicht daher rühren, daß anders als bei dem Doppelereignis von Pathos und Response, von Widerfahrnis und Antwort, auf die sich eine responsive Phänomenologie beruft, zwei Agenzien aufeinander angesetzt werden, die beide das erste Wort beanspruchen? Antworten bedeutet hingegen, nicht das erste Wort haben und somit auch nicht das letzte Wort behalten. Die klassische Dialektik beruht auf der Annahme, daß jeder in Teilnahme an einem gemeinsamen Medium, bei Hegel ›Geist‹ genannt, *im Grunde* auf sich selbst antwortet. Doch dies läßt sich weder mit Freuds Trieblehre noch mit Husserls Zeitlehre vereinbaren. In Freuds Feststellung: »Die Objektfindung ist eigentlich eine Wiederfindung« (GW V, 123) steckt das nämliche Rätsel, eingehüllt in das platonische Gewand der Anamnesis, es sei denn, man entschließt sich, das ›Wieder‹ aus den Kreisbahnen einer Wiederkehr des Selben herauszulösen, und versteht das Objekt als etwas, das seiner Natur nach wiedergefunden ist und dessen Verlust erst nachträglich durch Wiederfindungen hindurch zutage tritt (vgl. Lacan, *Seminar* VII, 1996, S. 147).

Schließlich bietet sich ein radikaler Ausweg aus den besagten Schwierigkeiten an. Man könnte versuchen, den Zirkel der Selbstfindung zu durchbrechen, indem man die Suche nach dem verlorenen Objekt mit dem Faktum des Verlusts enden läßt. Mit anderen Worten, das »Los der Sexualität« wäre es, »ohne adäquates Objekt« zu sein (Pontalis 1968, S. 65). Gegen eine solche Form von negativer Anthropologie erhebt Cornelius Castoriadis gravierende Einwände, indem er als Protagonist einer radikalen Imagination hervortritt. In Kapitel VI seines Buches *Gesellschaft als imaginäre Institution*, in dem es um die Verklammerung von Psyche und Gesellschaft und speziell um den monadischen Kern des Subjekts geht, stellt er fest: »Das Begehren hält sich nur in Ermangelung eines *begehrten* Objekts. Wie ließe sich aber von einem fehlenden Objekt sprechen, wenn die Psyche noch gar kein Objekt als begehrenswert gesetzt hat? Wie könnte ein Objekt begehrt werden, wenn es nicht besetzt worden ist, und wie könnte es besetzt worden sein, wenn es nicht in irgendeiner Weise ›anwesend‹ gewesen wäre? [...] Der Mangel als solcher, ob er nun ›real‹ oder irgendwie anders ist, begründet überhaupt nichts [...].« (1984, S. 480) Demgegenüber rekurriert der Autor auf ein radikal Imaginäres als Instanz einer Ursetzung, die nichts voraussetzt als sich selbst. Dies klingt nach einem adaptierten Fichte, der zu Beginn seiner *Wissenschaftslehre* erklärt: »Das Ich *setzt sich selbst*, und es *ist*, vermöge dieses bloßen Setzens, durch sich selbst; und umgekehrt: Das Ich *ist*, und es setzt sein Seyn, vermöge seines bloßen Seyns.« (1965, S. 259) Doch ob Ich oder Es, was heißt ›Setzung‹, wenn es um das Begehren geht? Für Castoriadis besteht der monadische Kern aus einem »Urzustand«, nämlich aus einem Zustand »ursprünglicher Ununterschiedenheit«, in dem »Proto-Subjekt« und »Proto-Welt« sich vollkommen decken, in dem das Subjekt als »Alles-Selbst«, als »unbeschränkte Lustquelle« regiert, in dem Sein unmittelbar ohne Intention Sinn *ist* und alle Wünsche erfüllt *sind* – gespeist aus einer »autistischen Libido«, der jedes reflexive Element ermangelt, wie es im »primären Narzißmus« immer noch enthalten ist (1984, S. 486-488, 491).[11] Eine »autistische Identifikation« soll der »transitiven Identifikation *mit* etwas oder jemandem« vorausgehen (S. 507). Allerdings bedarf es eines Bruchs mit dem monadischen Urzustand, um ihn als solchen zu erfassen und um überhaupt ein bestimmtes Objekt zu begehren und vorzustellen. Dieser Bruch wird unmittelbar der Seele zugeschrieben. Die Psyche hat nicht etwas verloren, vielmehr gilt: »Die Psyche ist ihr eigenes verlorenes Objekt.« Sie besteht aus nichts anderem als der Suche nach sich selbst. Der ursprüngliche Verlust wird folglich nicht als ein Widerfahrnis begriffen, das der Seele zustößt, sondern als eine ursprüngliche Leistung, die von ihr selbst erbracht wird. »Dieser Selbstverlust, diese Selbstspaltung ist die erste Leistung, die die Psyche zu ihrer Aufnahme in die Welt erbringen muß – und die zu erfüllen sie sich weigern kann.« (S. 492) Mit einer radikalen Psychogenese, die in eine Kosmogenese übergeht, versucht der Autor, Freuds Archäologie zuvorzukommen. Der »Gang zu den Müttern« endet gleichsam in einer Urzeugung.

Doch können Psychoanalyse und phänomenologische Sinnanalyse sich derart selbst übertrumpfen, ohne sich selbst den Boden zu entziehen? Hinter der monadischen Selbstzentrierung, die als Autoerotik, als Autopoiese oder als Autonomie[12] alles Dyadische und Triadische hinter sich läßt, steht eine kreationistische Auffassung von menschlicher Freiheit, die ihre eigenen Bedingungen überspringt. Hier gibt es keine »noch stumme Erfahrung«, die zur »Aussprache ihres eigenen Sinnes« gebracht werden könnte. Der Voranfang wird zu einem absoluten, zeitlosen Anfang hypostasiert.

11 Daß Adjektive wie ›autistisch‹ und ›primär‹ in einfachen Anführungszeichen stehen (S. 487), zeigt, daß der Autor auf seine Weise an Unsagbares rührt. Dies hält ihn nicht davon ab, sich immer wieder auf Gewährsstellen bei Freud zu stützen.

12 Mit einer radikalen Heteronomie im Sinne von Levinas (vgl. *Die Spur des Anderen*, 1983, S. 185-188) oder von Lacan (vgl. *Écrits*, S. 524, *Schriften* II, S. 50) hat sich Castoriadis nie wirklich auseinandergesetzt.

Es versteht sich, daß für den Gedanken einer responsiven Freiheit, die beim fremden Anspruch beginnt, aber auch für den Gedanken eines Begehrens, das sich auf fremdes Begehren einläßt, kein Raum bleibt.[13]

## 3. Fremdheit als Entzug

Kehren wir zurück zur Frage nach der Fremdheit des Anderen. Eine Alternative, die aus den Engpässen einer allzu geradlinigen Objektbeziehung hinausführt, bietet sich an, wenn der Mensch auch und gerade in seinem Begehren als responsives Selbst begriffen wird. Damit kommen wir zurück auf unsere Spielart von Phänomenologie, die der Responsivität einen zentralen Platz einräumt. Sie geht aus von einem Doppelereignis aus Pathos und Response. Das *Pathos* steht ähnlich wie das ursprüngliche griechische Wort für all das, was uns widerfährt, was uns affiziert oder an uns appelliert. *Response* meint dagegen, daß wir auf das eingehen, wovon wir getroffen oder angesprochen sind. Hinzu kommt die schon erwähnte Zeitverschiebung, die Freud in seiner Analyse und Behandlung traumatischer Ereignisse durchaus berücksichtigt, und zwar in Form einer originären »Nachträglichkeit«. Deren Bedeutung entwickelt Freud aus der frühen Verführungsszene des Wolfsmannes. Doch diese Zeitfigur wird zwischen der Alternative von realer Wirkung und wunschgemäßem Phantasma zerrieben, wofern nicht das Erinnern selbst als ein Antworten begriffen wird.[14] Die Zeitverschiebung, die ich mit einem alten Ausdruck als *Diastase* bezeichne, bedeutet, daß das Selbst ursprünglich als geteiltes oder gespaltenes Selbst auftritt, nämlich zum einen als Patient, dem etwas geschieht, und zum anderen als Respondent, der darauf antwortet. Diese

13 Um die nötige Debatte mit Castoriadis habe ich mich bemüht, ohne eine wirkliche Antwort zu erhalten. Vgl. DFG Kap. 11: »Der Primat der Einbildungskraft« und SA Kap. 14: »Revolutionäre Praxis und ontologische Kreation«.

14 Zu dieser Debatte, an der Lacan, Laplanche, Derrida und viele andere sich beteiligt haben, vgl. BE 325-334 und in aller Ausführlichkeit Ilka Quindeau, *Spur und Umschrift* (2004). Golse und Roussillon betonen, daß die Nachträglichkeit nicht in einer einzigen Richtung dem Zeitpfeil folgend zu entziffern, sondern vielmehr als »zwiegerichtet (*bidirectionelle*)« zwischen Vergangenheit und Gegenwart zu verorten ist (2010, S. 218 f.).

Spaltung ist nicht mit der Freudschen Ichspaltung zu verwechseln, in der zwei psychische Einstellungen einander Konkurrenz machen. Wollen wir einen Vergleich aus der Wahrnehmungslehre heranziehen, so gleicht sie eher der Abhebung von Figur und Grund als dem Gegensatz von warmen und kalten Farben. Was sich derart differenziert, entspringt dieser Differenzierung und geht ihr nicht voraus. Das leibliche Selbst, das phänomenologisch als ein Zugleich von Selbstbezug und Selbstentzug in Erscheinung tritt, ist also weder mit dem topischen Ich oder dem topischen Es von Freud zu verwechseln, noch läßt es sich postfreudianisch mit der eigenen Person oder dem narzißtischen Selbst im Sinne von Heinz Hartmann und Heinz Kohut gleichsetzen (vgl. Seewald 1992, S. 166).

Was nun die Fremdheit dessen angeht, was uns widerfährt, so besteht sie nicht darin, daß etwas nicht vorhanden ist und schlechterdings fehlt, sondern darin, daß etwas leibhaftig da ist und uns in Anspruch nimmt, *indem es sich entzieht*. Das Nichtkönnen geht dem Nichtdürfen voraus. Auch bei Freud taucht der Entzug auf, aber eben als entfremdetes Eigenes. So heißt es, wie schon oben zitiert, in der Schrift *Eine Schwierigkeit der Psychoanalyse*: »Es ist nichts Fremdes in dich gefahren; ein Teil von deinem eigenen Seelenleben hat sich deiner Kenntnis und der Herrschaft deines Willens entzogen.« (GW XII, 10) Eine limitative Fremdheit, die sich dauerhaft der Aneignung entzieht, taucht am Horizont auf, wenn in der *Traumdeutung* (GW II/III, 617) unter Anspielung auf Lipps das Unbewußte als das psychisch Reale bestimmt wird, das *»uns nach seiner inneren Natur so unbekannt (ist) wie das Reale der Außenwelt«*. Doch wie vor allem französische Phänomenologen und Psychoanalytiker zeitig betont haben, durchdringen sich in der Fremderfahrung An- und Abwesenheit wie schon im Falle eines vergessenen Namens, der uns nicht einfallen will, der uns vielleicht zuwider ist, den wir aber auf der Zunge haben. Psychoanalytisch Geschulte pflegen dabei zu unterscheiden zwischen dem Vorbewußten, das besonderer Anstrengungen bedarf, und dem Unbewußten, bei dem wir auf Widerstand stoßen. Doch dies ist ein Unterschied, den wir nicht mit einem fixen Raster verwechseln dürfen, als gebe es ein eigentliches und ein uneigentliches Vergessen. Das Vergessen ist wie das Erinnern eine Erfahrung, die sich abschattet und aufspaltet, die sich selbst mehr oder weniger entgleitet.

Freud nähert sich einer elementaren Fremderfahrung, wenn er

bei der Arbeit der Analyse besonderen Wert legt auf das, was uns ohne unser Zutun auf unvorstellbare Weise einfällt oder auffällt. Auffälligkeiten des Verhaltens gehören zum Berufsfeld des medizinischen Diagnostikers oder des polizeilichen Detektivs; doch für die Psychoanalyse, die es mit dem unbewußten Versteckspiel des Patienten zu tun hat, reicht die genaue Beobachtung nicht aus. Es werden Techniken der Analyse wie die gleichschwebende Aufmerksamkeit und die freie Assoziation eingesetzt, um die Gefahr zu verringern, »niemals etwas anderes zu finden, als was man bereits weiß« (siehe oben, S. 53). Was hier unter *Ratschlägen für den Arzt in der psychoanalytischen Behandlung* auftaucht, fällt unter die Fremdheitstechniken, mit denen sich der Analytiker dem Pathischen gegenüber zurückhält, mit deren Hilfe er Unvorhergesehenes und Unerwartetes kommen läßt und auf diese Weise Antworten vorbereitet, die nicht bloß Gewohntes und Vertrautes wiederholen, sondern Verdrängtes hervorholen. Hierin trifft sich die psychoanalytische Gesprächskunst mit einer Phänomenologie der Aufmerksamkeit, die von einem leiblich mobilisierten Zweitakt von Auffallen und Aufmerken ausgeht und sich nicht auf den traditionellen Gegensatz von aktiver und passiver Aufmerksamkeit sowie auf die Angebote einer vorhandenen Aufmerksamkeitsbereitschaft beschränkt (vgl. PhA 154-161). Die von Freud empfohlene Gleichgültigkeit, die alle Elemente des Analysierten »gleichmäßig gelten läßt«, ist nicht zu verwechseln mit einer »Maske souveräner Indifferenz«, einer »affektiven Karenz«, wie Devereux betont (1974, S. 244), oder mit einer gefühlsneutralen Indifferenz, wie Laplanche uns einschärft (1999, S. 224). Für Jörg Scharff gehört die »verkörperte gleichschwebende Aufmerksamkeit« zur leiblichen Dimension der Psychoanalyse (2010, S. 175-181). Im Kampf gegen eine einseitige Digitalisierung, Programmierung und Fragmentierung der Aufmerksamkeit, die inzwischen bis in die Frühphasen der kindlichen und jugendlichen Erfahrung vordringt und alle Erfahrung ihrer kreativen und träumerischen Spielräume zu berauben droht, finden Phänomenologie und Psychoanalyse zusammen, solange sie ihren ureigenen Antrieben folgen.[15]

Antworten bedeutet generell, daß ich anderswo beginne, wo ich nie war und im vollen Sinne nie sein werde, was zugleich besagt,

15 Vgl. jüngst von psychoanalytischer Seite Vera Kings Beitrag »Geteilte Aufmerksamkeit« in: Johne 2017.

daß ich das Antworten nie gänzlich in der Hand habe. Ein Antwortapparat antwortet strenggenommen nicht, er reagiert. Im Antworten artikuliert sich das Fremde in Form eines *Überschusses*, der über unsere normalen Erwartungen hinausschießt. Wir erfahren anderes und mehr, als wir intendieren. Der Mensch als ein »nicht festgestelltes Tier« ist kein bloßes Mängelwesen, vielmehr ist er zugleich ein Überflußwesen. Auch dieser Einsicht nähert sich Freud, wenn er die frühe Sexualität des Kindes als »polymorph-pervers« charakterisiert, das heißt als ein Geschehen, das nicht eindeutig präformiert und geradlinig auf ein Ziel ausgerichtet ist. Doch damit allein ist es nicht getan. Sexualität, die ein Begehren des Anderen einschließt, ist genuin responsiv angelegt. Freuds libidinöser Leib erweist sich als Teil eines »leiblichen Responsoriums«, wie in *Antwortregister* gezeigt wird. Balint berücksichtigt die dem Begehren innewohnende Alterität, indem er als Mischform eine »genitale Liebe« ansetzt, die sich durch eine »Verschmelzung sehr verschiedenartiger Elemente: nämlich der genitalen Befriedigung mit prägenitaler Zärtlichkeit« auszeichnet (1981, Kap. VII). Die *Verdoppelung* des Begehrens zu einem Begehren des Begehrens bedeutet also nicht bloß, daß *ich mich* verdopple, sondern daß *ich mich im Anderen* verdopple. Lacans berühmte Umakzentuierung des Freudschen Mottos »*Là où fut ça il me faut advenir* – Wo *es war*, soll Ich werden« (*Écrits*, S. 524, dt. *Schriften* II, S. 50), wäre also zu erweitern durch den Satz »Wo *es* war, sollst Du für mich werden«. Antwortend bin ich außerhalb meiner selbst, bin ich beim Anderen, selbst dann, wenn ich den fremden Anspruch abwehre oder ablehne. Laplanche spinnt diesen Faden fort, wenn er schreibt: »Das Ich ist keine endgültige Instanz. Es ist *gegen* eine grundlegende Alterität errichtet mit Hilfe von Sinngebung (Übersetzung) und Identifizierungen. Doch das Es ist selbst keine ursprüngliche Instanz, da es im Gegenteil Überbleibsel eines Prozesses ist, der das Un-übersetzte fallen gelassen hat.« (1999, S. 239) So steht hinter Freuds Satz: »Wo Es war, soll Ich werden« die umgekehrte oder komplementäre Maxime: »Wo Es war, wird (soll? muß?) immer noch Anderes sein« (1996, S. 36).

Nun mag man einwenden, was sich hier anmeldet, seien philosophische Bedenken, die nicht in die Tiefe der klinischen Erfahrung und bis zu den klinischen Fakten vordringen. Doch wie wir sehen, sind in der Psychoanalyse selbst längst Zweifel wachgeworden an einem Zuviel an Ichleistung. Ich berufe mich nochmals auf

Jean Laplanche, der Gedanken von Jacques Lacan auf den Anderen hin zuspitzt. Er wirft Freud vor, die kopernikanische Revolution, die das Ich dezentriert, kehre letzten Endes zurück zu einer Rezentrierung, die eine »Zähmung des Unbewußten« zur Folge habe. »Sicher, das Ich ist nicht Herr im eigenen Hause, aber schließlich ist es trotzdem ›zu Hause‹, bei sich«; so äußert er sich (1996, S. 21), indem er mit dem Doppelsinn von *chez soi* spielt. Selber geht er davon aus, daß der Andere in Gestalt der nährenden und sorgenden Mutter von Anfang an in das Kind »implantiert« und »intromittiert« ist, so daß dessen Äußerungen als antwortende Übersetzungen einer fremden Botschaft zu verstehen sind. Dies würde bedeuten, daß unsere Antworten zwar den fremden Appell mehr oder weniger verpassen können und daß keine Antwort als endgültig zu betrachten ist, daß sie aber als Antworten unwiderruflich an den fremden Anspruch gebunden sind.

Es kann also keineswegs darum gehen, dem Pathologischen eine makellose Normalität entgegenzusetzen. Phänomenologen, denen es mit dem Fremden ernst ist, werden Freud beipflichten in der Annahme, daß jegliche Normalität Keime und Spuren des Pathologischen in und an sich trägt. Allerdings wäre das Pathologische dann nicht auf das bloße Leiden unter mangelnder Wunscherfüllung zurückzuführen, sondern mit Kurt Goldstein, der uns in späteren Kapiteln noch ausführlicher begegnen wird, wäre es insgesamt als eine Form verfehlter Responsivität, als *Irresponsivität* zu begreifen. Pathos und Response, die als Doppelereignis aneinandergekettet sind, können sich jederzeit voneinander abspalten. Mit der Schwächung des Pathischen nähern wir uns einer *Response ohne Pathos*. Daraus resultiert all das, was in der Psychoanalyse als Abwehr des Fremden, als Anklammerung an das Eigene, als Allmachtsphantasie, als Phobie, als rituelle Klischeebildung bekannt ist und das in seiner kühlen Reserviertheit als »Hyporeaktivität« eingestuft werden kann (Devereux 1974, S. 243 f.). Der Andere verliert dabei mehr oder weniger sein Gesicht. Auf der anderen Seite nähert sich die Überwältigung durch das Pathische einem *Pathos ohne Response*. Die zunehmende Unfähigkeit zur Antwort äußert sich in Schockerlebnissen, in der Sprach- und Hilflosigkeit von Traumatisierten, in Wahnvorstellungen, in denen sich nicht nur die Eigenheit des Selbst, sondern auch die Andersheit des Anderen verflüchtigt. In der Medizin gibt es zwar auch die traditionelle Schockbehandlung; doch – wie Devereux als Psychiater betont (S. 218 f.) – kann der Elektroschock zwar für eine Behandlung zugänglich machen, aber er taugt nicht als therapeutisches Mittel, das selbst strukturierend wirkt.

Die Irresponsivität, in der Pathos und Response sich voneinander abspalten, kann verschiedene Formen annehmen. So stößt die Theorie und Therapie schwerer Persönlichkeitsstörungen, die als Borderline-Erkrankungen bekannt sind, auf Versuche, den Verlust des Urobjekts und die daraus resultierende Angst vor den »schwarzen Löchern« eines unansprechbaren und antwortlosen Nichts, die Gaetano Benedetti als *Todeslandschaften der Seele* beschwört, zu überwinden durch die »Erschaffung narzißtischer Objekte, die das Verlorene ersetzen sollen«, und dies vollzöge sich demnach »in einem omnipotenten Raum, in dem sie ganz der Kontrolle ihres Schöpfers unterliegen und immer verfügbar sind«. Diese vergebens unternommene »Wiederherstellung des Verlorenen im narzißtischen Raum« deutet Christa Rohde-Dachser als »Inszenierung des Unmöglichen«. In der Sprechweise einer responsiven Phänomenologie würde dies besagen, daß jemand beharrlich sich selbst die Antwort gibt, die nur der oder die Andere geben könnte und die vom Patienten vergebens erwartet wird.[16]

Die erwähnte Polarisierung von Pathos und Response hat ihre Auswirkung auf die Zeitstruktur des Erlebens, die wir als Diastase bestimmt haben. Der *Fixierung auf das Vergangene*, die auf jede Traumatisierung zutrifft, entspricht auf der Gegenseite eine *Entleerung der Zukunft*. Als Fremderfahrung ringt jede Erfahrung mit dem Paradox einer Wiederholung des Unwiederholbaren, da Fremdes sich nur in der Wiederholung als *etwas Fremdes* darstellt, sich dabei aber einer abschließenden Feststellung entzieht. Der Polarisierung entspricht daher einerseits die Tendenz zu einem bloßen Wiederholen des *Unwiederholbaren*, das sich dem Unmöglichen als einem Fremden ohne Eigenes ausliefert, andererseits die Gegentendenz hin zu einem bloßen *Wiederholen* des Unwiederholbaren, das sich im Zuge eines Wiederholungszwangs an die künstliche Wirklichkeit anklammert, als gäbe es Eigenes ohne Fremdes. Für den

16 Ich beziehe mich auf den von Christa Rohde-Dachser und Franz Wellendorf herausgegebenen Band *Inszenierungen des Unmöglichen* (2004), speziell auf den Beitrag der Herausgeberin, S. 44, zu Benedetti vgl. S. 42. Mein eigener Beitrag zu diesem Band versucht unter dem Titel »Gelebte Unmöglichkeit« den phänomenologischen Hintergrund pathologischer Unmöglichkeiten auszuleuchten.

erwähnten Borderline-Patienten bedeutet dies das »Gefangensein in einer endlosen Gegenwart« (Rohde-Dachsner, a. a. O., S. 40 f.).

Im affektiven Bereich kehrt diese Polarisierung wieder in dem Kontrast von Angst und Furcht. Man hat Angst *vor nichts*, indem man in einen Abgrund blickt, man hat Furcht *vor etwas*, indem man das Schreckhafte dingfest zu machen glaubt. Diese phänomenologisch zu beschreibende Polarisierung findet bei Freud ihre klinische Entsprechung in dem bereits erwähnten zwiefachen Realitätsverlust bei Neurose und Psychose, der von Verkennung und Verleugnung getragen ist: »Die Neurose verleugnet die Realität nicht, sie will nur nichts von ihr wissen. Die Psychose verleugnet sie und sucht sie zu ersetzen. Normal oder ›gesund‹ heißen wir ein Verhalten, welches bestimmte Züge beider Reaktionen vereinigt, die Realität so wenig verleugnet wie die Neurose, sich aber dann wie die Psychose um ihre Abänderung bemüht.« (GW XIII, 365)

Wir fragen uns allerdings, ob dieser Realitätsverlust sich nicht von Anfang an vor dem Hintergrund einer Fremdheitserfahrung vollzieht und ob er somit nicht von vornherein und gleichzeitig als ein Alteritätsverlust zu verstehen ist, der dem »Austritt aus der menschlichen Gemeinschaft« (GW IX, 92) seine letzte Schärfe verleiht. Was wäre das für eine Realität, die uns in keiner Weise anspricht und uns nicht einmal kaltläßt? Sie wäre nicht einmal fremd. Sie gliche dem kantischen Ding an sich, wenn wir davon absehen, daß selbst dieses als Grenzbegriff zu verstehen ist, ganz zu schweigen vom Realen bei Lacan, das als Verkörperung eines Entzugs das Begehren anstachelt. Freud räumt selbst ein, daß bei narzißtischen Neurosen die Übertragung versagt, weil die Erkrankten in diesen Fällen den Arzt zwar ablehnen, jedoch »nicht in Feindseligkeit, sondern in Gleichgültigkeit« verfallen (GW XI, 465). Dies wäre eine radikale Form von Apathie, von Indifferenz; doch selbst sie wäre immer noch als eine verunglückte Form des Antwortens zu verstehen, wie sie bei autistischen Kindern auftritt, die ihre Sprache als Schutzfunktion einsetzen (vgl. Bettelheim 1977, S. 565), oder wie sich an dem psychosomatischen Phänomen der Alexithymie, der Gemütsstummheit zeigt, das nach wie vor eine Form der Lexis darstellt (vgl. Küchenhoff 2012, S. 258). Die irresponsive Indifferenz, die darin besteht, daß jemandem etwas oder jemand anders gleichgültig ist, ist nicht zu verwechseln mit einer strukturellen Indifferenz, die als Grenzfall einer totalen Affektlosigkeit zu bestimmen wäre. Die Differenz gilt gemeinhin als ein nicht auszutilgendes Zeichen des Lebens; daher gibt es für den Mediziner Canguilhem »keine biologische Indifferenz« (1974, S. 84). Die Differenz ist darüber hinaus ein Merkmal guten Lebens; so bedeutet das Ethische für Levinas eine »Differenz als Nicht-Indifferenz« (1992, S. 187).

## 4. Zwischenleibliche Verflechtung innerer und äußerer Fremdheit

Es bleibt die Frage, wie die Fremdheit meiner selbst mit der Fremdheit der Anderen zusammengeht. Radikale Fremdheit, wie wir sie im Auge haben, besagt, daß die Fremdheit der Anderen nicht von außen kommt, als wären wir ursprünglich allein bei uns selbst, daß sie aber ebensowenig von innen her aufsteigt, als wäre sie das Produkt eigener Projektionen und Introjektionen. Daß der Mensch nicht Herr im eigenen Hause ist, rührt daher, *daß der Andere mich im eigenen Hause heimsucht.* Fremdheit, die als eine Art intimer Fremdheit zwischen uns aufkommt, unterläuft den Gegensatz von Außenwelt und Innenwelt; sie verweist auf eine Zwischenwelt, der wir als zwischenleibliche Wesen angehören, ohne daß dieses Zwischen sich in einem höheren oder umfassenden Dritten aufheben läßt und ohne daß es zu einem diffusen Ganzen verschmilzt. Schon Goethes Ginkgoblatt lehrt als Sinnbild der Liebe, daß ich »eins und doppelt« bin.

Hören wir nochmals Jean Laplanche. Aus der Dezentrierung des Ichs zieht er folgende Quintessenz: »Die innere Fremdheit wird durch die äußere ›gehalten‹ (*tenue*), und die äußere Fremdheit ihrerseits durch das rätselhafte Verhältnis des Anderen zu seinem eigenen inneren Fremden.« (1996, S. 32) Dieser Hinweis auf einen Halt im Anderen und Fremden, der dem aufrechten Gang zuvorkommt, ruft eine Reihe verwandter Bezüge wach.[17] Er erinnert an die mütterliche Funktion des *holding* und *handling* bei D. W.

17 Bei Freud taucht dieses Motiv beiläufig auf, wenn er anläßlich seiner Skepsis gegenüber der Tragfähigkeit eines »ozeanischen Gefühls« den Trostspruch eines »absonderlichen Dichters« zitiert, dem er allerdings höchstens einen »begleitenden Gefühlston« zubilligt: »Aus dieser Welt können wir nicht fallen.« (GW XIV, 422) Für das berühmte Spiritual *He's Got the Whole World in His Hands* dürfte ähnliches gelten.

Winnicott (1973, S. 148). Die deutsche Übersetzung dieser Verben mit ›Geborgenheit‹ und ›Sicherheit‹ läßt die leiblichen Bezüge allerdings verblassen. Das Halten, Tragen und Widerspiegeln spielt eine wesentliche Rolle im leiblichen Dialog und in der schweigenden Kommunikation zwischen Mutter und Kind (vgl. Seewald 1992, S. 292-300). Laplanches Hinweis erinnert ferner an Wilfred Bions Modell des *containers* als eines »lebendigen Behälters, der zusammen mit dem Gehalt, den er in sich aufnimmt, wächst«, der also nicht mit einem leeren Behälter zu verwechseln ist, der sich füllt. Die Erklärung dieses erläuterungsbedürftigen Modellbegriffs, der zwischen ›Behalten‹, ›Enthalten‹, ›Festhalten‹, ›Offenhalten‹, ›Bewahren‹, ›Umhüllen‹ und ›Aufnehmen‹ oszilliert, entnehme ich dem Vorwort der Übersetzerin von *Lernen durch Erfahrung* (1990, S. 26). Der Autor verweist selbst auf den Zusammenhang mit ›inneren‹ und ›äußeren Objekten‹ (ebd., S. 162), der vom cartesianischen Dualismus zweier Welten freizuhalten ist. Weiterhin wäre auf Didier Anzieus Konzept der Haut zu verweisen; der Autor versteht die Haut als einen Mutter und Kind einschließenden Behälter (*contenant*) (1992, S. 56) und als eine vielfältige Umhüllung des Haut-Ichs (ebd., 3. Teil). Schließlich gibt es Hinweise darauf, daß sich in der Polarität von Einhüllen und Abgrenzen, von Weichem und Hartem, Glattem und Rauhem auch Züge einer psychischen Bisexualität abzeichnen (vgl. Golse, Roussillon 2010, S. 81). Das Verschwinden solcher Halt gebender Übergangsorte deutet Ewa Kobylinska-Dehe, in Verknüpfung psychoanalytischer mit phänomenologischen Ansätzen, als eine Art »Decontainment der Welt«, das der Psychoanalyse den Garaus machen könnte (in: Walker 2014, S. 273-287).

Die Zwischenleiblichkeit, die schon in Kapitel 1 zur Sprache kam, hat sich längst als ein unentbehrlicher Bestandteil jeglicher Phänomenologie des Fremden erwiesen, und sie hat auch vor der Psychoanalyse nicht haltgemacht. Läßt sie sich jedoch ohne weiteres ersetzen durch den älteren Begriff der Intersubjektivität, wie es in der neueren Psychoanalyse vielfach in Mode gekommen ist, ohne daß viel über dessen komplizierte Herkunft nachgedacht wird? Ältere französische Autoren wie Daniel Lagache und Angelo Hesnard, die sich wie der frühe Lacan um eine wechselseitige Annäherung von Phänomenologie, Psychopathologie und Psychoanalyse bemühten und denen der Bezug zu Husserl noch eine Selbstverständlichkeit war, zielten ab auf eine Verzahnung von Intersubjektivität und Intrasubjektivität, die über eine schlichte Vervielfältigung und Bezüglichkeit von Subjekten weit hinausgeht. Angesichts der heterogenen Vielfalt dessen, was neuerdings, gestützt auf Objektbeziehungstheorie, Zwei-Personen-Psychologie, relationale oder intersubjektive Psychoanalyse, zumeist in den Fußstapfen von M. Klein, D. W. Winnicott, M. Balint und W. R. Bion, unter dem Etikett »Intersubjektivität« angeboten wird, stellt sich für Phänomenologen wie für Psychoanalytiker die Frage, ob die mühsam entdeckte Fremdheit und Alterität, die dem Anderen einen eigenen Status verleiht, auf diese Weise nicht verwässert wird. Wer von »Intersubjektivität« oder gar von »Intersubjektivismus« spricht, sollte sowohl die Subjektivität wie das Zwischen-den-Subjekten einer intensiven Prüfung unterziehen.

Einige Proben aus dem von Martin Altmeyer und Helmut Thomä herausgegebenen Band *Die vernetzte Seele. Die intersubjektive Wende in der Psychoanalyse* (2006) mögen genügen, um zu zeigen, was sich inzwischen mancherorts zusammenbraut. Thomas Ogden, ein Protagonist aus Übersee, stellt die »dialektische Bewegung von Subjektivität und Intersubjektivität« ins Zentrum der Psychoanalyse, und zwar als klinisches Phänomen. Dabei ist »mit *Subjektivität* jeweils die des Analytikers und des Analysanden als eigenständige Individuen mit einem jeweils eigenen Unbewußten gemeint und mit *Intersubjektivität* das vom analytischen Paar gemeinsam erzeugte Unbewußte« (S. 36). Diese umstandslose Sozialisierung des Unbewußten rührt an den Nerv der Psychoanalyse. Eine weitere Autorin, Jessica Benjamin, bietet als »analytisches Drittes« ein intersubjektiv verstandenes Drittes an, das als »Prinzip« fungiert (S. 68) und »gemeinsam hergestellt und miteinander geteilt wird« (S. 78). Die Gemeinsamkeit des Unbewußten fände ihre Stütze also in einem gemeinsamen Dritten. In den »europäischen Antworten auf die amerikanische Herausforderung«, die A. Green und J. Laplanche überlassen werden, wird einiges zurechtgerückt. Anders sieht es im deutschsprachigen Bereich aus. Als »Vorläufer des Intersubjektivismus« werden unter anderem Buber, Binswanger und Gadamer angeführt (S. 209-214). Am Ende geraten wir auf die altbekannten Bahnen der Hegelschen Anerkennung und zu deren Aufarbeitung durch Axel Honneth. Fremdheit und Fremderfahrung, die von Husserl über Merleau-Ponty bis Levinas vielfach erprobt wurden, spielen in dieser Überschau nahezu keine Rolle. So fehlt es der Intra-subjektivität ebenso wie der Intersubjektivität an einer konstitutiven und konfliktuösen Spannung, die dem Zwischen das nötige Eigengewicht geben könnte. Wieweit dieser Mangel auch die klinischen Befunde tangiert, mögen Experten entscheiden.

Eine französische Gegenprobe zu diesem frisierten Intersubjektivismus liefern Bernard Golse und René Roussillon in ihren gemeinsamen Überlegungen, die um die *Naissance de l'objet* kreisen (2010). In Anknüpfung an ältere Versuche gehen sie von der fortschreitenden Dynamik einer zwiefach extra- und intrapsychischen Differenzierung aus (S. 13). Dabei tritt das Objekt als »anderes Subjekt (*autre sujet*)« oder als »Subjekt-Anderer (*autre-sujet*)« zutage, beginnend mit der Mutter als »einer Anderen (*une autre*)«. Damit entfällt der solipsistische Ansatz, der das Objekt instrumentalisiert und es einzig vom Trieb her im Namen des Lustprinzips erfaßt; die Libido findet ihren Ort in einer »geteilten Lust« (S. 28-31). Der primäre Narzißmus kann fortan nicht mehr gedacht werden ohne die Vermittlung des Objekts; »er wird durchquert von Formen primärer Identifizierung, die sich auf Anhieb im ›Schlagschatten‹ des Objekts einrichten im Zuge einer Konstruktion des Subjekts«. Ähnlich wie einst Francis Ponge das *objet* in ein *ob-jeu* umwandelte, sprechen die Autoren von einem Zwischen-Ich oder Zwischen-Spiel (*entre-je*, *entre-jeu*), das aufrechterhalten wird von der Antwort (*réponse*), mit der das Objekt auf die Triebregungen des Subjekts eingeht (S. 94). Das Subjekt, das diesem Zwischen entstammt, ist weit entfernt von jeder fixen und diskreten Substanz, es geht hervor aus einem ursprünglichen »subjektiven Nebel« (S. 29). Schon Husserl spielt mit dem Gedanken eines Weltnebels; in der Genese der Welt ist so etwas wie der »nebelhafte und nie voll zu bestimmende Horizont« stets mit da (Hua III, 59).

Um das Fremde zu denken, reicht es also nicht aus, von Intersubjektivität zu sprechen, als stünden handfeste und standfeste Subjekte einander gegenüber. Es reicht nicht, von Beziehung zu reden, als ließen Eigenes und Fremdes sich in Form getrennter Bezugsglieder einander zuordnen. Schließlich wäre es verfehlt, auf einen symmetrischen Austausch zwischen Eigenem und Fremdem zu bauen. Vielmehr haben wir es mit Wesen zu tun, deren Fremdheit in Form einer Zwischenleiblichkeit aufeinander übergreift und ineinandergreift, ohne sich je völlig in eine umfassende Gemeinsphäre einzugliedern. *Wir sind und bleiben einander mehr oder weniger fremd.* Wenn von einer Beziehung zwischen dem Selbst und dem Anderen gesprochen werden kann, so nur in Überschreitung der Gesetze einer normalen Relationslogik, in der das Selbe mit dem Anderen verknüpft ist (AR 202-210), und in Überschreitung der Grenzen eines normalen Dialogs, der durch ständigen Rollentausch im Gleichgewicht gehalten wird. Freuds vielzitierte Behauptung, das Ich sei vor allem ein körperliches (GW XIII, 253), gewinnt damit eine genuin alteritäre Bedeutung. Die Selbstlust des sogenannten Lust-Ichs ist nicht nur polymorph zu denken, also ohne feste Zielbestimmung, sie ist ebensosehr ohne übergreifende Fremdlust zu denken. Dies setzt voraus, daß die Verschränkung von Eigenem und Fremdem auch das Unbewußte erfaßt; es besagt, daß Freuds Begriff des Unbewußten sich erweitert und das Unbewußte nicht allein von Triebreizen und Triebregungen regiert wird.[18]

## 5. Übertragung und Gegenübertragung

Die Zwischenleiblichkeit findet ein spezielles Bewährungsfeld in dem, was sich zwischen Analytiker und Patient abspielt, was in den Konzepten der Übertragung und der Gegenübertragung seinen technisch-methodischen Ausdruck gefunden hat und was heute vielfach, in stärkerer Anlehnung an den Handlungsbezug, unter dem Leitbegriff des Enactments erörtert wird, nämlich als unbewußte Verwicklung der Beteiligten in das Zwischengeschehen (vgl. *Psyche* Heft 12, 67, 2013). Damit betreten wir den Boden eines *indirekten Dialogs*. Der Analytiker spricht zwar mit dem Analysanden, doch er tut dies, indem er sich nicht als normaler Partner auf eine gemeinsame Sache einläßt, sondern in die Rolle eines *Dritten* schlüpft. Er führt ein Gespräch, indem er deutend

18 Was die aktuellen Debatten innerhalb der deutschsprachigen Psychoanalyse betrifft, so kann abschließend auf ein reichhaltiges Themenheft zum Unbewußten verwiesen werden: *Psyche* Heft 9/10, 67 (2013). Werner Bohleber skizziert im Editorial die Erweiterung des klassischen Unbewußten durch Formen eines dynamischen, eines nicht-verdrängenden und eines kreativen Unbewußten; Beiträge von Wolfgang Mertens, Michael Buchholz und Günter Godde zeigen, wie sich hierbei auch phänomenologische Anregungen nutzen lassen.

in das Gespräch eingreift und sich dabei gemäß der analytischen Grundregel jeder zustimmenden oder ablehnenden Stellungnahme enthält. Das indirekte Gespräch wird von ihm als ein buchstäblich zurückhaltendes Gespräch geführt. Umgekehrt ist der Analysand gemäß derselben Grundregel dazu verpflichtet, seinerseits nichts von dem, was ihm einfällt, zurückzuhalten oder zu sondieren. Die phänomenologische Epoché nimmt als psychoanalytische Epoché eine quasi-dialogische, asymmetrische Form an. Es kommt zu einer *Verfremdung des normalen Dialogs*, der darin besteht, daß Partner auf gleichem Fuß miteinander verkehren, mit vereinter Anstrengung ein gemeinsames Ziel verfolgen und einheitlichen Regeln folgen. Zu beachten ist allerdings, daß auch der normale Dialog verschiedene Formen annehmen kann; er ist bedroht vom Zerbröckeln der gemeinsamen Basis, vom Leerlauf bloßer Wortklauberei und von einer zunehmend medial gesteuerten Wortmanie, die in ihrer Wort- und Bilderflucht der Gedankenflucht gleicht. Als paradigmatisch gilt bis heute der platonische Dialog mit seinem wechselnden Geben und Nehmen des Logos. Doch schon Platon stellt uns vor die Frage, inwieweit sich die Urform der sokratischen Maieutik, die sich jeder Belehrung enthält, in einen solchen Dialog integrieren läßt. Die Beantwortung dieser Frage hängt davon ab, ob man das wissende Nichtwissen, zu dem Sokrates sich bekennt, als ein bloßes Noch-nicht-Wissen versteht, das sich durch beharrliches Suchen und Forschen in Wissen verwandeln läßt, oder aber als einen Wissensentzug im Sinne radikaler Fremdheit.[19]

Unser vornehmliches Interesse gilt jedoch der Frage, in welcher Form die Fremdheit des Anderen und die Fremdheit des eigenen Selbst durch die Übertragung ins Spiel gebracht werden. Was Freud angeht, so waren es bekanntlich die zusammen mit Josef Breuer durchgeführten Studien zur Hysterie, die seinen Blick auf das Phänomen der Übertragung lenkten, und dies in Abkehr von den Vorformen der Hypnose und der Suggestion (vgl. GW XI, 467). Ausdrücklich räumt er ein, daß so etwas wie Übertragung auch außerhalb der Psychoanalyse anzutreffen ist. So erklärt er in den Vorlesungen *Über Psychoanalyse*: »Die Übertragung stellt sich in allen menschlichen Beziehungen ebenso wie im Verhältnis des Kranken

19 Zur Bedeutung des sokratischen Nichtwissens als einer Vorgestalt des Unbewußten vgl. vom Verf. BE 299 f. und *Platon* (2017), S. 29, 98 f.

zum Arzte spontan her, sie ist überall der eigentliche Träger der therapeutischen Beeinflussung, und sie wirkt umso stärker, je weniger man ihr Vorhandensein ahnt. Die Psychoanalyse schafft sie also nicht, sie deckt sie bloß dem Bewußtsein auf, und bemächtigt sich ihrer, um die psychischen Vorgänge nach dem erwünschten Ziele zu lenken.« (GW VIII, 55)

Außerhalb der Psychoanalyse macht sich das Phänomen der Übertragung jedoch nur an gewissen Bruchstellen der Erfahrung bemerkbar. Linguistisch tritt es auf in der Form übertragener Bedeutungen, die griechisch als Metapher bekannt sind.[20] Institutionell äußert es sich als Übertragung (*translatio*) von Amtsgewalten und Rechten. Bei Freud begegnet uns diese politisch-rechtliche Form der Übertragung in der zögernden Antwort auf die von Einstein vorgelegte Frage: *Warum Krieg?* Mit einem Seitenblick auf klinische Befunde greift der Befragte zurück auf eine ursprüngliche Gewalt, die sich notdürftig in Recht verwandelt; er bestimmt diesen Übergang als »Überwindung der Gewalt durch Übertragung der Macht an eine größere Einheit, die durch Gefühlsbindungen ihrer Mitglieder zusammengehalten wird«. Doch Freud ist kein heimlicher Alchimist, der Gewalt in das Gold von Recht und Moral verwandelt; für ihn ist das Recht als »Macht einer Gemeinschaft [...] noch immer Gewalt« (GW XVI, 15 f.). Die Übertragung überträgt also, was sich im Grunde nicht übertragen läßt, weil es in der Psyche eines jeden steckt. Was am Ende als »kulturelle Einstellung« angeboten wird, findet in »organischen Begründungen« und einer »utopischen Hoffnung« nur einen dürftigen Rückhalt (ebd. 26).

Dieses pragmatische Umfeld liegt nicht gänzlich außerhalb des psychoanalytischen Arbeitsreviers, obwohl es in diesem Fall nicht Bedeutungs- oder Machtübertragungen sind, die den Ausschlag geben, sondern Gefühlsübertragungen. Schon die in der Metaphernforschung seit langem erörterte Frage, ob es primär Eigentliches und Vertrautes gibt, das erst sekundär auf Unbekanntes übertragen

20 Das griechische Wort μεταφορά leitet sich her von dem Verb μεταφέρειν, wörtlich = hinübertragen. In der aristotelischen *Rhetorik* (III, 2) begegnet uns nicht nur die Kunst des »Verfremdens (ποεῖν ξένην) der Rede«, sondern der Metapher wird etwas speziell »Fremdartiges (ξενικόν)« zugeschrieben. Dies schließt nicht aus, daß Übertragen für Aristoteles in erster Linie heißt, »das Ähnliche sehen« (*Poetik* 149a8). Daran knüpft Paul Ricœur in seinem Buch *Die lebendige Metapher* an (1986, S. 180).

wird, rührt an die Rolle des Unbewußten. In der *Traumdeutung* taucht zwar die Metapher nicht als ausdrückliches Thema auf, wohl aber die Übertragung in Form von Verschiebungen und Verdichtungen, die den »Übertragungsgedanken« (GW II/III, 610) gerade nicht anschaulich, sondern unkenntlich machen. Die Übertragung gehört zu den unbewußten Prozessen, denen der Träumende ebenso wie der Patient ausgeliefert ist. *Es überträgt sich etwas.* Insofern spricht Freud durchweg von einer Dynamik der Übertragung. Als Linguist legt Roman Jakobson in seinem Aufsatz »Zwei Seiten der Sprache und zwei Typen aphatischer Störungen« besonderes Gewicht auf die Differenz von Metapher und Metonymie, die dann von Lacan in die Sprache des Unbewußten übersetzt wird. Castoriadis wendet kritisch dagegen ein, daß solche Sprachformen »den Operationen des Unbewußten etwas erborgen, ohne freilich deren Vielgestaltigkeit und Reichtum wiedergeben zu können« (1984, S. 459).

Innerhalb dieses weiten Umfeldes, das eine Menge von Problemen aufwirft, stellt die Übertragung, mit der es die Analyse zu tun hat, etwas Besonderes dar. Schon im Nachwort zum *Bruchstück einer Hysterie-Analyse* präsentiert sich die Neurose der Patientin Dora als eine »Schöpfung von meist unbewußten Gedankenbildungen, welchen man den Namen ›*Übertragungen*‹ verleihen kann«; man muß sie »fast völlig erraten, auf geringfügige Anhaltspunkte hin« (GW V, 279 f.). In der 27. *Vorlesung*, die sich explizit mit der Übertragung befaßt, wird diese als ein Phänomen gekennzeichnet, das nicht lediglich einen störenden Zufall darstellt, sondern »mit dem Wesen des Krankseins selbst im Innersten zusammenhängt« (GW XI, 459). Zugleich wird sie als »neue Tatsache« eingeführt, die wir nur »widerstrebend anerkennen«. Das Anstößige liegt darin, daß der Analytiker, der zur Zurückhaltung verpflichtet ist, aus der Position eines neutral Deutenden herausgedrängt wird.

Drei Aspekte fallen besonders ins Gewicht. Erstens handelt es sich, wie gesagt, vorwiegend um eine Übertragung von Gefühlen. Zweitens werden die Gefühle auf eine andere Person, speziell auf die des Arztes und Analytikers übertragen. Drittens stammt die Gefühlsbereitschaft »anderswoher«, nämlich aus der Fremdheit einer kindlichen Vorgeschichte. Entscheidend für unsere Thematik ist der zweite Aspekt. Er besagt, daß der Andere für den Patienten als Objekt eigener Triebwünsche auftritt und in eins damit als ein

Adressat der Wunschäußerung, der seinerseits Wünsche hegt. Die Egozentrik ist durchbrochen, sobald die Kur beginnt; doch diese könnte erst gar nicht beginnen, wenn die Zentrierung auf die eigenen Wünsche nicht zuvor schon unterbrochen wäre. Läßt sich die Dynamik der Übertragung umstandslos mit der Annahme verbinden: »Ursprünglich haben wir nur Sexualobjekte gekannt« und keine »bloß geschätzten oder verehrten Personen«? (GW VIII, 371) Wird auf diese Weise nicht die permanente Steigerung der Erfahrung einer Entwicklungsfolge geopfert? Rimbauds Ausspruch »Ich ist ein anderer« ließe sich umformen in den Satz »Du ist ein anderer«, das heißt: Du bist jemand, der über ein bloßes Trieb- oder Lustobjekt hinausgeht. Übertragung bedeutet demgemäß, daß die Analyse anderswo beginnt und sich in einem Zwischenbereich vollzieht. Der Bezug von Übertragung und Gegenübertragung bildet einen »intersubjektiven Raum [...], in dem sich Erinnerungen formieren« (Quindeau 2004, S. 127).

Die Veranderung des Anderen, die sich darin andeutet und die im Laufe der Übertragung klar zutage tritt, bedeutet mehr als eine irrtümliche Verwechslung, wie wir sie aus Theaterszenen kennen. Aber selbst auf der Bühne ist, genau besehen, mehr im Spiel. Wenn im Prozeß des Wiedererkennens (ἀναγνώρισις) Unwissenheit in Erkenntnis umschlägt, wie Aristoteles aufzeigt (*Poetik* 11), so bedeutet dies ein Anders*werden*, kein bloßes Anders*wissen*. Im Ödipus-Drama wird uns dies besonders drängend vor Augen geführt: »Unseliger, mögest du niemals wissen, wer du bist«, so lautet Jokastes Wunsch für Ödipus, ihren Sohn und Gatten, dem allmählich dämmert, wer er ist (*König Ödipus* 1068). Ein solches Umdenken, dem wir als Zuschauer beiwohnen, gibt den Geschehnissen des Vatermords und des Inzests mit der Mutter, die Freud in den Mittelpunkt rückt, ihre letzte Schärfe. Doch das Eingeständnis der Tat richtet sich abermals an einen Adressaten. König Ödipus bekennt sich schuldig. Damit überschreitet das Schicksals-Drama den Rahmen eines bloßen Detektivdramas, das enthüllt, was im Verborgenen bereits vorliegt. Der von Pindar bis zu Nietzsche vielfach abgewandelte Satz »Werde, der du bist!«, der an der Bühnenwand aufscheint, läßt sich in seiner Verschlingung von Sein und Werden nur als eine paradoxe Form von Imperativ lesen, als eine Aufforderung, die stets zu früh oder zu spät kommt.

Doch kehren wir von der Bühne zurück ins Behandlungszimmer. Die Übertragung unterliegt nicht nur einer Eigendynamik, sie wird vom Analytiker gezielt als eine *Behandlungstechnik* eingesetzt. Eine solche Technik, die unter die Sozialtechniken fällt, beschränkt sich nicht darauf, *etwas* zu ver- oder bearbeiten, sie zielt vielmehr darauf ab, *jemanden* zu behandeln oder *an jemandem* zu handeln. Soweit eine Somatotechnik ins Spiel kommt, setzt sie heterosomatisch an; sie enthält einen leiblichen Fremdbezug.[21] Was auf seiten des Patienten entscheidet, ist »nicht seine intellektuelle Einsicht [...], sondern einzig sein Verhältnis zum Arzt. Soweit seine Übertragung von positivem Vorzeichen ist, bekleidet sie den Arzt mit Autorität, setzt sie sich in Glauben an seine Mitteilungen und Auffassungen um. Ohne solche Übertragung [...] würde er den Arzt und dessen Argumente nicht einmal zu Gehör kommen lassen. Der Glaube wiederholt dabei seine eigene Entstehungsgeschichte; er ist ein Abkömmling der Liebe und hat zuerst der Argumente nicht bedurft.« (GW XI, 463) Hier meldet sich ein unbefriedigtes »Liebesbedürfnis«, das sich »mit libidinösen Erwartungsvorstellungen« jeder neu auftretenden Person zuwendet (GW VIII, 365). An solchen Stellen wird deutlich, wie sehr es beim Gelingen einer Analyse darauf ankommt, nicht bloß gegen einen Realitätsverlust anzukämpfen, sondern ebenso gegen einen Alteritätsverlust, der im Gehörverlust seinen sinnlichen Ausdruck findet. Es geht um den realen, widerständigen Anderen, der real ist, und zwar nicht im Sinne einer bloßen Existenzaussage, sondern sofern er mehr darstellt als eine Ausgeburt eigener Wünsche und Phantasien. Freud betont immer wieder, daß es darauf ankommt, dem Wiederholungszwang zu entkommen und den Symptomen in der Übertragung einen »neuen Sinn« zu geben, so daß ein »Eigenleben« möglich wird, nachdem der Arzt seine Dienste getan hat (GW XI, 462). Balint spricht in diesem Zusammenhang von einem »Neubeginn der Objektbeziehung«, mit dem auch das Lieben neu beginnt (1981, S. 230 f. u.ö.).

Damit stellt sich die Frage nach der Rolle der Gegenübertragung. An einer der wenigen Stellen, an denen Freud diese ausdrücklich erwähnt, zählt er sie zu den Neuerungen der Technik, die das unbewußte Fühlen des Arztes betreffen. Die Gegenübertragung wird nicht analog der Gegenliebe als ein Zwischenphä-

21 Zu dieser spezifischen und prekären Form von Humantechnik vgl. vom Verf. GN Kap. 11: »Menschliches Leben zwischen Therapie und Technik« sowie AR 478-481: »Erfordernisse einer Heterosomatik«.

nomen gewürdigt, sondern als eine unvermeidliche Fehlerquelle auf seiten des Analytikers, die dieser durch Selbstanalyse in sich erkennen und bewältigen muß (GW VIII, 108).[22] Der Analytiker läuft Gefahr, sich von den Gefühlen des Analysanden anstecken zu lassen, er droht aus der Rolle zu fallen. Doch wiederholt sich damit nicht auf der methodisch-technischen Ebene der ursprüngliche Narzißmus und Egoismus, so daß dem Analytiker ebenso wie dem Analysanden letzten Endes nur die Wahl bleibt zwischen *zentrifugalen* Eigenbewegungen und *zentripetalen* Eigenbewegungen, die Fremdes lediglich abfangen, ohne auf das Fremde als solches einzugehen? Die Abstinenzregel wäre dann nur eine Schutzregel ohne eigene Bindekraft, ähnlich wie auf den Hobbesschen Sozialvertrag zutrifft, daß jeder ihn nur aus egoistischen Motiven einhält, falls er ihn einhält. Das Ziel der künstlich hergestellten Übertragung gilt als erreicht, wenn der »Entfremdung zwischen Ich und Libido ein Ende gemacht [...], die Libido von dem zeitweiligen Objekt der ärztlichen Person wieder abgelöst wird«, so daß sie nicht zu ihren früheren Objekten zurückkehren kann, sondern fortan »zur Verfügung des Ichs« steht (GW XI, 473). Hieße dies nicht, daß lediglich ein verblendeter durch einen aufgeklärten Egoismus ersetzt wird? »Bewußtmachen des Unbewußten, Aufhebung der Verdrängung, Ausfüllung der amnestischen Lücken«, so lauten die Formeln, mit denen die Veränderung beschrieben wird. Diese hat jedoch ihre Grenzen. »Der geheilte Nervöse ist wirklich ein anderer Mensch geworden, im Grunde ist er aber natürlich derselbe geblieben, d. h. er ist so geworden, wie er bestenfalls unter den günstigsten Bedingungen hätte werden können.« (ebd., 451 f.) Ist dies so natürlich? Der Arzt kann dem Genesenden nicht seine Entscheidungen abnehmen (ebd., 450). Der berechtigte Kampf gegen eine Moralisierung (wie auch gegen eine Politisierung oder Klerikalisierung) von Psychoanalyse und Psychotherapie verhindert, daß der Arzt definitiv die Rolle des Vaters, eines Landesvaters oder eines Gott-Vaters einnimmt. Doch könnte es nicht sein, daß die ausschließliche Qualifizierung der neurotischen oder psychotischen Krankheit als nicht realitätsgerecht all jene fremden Ansprüche überspringt, die schlechterdings nicht zur »Verfügung« des Ich stehen? Werfen

22 Zur Relativierung von Fehlern in der Psychoanalyse vgl. die Überlegungen von Gerhard Schneider, die unter dem Motto stehen: »Es gibt nicht das Wahre im Unwahren, wohl aber das Richtige im Falschen.« (2014)

die Mängel einer »latenten Anthropologie« nicht ihre Schatten auf die Medizin?

Es verwundert uns nicht, wenn die Verfechter einer »ursprünglichen Objektbeziehung« oder einer »urtümlichen Objektliebe« das Wechselspiel von Übertragung und Gegenübertragung anders beurteilen, mag es sich dabei auch um bloße Nuancen handeln. Dies gilt für Michael und Alice Balint. Nur zögernd, mit einem vorsorglichen *sit venia verbo*, benutzen sie den Ausdruck »Übertragung«, sobald es um die diversen Aspekte und Anteile dieser »vielfältigen und schwankenden Objektbeziehung« geht; in ihren Augen weisen alle angestrebten Veränderungen in die eine Richtung, »den Analytiker als ›wirkliche‹ Person anzunehmen« (1981, S. 165 f.). Dies würde mehr bedeuten, als den Arzt als »katalytisches Ferment« zu benutzen, wie Freud Ferenczi zitiert (GW VIII, 55), es würde mehr bedeuten, als sich von ihm zu lösen, sobald er seine Schuldigkeit getan hat. Auch eine indirekte Beziehung zum Anderen, die auf eine Veränderung der Beziehung abzielt und nicht auf ihre Ausübung, ist und bleibt eine Fremdbeziehung.

Das ungarische Autorenpaar widmet der Thematik der Übertragung und Gegenübertragung in den vorliegenden Studien ein eigenes Kapitel. Dabei gehen die beiden Autoren davon aus, daß positive und negative Übertragungen sich auch auf unbelebte Gegenstände richten können, so etwa, wenn wir im Zorn die Tür zuknallen oder die Hand über einen Stoff gleiten lassen. Die Tastwelt, der David Katz bereits 1925 eine umfangreiche gestalttheoretische Studie gewidmet hat, läßt sich als Urstätte einer Proto-Alterität verstehen, die uns später nochmals im Zusammenhang mit der Hautfunktion begegnen wird. Die Einseitigkeit einer Übertragung auf Unbelebtes versteht sich also schon beim Umgang mit Dingen nicht von selbst. Die Einseitigkeit läßt sich erst recht nicht durchhalten, wenn wir es mit Lebewesen und anderen Personen zu tun haben, da hier das andere Wesen selbst seine Emotionen überträgt (Balint 1981, S. 246 f.). Dies hat seine Auswirkungen auf die Übertragung in der Analyse. Die analytische Situation ist »das Ergebnis eines Ineinanderspielens von Übertragung und Gegenübertragung des Analytikers, kompliziert durch die vom Partner ausgelösten Reaktionen auf die jeweilige Übertragung«, und diese wird verstärkt infolge einer »durch die Persönlichkeit des Analytikers geschaffene analytische Atmosphäre«, zu der auch die Raumausstattung, der

Gebrauch von Kissen und Couch und der Ablauf der Sitzung beitragen (S. 251 f.).[23] Dies alles spricht gegen die Absicht einer »keimfreien« Analyse und gegen die Fiktion einer »Spiegel-Haltung«, die nichts von sich preisgibt. Wenn der Analytiker als Spiegel fungiert, so geschieht dies, indem er den Patienten aktiv widerspiegelt. »So klarer sich der Patient in dem Spiegelbild sehen kann, umso besser ist unsere Technik.« (S. 253)

Bei der Benutzung der üblichen Spiegelmetapher ist allerdings zu beachten, daß das wechselseitige Sich-Spiegeln aus einer gemeinsamen Situation stammt, ohne daß dies eo ipso zu einer gemeinsamen Sicht oder zu einem symmetrischen Sichtaustausch führt. Wer sich mit fremden Augen sieht, fühlt sich angeschaut, so wie sich mit fremden Worten angeredet fühlt, wer solche hört. Die Antwort auf den fremden Blick und auf die fremde Rede enthält als Antwort Anteile des Anderen, die sich weder restlos aneignen noch restlos neutralisieren lassen. Dem »halbfremden Wort« im Sinne von Bachtin entspricht ein halbfremder Blick. Die Gegenübertragung folgt nicht auf die Übertragung wie eine zweite Etappe, sie geht aus ihr hervor. Hierin trifft sich das Doppelphänomen von Übertragung und Gegenübertragung mit der Zwischenleiblichkeit und ihrer zeitlichen Verschiebung. Dies hat praktische Konsequenzen. Der Analytiker ist nicht austauschbar wie ein geeignetes Gerät, an der Analyse bleibt immer etwas von der Singularität des Beziehungsgeschehens hängen. Dies bedeutet, daß die Techniken der Analyse immer wieder neu zu erfinden und den jeweiligen Anforderungen anzupassen sind. Versteht man die analytische Technik als die *Art und Weise, wie* Analytiker und Analysand sich begegnen, so ist sie keine bloße Zutat; sie findet ihre Entsprechung in einer allgemeinen Phänomenotechnik, die darüber bestimmt, auf welche Weise sich etwas zeigt. Allerdings hat die Technik nirgends das erste und letzte Wort; entscheidend ist die Erfahrung, die an den Phänomenen und mit Patienten gewonnen wird.

23 Vgl. hierzu Jörg Scharffs detaillierte Behandlung der leiblichen Dimension in der Psychoanalyse (2010, 4. Kap.).

## 6. Schillern zwischen Fremdheit und Feindschaft

Das Ineinander von Eigenem und Fremdem konfrontiert uns mit einer Reihe weiterer Fragen. Ich werde mich abschließend auf das Verhältnis von Fremdheit und Feindschaft konzentrieren. Die Feindschaft kann man als einen Testfall der Fremdheit betrachten. Wie bei Freud selbst führt dies zu einer Erweiterung des Fragefeldes von inner- und zwischenpsychischen zu ethischen, politischen und kulturellen Konflikten. Der Übergang ist nicht problemlos, da der klinische Vertrag zwischen Patient und Therapeut, zwischen Analysand und Analytiker (vgl. GW XVII, 102) in der Gesellschafts- und Kulturkritik nicht seinesgleichen hat. Gesellschaften und Kulturen sind keine Patienten im Großen. Dennoch überkreuzen sich Psychoanalyse und Kulturanalyse, und zwar im Medium des Leibes, der sich auch hier als »Umschlagstelle« bewährt, nämlich im Umschlag von Natur in Kultur, von Kultur in Natur.

Beginnen wir mit einer »Urszene« des Fremden, wie sie sich auf der Theaterbühne abspielt, die für Freud eine mehr als beiläufige Bedeutung hat.[24] Der sophokleische Ödipus ist als Namensgeber für den Ödipuskomplex aus der Psychoanalyse nicht wegzudenken. Doch dies betrifft eher den *König Ödipus*, kaum den *Ödipus auf Kolonos*, den Freud mit Schweigen übergeht, nicht ohne Grund, wie zu vermuten ist, da er in dem erlösenden Finale wohl keine »psychologische Wahrheit« zu entdecken vermag.[25] Doch dies kann uns nicht davon abhalten zu schauen, wie die Leidensgestalt

24 Mit der »Urszene« und ebenso mit der Fechner entlehnten Verlagerung der Träume an einen »anderen Schauplatz« (GW II/III, 51, 541) spielt Freud auf die Theaterbühne an. Urszenen nehmen in der szenischen und situativen Praktizierung der Psychoanalyse interaktive Formen an (vgl. Scharff 2010, S. 11 mit Hinweis auf H. Argelander und A. Lorenzer). »Szenisch-sinnliches Verstehen« (ebd., S. 188 f.) besagt, daß man verwickelt ist in das, was man versteht. Zu den Wegbereitern einer Theatralik der Psychoanalyse gehört auch, wie schon erwähnt, Georges Politzer.

25 Zu diesem Schweigen vgl. die psychoanalytisch-literarische Studie von Heinz Politzer in *Psyche* Heft 7, 26 (1972). Der Literaturkritiker gibt zu bedenken, ob die »mythische Regression« des Finale, mit der die Tragödie sich einem »Bühnenweihfestspiel« annähert, nicht die Aufgabe der Tragödie verfehlt, nämlich eine »Bewältigung des Mythischen«, die der psychoanalytischen »Bewältigung des Unbewußten« entspricht (S. 513-518).

des Ödipus den Exilort Kolonos betritt.[26] Der Vatermörder und Mutterschänder begegnet uns an der Hand seiner älteren Tochter Antigone, als umherirrender Flüchtling (πλανήτης); als menschlicher Irrläufer trägt er denselben Namen wie der Planet als Irrstern. Nachdem er sich, wie zuvor in *König Ödipus* vorgeführt wird, in einem Anfall von Selbstbestrafung die Augen ausgebohrt hat, bleibt ihm nur das geschärfte Gehör eines Blinden: »Nur mit der Stimme [im Ohr] sehe ich«, so klagt er (138). Die Tochter ist es, die »für mich und für sich sieht« (33 f.). Die Frage, »wo wir denn sind« (12), müssen Andere beantworten. Diese Fremdheit, die sich in der Ortlosigkeit bekundet, verdoppelt sich. Der Ankömmling, der als Schutzflehender auf die Bühne tritt,[27] bezeichnet sich selbst als Fremden (ξένος), doch ebenso redet er den Einheimischen, der ihm als Wächter oder Späher entgegenkommt, als Fremden an: »O Fremder (ὦ ξεῖνε)«. Die Szene spielt sich an der »Landesschwelle« ab (57). Die Schwelle, die in der quantitativ messenden Psychophysik des 19. Jahrhunderts zur bloßen Hemmschwelle zusammenschrumpft, begegnet uns hier wie von alters her als soziale Schwelle, als der eigentümliche Ort des Gastes, der weder völlig drinnen ist noch völlig draußen.[28] Schwebend zwischen Hier und Dort sucht der flüchtige Gast Asyl an einem »heiligen Ort« (37), der »furchtbaren Göttinnen« (39 f.) geweiht ist, den Eumeniden, die die rachedurstigen Erinnyen abgelöst haben, aber weiterhin eine rechtliche Strafgewalt ausüben. Dem angesprochenen Einheimischen fehlt der Mut, ohne Weisung der Stadt über die Aufnahme zu entscheiden. Die Gastfreundschaft steht unter der Schirmherrschaft der Götter, die als Drittinstanz fungieren; gleichwohl wird sie, ähnlich wie das heutige Asylrecht, Menschen von Menschen gewährt oder verweigert.[29] Wir werden uns fragen, ob die *zwischenmenschliche*

26 Der Demos Kolonos, heute ein Vorort von Athen, gilt nebenbei gesagt als der Geburtsort des Dichters.

27 Das griechische Wort ἱκέτης (= der Schutzflehende) leitet sich her von ἥκειν (= angekommen sein). Die Hiketiden aus den Theaterstücken von Aischylos und Euripides sind im wörtlichen Sinne Ankommende.

28 Das griechische Wort ξένος bezeichnet sowohl den Fremden wie den Gast bzw. den Gastgeber.

29 In § 16a des deutschen Grundgesetzes heißt es lapidar: »Politisch Verfolgte genießen Asylrecht.« Doch um Asyl beantragen zu können, muß der Antragsteller bereits eingereist sein; das Überschreiten der Schwelle läßt sich in actu nicht legalisieren. Werden die Grenzen für Asylanden geschlossen, wie von Neonationali-

*Fremdheit*, die in einer solch mythologisch eingekleideten Bühnenszene zutage tritt, uns aber auch aus biblischen Urgeschichten und aus heutigen Emigrantenschicksalen vertraut ist, in Freuds Psychoanalyse hinreichend gewürdigt wird. Die Tatsache, daß Freud selbst mit einem Großteil seiner Gefährten das Emigrantengeschick zu erleiden hatte, gibt dieser Frage ein persönliches Gewicht, es macht die Antwort aber nicht leichter.

Zunächst stellt sich die Frage, von welchem Ort aus eine solche Flüchtlingsszene zu entschlüsseln ist, vom Ort des ankommenden Flüchtlings her oder von dem des einheimischen Stadtbürgers? Da beide als Fremde tituliert werden, stellt sich für den Zuschauer, der Zeuge dieser Szene wird, aber auch für den antiken Chor, der die Zeugenschaft auf der Bühne ausübt, die Frage, mit welcher Seite er sich identifizieren soll. Für uns Leser des Textes gilt ähnliches. Der Ort, der vom Flüchtling erbeten wird, und der Ort, der ihm von den Bewohnern und den zuständigen Autoritäten gewährt oder verweigert wird, fallen nicht zusammen, ganz zu schweigen von dem Ort, von dem aus die Bitte ergeht. Hier zeichnet sich eine Ortsfremdheit ab, die sich nicht in einer tabuisierten, von Ortsscheu und Ortsangst besetzten Örtlichkeit erschöpft, wie sie in *Totem und Tabu* beschrieben wird (vgl. GW IX, 31, 118). Auch der Zeuge, der als *testis* (= *tri-stis*) dazwischentritt, steht nicht über der Szene. In der Person des Zeugen zeichnet sich abermals die Figur des Analytikers ab; er greift in Konflikte ein, unter denen der Analysand leidet, aber er tut dies nur indirekt aus einer professionellen Distanz heraus. Der Therapeut gehört zu den »Übergangsfiguren«, die als stellvertretende Dritte im Umgang mit dem Fremden eine eigene Rolle spielen. Weitere Figuren der Stellvertretung, die ähnlich wie der Therapeut in einem indirekten Dialog agieren, sind der Richter oder der Zeuge im Gerichtsprozeß, der Dolmetscher als Sprachvermittler oder der Feldforscher als teilnehmender Beobachter (vgl. *Hyperphänomene*, 2012, S. 244-254).

sten verlangt wird, so wird dem Asylrecht buchstäblich der Boden entzogen. Mit dem einschränkenden Zusatz zu § 16a, der einschränkend auf das Woher der einreisenden Asylanwärter Bezug nimmt, wird das Dilemma lediglich verschoben. Es bleibt die »Fiktion einer Nichteinreise« – »wo Begriffe [und Taten] fehlen, da stellt ein Wort zur rechten Zeit sich ein«. Früher sprach man offenherziger von Displaced Persons. Zur philosophischen Beurteilung der Flüchtlingsfrage vgl. vom Verf. »Flüchtlinge als Gäste in Not« (*Dt. Zschr. f. Philosophie*, 2017).

Die Szene, die uns exemplarisch vor Augen steht, strahlt eine bedrohte Friedlichkeit aus, über der schwarze Wolken von Gewalt und Verfolgung schweben und deren weiteres Schicksal noch nicht entschieden ist. Wäre es nicht so, dann wären die Ankömmlinge keine Flüchtlinge, sondern Wanderer oder Zuwanderer. Feindseligkeit und Feindschaft mischen sich in die Fremdheit ein. Doch wie eng ist diese Beziehung? Ist es so, daß Fremdheit den Keim der Feindschaft in sich trägt und daß Freundschaft lediglich eine gehemmte Form der Feindschaft darstellt, ähnlich wie Zärtlichkeit für Freud »zielgehemmte Liebe«, also auch gehemmte Sexualität bedeutet?

Bei Freud vermischen sich Fremdheit und Feindschaft nicht nur, sie gehen bruchlos ineinander über. Die Gründe dafür wurden schon erwähnt. Freud geht als Analytiker wie als Metapsychologe von einem Ich aus, dessen Begehren ursprünglich auf eigene Lust und eigenen Schutz ausgerichtet ist. Der Andere wird zum Feind, wenn und soweit er im Ich Unlust oder Angst hervorruft. Bei Melanie Klein wird die Aggressivität kanalisiert. Im Gegensatz zu Freud geht die Analytikerin von einer ursprünglichen, auf die nährende Mutter ausgerichteten »Objektbeziehung« aus. So nährt sich die Feindschaft aus destruktiven Regungen des Hasses, die auf wiederholte Erfahrungen der Versagung und auf Momente einer angeborenen Aggression zurückgehen; doch diese werden aufgewogen durch Regungen der Liebe, die von Erfahrungen der Befriedigung ausgehen und die sich in der leiblichen Gegenwart der Mutter mit den »bösen« Aspekten verbinden. Die Mutter, die günstigenfalls »gut genug« ist, steht nicht jenseits von Gut und Böse, aber sie zerfällt auch nicht in gute und böse Anteile. Mit der Aufspaltung in »gute« und »böse« Mutter, in »gute« und »böse« Brust deutet sich lediglich eine anfängliche Polarität von Freund und Feind an.[30]

Anders verhält es sich mit Freud. Bei ihm ist vom Freund, der in der klassischen Ethik einen so zentralen Platz einnimmt, kaum die Rede, sicherlich deshalb, weil angenommen wird, daß sich in ihm lediglich die Selbstliebe des Lust-Ichs erweitert oder verstärkt.[31]

30 Vgl. Klein 1994, S. 188f. Mit der Vermutung, Grundgefühle wie namentlich die Liebesfähigkeit und der Konflikt zwischen Liebe und Haß seien angeboren (ebd., S. 229, 231), fällt die Autorin allerdings hinter eine psychoanalytisch oder phänomenologisch verstandene Genese zurück.

31 Aristoteles versteht den Freund als »anderes Selbst« (ἕτερος αὐτός); vgl. im Rus-

Von Gastfreundschaft, die zu den ältesten kulturellen Sitten und Pflichten gehört und die von Aristoteles als Freundschaft auf Zeit gewürdigt wird (*Nik. Ethik* VIII, 14), ist ebensowenig die Rede; in *Totem und Tabu* beschränkt sich die Erörterung von Tabugeboten auf Feinde, Herrscher und Tote. Daß es Zonen und Phasen der Unentschiedenheit und eine grundlegende Ambivalenz gibt, hilft in kritischen Situationen nicht weiter. Die Gleichsetzung von Fremden mit Feinden, deren Tod man herbeiwünscht und gegebenenfalls herbeiführt, rechnet Freud zum archaischen Erbgut des Menschen, das in Kriegszeiten unverstellt hervortritt. »Er [sc. der Krieg] streift uns die späteren Kulturauflagerungen ab und läßt den Urmenschen in uns wieder zum Vorschein kommen.« Was tun? »Das Leben zu ertragen bleibt ja doch die erste Pflicht aller Lebenden.« Pflicht, so heißt es, doch wieso kann ein Selbsterhaltungstrieb, der von Natur aus in uns angelegt ist, uns verpflichten? Dem politischen Grundsatz: »Wenn du den Frieden erhalten willst, so rüste zum Kriege« wird ein entsprechender Lebensgrundsatz an die Seite gestellt: »Wenn du das Leben aushalten willst, richte dich auf den Tod ein.« Der Friedenswille verschmilzt mit dem Lebenswillen. Aus diesen Sätzen, mit denen der 1915 inmitten des Krieges veröffentlichte Text *Zeitgemäßes über Krieg und Tod* schließt (GW X, 354f.), spricht die Absicht, eine realistische Einschätzung der menschlichen Lage in ein lebensfreundliches Ethos umzumünzen, doch letzteres bleibt brüchig. Der Friedenswille äußert sich genau so wie der Lebenswille im Konditional: »Wenn du willst …« Außerdem läßt der Konditional vielerlei zu, darunter das Motto, das der klassische Gelehrte Ulrich von Wilamowitz-Moellendorf 1918, in Form einer Inschrift an einem Denkmal für die gefallenen Angehörigen der Berliner Universität, künftigen Generationen auf die Fahnen schrieb und das mir bis heute nahezu täglich an einer Kirchenwand in München-Schwabing ins Auge sticht: »*Invictis, victi, victuri* – Den Unbesiegten die Besiegten, die siegen werden«. Öffentlicher, transgenerativer Wiederholungszwang statt Erinnerung?

Das Tötungs- und Mordverbot wird von Freud in vielen Vari-

sischen die sprachliche Verwandtschaft von *drugoj* (= der Andere) und *drug* (= Freund). Bei Aristoteles löst sich der Gegensatz zwischen Selbstliebe und Fremdliebe auf in der gemeinsamen Teilhabe an dem Guten, die als Höchstform der Freundschaft gilt. Erschöpft sich das Gute in der Lust, so ist dieser Ausweg versperrt.

anten analysiert, angefangen bei archaischen Tabus bis hin zu religiösen und moralischen Geboten, die in keiner zivilisierten Gesellschaft fehlen. Ein vernünftiger Grund für dieses Verbot findet sich nirgends. »Du sollst nicht töten, Du sollst nicht morden!« Ist diese allgemeine Vorschrift nicht der beste Beweis für einen allgemein vorhandenen Mordwunsch? So heißt es in *Totem und Tabu*: »[..] was niemand zu tun begehrt, das braucht man doch nicht zu verbieten, und jedenfalls muß das, was aufs nachdrücklichste verboten wird, doch Gegenstand eines Begehrens sein.« (GW IX, 86) Ein schlagendes Argument, so will es scheinen. Wenn folglich zutrifft, daß das eigene Begehren den Ausschlag gibt, so kann es nur durch sich selbst gezügelt und nur von einem noch stärkeren Begehren in Schach gehalten werden. Was die Unterscheidung von Gut und Böse angeht, die in ihrer strikten Form auf eigene Triebwünsche keine Rücksicht nimmt, so findet sie ihren Ursprung nicht im eigenen Begehren, sondern in fremdem Einfluß. Dieser macht sich erstmals in der Hilflosigkeit und Abhängigkeit des Kindes bemerkbar. Aus »Angst vor dem Liebesverlust«, aus einer »sozialen Angst« heraus wird eine innere Barriere aufgerichtet, zunächst als persönliche Elterninstanz, dann als anonyme, gesellschaftlich geprägte Instanz des Über-Ichs, die gleich einer »Besatzung in der eroberten Stadt« für Ordnung sorgt. »Aber der Einfluß der Genese, der das Vergangene und Überwundene weiterleben läßt, äußert sich darin, daß es im Grunde so bleibt, wie es zu Anfang war.« (GW XIV, 483-485) Das »Du sollst«, das in der zweiten Person formuliert ist, bedeutet im Grunde nichts als eine Redensart; denn einem Ich, dem das eigene Selbst über alles geht, begegnet letzten Endes keine fremde Stimme, aus der nicht – wenngleich auf verschlungenen Wegen – die inneren Triebe sprechen. Nicht viel anders steht es mit Hobbes, für den die Angst vor dem Tod aus fremder Hand das größte Übel darstellt; Feindschaften sind folglich nur deshalb etwas Schlechtes, weil sie »Gefahren mit sich bringen und den Schutz rauben« (*Vom Menschen*, 11, 6). Der Mensch ist bestenfalls ein moralisiertes Wesen, jedenfalls kein moralisches Wesen, das aus eigenem Antrieb das Gute anstrebt oder einem allgemeinen Gesetz zufolge das Gute will.

Es ist nicht leicht, in Freuds Moralpsychologie Stärken und Schwächen auseinanderzuhalten. Eine Stärke liegt sicher darin, daß ähnlich wie schon bei Nietzsche jeder Moralismus untergraben und entlarvt wird. Wie ich in den *Schattenrissen der Moral* (2006) zu zeigen versuche, verfällt die Moral einem Moralismus, sobald sie ihre eigene Herkunft und ihre Schattenseiten verleugnet; oftmals geschieht dies aus Scham vor einer *origo pudenda*. Freud sieht sich veranlaßt, ein »ursprüngliches, sozusagen natürliches Unterscheidungsvermögen für Gut und Böse« abzulehnen (GW XIV, 483). Was die Natur angeht, so ist sie in der Tat geduldig wie Papier, wie die wechselhafte Geschichte der menschlichen Moral nur zu gut zeigt.[32] Dies gilt auch für die Sonderung in Freund und Feind, in Herr und Knecht, in Mann und Frau. Die Frage kann also nicht geradezu lauten: »Wer ist mein Feind?«, zuvor stellt sich vielmehr die Frage: »Wie wird jemand zum individuellen oder kollektiven Feind, und wie werde ich mir selbst zum Feind?« Freud hat vieles zu sagen zu den »Mechanismen«, deren sich die Feindbildung bedient, darunter Projektionen, Angstphantasien, Übertragungen, Schuldverlagerungen, Ressentiments, Lust an zugefügter oder erlittener Gewalt und pathologische Phänomene wie Verfolgungswahn und Zerstörungslust. Die Frage ist nur, ob mit dieser »Wechselwirtschaft der Lüste« (Kierkegaard) der Kern der Feindschaft getroffen ist, die sich nicht mit Approximationen begnügt, sondern im Haß kulminiert.

## 7. Blicke und Stimmen aus der Fremde

Kehren wir nochmals zurück zur Anfangsszene der sophokleischen Tragödie. Die Bewohner von Kolonos, vertreten durch einen Grenzwächter, werden mit einem Flüchtling konfrontiert, der um Aufnahme bittet. Dieser Appell verkörpert sich in der fremden Stimme, im erloschenen Augenlicht, im hinkenden Gang, in einem Anspruch, der zur Antwort nötigt und nicht nur verborgene Triebkonflikte anzeigt. Wer sich mit einer solchen Situation konfrontiert sieht, kann auf verschiedene Weise antworten, aber er kann nicht

32 Kant äußert sich zu dieser Frage differenzierter; in seiner Religionsschrift (Ausg. Weischedel, Bd. IV, S. 676) spricht er von einem »Hang zum Bösen«, »der zwar angeboren sein kann, aber doch nicht als (ein) solcher vorgestellt werden darf«, der vielmehr »als von dem Menschen selbst sich zugezogen« zu denken ist. Er nähert sich einer Genealogie der Moral, indem er der Moral eine vom moralischen Subjekt zu übernehmende Vorgeschichte zubilligt.

nicht antworten. Die Unausweichlichkeit, die einem als ethisch zu bezeichnenden Unbewußten eingeschrieben ist, läßt sich nicht auf eigene Wünsche und Begierden zurückführen. Sie ist auch nicht mit dem »Unentrinnbaren« zu verwechseln, das als das Unheimliche aus Kindertagen wiederkehrt (GW XII, 250). Die fremde Stimme begegnet uns hier und jetzt *a fronte* mit einem uneinholbaren Vorsprung. Sie sagt im äußersten Fall: »Du wirst nicht morden, Du wirst nicht töten«. Ich wähle die Version, die Emmanuel Levinas seiner Ethik des Anderen zugrunde legt; sie appelliert nicht bloß an meinen guten Willen, sondern stellt meine eigene Macht in Frage. Als fremder Anspruch setzt sie meiner Eigenmacht einen »ethischen Widerstand« entgegen, der sich nicht nach physischen oder psychischen Kräften bemißt (Levinas 1987, S. 286); er erzeugt eine aus fremdem Anspruch erwachsende »Gehhemmung« (vgl. GW IX, 118). Doch nicht nur das potentielle Opfer der Gewalt, sondern auch das sogenannte Liebesobjekt entzieht sich meiner Verfügung. Die Liebe begehrt, was sie nicht haben kann, und sie gibt, was sie nicht hat.[33] Die Fremdheit des Anderen wird vollends verfehlt, wenn wir versuchen, den fremden Blick in Gesehenes, die fremde Stimme in Gehörtes, die fremde Hand in Berührtes, den fremden Leib in Begehrtes zu verwandeln, also in etwas, worüber wir verfügen. Nicht als ob der oder die Fremde nicht Jemand in bestimmter Rolle und als ob Fremdes nicht Etwas mit bestimmten Eigenschaften wäre, aber Fremdheit besagt mehr als eine festzulegende Qualität.

In Freuds Analysen, die immer wieder auf die Bahnen einer Ästhesiologie des Fremden geraten, geht es durchaus um fremde Stimmen, die der Halluzinierende hört, um fremde Augen, die den von Verfolgungswahn Befallenen beobachten, um die stellvertretende Macht der Dinge, die den Fetischisten fesseln. Diese Verfremdung der Sinne steht jedoch ganz und gar im Banne einer narzißtischen Selbstbespiegelung, die sich des Über-Ichs als eines Rückspiegels bedient. Im Beobachtungswahn wird die verinnerlichte Macht des Gewissens regressiv in die Kindheit zurückverlegt und nach außen verlagert; so sieht sich der Patient auf Schritt und Schritt beobachtet, er hört, wie Andere in der dritten Person über ihn sprechen (*Zur Einführung in den Narzißmus*: GW X, 162 f., ähnlich GW XI,

33 »[...] Liebe heißt geben, was man nicht hat«, so Lacan, *Écrits*, S. 618, dt. *Schriften* I, S. 208, dazu Derrida 1993, S. 10 f., 204.

444; XV, 64f.). Auf die Dauer verschmilzt die Selbstbeobachtung mit der Selbstbeurteilung und Selbstverurteilung durch das Gewissen, und aus ihm spricht das Über-Ich, das in seinen grausamen Auswüchsen dem Todestrieb gehorcht (vgl. *Ich und Es*: GW XIII, 283f.). Doch lassen sich soziale Phänomene, darunter die soziale Gewalt, jemals adäquat erfassen, wenn man sich damit begnügt, den Gegensatz von sozialen und narzißtischen Akten restlos individualpsychologisch zu verorten, ohne zwischen den Individuen etwas anzusetzen, das uns gemeinsam betrifft und nicht jedem Einzelnen separat zuzurechnen ist?[34] Kann aus einer Sexualbefriedigung, die zunächst »Privatsache des Individuums« ist (GW IX, 91), eine soziale Bindung entstehen, die nicht bloß abgeleitet und sekundär und letztlich unverbindlich ist? Entstammen die fremden Mächte, die uns bedrohen, wirklich nur krankhaften Phantasien, sind sie nicht auch Ausdruck einer *Entfremdung des Eigenen im Anderen* und auch *durch den Anderen*, wenn wir an wirklich erlittene Verfolgungen oder Folterverhöre denken, an ein Antun, das gleich der Anrede und dem Anblick einen Adressaten hat und nicht nur ein Objekt, das einen fremden Urheber hat und nicht nur eine Ursache? Ist eine *learned helpnessness*, die auf der Folterliste des CIA und in den Folterkliniken von Guantanamo auftaucht, noch als Regreß zu deuten?[35] Und wie steht es mit Vorsicht und Mißtrauen, die von den Maßnahmen eines Überwachungsstaats erzeugt werden, und wie mit Parolen wie »Feind hört mit«, die einer internen Kriegsführung entstammen? Wann ist solche Vorsicht übertrieben? Gehört nicht zum normalen Leben eine Fremdheit, die als *exzessiv* und *pathisch* zu verstehen ist, nicht aber eo ipso als *pathologisch*, ähnlich wie es für Pascal unter Umständen eine andere Form von Verrücktheit wäre, nicht verrückt zu werden? Der Psychologe und Psychoanalytiker Daniel Lagache weist darauf hin, daß verbale Halluzinationen, in denen der Halluzinierende seine eigene Stimme als fremde hört, undenkbar wären, würde nicht auch dem normalen

34 Ich beziehe mich auf die methodische Einleitung zu der Schrift *Massenpsychologie und Ich-Analyse*, in der die Sozialpsychologie als erweiterte Individualpsychologie gefaßt wird (XIII, 73). Damit leidet die »Wir-Ich-Balance« unter cartesianischen Vorurteilen, sie ist nachhaltig gestört (vgl. Elias 1987, Kap. III).

35 Vgl. »Lasting Scars from U.S. Torture«, in: *The New York Times/Süddeutsche Zeitung* vom 14. 10. 2016. Natürlich ließen sich genügend andere Beispiele finden, über die in der offiziellen Presse nicht berichtet wird.

»ich spreche« ein Moment des »es spricht« anhaften, worin wir uns selbst sprechen hören (vgl. Lagache 1977). Die Fremdheit der eigenen Stimme schließt die Möglichkeit ein, an seiner eigenen Stimme aufzuwachen. Nur weil wir niemals völlig unserer eigenen Stimme mächtig sind, können wir fremde Stimmen hören, in denen unsere eigene Stimme mitklingt wie ein Echo. Ähnlich äußert sich der Sozialpsychologe Carl Friedrich Graumann mit Seitenblick auf George Herbert Mead: »Nicht [...] die Proto-Reflexivität Wundts des Sich-selber-Hörens konstituiert Bedeutung, sondern das durch die Reaktion des Anderen induzierte Sich-Wahrnehmen. Nicht ›Ich höre mich sprechen‹, sondern ›Als zu dir, der du mich hörst, Sprechender höre ich mich selbst‹.«[36]

## 8. Der Doppelgänger

Die Fremdheit von Blick und Stimme findet ihre emblematische Verkörperung in der Figur des *Doppelgängers*, die ihrerseits etwas Doppeldeutiges hat. Ist der Andere nur eine Kopie meiner selbst, oder verdopple ich mich selbst im Anderen? Hat der Andere als *double* wirklich etwas Geschlechtsneutrales wie der Spiegel? Das Motiv des Doppelgängers spielt bekanntlich in Freuds 1919 erschienenem Essay *Das Unheimliche* eine wichtige Rolle. Freud bezieht sich hierbei auf eine fünf Jahre früher erschienene Schrift seines Schülers Otto Rank, der diesem Motiv unter dem nämlichen Titel *Der Doppelgänger* im individuellen Erleben wie in der überindividuellen Erfahrung von Mythos und Aberglaube nachgeht. Der Autor bewegt sich auf den Bahnen der Freudschen Psychoanalyse, indem er die Schatten- und Spiegelfigur des Doppelgängers als eine trügerische Selbstprojektion und Selbstobjektivierung entlarvt. Dabei schöpft er aus einer Fülle vorliegender literarischer Zeugnisse, von denen auch Freud einen selektiven Gebrauch macht, mit E. T. A. Hoffmann an erster Stelle.

Ich greife Dostojewskis frühe Erzählung *Der Doppelgänger* (*Dvoj-*

36 Vgl. Graumanns Beitrag »Wundt – Mead – Bühler. Zur Sozialität und Sprachlichkeit des Handelns«, in: Graumann, Herrmann 1984, S. 230. Ich selbst habe im Gespräch mit Derrida zu zeigen versucht, wie sehr das Phänomen der Stimme von ursprünglicher Alterität gezeichnet ist. Vgl. »Sich-sprechen-Hören. Zur Aufzeichnung der phänomenologischen Stimme«, in: DFG Kap. 7.

*nik*) heraus, ein »Petersburger Poem«, das in der Mitte des 19. Jahrhunderts erschien. Es wird von Rank ausführlich berücksichtigt. In dieser Erzählung, die in der romantischen Tradition steht, aber das Fremdheitsmotiv drastisch in eine geradezu kinematographische Szenenfolge umsetzt, sieht sich Herr Goljädkin leibhaftig konfrontiert mit einem zweiten, falschen Herrn Goljädkin, der den wahren verfolgt, umschmeichelt, mißachtet. In einer nächtlichen Szene, die den Charakter des Unheimlichen schlaglichtartig hervortreten läßt, erleben wir, wie dem Helden vor Angst die Haare zu Berge stehen: »Sein nächtlicher Freund aber war niemand anders als er selbst – ja: Herr Goljädkin selbst, ein anderer Herr Goljädkin und doch Herr Goljädkin selbst – mit einem Wort und in jeder Beziehung war er das, was man einen Doppelgänger nennt.« (1975, S. 76) Goljädkin, der als Titularrat eine geachtete Stellung in der Gesellschaft einnimmt, fühlt sich plötzlich nicht nur gesellschaftlich, sondern auch menschlich herabgesetzt zu einem bloßen Goljädkin unter anderen. Der solcherart Genarrte wehrt sich gegen die Unterwanderung seiner Identität, indem er sich beharrlich einredet, »daß er, Goljädkin, ein Mensch für sich sei und niemanden etwas angehe« (S. 70). Er, der wahre Jakoff Petrowitsch Goljädkin, verteidigt seinen Ruf- und Vaternamen vehement gegen den Usurpatoren: »Und doch hätte er ihn selbst für alle Schätze der Welt nicht mit Namen genannt – er wollte ihn nicht so nennen, wollte es nicht einmal zugeben, daß jener so und so hieß.« (S. 72) Er fühlt sich tödlich getroffen von dem bösen Blick seines Vorgesetzten; »[...] der Blick, der ihn aus dessen Augen traf, war derart, daß er unseren Helden, wenn er nicht ohnehin schon tot, vollkommen tot gewesen wäre, auf der Stelle getötet hätte.« (S. 54 f.) Der Gang durch die Stadt wird für ihn zum Spießrutenlaufen vor einer imaginären Kulisse, da bricht plötzlich an einer Straßenkreuzung die Angst über ihn herein: »Er glich in diesem Augenblick einem Menschen, der am Rande eines Abgrundes steht, unmittelbar vor einem Absturz«; es gelingt ihm nicht, »den Blick von der gähnenden Tiefe abzuwenden: die Tiefe zieht ihn vielmehr an, zieht ihn und läßt ihn nicht los, und so springt er dann schließlich beinahe selbst hinab, nur um den unvermeidlichen Untergang zu beschleunigen.« (S. 72) Der definitive Untergang läßt nicht lange auf sich warten, die Kutsche seines zuständigen Arztes führt ihn am Ende hinaus aus dieser Welt, befreit von allen Pflichten, aber auch von allen Aufgaben, unter der spöttischen Anteilnahme seines Doppelgängers. »Unser Held stieß einen Schrei aus und griff sich an den Kopf. Das war es: und das hatte er schon lange geahnt!« Die eigene Vergangenheit holt ihn ein als erzwungene Wiederholung.

Otto Rank betrachtet die bizarre Petersburger Geschichte mit den Augen eines Psychoanalytikers. Wir stoßen auf bekannte Versatzstücke wie die narzißtische Fixierung, die Selbstüberschätzung des Ichs, erotomanische Phantasien, homosexuelle Neigungen, den Affektumschlag von Liebe in Haß und so fort. Für den klinisch interessierten Leser bleibt nichts weiter zurück als ein selbstzerstörerischer Fall von Verfolgungswahn, in dem Dostojewski als der erzählende Autor Spuren seiner »pathologischen Persönlichkeit« hinterlassen hat (Rank 1993, S. 49). In seinem eigenen Beitrag zu Dostojewski beschränkt Freud sich auf das ödipale Motiv der Vatertötung aus den *Brüdern Karamasow* und gibt gleich zu Beginn zu: »Leider muß die Analyse vor dem Problem des Dichters die Waffen strecken.« (GW XIV, 399) Doch diese ästhetische Selbstbescheidung, auf die wir in einem späteren Kapitel ausführlich zu sprechen kommen, enthebt uns nicht der Frage, ob nicht hinter der Fremdheit des Blicks und der Stimme mehr steckt als eine zunächst latente und schließlich offen hervortretende pathologische Form der Selbstentfremdung. Mladen Dolar korrigiert diese verkürzte Sichtweise; in einem Nachwort zu dem Neudruck von Ranks Schrift beruft er sich auf auf Lacans Abspaltung des Imaginären vom Realen, wodurch der spiegelnde Andere unserem Blick entrückt wird.

Eine grundlegende Alternative bietet sich an, wenn wir die Deutung des Literaturtheoretikers Michail Bachtin heranziehen. In seinem Buch *Probleme der Poetik Dostoevskijs*, das 1929 in der gleichen Stadt erschien, die den Schauplatz der Erzählung abgibt und inzwischen Leningrad hieß, beleuchtet er die Eigenart von Dostojewskis Schreibweise, indem er von einer Polyphonie, das heißt von einer internen und permanenten Vielstimmigkeit des Romans ausgeht. Der Romanautor ähnelt dem Analytiker in seinem Verhältnis zum Analysanden insoweit, als er nicht als Wissender *über* seinen Helden, sondern als Suchender *mit* ihm spricht. Für die eigentümliche Stimmführung in der Erzählung *Der Doppelgänger* besagt dies: »Die fremde Replik (des Doppelgängers) mußte Goljadkin empfindlich treffen, denn sie war nichts weiter als *seine eigene Stimme in frem-*

*dem Mund*, aber sozusagen ein *umgedrehtes* Wort mit verschobenem und böswillig entstelltem Akzent.« (Bachtin 1985, S. 288, Hervorhebung B. W.) Der Held hört zwar, was er selbst sagt, aber er hört es aus fremdem Mund. Der Andere tritt nicht als bloßer Bauchredner des eigenen Ichs auf, sondern als sein Respondent. Die *Provokation*, die von der fremden Rede ausgeht, ist nicht zu verwechseln mit der *Projektion* auf eine Projektionsfläche, die sich der Mittel des Eigenen bedient. In diesem Zusammenhang spricht Bachtin von einer »Stimmenkombination«, bei der eigene innere und fremde Stimme ineinander übergehen. So kommt es, daß jedes Wort, das geäußert wird, als »zweistimmiges Wort« auftritt (S. 206).

Dies gilt schon für alltägliche Gespräche, es gilt aber erst recht für das außergewöhnliche Gespräch, das Iwan Karamasow mit dem Teufel führt, der ihn als imaginärer Gegenspieler umgarnt. Auch dieser Wortwechsel bewegt sich in der paradoxen Mittellage eines Sprechers, der unaufhörlich gegen seine eigene Fremdheit anredet und gegen die Fremdheit des Anderen ankämpft, aber nicht von ihr loskommt. »Immer wieder sehe und höre ich nicht einmal deine Stimme [...] aber ich weiß immer, wovon du faselst, weil ich selbst es bin, weil ich selbst spreche und nicht du«,, so heißt es in Dostojewskis Roman (2010, S. 1014). Momente der Alterität wie die Anrede mit »Du« finden sich selbst in einer auf anomale Weise pervertierten Sprache; umgekehrt finden sich pathogene Spuren selbst im normalen Sprechen, das nie gänzlich normal ist. Goljädkin irrt in Sankt Petersburg umher wie der Bewohner des Londoner *Waste Land*, dessen Schritte T. S. Eliot aufgezeichnet hat (v. 60-64): »*Unreal City, / Under the brown fog of a winter dawn*«, in einer unwirklichen Stadt der lebendig Toten, irrt er umher, verwundert darüber, daß der Tod so viele vernichtet hat: »*I had not thought death had undone so many.*« Und doch sind die Petersburger Amtsstuben mit ihrem Aktenstaub, die Paläste mit ihren Spiegelsälen und die sinistren Spelunken keine bloße innerpsychische Kulisse. Selbst Halluzinationen sind keine totalen »Fremdkörper« innerhalb der normalen Sinnessphäre; Psychopathen retten »Bruchstücke« aus der gelebten Erfahrung hinüber in den Wahn (Straus 1956, S. 382-384). Dichter zeigen uns, wie diese Rettungsbemühungen aussehen können.

So greift auch Paul Valéry in seinen poetologischen Reflexionen auf das alte Motiv des Doppelgängers zurück. Doch anders als

Freud faßt er das Unheimliche nicht in erster Linie als etwas, das aus dem Ich »hinausprojiziert« und in das Ich »introjiziert« wird, er denkt nicht an ein Hinaus- und Hineinwerfen, das gleich dem Entwerfen immer noch vom Ich ausgeht. Er denkt beim Fremden primär an eine Zugkraft, die vom Anderen ausgeht: »Der Andere, einer meinesgleichen, oder vielleicht mein Doppelgänger, das ist der magnetischste Abgrund [...] – ein Reflex, der dir antwortet, zuvorkommt, dich verblüfft.« (*Cahiers*, I, 499, dt. 2, 58) Die Verdoppelung von Blick und Stimme stellt sich dar als eine chiasmatische und asymmetrische Verschränkung von Eigenem und Fremdem, von Innen und Außen, verlegt an einen Ort, an dem Eigenes und Fremdes sich kreuzen, ohne sich zu decken. »Die Mutter schaut das Kind an, und *wie sie schaut, hängt davon ab, was sie selbst erblickt.*« (Winnicott 1973, S. 129) Für Lacan bedeutet dies, »daß Du mich nie da erblickst, wo ich Dich sehe«, und – wir fügen hinzu – »daß Du mich nie da ansprichst, wo ich Deine Stimme höre«.[37] Dieses Überkreuz von Eigenem und Fremdem impliziert, daß das Unheimliche nicht nur als Fremdes im Ureigenen auftritt, sondern auch in umgekehrter Richtung als Eigenes im Fremden, daß es sich als »entliehenes Fremdes« bemerkbar macht.[38]

## 9. Symbolisierung des Fremden in Bild und Name

Der böse Blick und die üble Nachrede, die uns im Zwischenbereich der Sinne begegnen, erinnern daran, daß die extreme Form feindlicher Gewalt ihre Vorstufen hat. Religiöse Bildverbote richten sich gegen das Verfügbarmachen des Göttlichen; doch auch die Aneignung des Anderen beginnt damit, daß wir uns ein Bild von ihm machen und Unfaßliches zu fassen versuchen. Hinter Berührungsverboten steckt, wie Freud sehr genau beschreibt, eine starke Berührungslust, die in Berührungsscheu übergeht (GW IX, 35-46). Ist die Neigung, das Bild einer verhaßten Person zu zerschneiden

37 Vgl. Lacan, *Seminar* XI, 1978, S. 109. Das Chiasma oder der Chiasmus als das Überkreuz von eigenem und fremdem Leib, das schon Valéry heranzieht, spielt eine entscheidende Rolle beim späten Merleau-Ponty (vgl. das Stichwort »Chiasma, Chiasmus« im Sachregister von *Das Sichtbare und das Unsichtbare*).

38 Vgl. Eva Schmid-Gloor, »Das Fremde in uns – Unheimliches und Entliehenes«, in: Allert 2017, S. 62.

und zu zerstückeln oder eine berüchtigte Figur vom Sockel zu stoßen, als würde es diese leibhaftig treffen, bloßer Aberglaube? In seiner sarkastischen Kritik an Frazer, einem von Freuds ethnologischen Gewährsleuten, bemerkt Wittgenstein im Hinblick auf die symbolische Tötung des Priesterkönigs im *Golden Bough*: »Frazer wäre im Stande zu glauben, daß ein Wilder aus Irrtum stirbt. [...] *Seine* Erklärungen der primitiven Gebräuche sind viel roher, als der Sinn dieser Gebräuche selbst.« (1989, S. 36) Sind hier ausschließlich verdrängte Wünsche im Spiel, die magische Praktiken hervorlokken, oder gibt es nicht vielmehr eine *Unantastbarkeit* des Anderen inmitten aller leibhaftigen Tastbarkeit, eine Berührung aus der Ferne, beginnend auf der Ebene des Haut-Ichs mit dem präverbalen Verhältnis zwischen Mutter und Kind und sich fortsetzend auf allen Stufen der Kulturentwicklung?[39] Die responsive Leiblichkeit, die wir im Auge haben, ist unterfüttert von einer Heterosomatik, die der Alterität leibliche Züge verleiht. Zum Ethos der Sinne gehört der böse Blick, der scheele Blick des Neides, der argwöhnische Blick des Mißtrauens, beginnend in der nächsten Nähe als »Narzißmus der kleinen Differenzen« (GW XIV, 474), beginnend aber auch beim frühkindlichen Neid. Während Freud hierbei sein Augenmerk nicht ausschließlich, aber doch vorwiegend auf einen weiblichen Penisneid richtet (vgl. GW XV, 134), erklärt Melanie Klein den frühen Neid damit, daß »die versagende Brust die ihm vorenthaltene Befriedigung für sich selbst zurückbehält« (1994, S. 226). Bei Augustinus ist es der Milchbruder, dessen Anblick den älteren Bruder vor Neid erblassen läßt (*Conf.* I, 7, 11). Generell läßt sich sagen, daß der Neid zusammen mit Eifersucht und Rachsucht zu den parasitären Fremdgefühlen gehört, die sich in Form einer pervertierten Alterität anderswo anlehnen (vgl. *Schattenrisse der Moral*, S. 275-296). Zum Ethos der Sinne gehört freilich auch der gute Blick, der sich vom fremden Blick anrühren und anstecken läßt, um in der nächsten Nähe die Ferne, in der fernsten Ferne die Nähe zu entdecken.

Ähnliches gilt für Namensverbot und Namenszauber. Die Anonymität des fungierenden Leibes, die Merleau-Ponty so sehr be-

39 Vgl. dazu von psychoanalytischer Seite Didier Anzieu, *Das Haut-Ich* (1992) und andererseits das facettenreiche Angebot einer Phänomenologie der Berührung: AR III, 10.8 und BE Kap. II; bei Merleau-Ponty und Levinas kommt es zur paradoxen Zuspitzung einer »Berührung ohne Berührung« (Kapust 1999).

tont, verlöre ohne eine inhärente *Namensfähigkeit* ihren Sinn. Das Ich hat zwar nicht vorweg schon einen Namen, außer dem Namen ›Niemand‹ (οὔτις), den Homer dem Odysseus in den Mund legt (vgl. Merleau-Ponty 1986, S. 258), aber es bekommt einen eigenen Namen. Hierbei sind Andere mit im Spiel als Namensgeber und Namenserfinder. Der Name gehört zu den »Übergangsobjekten«, die einen »ersten Besitz« darstellen (Winnicott 1973, S. 10 f.). Sprachforscher weisen darauf hin, daß das Possessivpronomen ›mein‹ generell früher auftritt als das Personalpronomen ›ich‹ und daß sich dies auf den Sprachgebrauch autistischer Kinder auswirkt (Bettelheim 1977, S. 576). Der Gebrauch des Namens, der bis in die kindliche und menschheitliche Frühgeschichte zurückreicht und in Märchen und Mythen seine Spuren hinterlassen hat, kann seinerseits zwanghafte Züge annehmen. Auch Freud kommt bei seinen Ausflügen in die Frühgeschichte immer wieder auf die Macht und die Bedeutung von Namen zusprechen. In *Totem und Tabu* lesen wir: »Namen sind für die Primitiven – wie für die heutigen Wilden und selbst für unsere Kinder – nicht etwas Gleichgültiges und Konventionelles, wie sie uns erscheinen, sondern etwas Bedeutungsvolles und Wesentliches. Der Name eines Menschen ist ein Hauptbestandteil seiner Person, vielleicht ein Stück seiner Seele.« (GW IX, 136) Wie Laplanche hinzufügt, ist der Name in seinem Kern unübersetzbar, strenggenommen wäre er nur gegen die Person selbst austauschbar (1996, S. 124). Doch der gleiche Name, der in vokativer Form als Rufname gebraucht wird, kann als bloßes Etikett und schließlich als nominales Brandmal mißbraucht werden, wie uns die Geschichte der sozialen Ächtung und der politischen oder religiösen Verfolgung lehrt. Dazu gehört die Ächtung des Jüdischen, aber auch die angloamerikanische Abwertung der ›Nigger‹, die deutsche Abwertung der ›Polacken‹ und bis in die Gegenwart hinein die berufliche Benachteiligung von Menschen mit fremdländischen Namen. Davon zeugt auch die in Frankreich beispielhaft eingeführte Anonymisierung von Bewerbern, die der Disqualifizierung arabischstämmiger Kandidaten vorbeugen soll.

Radikal betrachtet bedeutet Feindbildung, *daß man jemanden in etwas verwandelt*, nämlich in etwas, das man nach eigenem Belieben manipulieren, benutzen, als menschliches Kapital in Rechnung stellen und am Ende auch vernichten kann. Die Reduktion des Blicks auf den puren Beobachtungsblick, die Reduktion der

Rede auf pure Nachrede ist der Anfang vom Ende. Freud sieht im Doppelgänger einen »unheimlichen Vorboten des Todes« (GW XII, 247), doch gibt es nicht auch unheimliche Vorboten des Tötens? Die Elimination des Fremden kann in Form eines kühlen Kalküls geschehen oder aber in Form eines erbitterten Hasses, der das Nein zum Anderen affektiv anheizt. Wir haben es hier mit einer Verneinung zu tun, die nicht bloß eigene Wünsche abwehrt, sondern fremde Ansprüche verleugnet und zum Schweigen bringt. Ich zitiere dazu einen Text aus dem High Noon des Liberalismus. John Locke schreibt in seinem *Second Treatise of Government* (III, 16, 1974, S. 14): »[...] one may destroy a man who makes war upon him, or has discovered an enmity on his being, for the same reason that he may kill a wolf or a bear [...].« Vernichten wie ein wildes Tier, doch *kann* man den Anderen wirklich vernichten? Man kann es nur, indem man ihn verleugnet. Dies schließt eine »Wiederkehr des Verleugneten« nicht aus.

## 3. Lust, Realität und Alterität im Widerstreit

Daß die Erfahrung, die der Mensch mit sich selbst, mit den Anderen und mit der Welt macht, mannigfachen Konflikten ausgesetzt ist, steht außer Frage. Würden nicht immer wieder verschiedenartige Kräfte aufeinanderstoßen und würde alles wie in einem vorgefertigten Puzzle zusammenpassen, so bliebe für den Philosophen nichts zu fragen und zu erklären und für den ärztlichen Therapeuten nichts zu pflegen und zu heilen. Es fragt sich nur, wo diese Konflikte entspringen, wie tief sie reichen und inwieweit sie zu überwinden sind. Für unsere Konfrontation von Phänomenologie und Psychoanalyse taugt der Umgang mit Konflikten ebenso als Leitfaden wie die Rolle des Fremden, von der wir ausgingen.

Das Denken in Konflikten ist so alt wie die Philosophie. Bei Heraklit begegnen wir einer »widerstrebenden Harmonie«, bei Empedokles, den Freud ausdrücklich als seinen Vorgänger würdigt (GW XVI, 90-93), unterliegt das Leben dem Grundrhythmus von Freundschaft und Streit, und auch das Glück verheißende Gute, das bei Platon und Aristoteles eine allumfassende Ordnung stiftet, herrscht nicht unumschränkt. Der Nus hat mit den Kräften der Ananke und der Tyche zu kämpfen, der Logos ist dem Pathos ausgesetzt. In der Moderne ist es Hegel, der den Widerspruch geradezu zum Motor von Denken und Handeln macht, doch so, daß er als Wider*spruch* dem Logos Raum gibt; später bei Marx verkörpert sich dieser Widerspruch im gesellschaftlichen Kampf auf der Basis ökonomischer Produktivkräfte. Hinzu kommt das Motiv des *Widerstreits*, das ebenfalls seine Vorgeschichte hat; bei Husserl greift es mitten in die Erfahrung ein, indem es nicht nur bewußte Erfahrungsaussagen oder Handlungsentwürfe gegeneinander ins Feld führt, sondern die Erfahrung selbst mit sich uneins werden läßt. Bei Lyotard bestimmt der Widerstreit als *différend* das Feld der Sprach- und Sozialkonflikte, die sich nicht auf bloße Regelverstöße und Mißverständnisse zurückführen lassen.[1]

Was Freud betrifft, so vertritt er in seiner 1930, in einer Zeit

1 Zur sachlichen und historischen Reichweite des Begriffs des Widerstreits vgl. im Anschluß an Lyotard meine Ausführungen in DFG Kap. 16: »Ethik im Widerstreit der Diskurse«.

zunehmender Unruhe erschienenen Schrift *Das Unbehagen in der Kultur* die Kernthese, das Glück des Menschen sei im »Plan der ›Schöpfung‹« nicht vorgesehen; damit erteilt er jeder Hoffnung auf allumfassende Harmonie eine unumwundene Absage (GW XIV, 434). Demgemäß spielen Konflikte in der Psychoanalyse eine maßgebliche Rolle. Dies paßt zu einem Ansatz, der die Psychologie durchgehend als Psycho-dynamik behandelt. Hinter jedem Sinn, den wir verstehen, steckt eine Kraft, die das Geschehen antreibt, und keine Kraft bleibt ohne Gegenkraft. In den späten Schriften, in denen die individuelle Analyse in eine Kultur- und Gesellschaftsanalyse übergeht, steigert sich der Kampf *auf* Leben und Tod zu einem Kampf *zwischen* Leben und Tod. Der Kampf zwischen Eros und Tod, zwischen Lebenstrieb und Destruktionstrieb gilt nun als der »wesentliche Inhalt des Lebens überhaupt« (GW XIV, 481); Kampfplatz ist das »Leben selbst« (GW XIII, 269), ein Leben, das unter sich selbst leidet. Hier zeichnet sich ein Urkonflikt ab, mit dessen Voraussetzungen sich das folgende Kapitel befaßt. Lust und Realität bilden die Kontrahenten in einem Streit, in den die Alterität, wie schon in den früheren Kapiteln gezeigt, indirekt verwickelt ist, doch ohne daß sie ihre eigene Kraft voll ausspielen kann. Wichtig ist für uns die Frage, worin Freuds Ansatz sich von einem schlichten Hedonismus und Utilitarismus unterscheidet und ob er sich hinreichend von deren Simplifikationen absetzt. Die Sichtweise einer Phänomenologie der Leiblichkeit und Zwischenleiblichkeit wird uns auch hier als Gradmesser dienen.

## 1. Am Anfang war die Störung

Freud beginnt wie jeder therapeutisch eingestellte Mediziner mit Phänomenen der Störung, die das psychische Erleben und das körperliche Verhalten aus der Ruhe bringen. Störungen sind Ereignisse, die wir nicht bewußt herbeiführen; es sind Ereignisse, die unsere Erwartungen und Pläne durchkreuzen, die vom gewohnten Gang der Dinge abweichen und unsere Lebensführung beeinträchtigen. Sie lassen sich nicht regelrecht einordnen; sie nehmen katastrophale Ausmaße an und rufen »Katastrophenreaktionen« hervor (Goldstein 2014, *passim*), wenn die bestehende Ordnung nachhaltig erschüttert wird; sie tangieren unser Verhältnis zur Wirklichkeit. Goldstein weist jedoch nachdrücklich darauf hin, daß in aktuellen Erschütterungen zwar frühe Verletzungen wiederaufleben, daß aber pathologisch bedingte Formen der Reizverwertung nicht schlichtweg als Regression auf einen kindlichen Zustand zu bestimmen sind.[2] Ähnlich wie die Phantasie gehören Störungen einem »Zwischenreich« an (GW XI, 391); als Komponenten unseres leiblichen Verhaltens sind sie weder objektiv zu registrierenden Umständen zuzurechnen noch auf rein subjektive Akte und Zustände zurückzuführen. »Freud erteilt uns mikrologische Lektionen im Lesen von Texten und Symptomen von Patienten. Er vermeidet eine zentrale Perspektive, und er stellt das Gesagte nie in Frage, sondern ›unterminiert‹ es so, daß auf der Oberfläche Risse erscheinen.« (Kobylinska-Dehe 2012, S. 707) Gemessen an der Normalität sind Störungen als episodisch oder wiederholt auftretende Anomalien zu begreifen. Zu Pathologien werden sie erst, wenn jemand als Patient erheblich unter dem Einbruch des Ungewohnten und Ungeordneten zu leiden hat und Beeinträchtigungen chronisch werden.

Freud geht beharrlich von Störungen aus, wie sie uns bereits außerhalb der Klinik begegnen und als Alltagssymptome zum normalen Leben gehören, seien es alltägliche Fehlleistungen wie der sprachliche Lapsus, das Vertun oder das Vergessen, seien es nächtliche Traumphantasien, seien es Absenzen, die als Tagträume das Wachleben durchziehen. Dies alles gehört zum *pathischen Fundus* einer Erfahrung, die eigentümliche Bruchstellen aufweist, so daß die Selbstverständlichkeit der natürlichen Erfahrung sich niemals völlig von selbst versteht. Die Schwelle hin zur Pathologie wird jedoch erst überschritten, wenn neurotische oder psychotische Symptome auftreten, die sich als »Leidenssymptome« (GW VII, 218) bemerkbar machen und nach ärztlicher Behandlung verlangen. Entscheidend ist, daß Freud ähnlich wie die Mehrzahl der phänomenologisch orientierten Psychopathologen und Psychiater zwischen Normalem und Pathologischem keine feste Grenze zieht. Die *pathogene Anfälligkeit* für das Pathologische ist Teil des

2 »Infolge der mangelhaften Zentrierung werden ja Reizverwertungen auch inhaltlicher Natur, die in der Kindheit entstanden sind und jetzt zu der neuen Situation passen, auftauchen, erinnert und vorgebracht werden. Daher gewinnt man den Eindruck, als ob der Kranke in einen kindlichen Zustand regrediert wäre.« (Goldstein 2014, S. 263) Ausführlicher dazu vom gleichen Autor: »Zum Problem der Angst« (1921) in: 1971, S. 231-262.

Pathischen, das ständig inneren Spannungen und fremden Einwirkungen ausgesetzt ist. Was das Normale angeht, so entspringt es einem offenen Prozeß der Normalisierung. Symptome, die einen Kompromiß zwischen eigenen Wünschen und fremder Realität eingehen, gelten nicht als Anzeichen eines schieren Defizits, vielmehr dienen sie als Detektoren, hinter denen sich etwas verbirgt, das sich, wie Heidegger in *Sein und Zeit* formuliert, »zunächst und zumeist gerade *nicht* zeigt« (1953, S. 35). Hier berührt sich die Psychoanalyse mit einer intentionalen oder existentialen Sinnanalyse, wie sie von Husserl und Heidegger initiiert wurde, aber auch mit den Alltagsanalysen von Alfred Schütz und mit der Beschreibung von Sprachspielen, wie sie von Wittgenstein vorexerziert wurde. Dennoch entfernt sich die Psychoanalyse deutlich von einer reinen Sinn- und Regelanalyse, da sie es nicht bloß mit verborgenen, sondern mit verdrängten und verleugneten Phänomenen zu tun hat und da die Vergessenheit, die Phänomenologen als Subjekt- oder Seinsvergessenheit vertraut ist, nicht in einer Sinn- oder Seinsgeschichte gründet, sondern im Triebgeschehen. Gleichwohl geht es auch in der Psychoanalyse darum, Unzugängliches nicht bloß trotz, sondern in seiner Unzugänglichkeit zugänglich zu machen; darin trifft sich die Psychoanalyse mit einer radikalisierten Form der Phänomenologie. Schon Nietzsche, dem Freud ebenso wie Husserl vorsichtig aus dem Weg geht, beruft sich als Genealoge der Moral auf eine »aktive Vergeßlichkeit«, die als Organ des Willens agiert und nicht nur wiedererkennend reagiert (KSA 5, 291 f.).

Die Psychoanalyse findet ihren phänomenalen Ansatzpunkt in Symptomen, hinter denen sich Triebkonflikte verbergen, die den Betroffenen bestenfalls in einer methodisch geschulten Analyse bewußt werden. Der affektiv aufgeladenen Urgeschichte der Philosophie ist dies nicht gänzlich fremd, wenn man sieht, wie Platon vom Erstaunlichen oder Epikur vom Erschreckenden ausgeht. Aber auch für die pathogene Anfälligkeit der Affekte gibt es alte Vorbilder. So werden in der stoischen Tradition Pathē und Affekte als ταραχαί, als *perturbationes animi* bestimmt, nur daß hier noch als Rettungsinstanz eine hegemoniale Vernunft bereitsteht, die inzwischen dem Zweifel ausgesetzt ist. Freud geht seinen eigenen Weg. Er rechnet die Triebbeherrschung zu den Hilfskonstruktionen des Lebens, die den pathogenen Urkonflikt zwar lindern, aber nicht beseitigen können. Von den Linderungsversuchen wird in einem späteren Kapitel ausführlich die Rede sein. Hier geht es uns zunächst um die Eingrenzung jenes Konfliktherdes, in dem Triebbedürfnisse und triebhemmende Realität aufeinanderstoßen.

## 2. Syngenese von Lust-Ich und Realität

Der Urkonflikt, der das Leben des leiblichen Selbst spaltet, läßt die eigenen Triebwünsche mit einer fremden Realität zusammenprallen. So lautet Freuds Deutung des Urgeschehens, die aber ähnlich wie schon die Traumdeutung etwas Hypothetisches behält. Wie jede moderne Wissenschaft arbeitet auch die Psychoanalyse mit Modellen; aber bei unachtsamem Gebrauch verführen diese zu einem »Modellismus«, demzufolge Modelle für bare Münze genommen und der Wirklichkeit angeglichen werden. Modelle bedürfen selbst der Deutung. Der »Konflikt der Interpretationen«, von dem Paul Ricœur in seiner Freud-Interpretation ausgeht, ist indessen nicht zu verwechseln mit gelebten Konflikten, die selbst der Interpretation bedürfen. Diese werden von Freud nicht als fertige Gestalten oder als schlichte Tatsachen hingenommen, sondern aus der Genese von Ich und Realität erschlossen. Die Psychoanalyse ist ebenso wie die Phänomenologie der Genese verpflichtet. Sie begnügt sich nicht mit statisch vorgegebenen Korrelationen, deren Bezugsglieder sich separat bestimmen lassen, so etwa als psychische Innenwelt und physische Außenwelt, als psychische oder physische Realität. Wenn Freud von »psychischer Realität« spricht, so ist diese nicht zu verwechseln mit einer vorgegebenen, regional einzugrenzenden psychologischen Realität; denn sie ist kein Gegenstand einer direkten Introspektion oder einer Verhaltensbeobachtung, sondern Ausdruck eines zu analysierenden psychodynamischen Widerstandes.[3]

3 Vgl. *Traumdeutung*, GW II/III, 625; *Das Unheimliche*, GW XII, 263. Den Begriff der »psychischen Realität« scheint Freud von Theodor Lipps entlehnt zu haben; für diesen Philosophen, der das Unbewußte als einen Bereich feststellbarer Tatsachen betrachtet, bedeutet »›psychisch‹ allerdings Zugehörigkeit zum »realen Ich« (1896, S. 8). In einem ähnlichen Zusammenhang bemerkt Laplanche, noch Freud neige dazu, psychische auf psychologische Realität zurückzustutzen (1996, S. 159 f.); dies würde Husserls entschlossenem Antipsychologismus zuwiderlaufen. Laplanche plädiert seinerseits dafür, die Botschaft des Anderen als eine »dritte Realität« anzusetzen, die sich weder auf eine äußere, materielle noch auf eine inne-

Freud bewegt sich, wie wir sehen, ebensowenig wie Husserl in den eingefahrenen Bahnen einer objektiven Psychophysik; statt dessen haben wir es mit einer besonderen Form von *Syngenese* zu tun. Triebwünsche zielen ab auf die Befriedigung von Bedürfnissen mittels geeigneter Triebobjekte; doch *als Triebwünsche* melden sie sich erst, wenn sie auf Widerstand, auf Hemmung und Versagung stoßen. »Was für das unbewußte Es eine Befriedigung ist, kann eben darum für das Ich ein Anlaß zur Angst sein.« (GW XVII, 93) Erst in der Verdrängung zeigt sich, was mehr oder weniger vehement in Form eines ungezielten Dranges heranrückt.[4] Umgekehrt tritt etwas erst *als etwas Reales* auf, indem es sich unseren Wünschen entgegenstellt. Das Reale wird nirgends rein kognitiv verstanden; es hat wenig zu tun mit dem Streit über die Realität der Außenwelt, der neuerdings unter neorealistischen Vorzeichen wiederaufflammt. Lust und Realität lassen sich nicht unabhängig voneinander beobachten und beschreiben wie zwei separate Datenblöcke; sie gehen auseinander hervor, reiben sich aneinander. Nachträglich zeigt sich, daß »das Lustprinzip selbst sich unter dem Einfluß der Außenwelt zum bescheideneren Realitätsprinzip umbildete« (GW XIV, 435). Was sich umbildet, dauert in der späteren Bildung fort, und zwar nicht als bloße Vorstufe, sondern als rebellierender und

re, psychologische Realität zurückführen lasse (S. 32, 166). Ähnlich plädiert André Green für eine »dritte Topik«, die dem »Objekt« einen gebührenden Platz in der Triebtheorie zubilligt (siehe Schmid-Gloor in: Allert 2017, S. 62).

4 Unter einem Drang, der in der Verdrängung durchschimmert, versteht Freud das motorische Moment des Triebs (GW X, 214). Max Scheler sucht die Trieblehre mit der traditionellen Strebensethik zu vereinen, indem er von der Vorstufe eines ziellosen »Inmiraufstrebens« ausgeht (*Der Formalismus in der Ethik*, 1973, S. 200). Auch bei Husserl finden wir vorbewußte »Aktregungen«, die sich von individuell vollzogenen Akten merklich unterscheiden (Hua III, 281), und in seiner Trieblehre unterscheidet er zwischen einem unbestimmten Hunger nach Speise oder nach dem anderen Geschlecht und einem zielgerichteten Trieb (Hua XV, 593). Heidegger rechnet umgekehrt mit einer »Aufdringlichkeit« dessen, was uns in seiner »Unzuhandenheit« begegnet (*Sein und Zeit*, S. 73). Das Triebgeschehen liegt also nicht gänzlich außerhalb des Horizontes der verschiedenen Phänomenologien. Zur philosophischen Trieblehre, die mit vielen Varianten von Aristoteles über Leibniz, Schopenhauer und Nietzsche bis zu Husserl reicht und in die Psychoanalyse hineinwirkt, vgl. ausführlich Rudolf Bernet, *Force – Pulsion – Désir* (2013). Die alles in allem voluntative Lesart dieser Untersuchung unterscheidet sich jedoch in entscheidender Hinsicht von der responsiven Lesart, die sich aus meinen eigenen Überlegungen ergibt.

verdrängter Anfang, der im Unheimlichen zutage tritt, nämlich als das »Verdrängte«, das wieder belebt, als das »Überwundene«, das wieder bestätigt werden kann (GW XII, 263).

Die Syngenese von Ich und Realität verläuft nicht gleichgewichtig und gleichmäßig wie die beiden Räder eines Zweirads oder die beiden Stimmen eines Duetts. Es kommt zu einer Verschiebung zwischen den beiden Instanzen, da sie nicht vorweg aufeinander eingespielt und eingestimmt sind, ganz im Gegensatz zu *res* und *intellectus*, deren Adäquation traditionsgemäß Wahrheit erzeugt und verbürgt. Die Lust ist nicht einfach *etwas*, das sich *an etwas anderes* heftet, sich einem anderen anpaßt; sie äußert sich als *jemandes* Lust, so wie der Schmerz von jemandem empfunden wird im Gegensatz zur bloßen Sachbeschädigung, die uns höchstens indirekt berührt. Der alte Satz *omne ens est bonum* ist durch ein fragendes *cui bono?* zu ergänzen angesichts der Tatsache, daß etwas als lustvoll und angenehm erlebt wird, ohne daß dessen Wirkung sich einem *bonum commune* zuordnen und entsprechend verallgemeinern läßt. Was affektiv besetzt ist, wird jeweils von jemandem besetzt. Dies führt bei Freud zur Annahme eines *Lust-Ichs*. In der Begriffssprache Husserls könnte man es als ein affektives »Ur-Ich« bezeichnen (Hua VI, 188), das von ursprünglichen Affektionen angetrieben wird, während es zugleich intentional aus sich herausgeht. Dabei ist das Doppelwort ›Lust-Ich‹ mit zweifacher Betonung zu lesen. Als *Lust*-Ich, das in einem leiblichen Organismus verankert ist, unterscheidet es sich von dem cartesianischen Cogito, das sich als Herr seiner Gedanken und Gefühle fühlt, dabei allerdings deutliche Schwächen erkennen läßt, so wenn »Pan Cogito« mit Staunen feststellt, »daß jemand außer ihm da ist / undurchdringlich / wie Stein«, und daß eine »Kluft sich öffnet, wenn er morgens ausgeht«.[5] Das Lust-Ich ist kein traditionelles Subjekt im Sinne eines personalen Substrats oder Urhebers. Umgekehrt bedeutet es als Lust-*Ich* mehr als einen seelischen Lufthauch, einen elektrischen Stromstoß oder einen bloßen Lebensimpuls. Lust tritt nur auf als nachwirkendes Ichgefühl.

In seinen späten Schriften nimmt Freud, in Anlehnung an Nietzsches Sprachgebrauch und auf Anregung von Georg Groddeck, eine Korrektur vor, indem er vom Ich ein Es abzweigt, das sich durch Ichfremdheit auszeichnet. Doch für die sprachliche

5 Vgl. die Gedichte »Die Entfremdung des Herrn Cogito« und »Die Kluft des Herrn Cogito« in dem Gedichtzyklus *Herr Cogito* von Zbigniew Herbert (1974).

Wendung ›das Es‹ dürfte ähnliches gelten wie für die Wendung ›das Ich‹, die Schopenhauer als eine Erschleichung entlarvt: »Hier wird nämlich durch die substantive (sic!) Redeform und den vorgesetzten Artikel das wesentlich und schlechthin Subjektive zum Objekt umgewandelt.« (1976, S. 48) Was aber steht hinter dem Es, wenn wir Lichtenbergs Ratschlag befolgen und sagen: »es denkt«, wie wir sagen: »es blitzt«? Gewiß steht dahinter keine verkappte Person, aus der ein einheitlicher Wille spricht: »Es kann nicht sagen, was es will« (GW XIII, 289) – man könnte hinzufügen: »Das Leben kann nicht sagen, was es will«. Daraus erwächst zugleich eine Barriere gegen den zeitgenössischen vitalistischen Überschwang, dem sich Husserl oder Plessner ebenso entgegenstellen wie Freud. Es gibt kein Leben ohne Lebewesen, es gibt kein Leben, das sich einfach lebt. Das hypostasierte Leben wäre ein Phantasma mit ideologischen Untertönen.[6]

## 3. Theorie und Therapie auf dem Boden der Lebenswelt

Wir stehen hier an einer methodisch, aber auch ideenpolitisch bedeutsamen Wegkreuzung. Wäre die Lust völlig ichfrei und namenlos, so könnte sie niemals *als sie selbst* zur Sprache kommen. Sätze wie »Ich bin froh« oder »Du bist traurig« wären nichts weiter als Redensarten. Man könnte nur in der dritten Person, in Form von mentalen Zuständen oder von Vorgängen der Spannung und Entspannung über die Lust sprechen, wie es in der Psychophysik oder in der Neurophysiologie tatsächlich geschieht, sei es in methodischer Selbstbescheidung oder aber in szientistischer Selbstüberhebung. Erst unter dieser Voraussetzung lassen Lustgefühle sich quantifizieren, lassen Erregungen und Hemmungen sich summieren, auf ähnliche Weise wie die Physik seit Galilei spezifische Sinnesqualitäten wie Farbe, Ton oder Geruch und konkrete

6 Joachim Küchenhoff diskutiert die Zweideutigkeiten einer lebensphilosophisch aufgeladenen Leib- und Krankheitslehre und die damit verbundene Gefahr einer »Idealisierung des Erschreckenden und Leidvollen«, einer »Verdinglichung des Willensträgers« unter dem Nietzsche-Titel »Vernunft des Leibes« (2012, hier S. 314 f.). Zur lebensweltlichen Fundierung der Lebenswissenschaften unter Bezugnahme auf die interdisziplinäre Forschung vgl. den von Ulrich Krohs und Georg Toepfer herausgegebenen Band *Philosophie der Biologie* (2005).

Gestalten mit ihrer sinnlichen Fülle in abstrakte und formale Gehalte verwandelt. Das Operieren mit libidinösen Energiequanten bedeutet ein Operieren mit Unbekannten, welches ohne Klärung der methodischen Voraussetzungen einem »Hang zur Spekulation« unterliegt, von dem Freud nicht völlig freizusprechen ist (vgl. Kunz 2016, S. 340-351). Fragwürdig sind Spekulationen nicht, sofern sie das Denken über das in der Erfahrung Gegebene hinaustreiben, sondern sofern sie sich von der Erfahrung ablösen, so daß sie gleich Antaios die Erdhaftung verlieren und das »fruchtbare Bathos der Erfahrung« verlassen (vgl. Kant, *Proleg.* A 204).

In seinem anfänglichen *Entwurf einer Psychologie* von 1895 folgt Freud einer von Descartes oder Herbart geprägten Doppelstrategie. Das Neuronensystem verdoppelt sich derart, daß das Bewußtsein nur Qualitäten, die Naturwissenschaft nur Quantitäten liefert; der Wissenschaft obliegt es, unsere Empfindungsqualität auf äußere Quantität zurückzuführen, während neuronale Vorrichtungen dafür sorgen, äußere Quantität in Qualität zu verwandeln (1975, S. 316 f.). Dies bedeutet beispielsweise für die psychische Situation der Aufmerksamkeit: »Im Ich herrscht die Begierdespannung, in deren Folge die Vorstellung des geliebten Objektes (die Wunschvorstellung) besetzt wird.« (S. 359) Doch in welchem Medium vollzieht sich der wechselseitige Austausch von Qualität und Quantität, und was bedeutet hier Verwandlung, Rückführung und Besetzung? Die Messung und Berechnung von Triebregungen stellt kein geringeres Problem dar als das Projekt einer Mathematisierung der Natur, das Husserl in § 9 seiner *Krisis* minutiös nachgezeichnet hat, unter Einschluß einer indirekten »Mitmathematisierung« dessen, was sich nicht selbst in Meßwerten wiedergeben läßt (vgl. Gurwitsch 1974).

Castoriadis weist in seinem genealogischen Rückgang auf eine präreale und prärationale Ordnung darauf hin, daß die »Alogik« des Unbewußten als eines »Stroms von Vorstellungen / Affekten / Intentionen« (1984, S. 457) von Anfang ein Beschreibungsproblem darstellt. »Das Unbewußte fällt aus der Identitätslogik und der Bestimmtheit heraus. Als Produkt und stetige Äußerung der radikalen Imagination ist seine Seinsweise die eines Magmas.« (S. 467) Was hier Magma genannt wird, bedeutet weder eine Menge wohlunterschiedener, abzählbarer Elemente noch ein Chaos, in dem alles ineinanderschwimmt, sondern eine Menge, aus der sich *bestimmte* Elemente herausgreifen lassen. Dabei erweist sich das Magma selbst als überdeterminiert wie die Freudsche Traumsymbolik. So hat es keinen Sinn zu fragen, wieviel Vorstellungen mein gestriger Traum hatte, wieviel Lüste ich verspüre oder wieviel Wolken am Himmel schweben. Die Organisationsleistung ist ständig zu erbringen, sie ist nicht vorgegeben. In der Sprache von Merleau-Ponty besagt dies: Es gibt keine fertige Welt, die aus abzählbaren und meßbaren Teilen besteht. Diese Einsicht hängt nicht davon ab, ob man die Organisation der Erfahrung auf eine Urkraft des Imaginären zurückführt oder auf variable, situativ verankerte Gestaltungsprozesse.

Castoriadis ist ebenso wie Husserl und seine phänomenologischen Gefolgsleute weit davon entfernt, das Kind mit dem Bade auszuschütten und einem Verzicht auf Formalisierung und Technisierung das Wort zu reden. Doch das Verfahren der Quantifizierung, das auf die Frage »Wie groß?« oder »Wieviel?« mit Meßtechniken antwortet,[7] gibt als solches keine Auskunft darüber, was denn jeweils quantifiziert wird, so wie der Preis einer Ware auf dem Markt keine Auskunft gibt über die Qualität dessen, was jeweils getauscht wird. Laut Marx sieht der Mineralienkrämer nicht die eigentümliche Schönheit und Natur des Minerals, sondern nur den »merkantilischen Wert«; er hat keinen »mineralogischen Sinn« (1968, S. 542). Im Rahmen seines analytischen Begriffsregisters unterscheidet Freud zwischen einem ökonomischen, einem dynamischen und einem topischen Gesichtspunkt; ein »quantitativer Faktor« macht sich geltend, sobald es darum geht, Triebstärke und Ichstärke gegeneinander abzuwägen (vgl. GW XII, 71, 74). Doch Gesichtspunkte liefern nur eine Hinsicht, nicht eine umfassende Sicht auf die Dinge. Eine Aussage wie: »Die Angst ist die nackte Quantität«, die Ricœur wie vieles andere in seinen »gemischten Diskurs« aufnimmt (1969, S. 97), beruht, wenn man sie beim Wort nimmt, auf einer Erschleichung. Pulsschlag und Blutdruck sind Meßwerte, die nur die Stärke eigener oder fremder Gefühle wiedergeben, nicht aber deren Eigenqualität. Selbst die Stärke der Gefühle wird qualitativ als gewaltig oder geringfügig erfahren, bevor sie exakt gemessen wird.

Hier macht sich nachteilig bemerkbar, daß Freud die Transformation der normalen Alltagserfahrung in somatische oder psycho-

7 Schon Aristoteles unterscheidet in der *Metaphysik* (V, 13) bezüglich des Wieviel (ποσόν) zwischen abzählbarer Menge (πλῆθος) und meßbarer Größe (μέγεθος).

logische Daten nicht systematisch berücksichtigt, sondern zumeist nur beiläufig darauf eingeht im Hinblick auf eine klinische oder außerklinische Pathogenese. Was Husserl angeht, so spricht er in einer Diktion, die der Psychoanalyse nahekommt, von Sinnverschiebung, Sinnüberdeckung, Sinnunterschiebung und Sinnentleerung, um kulturpathologische Phänomene zu kennzeichnen, die von einem sensualistischen oder historistischen Vergessen der leibhaftigen Lebenswelt herrühren. Alfred Schütz, der den sozialen Charakter der Lebenswelt in den Mittelpunkt rückt, unterscheidet systematisch zwischen Alltagswissen und sozialwissenschaftlichen Konstruktionen. Eine szientistische, ökonomistische, bürokratische oder – wie wir heute hinzufügen müssen – digitalistische Überformung der konkreten Erfahrung ist seit langem Gegenstand kritischer Analysen. Die Psychoanalyse könnte das Ihrige dazu beitragen, allerdings nur dann, wenn sie sich nicht hinter metapsychologischen, neurobiologischen oder technologischen »Substruktionen« verschanzt, sondern statt dessen die Verankerung der Klinik in der Lebenswelt im Blick behält. Auf Marx und seine politische Kritik der Ökonomie trifft ähnliches zu. Wäre die Psychoanalyse tatsächlich ein »parteiloses Instrument« ähnlich der Infinitesimalrechnung, wie Freud in seinen späten Jahren feststellt, indem er den Verzicht auf Weltanschauung auf eine rhetorische Spitze treibt (GW XIV, 360), so würde ihr lebens-, kultur- und gesellschaftskritisches Potential sich verflüchtigen in der Beliebigkeit eines Quodlibet.

Doch einer solchen Schrumpfung steht einiges entgegen. Im Gegensatz zu reiner Sachforschung und Sachbearbeitung bewegt Freuds Psychoanalyse sich als psychotherapeutische Praxis auf zwei Ebenen. Das *Für-mich* des Analytikers sieht sich systematisch verdoppelt durch ein *Für-ihn/sie* auf seiten des Analysanden. Das plurale *Für-sie* der Angehörigen des Analysanden fällt nicht aus, aber es kommt nur indirekt ins Spiel, solange die Mitwelt nicht per se mitanalysiert wird, wie es in der Gruppen- oder Familienanalyse geschieht.

Doch die Konstitution eines solch hintergründigen Wir stellt ein eigenes Problem dar; sie erklärt sich daraus, daß das Ich in Form eines fungierenden Wir für Andere mitspricht und mithandelt, wenn es als Ich spricht oder handelt. Im Prozeß der Psychoanalyse ist das »Denken über« eng gekettet an ein »Handeln mit« (Scharff

2010, S. 13). Das Sprechen *über Krankheit* ist gänzlich eingebettet in ein Sprechen *mit dem Kranken*, wie seit langem in der dialogisch geprägten Medizin eines Viktor von Weizsäcker betont wird. Das grundlegende Phänomen der Übertragung ist hier angelegt. Wer man ist, wenn man mit jemandem spricht, bestimmt sich nicht unabhängig davon, zu wem man spricht, auf wen man hört und wem man sich schweigend verschließt. Freuds gelegentliches Liebäugeln mit einer physikalisch-chemischen Endlösung, die auf einen »uranfänglichen, anorganischen Zustand« zurückginge (GW XIV, 478), liefe auf eine μετάβασις εἰς ἄλλο γένος hinaus, mit der die Psychoanalyse sich selbst aufgeben und sich den eigenen Boden entziehen würde. Methodische Eskapaden liefern keine Fundierung. Das Ich läßt keinen Anfang zu, der nicht bereits als ein Ich *in statu nascendi* zu bestimmen wäre; das Uranfängliche steht für einen paradoxen Voranfang, aufgrund dessen nicht *etwas dem Selbst*, sondern das Selbst *sich selbst vorausgeht*. Entsprechendes gilt für das Wir *in statu nascendi*. Macht die Psychoanalyse mit ihrem Vorhaben ernst, so nähert sie sich, ungeachtet ihres Beharrens auf einem reflexiv uneinholbaren Unbewußten, einer Phänomenologie, der zufolge das fungierende Ich und der fungierende Leib zwar von ihrer Thematisierung durch den phänomenologischen Selbstbetrachter zu unterscheiden sind, jedoch so, daß anonym fungierendes Ich und thematisch analysierendes Ich sich im Zuge einer Selbstbewußtwerdung miteinander verschränken. Ähnliches gilt für den Prozeß des Miteinander-Fungierens, aus dem ein fungierendes Wir hervorgeht. Das Unbewußte ist ›mein Unbewußtes‹, selbst wenn ich diesen Besitztitel nur teilweise wahrnehmen und niemals über das Unbewußte verfügen kann. Ohne diese paradoxe Zugehörigkeit des Unzugehörigen, die ein Merkmal des Fremden ist, würde das Unbewußte alles Anstößige verlieren. Selbst Descartes nähert sich dieser paradoxen Fernnähe, wenn er sich eingesteht, daß er einen Körper, der ihm besonders eng gehöre, »nach einer Art Sonderbefugnis den meinen nannte« (VI. *Medit.*, AT VII, 76).

## 4. Protogenese und Archäologie

Freud bleibt bei der Syngenese von Lust-Ich und Realität nicht stehen. In seinen urgeschichtlichen Spekulationen spielt er mit dem Gedanken einer *Protogenese*, in deren Verlauf sich das Ichgefühl aus einem Allgefühl herausschält. Hierbei trägt er dem »ozeanischen Gefühl« seines Freundes Romain Rolland Rechnung, ohne dessen religiöse Deutung zu teilen. Das Ichgefühl wäre demnach bloßes Überbleibsel eines Gesamtgefühls. »Ursprünglich enthält das Ich alles, später scheidet es eine Außenwelt von sich ab. Unser heutiges Ichgefühl ist also nur ein eingeschrumpfter Rest eines umfassenderen, ja – eines allumfassenden Gefühls, welches einer innigeren Verbundenheit des Ich mit der Umwelt entsprach.« (GW XIV, 425) Warum nicht auch eine Verbundenheit mit der Mitwelt, zumal mit der Mutter als deren herausragender Vertreterin? Die Beschränkung des »allumfassenden Gefühls« auf die Umwelt leuchtet nur ein, wenn man eine Realität ins Auge faßt, die noch frei ist von aller Alterität. Nur dann fiele die Genese des Ich umstandslos zusammen mit der »Einsetzung des Realitätsprinzips« (ebd.).

Phänomenologen sprechen bei derartigen Gründungsereignissen von Stiftung. Geht die Realität aus einem solchen Ereignis hervor, so nimmt sie einen quasi-transzendentalen Charakter an, der all unsere Erfahrungen mitbestimmt, durchdringt und prägt.[8] So besehen wäre »das Reale« auch für Freud mehr als eine empirische Tatsache. Es ist nicht zu verwechseln mit einer Realität im Sinne des älteren oder neueren Realismus. Vielmehr steht es am Ursprung des empirisch Realen, das sich von Fall zu Fall den Wünschen des Ich entgegenstellt. In Anlehnung an Lacans Zerteilung des Anderen in ein großes A und ein kleines a könnte man in Bezug auf die Realität zwischen R und r unterscheiden, nur daß das Reale bei Lacan strikt von der Alterität her zu verstehen ist.

Das Lustprinzip entpuppt sich ebenso wie das Realitätsprinzip als eine Arché besonderer Art. Es gibt niemanden, der von die-

8 Hier meldet sich eine höchst differenzierte Phänomenologie der Wirklichkeit, innerhalb deren das Wirkliche nicht als genuines Prädikat behandelt wird, sondern als Implikat und Modalität von Erfahrung; diese Sichtweise steht in Verbindung mit einem vorprädikativen Wirklichkeitsglauben und einer Differenz von Wirklichkeits- und Möglichkeitssinn; sie öffnet den Raum für Wirklichkeitsexperimente und Anomalisierungseffekte. Vgl. GN Kap. 10.

sem Ersten *ausgehen* könnte, wie Kant es dem transzendentalen Ich zugesteht, dessen intelligible Freiheit darin besteht, »ganz von selbst anzufangen« (KrV B 563). Vielmehr gilt für den Analysanden wie für den Analytiker, daß man zwar auf den Anfang *zurück sieht*, wie Kant Rousseaus »Zurück zur Natur« kommentiert, daß man aber nie auf ihn *zurück geht* (Werke, Ausg. Weischedel, Bd. VI, S. 681). Wenn es ein Primäres gibt, so als »primär Gewordenes« (siehe oben, S. 46). Die versuchte Rückkehr zu einem Anfang, der uns verwehrt ist, wird zur Quelle von Phantasmen, die aus einer Urphantasie hervorgehen. Das illusionslose Forschen nach dem Anfang vollzieht sich dagegen, ähnlich wie Husserls Genealogie des Wissens, in der Art eines Zurückfragens (Hua VI, 365). Hier kündigt sich eine originäre Form der *Nachträglichkeit* an, wie sie uns auf verschiedene Weise bei Freud, Husserl, Levinas und Derrida begegnet. In der Sicht einer responsiven Phänomenologie entspringt die Nachträglichkeit einer Diastase zwischen Pathos und Response, die eine responsive Form der Freiheit, ein Selbst-anderswo-anfangen einschließt und sich zwischen den Grenzwerten eines einerseits Unerinnerbaren und andererseits Unerwartbaren bewegt.

Im Rückgriff auf eine in der Phänomenologie, aber auch in Foucaults Epistemologie gebräuchliche Formel ließe sich konstatieren: »*Es gibt* Konflikte zwischen Lust und Realität.« Dieses »es gibt« bezeichnet ein Urphänomen, auch eine Urszene. Deren Ursprünglichkeit beruht auf keinem schlichten Faktum; sie verdankt sich vielmehr einer *Unumgänglichkeit*, die darin besteht, daß wir unweigerlich von einem solchen Faktum ausgehen, selbst wenn wir es bestreiten. Es handelt sich also nicht um die empirische Gegebenheit zufälliger Tatsachen, die auch nicht sein könnten, sondern um die »Notwendigkeit eines Faktums«, wie Husserl sie dem transzendentalen Ich zuspricht, ohne die faktische Notwendigkeit auf die Ichinstanz zu beschränken (vgl. Hua III, 109). Der Aufweis, daß eine solche Notwendigkeit vorliegt, gehört zu den Aufgaben einer Archäologie, wie sie bei Freud, Husserl und Foucault in verschiedenen Varianten auftritt. Im Falle einer radikal verstandenen Psychoanalyse, die auf Spuren einer verdrängten Erinnerung ebenso angewiesen ist wie auf Reminiszenzen im Sinne einer Erinnerung, die von ihrem Ursprung abgeschnitten ist, könnte man Laplanche folgen und eine »Hyperarchäologie« ansetzen, die einer »Hyperrealität« auf der Spur ist (1996, S. 158 f.). Dies entspräche der hyperbolischen Denkweise einer Hyperphänomenologie; diese stößt im Bezugsfeld des Pathischen und Responsiven auf Hyperphänomene, die sich einem direkten Zugriff entziehen. Was die Psychoanalyse angeht, so würde sie ohne Bezugnahme auf eine Art Urfaktizität ihren eigenen Boden verlieren. Sie würde auf natürliche oder historische Tatsachen zurückfallen und bei Erklärungsversuchen enden, für die nicht sie, sondern die jeweiligen Einzeldisziplinen zuständig wären. Das Physische würde auf physikalische, das Lebendige auf biologische, das Psychische auf psychologische, das Gehirn auf neurologische, die Geschichte auf historische Fakten und entsprechende Konstrukte und Gesetzmäßigkeiten zurückgehen. Solche Reduktionen werden durch einen laxen Sprachgebrauch gefördert, so etwa durch die Gleichsetzung von Seelischem mit Psychologischem, von Lebendigem mit Biologischem, von Geschichte mit Historie. Werden diese Differenzen nicht beachtet, so weicht die Genealogie des Wissens, auf die ein psychodynamischer Ansatz angewiesen ist, einer szientistischen Weltanschauung, einer Weltanschauung ohne Welt. In dieser Hinsicht sitzen Psychoanalytiker und Philosophen in einem Boot, auch wenn Freud dazu neigt, auf philosophische Rettungsdienste zu verzichten, selbst wenn er in Seenot gerät.

## 5. Angewiesenheit auf erste Hilfe

Kehren wir zurück zum Anfang. Das Konzept der Realität, das den Urkonflikt mit bestimmt, gerät ins Zwielicht, wenn wir schauen, wie bei Freud selbst und teilweise auch in der von ihm mitgeprägten Säuglingsforschung die kindliche Ursituation beschrieben wird. In dieser Situation werden lebenslang wirksame Weichen gestellt, und bei mangelnder Verarbeitung bricht die Ursituation in der Form infantiler Regressionen in das Erwachsenenleben ein. Wie Freud betont, vollzieht sich die Sonderung des Ichs von seiner Außenwelt nur allmählich, und zwar unter fremder Beihilfe, deren intime Fremdheit nicht mit jener Fremdheit zu verwechseln ist, mit der die Außenwelt dem Ich als »fremdes, drohendes Draußen« gegenübertritt (GW XIV, 424). Die Erregungen, die auf das Neugeborene einströmen, werden auf zwei »Erregungsquellen« zurückgeführt, die sich im Laufe der kindlichen Entwicklung voneinander absondern. Der Säugling entdeckt, »daß manche der Erregungsquellen, in denen er später seine Körperorgane erkennen wird, ihm jederzeit Empfindungen zusenden können, während andere sich ihm zeitweise entziehen – darunter das Begehrteste: die Mutterbrust – und erst durch ein Hilfe heischendes Schreien herbeigeholt werden.« In dieser Beschreibungsskizze und schon in der Bezeichnung des Kindes als ›Säugling‹ oder als ›*nourrisson*‹ findet der zwischenleibliche Bezug seinen deutlichen Ausdruck in Gestalt eines Ineinander von Eigenem und Fremdem.

Iris Därmann greift diesen Faden auf, um auf seiten der Mutter Spuren einer »alimentären Gabe« aufzuzeigen, durch die eine rudimentäre Form der Gemeinschaft ins Leben gerufen wird. Sie zitiert aus *Totem und Tabu* (GW IX, 164): Die Stammesgemeinschaft beruht auf der Tatsache, »daß man ein Teil der Substanz seiner Mutter ist, von der man geboren und mit deren Milch man genährt wurde«. Im Anschluß an Derrida spricht sie von einem »vorursprünglichen« Ursprung von Gemeinschaft und Gastlichkeit, der selbst noch keinem Hausherrn gehorcht (Därmann 2005, S. 221 f.).[9] Freud nähert sich diesem Voranfang, der sich dem Ich aufdrängt, ohne daß es selbst diesen Anfang macht, indem er das Saugen an der Mutterbrust als vorbildlich für jede spätere Liebesbeziehung hinstellt und jede Objektfindung zur Wiederfindung erklärt (siehe oben, S. 73). Die anfängliche Sym-biose, die buchstäblich als eine Form des Mit-lebens zu verstehen ist, setzt sich fort auf dem Feld einer weitgehenden Zwischenleiblichkeit. Winnicotts Formel »There is no such thing as a baby« ließe sich, wie Joachim Küchenhoff vorschlägt, im Anklang an Merleau-Pontys Konzept der *intercorporéité* umwandeln in den Satz: »Es gibt keine Körper, sondern nur und zunächst die Zwischenleiblichkeit«, oder in skripturaler Diktion: »Die Erfahrung des eigenen Körpers enthält Spuren intersubjektiver Einschreibungen.« (Küchenhoff 2012, S. 155) Was dabei hinzukommt, sind unvermeidliche Lust- und Schmerzempfindungen, die dem Regime des Lustprinzips zuwiderlaufen und zur »Anerkennung eines Draußen, einer Außenwelt« führen (GW XIV, 424). Mit dem implizit in Anspruch genommenen Wirklich-

9 Man vergleiche damit die Klage des Rousseauschen *promeneur solitaire*, der für sein Herz auf Erden keine Nahrung zu finden glaubt und sich genötigt sieht, »es mit seiner eigenen Substanz zu nähren und alle seine Nahrung in seinem Inneren zu finden« (1978, S. 648).

keitssinn, der hier als »Anerkennung« deklariert wird, deutet sich eine Frühform des phänomenologischen oder hermeneutischen Als an, das als affektiver Puffer wirkt und das Empfinden des Reizes von der direkten Kausalwirkung unterscheidet. Im Lichte der responsiven Phänomenologie bedeutet dies, daß das leibliche Selbst einerseits auf Anreize antwortet, die *von etwas* ausgehen, andererseits auf Appelle, die *von jemandem* ausgesandt werden.

Wenn eine »intersubjektive Wende in der Psychoanalyse« sich als tragfähig erweisen soll, so muß sie auf dieser elementaren Stufe ansetzen, wie es bei Autoren wie Melanie Klein oder Jean Laplanche denn auch geschieht. Die »Realitätsprüfung«, die Freud als eine Reinigung der Wahrnehmung von psychischen Zutaten versteht, mit der sich die Einrichtung des Realitätsprinzips über eine schlichte Realitätssetzung hinaushebt (GW XV, 82), erfordert eine zusätzliche Alteritätsprüfung, mittels derer unadressierte Affektionen sich von adressierten Appellen absondern. Die soziale Mitwelt ist nicht einfach Teil einer natürlichen Umwelt, sie überschneidet sich mit ihr. Bleiben wir Freuds Ansatz einer radikalen Archäologie treu, so ist die wechselseitige Absonderung von soziokultureller Mitwelt und natürlicher Umwelt der Urszene selbst zu entnehmen und nicht von außen her einzuführen, indem man bloße Sachen oder bloße Lebewesen ansetzt und ihnen autonome Personen an die Seite stellt. Ich selbst habe andernorts zu zeigen versucht, wie die Affektion zum Appell *wird*, indem adressierte und unadressierte Aufforderungen sich voneinander absondern (BE Kap. III, 3).

Auch bei Freud selbst gibt es Fingerzeige darauf, wie wir die fragliche Genese zu verstehen haben. Er unterscheidet zwischen erlebter Hilflosigkeit einerseits, bloßem Mangel oder bloßer Gefährdung andererseits. Selbst in Notsituationen, die wir im Umgang mit den Dingen durchleben, etwa im Hunger nach Nahrung oder im Leiden unter Kälte, steckt ein alteritärer Überschuß. In seinem frühen *Entwurf einer Psychologie* bezeichnet Freud die Hilflosigkeit als »Urquelle aller moralischen Motive« (GW Nachtragsband, S. 411). Die erste Hilfe kommt von Anderen, die sich als »Hilfs-Ich« betätigen (Spitz 1967, S. 132), indem sie Hilfe leisten oder Hilfe verweigern und nicht etwa nur als Hilfsgeräte dienen wie ein Feuerlöscher oder ein Ernährungsschlauch. Die Urhilfe kommt von der nährenden und umsorgenden Mutter als einer Instanz, die sich in leiblichen Verhaltensweisen, in einem familiären Pflegefeld und indirekt auch in technischen Geräten verkörpert. Der hilflose Säugling findet seinen Gegenpart in der Figur einer Helferin oder eines Helfers, ohne deren Eingreifen das Lust-Ich nicht lebensfähig wäre. Der Mangel *an etwas*, das fehlt, ist demnach zu unterscheiden von der Angewiesenheit *auf jemanden*, der hilft. Entscheidend ist dabei der *Hilferuf*, der sich nicht einfach akustisch entlädt, sondern sich als eine archaische, vorsprachliche und dringliche Form der Bitte an einen Anderen wendet. Im Griechischen steckt das Wort βoή (= Ruf) bereits in dem Wort βoήθεια (= Hilfe). Die Hilfe ist selbst ein Übergangsphänomen. »Die Schreie des Kindes [...] werden erst durch die subjektive Deutung der Mutter zu Botschaften, zu Hilferufen.« (Laplanche 1996, S. 42) Wie bei allen leiblichen Phänomenen kommt es auch hier zu einem »Überleben des Ursprünglichen neben dem Späteren« (GW XIV, 425). Im späteren Erwachsenenleben taucht der Schrei auf als Ausdruck einer in Sprachlosigkeit versinkenden Grenzerfahrung; im Vokativ und im Ausrufezeichen hinterläßt er seine grammatischen Spuren. In der Atemnot und Sprachlosigkeit, von der die Patientin Dora befallen ist, streckt der Leib seine sensitiven Fühler aus in »Auffrischung infantiler Empfindungskeime« (GW V, 216).

Der Bezug zwischen Hilfsbedürftigem und Helfendem läßt sich wiederum nur implizit und reziprok definieren. Es genügt nicht anzunehmen, dem Kleinkind träten Erwachsene als »Nebenmenschen« an die Seite. Vielmehr entdeckt das hilfsbedürftige Wesen seine eigene Hilf- und Schutzlosigkeit mittels seiner Beziehung auf »bedeutsame Andere« (G. H. Mead), die sich von Fall zu Fall als Nothelfer hervortun. Ähnlich spricht Freud in bezug auf den Hilfsbedürftigen vom selektiven »Einfluß einer einzigen oder einer sehr geringen Anzahl von Personen, von denen eine jede eine großartige Bedeutung für ihn erworben hat« (GW XIII, 74). Der Beistand, den solche Personen spenden oder verweigern, geht im Laufe von Aufzucht und Erziehung in das eigene Verhalten des Zöglings ein. Die Psychoanalyse ist eine maieutische Disziplin durch und durch. Das Wirken des Analytikers ist auf die Mitwirkung des Analysanden angewiesen, da es ähnlich wie in Platons Höhlengleichnis darum geht, selbst die Fesseln der Verdrängung abzustreifen, sich selbst von ihnen zu befreien. Ohne einen Funken jener Aufklärung, die dazu ermahnt, »sich seines eigenen Verstandes zu bedienen«, und die zu ergänzen wäre durch die Ermahnung, »sich seiner eigenen Sinne zu bedienen«, geriete die Analyse auf die Bahnen einer Konditionierung, mittels derer die Realität nicht erprobt, sondern lediglich bekräftigt oder entkräftet würde. Die »wachsende Anpassung an die Wirklichkeit«, die in den Ansätzen der Ich-Psychoanalyse den Ton angibt und die selbst bei Melanie Klein zu finden ist (1994, S. 207), würde alle Impulse einer kreativen Responsivität dämpfen oder ersticken. Zusätzlich ist zu beachten, daß menschliche Hilfeleistung, im Gegensatz zur Vision einer göttlichen Fürsorge, einer beschränkten Macht entspringt, und dies nicht nur infolge besonderer Umstände, die das Können einschränken, sondern angesichts der Tatsache, daß Helfende ihrerseits Hilfe erlangt oder aber entbehrt haben. »Wer hilft den Helfern?«, so könnte man den bekannten Satz von Marx über die Erziehung der Erzieher abwandeln. Hinter jedem Hilferuf und jeder Antwort auf den Hilfsappell steht eine Geschichte des Helfens, die einer Geschichte der Arbeit oder der Liebe ebenbürtig ist. Fragen nach dem rechten Helfen stellen sich im Rechtsleben in Fällen gebotener und unterlassener Hilfeleistung; sie stellen sich im normalen Sozialleben in Form einer Wechselhilfe, einer *mutualité*; sie stellen sich in besonderem Maße im Rahmen von Hilfs- und Pflegeberufen, wo Hilfeleistung und Fürsorge habitualisiert und institutionalisiert werden. Es gehört zu den Mängeln der Marxschen Gesellschaftslehre, daß in ihr die Sphäre der Dienstleistung, die es mit dem Anderen zu tun hat, hinter der Sphäre der Produktionsleistung, die es mit den Dingen zu tun hat, zurücksteht.

Zu guter Letzt ist die »Psychoanalyse als Beruf«, wie wir in Anspielung auf Max Weber sagen können, von dieser Ausgangslage betroffen. In einer seiner Schriften zur Kunst, in denen er sich an den Grenzen der Klinik bewegt, nämlich in der 1907 erschienenen Studie zu Jensens *Gradiva*, bemerkt Freud: »Jede psychoanalytische Behandlung ist ein Versuch, verdrängte Liebe zu befreien, die in einem Symptom einen kümmerlichen Ausdruck gefunden hat« (GW VII, 118). In der 1916 verfaßten Gelegenheitsschrift *Einige Charaktertypen aus der psychoanalytischen Arbeit* erinnert er an die wichtige Rolle der Liebe, derer sich der Arzt in seinem »Erziehungswerk« bedient: »Er wiederholt bei solcher Nacherziehung wahrscheinlich nur den Vorgang, der überhaupt die erste Erziehung ermöglicht hat. Neben der Lebensnot ist die Liebe die große Erzieherin, und der unfertige Mensch wird durch die Liebe der ihm Nächsten dazu bewogen, auf die Gebote der Not zu achten und sich die Strafen für deren Übertretung zu ersparen.« (GW X, 364f.) Solche Sätze, die dem Liebesverlangen und dem Liebesmangel ein Liebesangebot gegenüberstellen, öffnen eine Türe, die aus dem methodisch verriegelten Verlies einer narzißtischen Selbstbefriedigung ebenso hinausführt wie aus einer biologisch verengten Sexualität, der Freud selbst eine solch entschiedene Absage erteilt.

## 6. Die Rolle der Verneinung

Hinter dem Konflikt zwischen Lust und Realität, den Freud auf Prozesse der *Triebversagung* zurückführt, verbirgt sich ein Nein verschiedener Art, das an die grundlegende Dynamik des Lebens rührt. Wollte man eine verallgemeinerte Trieblehre ins Auge fassen, ähnlich wie George Bataille eine verallgemeinerte Ökonomie anvisiert, so fände sie gewiß hier ihren Ursprung.

Die Situation der Hilflosigkeit gibt der alten Bestimmung des Menschen als eines Lebewesens, das einen Logos hat, eine besondere Färbung. Das *infans* ist ein Wesen, das fremder Beihilfe bedarf, um seinen eigenen Antrieben zu folgen. Dazu gehört zunächst die gestisch geäußerte Bitte. Was die sprachliche Äußerung der Bitte betrifft, so bestimmt schon Aristoteles sie als eine Sonderform der Rede (φάσις), die nicht auf ein wahrheitsgemäßes Zusprechen (κατάφασις) und Absprechen (ἀπόφασις) zurückzuführen und nicht mit dem wertneutralen Einräumen oder Bestreiten von Realität zu verwechseln ist (*De interpret.* 4).[10] Die heutige Sprechakttheorie hat die Vervielfältigung der Sprechweise systematisch weitergeführt mit der Hervorhebung des performativen Charakters des Sprechens. In seiner Studie über *Die Verneinung* knüpft Freud ebenfalls an ältere Traditionen an. Ähnlich wie Husserl Wunsch-, Befehls- und Fragesätze deutlich von gewöhnlichen Aussagen unterscheidet,[11] geht auch Freud auf eine vorprädikative Ebene zu-

10 Rein logisch betrachtet, also abzüglich poetischer oder rhetorischer Redeformen, läßt sich die Verneinung restlos durch die Behauptung des widersprechenden Gedankens ersetzen, so daß es im Grunde nur eine einzige Weise des Urteilens gibt; vgl. Gottlob Frege, »Die Verneinung. Eine logische Untersuchung« (1976), S. 67.

11 Vgl. Hua XIX/2, 749; zum Ursprung der Negation im Vorprädikativen siehe

rück. Gleichzeitig zielt er über eine immanente Sprachlogik hinaus. Beim Studium der Urteilsfunktion kommt es ihm auf etwas anderes an, nämlich auf die Entstehung des Logos aus dem Pathos, einem Pathos, das zwar zu Wort kommt, aber nicht in Worte zu fassen ist, wie es die Fixierung auf einen sprachlich vermittelten Sinn nahelegt. Was *zu sagen* ist, überschreitet das, was *schon gesagt* ist. Speziell geht es Freud um die Rückführung von Beurteilung und Verurteilung auf die Verdrängung und somit um die »Entstehung einer intellektuellen Funktion aus dem Spiel der primären Triebregungen«. Im Bereich der Triebe kommt es zwar, wie überall im Reich des Unbewußten, zur rekursiven Verkehrung ins Gegenteil, was jedoch fehlt, ist ein symbolisches Nein, das geradewegs einen Gegensatz oder einen Widerspruch formuliert. Eine triebgesteuerte Negierung oder ein triebhafter Aufschub des Triebziels käme einer Selbstaufhebung des Triebs gleich, zu der es diesem an der nötigen Distanz mangelt. Triebe können nicht auf sich selbst verzichten, sie können nicht sich selbst entsagen. Aus dem Widerstreit der Triebe läßt sich nicht jenes dialektische Kapital schlagen, das die *Phänomenologie des Geistes* aus der Negation der Negation zu gewinnen trachtet. An diesem Punkt nähert Freuds Analyse sich dem Schlußakkord des *Zarathustra*: Alle Lust »will Ewigkeit«, aber sie will nicht nur das, »alle Lust will sich selber, drum will sie auch Herzeleid!«[12]

Doch die Genealogie der Verneinung stellt uns abermals vor die Frage, ob die Alterität eine hinreichende Würdigung erfährt. Als »verneinende Gebärde«, wie es in Rilkes Naturlyrik heißt, als »Nein-Geste«, die eine kopernikanische Wende in der Sprechentwicklung markiert (Seewald 1992, S. 394), zieht sich die Abwehrgeste durch verschiedene Ausdrucksschichten hindurch. Dabei gilt es zu unterscheiden zwischen der *Abwehr von etwas*, das sich nicht um mich kümmert, und der *Abkehr von jemandem*, die mit einer gezielten Gegenwehr zu rechnen hat. Die einheitliche Rede von

Kaiser 1997, Kap. IV, 3. Als Vorläufer der Sprechakttheorie sollte Karl Bühlers *Sprachtheorie* von 1934 nicht übersehen werden.

12 Zu Freuds Eliminierung des Nein aus dem Unbewußten vgl. die Quintessenz des Essays *Die Verneinung* (GW XIV, 15), die *Neue Folge* der Einführungsvorlesungen (XV, 80) und zuvor das *Bruchstück einer Hysterie-Analyse* (V, 218). Das Fehlen eines unzweideutigen Neins gehört aber schon zu den Grundannahmen der Traumanalyse, denen zufolge sich hinter Identifizierungen oder Umkehrungen ein Ja versteckt (vgl. II/III, 331, 342; XI, 181).

›Realität‹ und von ›Objekt‹ droht wichtige Differenzen zu verdunkeln. Im gleichen Zuge stellt sich die Frage, ob Bejahung und Verneinung, die sich auf den Anderen richten, adäquat bestimmt sind, wenn man sie wahlweise als »Ersatz der Vereinigung« und »Ersatz der Ausstoßung« faßt und den Negativismus als eine Form der »Verneinungslust« allein auf eine »Triebentmischung«, also auf einen Abzug der libidinösen Komponente zurückführt (GW XIV, 15).

Beginnen wir mit der Vereinigung. Nehmen wir das Allgefühl, das Freud an den Anfang der Selbsterfahrung stellt, ernstlich beim Wort, so nähert es sich einer Vereinigung, in der die Differenz zwischen mir und dem Anderen verschwimmt wie in Hegels Nacht, »in der alle Kühe schwarz sind«. Doch schon der schlichte Gruß oder das einfache Geschenk, ganz zu schweigen von Liebeserklärungen, Schuldbekenntnissen oder Versöhnungsakten, konfrontieren uns mit einer Alterität, die sich niemals restlos auf dem Weg über eine Identifizierung oder einen Standortwechsel vergemeinschaften läßt. Das »Kultur-Über-Ich«, dem Freud den Kulturprozeß der Menschheit und die beiden gegensätzlichen Strebungen nach individuellem Glück und menschlichem Anschluß anvertraut (GW XIV, 499-502), geht ebenso wie das individuelle Über-Ich letzten Endes aus Wunschtrieben des Ichs hervor, die ihre Wirkung entfalten, ohne daß ein originäres Du seine Ansprüche erhebt und ohne daß ein Dritter ordnungsstiftend eingreift. Es ist bemerkenswert, daß Riten und Akte der Vergebung und Verzeihung, die den gestörten Bezug zwischen uns wiederherstellen, in Freuds Sozialanalyse keine nennenswerte Rolle spielen, obwohl sie in allen Kulturen in verschiedensten institutionellen Formen auftauchen, von alltäglichen Entschuldigungsformeln über die antike Lastenabschüttelung der σεισάχθεια und die jüdischen Versöhnungstage des Jom Kippur bis hin zur staatlichen Amnestie und zur rechtlichen Verjährung. Dazu eine Stimme aus dem Lebensalltag. »Es m u ß eine Verjährung geben, Verjährung ist das einzig Vernünftige; ob es nebenher auch noch prosaisch ist, ist gleichgültig«, so besinnt sich Baron Instetten nach der Rückkehr von seinem Ehrenhandel, dem tödlichen Duell mit dem Nebenbuhler (*Effie Briest*, 1998, S. 286). Doch wie soll das Ich sein Über-Ich um Verzeihung bitten oder seinem Über-Ich Verzeihung gewähren? Die Versöhnung mit dem Vater, die Freud ebenso wie den Verzicht auf die Mutterbindung zu den Aufgaben einer gelungenen Sozialisierung und einer erfolgreichen Analyse zählt, resultiert aus der »Ablösung von den Eltern«, die den Heranwachsenden bereit macht für frei gewählte Liebesbeziehungen (GW XI, 349). Als zunächst äußerliche, dann verinnerlichte Instanz ist das Über-Ich unerbittlich im wörtlichen Sinne, es ist somit auch kein Adressat möglicher Verzeihung. Im Konfliktfall kommt es lediglich zu einem »Zwist im Haushalt der Libido«, der wie jeder Haushalt einen Ausgleich zuläßt, aber keine Versöhnung.[13] Der Humor, dem man gemeinhin etwas Versöhnliches nachsagt, wird einseitig der Überlegenheit eines Über-Ichs zugeschrieben, das sich über die Leiden dieser Welt erhebt, indem es das »Erbe der Elterninstanz« antritt (GW XIV, 386 f.). Was schließlich die angebliche Allheit oder Ureinheit angeht, von der unsere Überlegungen probeweise ausgingen, so entpuppt sie sich, sobald jemand sich faktisch auf sie beruft, als eine Ganzheit oder Einheit *secundum quem.* Eben deshalb gibt es Totalitäten und einen Totalitarismus im Plural.

Was umgekehrt die Ausstoßung des Fremden betrifft, so wäre zu unterscheiden zwischen der Ablehnung, die eine soziale Verbindlichkeit aufrechterhält, und dem feindlichen Ausschluß, der, wenn es hart auf hart kommt, im Vernichtungsakt der Tötung das soziale Band zu zerreißen sucht – was allerdings nicht wirklich gelingt, da der Andere niemals *etwas* ist, das sich spurlos beseitigen läßt. Die frühkindlichen Zerstörungsphantasien und Vernichtungsängste, die Melanie Klein auf den ersten Stufen der Objektbeziehung und Objektsuche ansetzt (1994, S. 188-194), wären auf ihre Stichhaltigkeit zu befragen, und das Gleiche gilt für die Suche nach einem Gleichgewicht zwischen Lebens- und Todestrieb, zwischen Libido und Aggression (S. 223). Ein umfassendes Gleichgewicht könnte es nur geben, wenn für alles, was gegeneinander abgewogen wird, ein Äquivalent bereitstünde, also auch für die Vernichtung des Anderen.

13 Zum Für und Wider von Verzeihung und Vergebung in der Psychoanalyse und zu der Schwierigkeit, dafür in der Analyse der Triebstruktur von Liebe und Haß einen Platz zu finden, vgl. Klaus-Michael Kodalle, *Verzeihung denken* (2013), S. 361-365. Es folgen Hinweise auf Melanie Klein und Julia Kristeva. Erstere sieht das Schuldgefühl in den aggressiven Regungen des Individuums angelegt und leitet daraus eine »Wiedergutmachungstendenz« her (Klein 1994, S. 178 f.), doch ein Wiedergutmachungs*anspruch* läßt sich damit schwerlich begründen. Letztere betrachtet die Vergebung als einen unvollkommenen, unabgeschlossenen Prozeß, der aber im Akt der Verzeihung einen Neuanfang zuläßt (Kodalle 2013, S. 370).

Ähnliche Fragen wären an Winnicott zu richten. Er geht ebenfalls von einem »ursprünglichen Destruktionstrieb« aus, mildert diesen aber ab zu einer »Unfähigkeit zu überleben« (1973, S. 108); damit unterwirft er ihn dem Selbsterhaltungstrieb. Aufgrund der Tatsache, daß die Destruktion den unbewußten Hintergrund der Objektliebe bildet, wird der Destruktivität ein »positiver Aspekt« zugeschrieben (S. 110). Diese Problematik kehrt in potenzierter Form wieder im Sonderbereich der Psychose, wo sich die Destruktion verstärkt und vervielfältigt. Jürgen Küchenhoff stellt im Rahmen der Behandlung der Psychose ausdrücklich die Frage nach der »Positivierung des Negativen«, indem er auf frühkindliche Erfahrungen zurückgeht und die unentbehrliche Rolle des Anderen herausstellt. Dabei stellt er fest: »Die primäre Bejahung der Negativität ist angewiesen auf die paradoxe Gleichzeitigkeit von Präsenz und Abwesenheit, Identifikation und Differenzerfahrung.« Für den Erzieher und den Therapeuten bedeutet dies, »Negativität zu teilen, gemeinsam zu erfassen, zu verstehen und auch zu ertragen«. »Die Anerkennung des Negativen als Negativen meint [...] nicht Überwindung des Verlusts, sondern sein Aushalten«, bis hin zu den extremen Formen des Negativen, die keine Positivierung mehr zulassen.[14] Eine versuchte Positivierung begegnet uns auch noch in der Gestalt des Mephistopheles. In seinem Gespräch mit Faust erklärt er sich selbst zu einem »Teil von jener Kraft, die stets das Böse will und stets das Gute schafft«. An der »heilsam schaffenden Gewalt« führt kein Weg vorbei, wie Faust erwidert. Als unfreiwilliger Handlanger Gottes ist der Teufel allerdings nicht radikal böse im Sinne Kants, er macht nur böse Miene zum guten Spiel. In ihm äußert sich die List der Vernunft, nur eben mythologisch drapiert.

Wie immer man es wendet, das Schillern zwischen Fremdheit und Feindseligkeit, das dem Aggressionstrieb und der Aggressionsneigung laut Freud auch in ihren »vorsichtigeren und feineren Äußerungen« innewohnt (GW XIV, 472), macht sich schon auf einer elementaren Ebene bemerkbar. Doch letzten Endes verbirgt sich hinter dem sogenannten Aggressionstrieb eine fundamentale Zweideutigkeit, die mit dem Bezug zum Anderen zusammenhängt. Der Aggressionstrieb wird von Freud als »Abkömmling und Hauptver-

14 Vgl. Küchenhoffs Beitrag »Produktive und destruktive Negativität – zur Psychodynamik psychotischer Symptome« in dem von N. Matejek und Th. Müller herausgegebenen Band *Negation in der Psychose* (2017), hier S. 37, 41, 43 f.

treter des Todestriebes« ausgegeben (ebd. 481). Wird damit nicht hinterrücks das Töten, das – wie Hobbes und nach ihm Hegel in seiner *Phänomenologie des Geistes* betont – »auf den Tod des Anderen« geht (Werke 3, 149), mit dem Erleiden des Todes gleichgesetzt, als ginge der ominöse Todestrieb nahtlos in einen Tötungstrieb über, als gliche das Töten dem »Durchhauen eines Kohlhaupts« (ebd. 436)?

## 7. Widerstand und Widerspruch

Was nun den eigentümlichen Charakter der Realität betrifft, so meldet dieser sich einerseits in dem, was sich unseren Wünschen *widersetzt*, sei es reaktiv wie die Härte des Steins, gegen den wir vergebens anrennen, sei es aktiv wie der Windstoß, der uns umwirft und davonträgt. Der reale Widerstand enthält einen unbezwinglichen Rest von Notwendigkeit und nimmt in extremen Fällen die Form »der Ananke, der realen Not« an (GW XIV, 499). Unser leiblich fundiertes Wirken stößt somit auf Wider*stand*. Andererseits haben wir es mit Instanzen zu tun, die unseren eigenen Wünschen und Absichten *widersprechen*, die also – wie man zu sagen pflegt – mit sich reden lassen. Platon, der mit einem beseelten All rechnet, setzt in seiner Kosmogonie die besonnene Peithō als eine Form der Überredung ein, mit deren Hilfe der Nus die blinde Ananke zur Ordnung bringt (vgl. *Tim.* 48a). Dies sind mythische Relikte, die von Freud genutzt, aber in die Seelensprache übersetzt werden. Im menschlichen Bereich äußert sich der Wider*spruch* gestisch in Abwehrgebärden wie dem Kopfschütteln oder sprachlich wie in dem floskelhaften *I would prefer not to* des Dienstverweigerers Bartleby und dem *non serviam* des revoltierenden Engels. In all diesen Fällen geht das Nein von Wesen aus, die selbst Wünsche hegen und der Sprache mächtig sind. Das Wünschen und Begehren verdoppelt sich; dem fremden Neinsagen entspricht das eigene Neinhören, das als Response immer schon ein Ja vor dem alternativen Ja und Nein einschließt. Was hierbei voraus-gesetzt ist, ist durch keine nachträgliche Setzung einzuholen.[15]

15 Vgl. AR Kap. III, 4: Zur Überdeckung von Bejahung und Verneinung, ferner BE Kap. VII, 8: Fremde Stimmen des Über-Ich, speziell zum »Neinhören«, S. 351, dazu *Schattenrisse der Moral*, S. 51 f., 286-88: Zum Ja vor dem Ja/Nein.

Auf dem Hintergrund dieser Grundkonstellation zeichnet sich eine Kette von Neins ab, die ganz verschiedene Formen annehmen können.[16] Eine erste Form macht sich eher beiläufig bemerkbar. Wie wir gesehen haben, gibt es Erregungsquellen, die sich dem Kind »zeitweise entziehen«. Warum aber geschieht dies? Die Mutter tut nicht nur etwas, sondern sie *gibt* etwas, nämlich die Brust als das »Begehrteste«, das sich im gleichen Atemzug als das Meistentbehrte erweist. Der Anspruch (*demande*), der sich an die Andere oder den Anderen richtet, ist ein Anspruch auf Anwesenheit oder Abwesenheit, wie Lacan betont (*Écrits*, S. 690 f., dt. *Schriften* II, S. 127); er macht sich im Trennungsvorgang der Entwöhnung (frz. *sevrage*, verwandt mit *separare*) auf besonders empfindliche Weise bemerkbar, als symbolische »Präfiguration der Kastration« (ebd., S. 848, dt. S. 227). Folgen wir Marcel Mauss' Theorie der Gabe, so bedeutet Geben im vollen Sinne, daß jemand nicht nur etwas gibt, sondern etwas von sich selbst hergibt. Doch wer sich selbst gibt, gibt zugleich, was er oder sie nicht hat; denn sich selbst kann man nicht aushändigen wie eine Sache. Die Geste des Gebens übersteigt den Gehalt der gegebenen Gabe.[17] Der *Entzug*, ohne den Alterität in der Tat nicht zu denken ist, bildet die Kehrseite eines aktuellen *Bezugs* zwischen mir und dem Anderen. Dies bedeutet, daß An- und Abwesenheit sich verquicken wie bei dem Fort-Da-Spiel, das Freud seinem Enkel abgeschaut und abgelauscht hat und das mit dem langgezogenen o-o-o-o und dem beruhigenden a die alternie-

Der Versuch, die Versagung des Begehrens durch eine Rückkehr zum verlorenen Ursprung wettzumachen, führt zur Zerstörung des Begehrens, vgl. Fabio Ciaramelli, *La distruzione del desiderio* (2000).

16 Die Heterogenität dieser Neins nötigt mich zur Zurückhaltung gegenüber der Annahme einer »negativen Kommunikation«, deren »Kern« aus ganz verschiedenen Momenten der Negativität bestehen soll, darunter »Erfahrungen des Entzugs, des Mangels, des Scheiterns, der Destruktivität« und so auch »das ›Un-‹ des Unbewußten« (Warsitz, Küchenhoff 2015, S. 128 f.). Eine solch »dialektische Epistemologie der Psychoanalyse« scheint mir, ungeachtet ihrer produktiven Nähe zur klinischen »Negativitätsarbeit«, zuviel an Hegelscher Entfremdung, zuwenig an Erfahrung des Fremden zu enthalten.

17 Vgl. Mauss 1975, S. 39: »Man mischt die Seele unter die Dinge, man mischt die Dinge unter die Seelen.« Zum Phänomen der Gabe als einem Emblem der Alterität und zu seinem ethnologischen Hintergrund siehe Därmann 2005, Kap. 3 sowie vom Verf. *Hyperphänomene*, Kap. 7: »Mehr als nötig und geschuldet«.

rende Ab- und Anwesenheit phonematisch zum Ausdruck bringt.[18] Wenn hier ein Nein ins Spiel kommt, so als eine Form von *gehemmtem* Nein, das der Zärtlichkeit als einer »zielgehemmte(n) Liebe« nahekommt (GW XIV, 462). Freud behandelt die Hemmung vor allem im Zusammenhang mit Angstphänomenen. Er versteht darunter eine »Funktionseinschränkung des Ichs«, die sich das Ich selbst auferlegt, indem es aus Vorsicht oder wegen Energieverarmung auf Unlust erregende Funktionen verzichtet (GW XIV, 116 f.). Hemmung läßt sich aber auch weniger egozentrisch begreifen. So denkt Husserl dabei an einen Bruch der Erfahrung, der vereint mit Widerstand und Widerstreit einen Überschuß an Möglichkeiten freisetzt.[19] Schließlich gibt es den Widerstand, der von Fremdem ausgeht, das sich meinem begehrlichen Zugriff entzieht, so daß eine Fremdheitsschwelle entsteht, die sowohl zuläßt wie abwehrt, sowohl verbindet wie trennt. Widerfahrnis, Antwort und Widerstand sind nicht voneinander zu trennen (vgl. SA 81-85). Wir nähern uns damit dem »ethischen Widerstand«, der laut Levinas aus dem fremden Antlitz spricht; ihn könnte man als ein *schützendes* Nein bezeichnen, das förmlich zu einem Ja nötigt: »Du wirst mich [will sagen: du kannst mich] nicht töten« (1987, S. 283-286). Dazu paßt der psychoanalytische Kommentar von Christoph Walker: Was das Fremde auszeichnet, ist eine »zähe Widerstandskraft, die allem Abgewehrten ihren Schutz zu verleihen versteht« (in: Allert 2017, S. 301).

Doch grundlegend ist für Freud das *verbietende* Nein. Mit dem Verbot, das gegen die Befriedigung der Triebwünsche Einspruch erhebt, schlägt das Nichtkönnen um in ein *Nichtdürfen*. Diese negative Form des Sollens läßt sich nicht aus den Widrigkeiten einer realen Welt herleiten. Die Angst vor der Autorität und vor dem Über-Ich, die Freud als Ursprünge des Schuldgefühls ansetzt (GW XIV, 486), sind als Angst vor jemandem nicht zu verwechseln mit der Angst vor etwas. Das Verbot gehört einer symbolischen Dimension an, deren geregelte Ansprüche sich nicht auf affektive Erregungen reduzieren lassen, selbst wenn sie sich mit solchen verbinden.

18 Vgl. dazu Samuel Webers von Lacan inspirierte Deutung, die auch die narzißtische Komponente berücksichtigt (1990, S. 156-163).

19 Vgl. Ulrich Kaiser, *Das Motiv der Hemmung in Husserls Phänomenologie* (1997); der Autor bezieht in seinen begriffsgeschichtlichen Abriß den Einfluß von Herbart auf Husserl und vor allem auf Freud mit ein (S. 35-37).

Lacan entscheidet demgemäß zwischen einer ursprünglichen Bejahung der symbolischen Ordnung, die sich im Namen des Vaters verkörpert, und deren psychotischer Verwerfung (*Seminar* III, 1997, S. 99). Wenn wir zu Recht von einem Zwang der Rede, genauer: von einem Zwang in der Rede sprechen, so bedeutet dies nicht, daß die Wirkung der Rede sich mit einer realen Einwirkung der Dinge verrechnen läßt, wie es eine Ökonomie der Lüste nahelegt. Die Libidotheorie, so wie sie in den grundlegenden *Abhandlungen zur Sexualtheorie* entwickelt wird, erhebt den Anspruch, alle beobachtbaren psychischen Phänomene in den »Termini einer Libidoökonomie auszudrücken«. Sie basiert auf der Libido als einer »quantitativ veränderlichen Kraft«, die sich auf qualitativ unterschiedene Energien wie die Sexualerregung verteilt; so speist sich jegliche »Objektlibido« letzten Endes aus dem »großen Reservoir« der narzißtischen »Ichlibido«, das sich als kindlicher »Urzustand« realisiert (GW V, 118 f.). Aus diesen bekannten Äußerungen spricht die schon erwähnte Lebensweltvergessenheit. Es sieht so aus, als würden sich nach dem Muster der empiristischen Sinneslehre meßbare Primärdaten in sekundäre Farb- und Klanggestalten und schließlich in Kunstformen umsetzen. Ähnliches würde dann auch auf die Fremderfahrung zutreffen unter gleichzeitiger Einebnung jener Differenz von unadressierter Affektion und gerichtetem Appell, um die es uns hier geht. Im neurophysiologischen Bereich wären entsprechende Differenzierungen vorzunehmen, bevor man den Fremdbezug aus bloßen Spiegelungen herleitet.

Bei Freud kommt es des weiteren zu einer Spaltung des Verbotsgeschehens, da das Lust-Ich des Kindes einer doppelten Eltern-Instanz unterworfen wird. Die Mutter fungiert als primäres Liebesobjekt, mit dem das kindliche Begehren geweckt wird. Der Vater tritt auf als primäre Verbotsinstanz, in der sich das kulturelle Inzestverbot und die Kastrationsdrohung auf elementare Weise verkörpern, so daß sie ihrerseits als Über-Ich in den Kampf zwischen Ich und Es eingreift. »Vatersehnsucht« und »Vaterschutz« (GW XIV, 430), die sich auf Bedrohungen seitens der Umwelt richten, treten zurück hinter dem familiären Ödipuskomplex. Die daraus resultierende affektive Arbeitsteilung zwischen den Elternfiguren hat zur Folge, daß das *fremde Nein* und das *vom Ich erlittene Nein* das letzte Wort behalten. Das duale Geschehen, nämlich das affektiv aufgeladene Geben und Sichgeben der Mutter sowie die Empfänglichkeit des Kindes, die sich als »blickerwiderndes Lächeln« kundtut (Spitz 1967, S. 106), rücken in den Schatten des triangulären Inzestverbots. Mit dem eigenen Triebwunsch wird zugleich das fremde Antlitz der Geberin verdrängt, die mit Blick, Stimme und Berührung über alles vom Kind Gesehene, Gehörte oder Berührte, aber auch über den Status eines buchstäblichen ›Liebesobjekts‹ hinausgeht, indem sie auf appellative Weise von jenseits des Lustprinzips aus spricht. Verdrängt wird das »unausdrückbare Nichts«, das laut Giuseppe Ungaretti die »gepflückte von der geschenkten Blume« trennt: *Tra un fiore colto e l'altro donato / l'inesprimibile nulla* (1961, S. 8f.). Bleibt etwas übrig von dem Ja zur Mutter als zu einem Wesen, dem das Ich des Kindes in beträchtlichem Maße Leben und Fortleben verdankt, so verschmilzt dieses Ja mit dem kindlichen Ja zu den eigenen Wünschen, das sich hinter der Triebversagung versteckt.

Das implizit vollzogene Ja zu sich selbst nimmt im expliziten Widerstand gegen die Versagung die Form einer affektiven Selbstbehauptung an, nämlich als ein *Nein gegen das fremde Nein*. Väterliche Verbote werden ebenfalls dem eigenen Ich einverleibt. Das Ich nimmt Gestalt an, indem es Verbote und Gebote verinnerlicht, wobei im Zuge einer Selbstteilung »sich ein Teil des Ichs dem anderen gegenüberstellt, es kritisch wertet, es gleichsam zum Objekt nimmt« (GW X, 433). Die Repräsentanz der Elternbeziehung tritt letzten Endes nicht als ein Ur-Du auf, aus dem jeweils der oder die Andere zu mir spricht, selbst wenn das Du meinen Wünschen widersteht; sie tritt vielmehr auf als »Anwalt der Innenwelt, des Es« (GW XIII, 264), eines unmündigen Es, das von Hause aus seinen Wünschen ausgeliefert ist, da es »nicht sagen kann, was es will«. Die Stellvertretung, die in der Anwaltschaft zum Zuge kommt, beschränkt sich auf eine Ersatzfunktion; für eine originäre Stellvertretung im Sinne von Levinas, die Unvertretbares vertritt, ist kein Raum. Auch für eine Heilung von der »Lebenskrankheit«, die von der Versagung der eigenen Wünsche herrührt, findet sich keine Basis. Als Ausweg bleibt nur die *Re-signation*, die *Ent-sagung* in Form eines Triebverzichts.

Dahinter steckt ein *Ja zum fremden Nein*, das selbst keinen Adressaten hat, sondern sich auf sich selbst zurückbeugt, es sei denn, es greift im Rekurs auf ein *Ja trotz des fremden Neins* nach Ersatzbefriedigungen, von denen in einem späteren Kapitel ausführlich die Rede sein wird.

Das bereits erwähnte »Überleben des Ursprünglichen neben dem Späteren« könnte jedoch auch anders verstanden werden, nämlich als ein gesteigertes Über-leben, das über das bloße Leben hinausreicht. Ohne dieses Mehr, in dem das Leben über sich selbst hinausstrebt, wäre das Überleben nichts weiter als ein bloßes Ersatzleben. Es würde sich mit dem begnügen, was von dem differenzlosen Allgefühl, von einem »noch undifferenzierten Ich-Es« (GW XVII, 72) aus einer Urzeit, da noch alles Es war (ebd. 85), übriggeblieben ist. Die Abtötung des Triebs, die zu den Linderungsmaßnahmen des Lebens gehört (GW XIV, 437), führt nur zu einem Tod auf Abruf, bis daß die Unruhe des Lebens in der *Entdifferenzierung von Ja und Nein*, in der »Wiederherstellung eines durch die Entstehung des Lebens gestörten Zustandes« zum Stillstand kommt (GW XIII, 269). Die Störungen des Lebens, von denen jede Therapie ausgeht, erweisen sich letzten Endes als unheilbar, da die Lebenstriebe selbst als »Störenfriede« auftreten (ebd. 69).[20]

Anders klingt es bei Nietzsche. Für Zarathustra ist es das Leben selbst, das ja sagt: »[...] an sich redet Alles, was ist, das Ja.« (KSA 13, 234). Steht also Freud vereint mit Schopenhauer gegen Nietzsche? So einfach löst sich das Rätsel des Lebens nicht. Auch bei Nietzsche bleibt die Frage offen, ob »das Leben« tatsächlich über eine Stimme verfügt, die zu jemandem spricht, oder ob das Leben lediglich ein unendliches Gespräch mit sich selbst führt. Wenn Zarathustra ein »Buch für Alle und Keinen« verfaßt, verbirgt sich dahinter etwa ein Buch auf der Suche nach einem Leser, den es selbst schreibend hervorbringt? Erweist sich der »anonyme Empfänger« letzten Endes als »rätselhafter Empfänger«, selbst wenn er manchmal individuelle Züge annimmt? »So Theo für Van Gogh, ein Theo, der genauso ohne sein Wissen Analytiker ist wie Fließ für Freud. Denn durch ihn zeichnet sich, hinter ihm, die namenlose Menge ab, die Adressatin der Flaschenpost.« (Laplanche 1996, S. 188) Wie immer man es nimmt, bei Freud bleibt offenbar, ähnlich wie bei so manchen seiner Zeitgenossen, ein vitalistisch aufgeladener und vielfach religiös eingefärbter Rest zurück. Man lese dazu beispielsweise Thomas Manns Essays über Richard Wagner (1933) und Schopenhauer (1938), in denen *Leiden und Größe der Meister* ihren Ausdruck finden.

20 Zur komplizierten Problem- und Textlage der späten Trieblehre wäre einiges zu sagen, was über unseren begrenzten Blickwinkel hinausgeht.

# 4. Psychoanalyse und Religion zwischen eigenen Wünschen und fremden Ansprüchen

Beginnen möchte ich die nachfolgenden Überlegungen zum Verhältnis von Psychoanalyse und Religion mit einer alten Geschichte, die uns allen wohlbekannt ist und die man auch als religiöse Fallgeschichte lesen kann. »Es war ein Mensch, der ging von Jerusalem hinab gen Jericho und fiel unter die Räuber.« Die Geschichte ließe sich leicht in die Gegenwart verlegen: Ein Mensch schwarzer Hautfarbe ging über den Platz einer deutschen Kleinstadt. War er unvorsichtig, wo war die Polizei, benötigt er eine posttraumatische Behandlung? – Ein Priester und ein Levit kamen vorbei, der eine wie der andere »sah und ging vorüber«. Sie sahen und übersahen. Verdrängten sie, was sie sahen, aus Angst, aus Abwehr, aus Gleichgültigkeit? – Schließlich erscheint ein religiös halbfremder, als abtrünnig geltender Jude, der sich nicht zum Tempel in Jerusalem bekennt, eben der Samaritaner, der in der Frau am Brunnen aus *Joh.* 4 eine Schwester findet. Ihn jammert der Anblick, er nimmt sich des Opfers der Gewalt an und erkennt in ihm seinen Nächsten. Aus dem Ketzer wird später die exemplarische Gestalt des barmherzigen Samariters, der fortan metonymisch nach der Stadt Samaria genannt wird. So verwandeln sich Namen in Ideen, die weiterwirken, auch wenn ihre Herkunft allmählich verblaßt.

Soweit die Geschichte, die sich teilweise als eine Fremdengeschichte enthüllt. Doch steckt nicht in jeder Nächstenliebe ein Schuß »Fernstenliebe«? Bei psychoanalytisch Aufgeklärten regt sich der Verdacht, der Wohltäter suche in der Wohltat seine narzißtische Befriedigung. Nicht umsonst heißt es, die linke Hand solle nicht wissen, was die rechte tut. Gibt es also so etwas wie ein ethisches Unbewußtes? Und ist diese Geschichte eine religiöse Geschichte, nur weil sie in einem heiligen Buch auftaucht? Fromme neigen dazu, biblische Texte religiös zu überzuckern. Doch die erzählte Geschichte spricht zunächst für sich selbst, indem sie Antworten hervorruft; Gläubige werden ebenso in Anspruch genommen wie Ungläubige, Laien ebenso wie Ärzte oder Psychotherapeuten. Natürlich steht die Geschichte in einem Kontext, der zur göttlich gebotenen Nächstenliebe auffordert; doch situativ und narrativ spricht sie von einem Ort aus, der diesseits von Religion und Psychoanalyse angesiedelt ist. Sie bringt einen fremden Anspruch zu Gehör, wie immer man darauf antworten mag. In der jüdisch-christlichen Bibel gilt die Nächstenliebe, recht verstanden, nicht als angewandte Gottesliebe, sondern als deren Betätigung und Bewährung, von Fall zu Fall.

## 1. Konfrontation von Glaube und Unglaube

Für uns stellt sich die Frage, wie Psychoanalyse und Religion miteinander ins Gespräch kommen können, ohne ihren eigenen Beruf und ihre eigene Sendung zu verraten. Konfrontiert man die Psychoanalyse in der strikten Fassung, die Freud ihr gegeben hat, geradewegs mit Religion, so scheint ein Gespräch, das beiden Seiten zugute kommt, unmöglich.[1] Es stößt dann nicht eine Ordnung auf eine andere Ordnung, sondern Ordnung stößt auf Unordnung, Vernunft stößt auf Unvernunft oder bestenfalls auf Vorvernunft. Nimmt man Freud beim Wort, so bedeutet Religion, sowohl in ihrer individuellen wie in ihrer kollektiven Ausprägung, einen auf kindliche Unwissenheit und Hilflosigkeit zurückgehenden »Realitätsverlust«, teils einen neurotischen Realitätsverlust, in dem die Wirklichkeit ignoriert wird, teils einen psychotischen Realitätsverlust, in dem sie geleugnet wird (GW XIII, 365). Im Bereich ritueller Religionsformen überwiegt der neurotische Anteil, der aus der Religion eine »allgemein menschliche Zwangsneurose« macht (GW XIV, 367), während die mystische Seite der Religionen der Psychose zuneigen dürfte. Unser asymmetrisch ansetzender Gesprächsversuch würde enden, sobald religiös Gläubige von ihrem wunschbesessenen Wahn geheilt sind. Zu einem Dialog zwischen gleichrangigen Partnern mangelt es an einem gemeinsamen und übergreifenden Logos, der »fremde Übermächte«, eine »schützende

1 Vor allem beziehe ich mich auf *Die Zukunft einer Illusion* (1927), *Das Unbehagen in der Kultur* (1930) und *Die neue Folge der Vorlesungen zur Einführung in die Psychoanalyse* (1933), 35. Vorl. Ich orientiere mich also vornehmlich an der Freudschen Version der Psychoanalyse, da sie in besonderem Maße zur Schärfung der Problematik beiträgt. Allerdings ist hier wie üblich zu unterscheiden zwischen theoretischem Rahmen, klinischer Forschung, kulturellen Vorgaben und biographischen Prägungen.

Gottheit«, ein »höheres geistiges Wesen« tolerieren und zwischen menschlichem und göttlichem Logos vermitteln könnte. Es führt kein Weg zurück vom Logos zum Mythos, von der Wahrheit wissenschaftlicher Untersuchungen und Experimente zurück zu den Einbildungen der alten Götter- und Gottesgeschichten. Was bleibt, sind »bedeutsame historische Reminiszenzen« (ebd. 366), die ihrerseits ohne nötige Auffrischung einen Bedeutungsschwund erleiden.

Umgekehrt verhält es sich mit dem religiös Gläubigen. Er neigt dazu, den religions- und gottlosen Analytiker als »verstockten Sünder« abzutun oder ihn als »religiös unmusikalisch« zu qualifizieren; daß Max Webers diesbezügliche briefliche Äußerung zumeist verstümmelt zitiert wird, sei lediglich vermerkt. Eine direkte Konfrontation zwischen Gläubigen und Ungläubigen führt zu Polemik und Apologie oder zu einer lauen Toleranz, die in Desinteresse übergeht, solange Gläubigkeit oder Ungläubigkeit nicht die gefährliche Form des Fanatismus annehmen. Im äußersten Fall malt der eine den Teufel, der andere den Narren an die Wand. Man kann auf religionspolitische Kompromisse setzen. Doch wie vor ihm schon Kierkegaard wendet sich auch Freud mit aller Entschiedenheit gegen neuere Versuche, Gott zu retten, indem man ihn in eine »verschwommene Abstraktion« verwandelt und sich einen »höheren, reineren Gottesbegriff« zurechtmacht, obwohl dieser Gott »nur mehr ein wesenloser Schatten ist und nicht mehr die machtvolle Persönlichkeit der religiösen Lehre« (ebd. 355). Dies schließt nicht aus, daß der Religion eine »psychologische« und eine »historische Wahrheit« zugestanden wird, die sich auf die nicht zu leugnende psychische und historische Wirkmacht der Religion bezieht.[2] Doch dieses Zugeständnis beträfe einzig die Wahrheit einer Rede *über* Religion, nicht die Wahrheit *der* Religion; eine eigenständige religiöse Wahrheit läßt sich so nicht gewinnen. Zwar versichert Freud, wie schon erwähnt, die Psychoanalyse sei nicht mehr als »eine Forschungsmethode, ein parteiloses Instrument, wie etwa die Infinitesimalrechnung« (ebd. 360), doch das sachliche Was läßt sich vom methodischen Wie nicht trennen; denn der wissenschaftliche »Gott Λόγος« (ebd. 378) duldet ebensowenig fremde Götter neben sich wie der eine Gott der Religionen. Doch könnte es nicht sein,

2 Die »historische Wahrheit«, die in *Totem und Tabu* und *Der Mann Moses* zur Sprache kommt, werde ich nur streifen und ihre kritische Erörterung Religionswissenschaftlern, Religionshistorikern und Ethnologen überlassen.

daß dieser Wissenschaftsglaube selbst einer Schwundstufe des Religiösen angehört, die Nietzsche als »letzten Zauber und Aberglauben« betrachtet (KSA 2, 306)?

## 2. An den Rändern der Normalität

Die Fronten lockern sich, wenn wir bedenken, daß Psychoanalyse und Religion sich zwar auf verschiedene Weise, aber doch gleichermaßen an den Rändern der Normalität bewegen und einen Balanceakt vollführen.[3] Die Oberfläche des Normalen wird brüchig. Von dieser Brüchigkeit geht Freuds Psychoanalyse aus, und dieser Sinn für das Brüchige übt eine bis heute anhaltende Faszination aus, die nicht an Fachgrenzen endet. Demnach gibt es keine anfänglich reine Normalität. So heißt es in der Schrift *Zur Einführung in den Narzißmus*: »Wiederum werden wir das anscheinend Einfache des Normalen aus den Verwirrungen und Vergröberungen des Pathologischen erraten müssen.« Damit sind Annäherungswege außerhalb der Klinik nicht ausgeschlossen, so die entsprechende »Betrachtung der organischen Krankheit, der Hypochondrie und des Liebeslebens der Geschlechter« (GW X, 148). Solche Annäherungswege, die vor dem Religiösen nicht haltmachen oder zurückschrecken, verlaufen an den Rändern der Normalität. Es gibt Einsprengsel des Anomalen wie auch des Pathologischen in der Normalität, von alltäglichen Fehlleistungen über das allnächtliche Traumleben bis hin zu klinischen Symptomen; sie muten uns unheimlich an, da sich darin Vertrautes mit Unvertrautem amalgamiert. Wenn die Philosophie laut Platon und Aristoteles mit dem Erstaunlichen und Verwunderlichen beginnt, so die Psychoanalyse mit dem Befremdlichen und Verstörenden. Sie bewegt sich zwischen Normalem, Anomalem und Pathologischem, ganz im Gegensatz zur strikten Abtrennung eines gesunden, funktionsgerechten Verhaltens und Erlebens von klinischen Vorgängen, die rein defizitär zu bestimmen wären. Die Grenzen zwischen Normalem und Pathologischem wer-

3 Zur methodischen Ausrichtung der nachfolgenden Überlegungen verweise ich auf *Grenzen der Normalisierung* (2008); dieses Buch, in dem medizinische Autoren wie Kurt Goldstein und George Canguilhem, aber auch Husserl, Schütz, Merleau-Ponty und Foucault eine besondere Rolle spielen, begleitet uns auch in späteren Kapiteln.

den auch literarisch durchlässig, so etwa, wenn Büchner seinen von Angst verfolgten Lenz »durchs Gebirg« begleitet auf dem Weg zu Oberlins Pfarrhaus als einer seelsorgerischen Zufluchtsstätte oder wenn Musil den Sexualmörder Moosbrugger durch sein tempoversessenes, arbeitsteiliges, in Ideen vernarrtes Kakanien geistern läßt als jemanden, der zwischen Alltag, Gericht, Klinik und kulturellem Wahn umherirrt und nirgends recht hingehört.

Wechseln wir über zur Religion. Religionen sind mehr als bloßer Okkultismus; sie gehen auf Urstiftungen zurück und dauern in Nachstiftungen fort, als Stiftungen sind sie nicht selbst religiös. Gleich wie die Differenz von Gut und Böse nicht selbst gut ist, so ist die Differenz von Heilig und Unheilig nicht selbst heilig. Die Religion weist ebenso wie die Moral einen »blinden Fleck« auf, der sich nicht ins Blickfeld integrieren läßt; nur das weltanschaulich Zurechtgemachte und Zurechtgestutzte hat keinen blinden Fleck.[4] Religionen haben durchwegs eine institutionelle Seite, die aus tradierten Lehren, Riten, Texten und Insignien besteht, und eine spirituelle oder mystische Rückseite, deren Ahnungen über das Gewohnte hinausschießen. Zwischen beiden Seiten gibt es einen mehr oder weniger lebhaften Grenzverkehr, der Friktionen nicht ausschließt. Kommt dieser Verkehr zum Erliegen, so drohen Religionen einerseits in Gewohnheiten zu erstarren, die sich blindlings weitervererben, andererseits drohen sie der Schwärmerei zu verfallen, die alle konkrete Erfahrung überfliegt und sich der »Reibung mit der Wirklichkeit« entzieht, ganz zu schweigen von den Auswüchsen eines aggressiven Fanatismus, der die Religion als Kampfwaffe nutzt. Religionen entpuppen sich als mehr oder weniger latente Unruheherde. Wenn Freud feststellt, »daß wir alle krank, d. i. neurotisch sind«, da die Bedingungen für Symptombildung auch bei Normalen nachzuweisen seien (GW XI, 373), oder daß jeder von uns sich in irgendeinem Punkt wie der Paranoiker benimmt (GW XIV, 440), heißt dies dann, daß wir alle auch irgendwie religiös sind? Für das Verhältnis von Klinik und Kunst, von Patient und

4 Zum »blinden Fleck der Moral« vgl. meinen Nietzsche-Aufsatz in DFG. Ich verweise ferner auf das Buch *Hyperphänomene*, speziell S. 365, in dem ich das Religiöse als Überschußphänomen und als eine Spielart des Fremden zu deuten versuche. Zu seinem Umfeld gehören auch soziale Phänomene wie Vertrauen und Stellvertretung, die sich in diesem Zusammenhang ständig aufdrängen und ohne deren Zutun das Religiöse schemenhaft bliebe.

Künstler, das noch ausführlich zur Sprache kommen wird, stellen sich ähnliche Fragen.

Alles in allem berühren sich Religion und Psychoanalyse an den Rändern des Normalen. In ihrem Aufstand gegen einen »Normalismus«, der sich auf eine fertige, selbstverständliche Normalität versteift und die Ursprünge von Sinn- und Selbstbildung verdrängt, entpuppen beide sich als latente Verbündete. Eine Common-Sense-Religion, die im Alltäglichen steckenbliebe, wäre im Grunde ebenso abwegig wie eine Common-Sense-Psychoanalyse, die auf den gemeinen Verstand bauen würde, ohne ihn zu hinterfragen. Es ist bemerkenswert, daß Freud ähnlich wie Nietzsche und Marx, die Paul Ricœur insgesamt einer »Schule des Mißtrauens oder des Verdachts«, einer *école de soupçon* zurechnet (1969, S. 46, Üb. verändert), bei aller unerbittlichen Kritik an der Religion für sie mehr Interesse aufbringt als manch andere, die sich mit den Früchten einer unanstößigen Kulturreligion begnügen. Zugleich zeigt sich, daß die Ränder des Normalen interdisziplinär ausfransen; sie bieten Stoff für einen »Streit der Fakultäten«, wie ihn schon Kant angezettelt hat, der aber nicht rein akademisch zu verstehen ist. Freud verläßt den Arkanbereich der Klinik, wenn er in Moral und Recht Spuren von Strafangst und Rachsucht, in der Erziehung ein Schwanken zwischen übermäßiger Strenge und übertriebener Laxheit, in der wissenschaftlichen Forschung unvorhergesehene Einfälle und neurotisch gefärbte Pedanterien, in der Politik Versuchungen zu Massenwahn und Führerkult oder im Krieg Merkmale einer Rebarbarisierung der Kultur ausmacht. Die Eigengesetzlichkeit der verschiedenen Kultursphären wird auf ihre heteronomen Wurzeln zurückbezogen, ihr wird ihre zweifelhafte Herkunft vorgehalten. Religion und Moral werden sozusagen geerdet. Die »Zeichensprache der Affekte«, die von Nietzsche in den Blick gerückt wird (KSA 5, 107), ist allgegenwärtig.

Den kulturellen Wirkkräften der Religion nähert Freud sich von der Kunst her. Da sie von sich aus nichts anderes sein will als Illusion, gilt sie als »harmlos und wohltätig« (GW XV, 173). Doch schon bei einer solchen ästhetischen Verharmlosung, die uns im nächsten Kapitel ausführlich beschäftigen wird, wären Zweifel angebracht; man denke nur an die ekstatische Schwungkraft der platonischen μανία, die Eros, Mantik und Poesie in sich vereint.

Mit der Religion ist es anders bestellt. Ihr werden die drei Funktionen der Belehrung, der Tröstung und der Anforderung zugewiesen (ebd. 174f.), doch ihre Erträge gelten samt und sonders als illusionär. Sie mögen wunschgerecht sein, realitätsgerecht sind sie jedenfalls nicht. Religion wird schlichtweg als Verkörperung von Anomalien und Pathologien angesehen. So schwindet ihr Eigensinn dahin, und der Rand, der Normales und Pathologisches voneinander trennt, schrumpft zusammen. Damit würde auch das von mancher Seite nahegelegte Bündnis zwischen Psychoanalyse und Religion hinfällig. Daß Religion als kollektive Neurose den »Frommgläubigen« vor persönlichen Neurosen schützt, stellt dann nur eine Nebenwirkung dar. Die psychologischen und historischen Wahrheiten, die das religiöse Leben enthält, gelten als »entstellt und systematisch verkleidet« (ebd. 367f.). Religion stünde so besehen nicht nur symptomatisch für anderes, das nicht selbst religiös ist, sie wäre selbst nichts weiter als ein Symptom. Wäre dies das letzte Wort, so wären wir nicht weiter als am Anfang. Würde die Religion dagegen, aller *déformation religieuse* zum Trotz, mit eigener Stimme sprechen, so stünde sie offen für Konsonanzen und Resonanzen, die sie mit anderen Sinnbereichen verbinden. Die Religion hätte dann nicht nur von der Psychoanalyse zu lernen, sie hätte ihr auch etwas zu sagen.

Doch wer soll entscheiden, ob es so ist? Etwa der Philosoph, der als »Spezialist des Allgemeinen« auf keine spezifische Glaubenshaltung und keine besonderen Methoden und Modelle festgelegt ist, der also weder als sachkundiger Wissenschaftler noch als gläubiger Anhänger einer Religion auftreten kann? Es ist bekannt, daß Freud der Philosophie wenig zutraute. Am Ende seiner *Vorlesungen* betrachtet er die Philosophie als eine Illusion besonderer Art, die ein »lückenloses und zusammenhängendes Weltbild« zu liefern verspricht (GW XV, 173). Es braucht nicht vieler Worte, um nachzuweisen, daß diese Verweltanschaulichung der Philosophie zwar nicht aus der Luft gegriffen ist, daß sie aber schon zur Zeit Freuds ein Zerrbild darstellte. Schwieriger ist es zu sagen, wie eine Philosophie beschaffen sein muß, um in ein fruchtbares Gespräch mit der Psychoanalyse einzutreten und deren Verhältnis zur Religion kritisch zu durchleuchten. Es gab und gibt verschiedene Versuche. Ich selbst halte mich in erster Linie an das Angebot einer genetischen Phänomenologie, die den Sinn der Erfahrung und das erfahrende Selbst *in statu nascendi* zu erfassen sucht, so daß jeder

Logos eine Genealogie mit sich führt wie einen Kometenschweif. Dies hieße, daß es nicht nur eine Genealogie der Moral, des Rechts oder der Kunst gibt, sondern auch eine Genealogie der Religion in ihren vielfältigen Formen.[5] Husserl hat uns vor Augen geführt, daß eine als Archäologie zu bezeichnende Ursprungsforschung, die vom Sinn und von den Strukturen des Gegebenen auf deren Vorgeschichte zurückfragt, keineswegs reduktionistisch zu verstehen ist im Sinne eines »nichts weiter als« und auch nicht bloß retrospektiv im Sinne eines »so war es einmal«. Sinn- und Strukturgenese sind nicht zu verwechseln mit einer empirischen Genese, die sich auf äußere Entstehungsbedingungen und eine Verknüpfung von Tatsachen beschränkt, und auch nicht mit bloßer Vergangenheitsgeschichte. Husserls Essay »Vom Ursprung der Geometrie«[6] ließe sich durchaus umwandeln in einen Essay »Vom Ursprung des Religiösen«, in dem die Frage nach dem Wahrheitsgehalt des Religiösen zu stellen und nicht vorweg positiv oder negativ zu beantworten wäre.

Dies stellt uns vor gewaltige Probleme. Ich selbst werde mich auf zwei Antriebskräfte des menschlichen Lebens und Verhaltens konzentrieren, auf das Wünschen und das Antworten. Im Gegensatz zum zirkulären Wunschdenken ist das Antworten dem Andenken verwandt, Andenken verstanden als ein Denken an Abwesendes und Abwesende wie in Hölderlins Gedicht *Andenken*: »Geh aber nun und grüße die schöne Garonne … Wo aber sind die Freunde?«[7] Das Andenken steht der Dankbarkeit nahe, die Melanie Klein auf das »einzigartige Geschenk« zurückführt, das von der Mutter als dem ersten Liebesobjekt ausgeht (1994, S. 230). Wunschdenken und Andenken sind nicht als Alternative zu verstehen, wohl aber bilden sie in ihrer jeweiligen Selbst- und Fremdbezüglichkeit einen Kontrast, der an den Nerv von Freuds Religionskritik, aber auch an

5 Freud gesteht selbst, daß er in seiner Analyse der Religionsvorstellungen als einzige Entwicklungsphase die »Endgestaltung in unserer heutigen weißen, christlichen Kultur« herausgegriffen habe, hinzuzufügen wäre: und deren jüdische Vorprägung (GW XIV, 341).

6 Dieser 1936 etwa zur gleichen Zeit wie Freuds Kulturschriften verfaßte Text wurde 1939 erstmals veröffentlicht, von Merleau-Ponty und Derrida ausführlich kommentiert und später als Beilage III in Husserls *Krisis* aufgenommen.

7 Sprachlich Verwandtes zeigt sich bei einem Seitenblick ins Niederländische; dort bedeutet *aandacht* die Aufmerksamkeit und so dann auch als *vrome aandacht* die religiöse Andacht.

den Nerv von Religion rührt. Die entscheidende Nahtstelle könnte man in dem Verhältnis von Eigenwünschen und Fremdwünschen vermuten.

## 3. Im Sog des Wünschens

Der harte Kern von Freuds Religionskritik besteht in der Rückführung religiöser Vorstellungen und Praktiken auf ein infantiles Wunschdenken, das unter anderem religiöse Illusionen nährt. Der Grundimpuls der religionskritischen Einstellung läßt sich einer »latenten Anthropologie« zuschreiben. Diese Anthropologie ist latent; denn die Frage nach dem Menschen wird von Freud nirgends geradewegs angepackt, sondern immer nur auf dem Umweg über Anomalien, Störungen und Pathologien. Der Königsweg der Psychoanalyse führt durch das Unbewußte, durch ein Reich verdrängter, versagter und verbotener Triebwünsche. Die Erforschung von Ursprung und Rolle der Religion bildet dabei ein Nebenprodukt.

Die Kernthese lautet: Der Mensch ist ein Triebwesen, das einem Lustprinzip gehorcht und dabei in Konflikt gerät mit familiär und kulturell auferlegten Schranken sowie mit den allmählich hervortretenden Widerständen der harten Realität, die insgesamt seine Triebwunschregungen eindämmen, sein Wünschen einschränken und ihm einen ständigen Triebverzicht auferlegen. Ist das Wunschdenken also selbst religiös, oder nährt sich umgekehrt Religion aus einem Wunschdenken? Sicher gilt für Freud in erster Linie letzteres. Die kindliche Wunschwelt bildet die Grundlage einer Proto-Anthropologie. Perversionen und Transformationen, die das Triebleben durchqueren, laufen über unbewußte Mechanismen wie Verdrängung, Verschiebung, Verdichtung, Umkehrung, Übertragung oder Sublimierung, die sich von Fall zu Fall auf typische, aber auch singuläre Weise wiederholen. Wenn sich bei dem »geistreichen Paranoiker« Schreber die eigenen Triebwünsche in »Gottesstrahlen« spiegeln (GW VIII, 252) und die Sonne als Vatergott apostrophiert wird (ebd. 289), wenn der Wolfsmann als Kind vor dem Einschlafen ein frommes, aber gänzlich zwanghaftes Zeremoniell vollführt (GW XII, 40), wenn also »Zwangshandlungen und Religionsübungen« (GW VII, 129-139) sich eng verquicken, so ist anzunehmen, daß es religionsnahe und mythogene Phänomene gibt, die einer religiösen Verarbeitung »entgegenkommen«, vergleichbar dem »somatischen Entgegenkommen«, mit dem Freuds Trieblehre rechnet. Dies trifft zu auf das Einschlafen, das man herbeiwünscht, aber nicht aktiv herbeiführen kann, so daß man sich auf ein variables Schlafzeremoniell verläßt. Wie so oft helfen die Künste weiter. Marcel Proust läßt seine *Recherche* auf der Schwelle des Einschlafens beginnen: »Lange Zeit bin ich früh schlafen gegangen«, so beginnt der Roman.[8] Aus der Musik sind Nokturnen, aus der Poesie »Hymnen an die Nacht« bekannt. Rein funktional betrachtet kann das Abendgebet oder der kollektive Vespergesang als ein Schlafmittel verstanden werden. Nicht umsonst wird in der griechischen Mythologie der Schlaf, der mit all seinen Träumen kommt oder nicht kommt, vergöttlicht in der Figur des Hypnos, die noch in der Sprache der Hypnose durchscheint; ähnliches trifft zu auf Liebe oder Zufall, die als Eros oder Tyche Gestalt annehmen. Daraus ist aber, solange wir Freud folgen, nicht zu schließen, daß es genuin religiöse Phänomene gibt. Dafür scheint es der Religion an einem eigenen Boden zu fehlen, sie ist nicht autochthon.

Was der Anerkennung einer eigenständigen Religion im Wege steht, ist allerdings nicht in erster Linie die Leugnung der Existenz übernatürlicher und göttlicher Wesen und einer himmlischen Über- oder Hinterwelt. Die Kritik an einer religiösen oder ideellen Weltverdoppelung ist in der Tat nichts Neues; dazu hat Feuerbach, den Freud sehr wohl beachtete (vgl. Hemecker 1991, S. 52-66), ebenso wie Nietzsche, dem er vorsichtig aus dem Weg ging, bereits Entscheidendes gesagt. Religion als pure Kompensation menschlicher Schwäche enthält die Aufforderung zu ihrer Überwindung. »*Wenn* es Götter gäbe, wie hielte ich's aus, kein Gott zu sein? *Also* gibt es keine Götter«, so spricht Zarathustra (KSA 4, 110). Das *mixtum compositum* einer Anthropotheologie bildet lediglich die Vorstufe zu einer puren Anthropologie, die mit guten Gründen auf Gott als einen demiurgischen Lückenbüßer und auf religiöse Argumentati-

8 Mit diesem Auftakt schlägt Proust, der sich immer wieder psychoanalytischen Erfahrungen annähert, ein Thema an, das den Roman durchzieht und als Leben zwischen Wachen und Schlafen wechselweise physiologische, poetische, erotische, aber auch mythische Züge annimmt. Vgl. dazu Merleau-Pontys Beschreibung des leibhaftigen Einschlafens: »Der Schlaf kommt, indem eine bestimmte willentlich eingenommene Haltung plötzlich von außen die Bestätigung erfährt, die sie erwartete.« (1966, S. 249, Üb. leicht verändert)

onsstützen verzichtet. Doch Freud interessiert sich genausowenig wie Marx für negative Gottesbeweise; was auf die Dauer ohnehin ausstirbt, kann man bekämpfen wie eine Krankheit, doch lohnt es nicht, es zu widerlegen. Entscheidend ist etwas anderes. Freud geht es um die lebensbestimmenden Wunschprojektionen, denen die religiösen Gebilde entspringen; demnach hofft der Mensch im Jenseits zu finden, was ihm im Diesseits fehlt, und dies auf Kosten von Realitätsverlust und Realitätsflucht.

Die Unterscheidung zwischen einem Wünschen, das sich aus Phantasien speist, und einem Wollen, das sich als Tunwollen und Tunkönnen an der Wirklichkeit mißt, gehört zum ältesten Bestand der praktischen Philosophie. Aristoteles unterscheidet in seiner Handlungslehre strikt zwischen der praktischen Entscheidung (προαίρεσις), die sich auf etwas bezieht, das in unserer Hand liegt und getan werden kann, und dem bloßen Wünschen (βούλησις), das es mit dem rein Möglichen oder gar Unmöglichen zu tun hat; nur ein Geistesgestörter wird sich für die leibliche Unsterblichkeit entscheiden (*Nik. Ethik* III, 4, 1111b20-23). Das Unsterblichwerden (ἀθανατίζειν: X, 8, 1177b33) obliegt einzig dem Denken, das sich »soweit möglich« vom Sterblichen entfernt und dem Göttlichen der Vernunft zuwendet. Dies führt auf die Bahnen einer moralisch fundierten Vernunftreligion. Stellt diese etwa eine sublime Form von Wunschdenken dar?

## 4. Verkannte Alterität

Offensichtlich ist die Barriere, die sich zwischen Freuds Psychoanalyse und die Religion schiebt, auf einer früheren Stufe anzusetzen. Maßgebend scheint nicht so sehr der Abbau des Göttlichen als vielmehr die stillschweigende Verkennung der *Andersheit des menschlichen* und auch *des außermenschlichen Anderen*,[9] und damit verbunden die mangelnde Würdigung *fremder Ansprüche*, die geeignet wären, den Zirkel der Wunschtriebe und Wunschbilder zu durchbrechen. Schon von Mythen, die traditionell einer *theologia*

9 Beide Formen der Andersheit und Fremdheit sind nicht strikt voneinander zu trennen, da die Leibhaftigkeit des Anderen Bezüge zu einer animalischen und physischen Umwelt in sich schließt und der Weg zu den Anderen immer auch durch die Dinge geht (vgl. SA Kap. 8).

*fabulosa* zuzuschreiben sind,[10] läßt sich sagen, daß sie zwar in weitem Maße als Spiegel und Echo eigener Wünsche und Ängste fungieren, daß aber auch sie aus der Fremde stammen. »Den Zorn singe, Göttin …«, so lautet bekanntlich der Anfang der *Ilias*. Welchen Status aber haben Worte, die nicht nur einer göttlichen Stimme, sondern einer göttlichen Selbstoffenbarung zugeschrieben werden? Sie werden von Freud im Zuge seiner Zersetzung religiöser Illusionen nur gestreift und ohne Rücksichtnahme auf die Sprachform der Kundgabe ins Eigene umgebogen; den »Besitz von religiösen Vorstellungen« pflegt man, so heißt es, »als göttliche Offenbarung vorzuführen« (GW XIV, 343). Es geht uns an dieser Stelle nicht um einen Bekenntnisstreit zwischen Glauben und Unglauben, sondern darum, was Sichoffenbaren überhaupt besagen kann. So viel scheint sicher: Der *göttliche Andere* bliebe ein leeres Wort oder ein blutleeres Ideal ohne den Bezug auf das Antlitz des *menschlichen Anderen*, das uns anrührt, anblickt und anredet und als solches alles Gesehene und Gehörte übersteigt. Deshalb gibt es auch eine Physiognomie der Dinge, die über eine bloße Physiologie hinausgeht. Jean Laplanche versucht denn auch als Nachkomme Freuds alte Begriffe wie Inspiration und Offenbarung vom Primat des Anderen her neu zu durchdenken (vgl. *Entre séduction et inspiration,* 1999).

Natürlich tritt der oder die Andere bei Freud in vielen Varianten und in wechselnden Lebensphasen in Erscheinung, nämlich »als Vorbild, als Objekt, als Helfer und als Gegner« (GW XIII, 73). Aber der immense Reichtum alteritärer Bezüge steht im Lichtkegel eines Uregoismus, der sich affektiv als ein ursprünglicher Narzißmus darstellt. Die »psychische Ursituation« (GW X, 227) ist auf das eigene Selbst hin zentriert; eine Wahl zwischen Egoismus und Altruismus käme zu spät, um daran etwas grundlegend zu ändern, sie wäre immer noch meine Wahl. Die Anderen treten als unerläßliche »Liebesobjekte« auf, von denen in Kapitel 2 ausführlich die Rede war; doch die Selbstliebe bildet den Kern eines Autoerotismus, aus dem sich »erst später die Objektliebe herausbildete« (GW XI, 431), so daß das erstgeliebte Ich das »vornehmste« aller Sexualobjekte ist und bleibt (GW XIII, 56). Wenn Narziß den Anderen sucht, so sucht er letzten Endes sich selbst. Das »Real-Ich«, das sich als »Lust-Ich« selbst

10 Zu Varros Dreiteilung der Theologie in *theologia civilis*, *theologia fabulosa* und *theologia naturalis* vgl. Wolfgang Eßbach, *Religionssoziologie I* (2014), S. 402-408; diese Trias wäre auch bei der Religionskritik zu berücksichtigen.

affiziert und »den Lustcharakter über jeden anderen setzt« (GW X, 228), läßt anderes nicht zu. Lebensphilosophische oder lebensphänomenologische Visionen, die auf den Bahnen des Rousseauschen *sentiment d'existence* von purer Selbstaffektion des Lebens und von einer Ablösung von jedem Heteron träumen, bewegen sich immer noch auf dieser Linie.[11] Daran ändert sich wenig, wenn der spätere Freud das Ich hinter dem Es zurücktreten läßt und der Wiederholungszwang sich über das Lustprinzip hinwegsetzt. Den platonischen Eros zitiert Freud nicht in der Fassung der Diotima, laut derer der Liebende gerade nicht das Seinige sucht, es sei denn, es sei das Gute (*Symp.* 205e); vielmehr hält er sich an die Variante des Aristophanes, derzufolge die Suche nach der fehlenden eigenen Hälfte vom »Bedürfnis nach Wiederherstellung eines früheren Zustandes« gelenkt wird (GW XIII, 62). So behält am Ende, gemäß dem Fechnerschen »Prinzip der Tendenz zur Stabilität« (ebd. 5), der Todestrieb die Oberhand. Dagegen ließe sich einwenden, daß damit die »fundamentale Differenz zwischen der gleichsam der Sterblichkeit entspringenden Geschehensmächtigkeit des Todes und den seinen Eintritt herbeiführenden Aktionen« verkannt wird (Kunz 2016, S. 339). *Das Sterben gliche einem Tod aus niemandes Hand.*

Die Egozentrik entfaltet sich in der nächsten Nähe der *Eltern*. Wir betreten damit den Raum des Familiären. Daß die Familienstruktur einer soziokulturellen Genese unterliegt, versteht sich für Freud, der weit auf die kollektive Frühgeschichte zurückgreift, von selbst. Dennoch verführt die Rede von ›der Mutter‹ und ›dem Vater‹ genauso wie die Rede von ›dem Mann‹ und ›dem Weib‹ zu Mißverständnissen und zu Einseitigkeiten. Man würde sich einer unzulässigen Vereinfachung schuldig machen, wollte man darunter alternativ entweder konkrete Personen oder aber abstrakt-allgemeine Instanzen verstehen.[12] *Dieser* Vater ist weder *der* noch bloß *ein*

11 In Rousseaus *Rêveries* bekennt der einsame Spaziergänger von sich: »Alles, was außer mir ist, ist mir fremd«; so fühlt er sich unerschütterlich, gleichmütig (*impassible*) wie Gott selbst (1978, S. 643); in der Träumerei genießen wir nichts außer uns selbst, ähnlich wie Gott sind wir uns selbst genug (S. 699).

12 Der zweiten Form einer strukturalistischen Einseitigkeit neigt Lacan zu, wenn er den symbolischen Vater, in dessen Namen die Religion oder das Gesetz spricht, als »Ein-Vater (Un-père«) gegen den realen Vater ausspielt, so daß diesem nur die Rolle eines Funktionsträgers bleibt (vgl. *Écrits*, S. 577, *Schriften* II, S. 111, kritisch dazu Bedorf 2003, S. 227-248). An solchen Stellen gerät das Sprachmodell des Unbewußten mit dessen Leiblichkeit in Konflikt.

Vater, so wie *diese* Mutter weder *die* noch bloß *eine* Mutter ist. Um diesem Prozeß einer unerläßlichen Generalisierung des Singulären gerecht zu werden, müßte man genaugenommen von jemandem *als* Vater oder Mutter, *als* Sohn oder Tochter, *als* Mann oder Frau sprechen; dies würde bedeuten, daß jeder seine Rolle *so und nicht anders*, also mehr oder weniger singulär spielt. Dazu gehört die namentliche Anrede, die sich an den Vokativ anlehnt und nicht an den gewöhnlichen Nominativ. Das phänomenologische oder hermeneutische Als, das uns auf Schritt und Tritt begegnet, markiert die Bruchstelle, an der die historische Kontingenz in die Erfahrung eindringt. Eine Debatte wie die über die »vaterlose Gesellschaft«, die sich bereits in der 1919 erschienenen *Psychologie der Revolution* von Paul Federn und in den urgeschichtlichen Spekulationen von *Totem und Tabu* mit dem Mord an dem Urvater andeutet (GW IX, 180) und die unter der Regie von Alexander und Margarete Mitscherlich das Nachkriegsdeutschland aufgewühlt hat, wäre anders nicht denkbar, desgleichen die anhaltende Gender-Debatte, die das Geschlechtliche und Sexuelle als etwas Gewordenes betrachtet. Wir betreten hier den Boden einer Familiengeschichte, die von Krankengeschichten durchzogen ist. Dies hat Folgen für den Status der Psychoanalyse. Der Übergang von der namentlichen Anrede zur generellen Bezeichnung, etwa von ›Dora‹ zu einer Hysterikerin, ist nicht gleichzusetzen mit dem Übergang von einer Objektebene erster Ordnung zu einer Metaebene zweiter Ordnung. Der wissenschaftstheoretische Ausdruck ›Metapsychologie‹, in dem die ›Metaphysik‹ ebenso anklingt wie die ›Metamathematik‹, kann leicht dazu verführen, die transformierende Leistung des Als mit einer bloßen Generalisierung zu verwechseln und den singulären ›Rest‹ der Tatsächlichkeit bloßer vorwissenschaftlicher Alltagserfahrung zuzuschlagen.

Doch uns interessiert hier vor allem die Art und Weise, wie die Elternfiguren von Freud konzipiert werden. Die Mutter, die den Hunger befriedigt, wird zum »ersten Liebesobjekt« und zum »ersten Angstschutz« (GW XIV, 346). Die Mutterbrust als Erregungsquelle, die sich dem Kind teilweise entzieht, gilt als das »Begehrteste«, das erst durch Hilfeschreie herbeizuholen ist. Als zeitweilige Quelle der Unlust wird es vom Ich abgesondert, nach außen geworfen als etwas, das dem »reinen Lust-Ich« als ein »fremdes, drohendes Draußen gegenübertritt« (ebd. 424). Andererseits spielt der Vater eine ambivalente Rolle, da er zwar den Zugang zur Mutter verstellt, aber auch stärkeren Schutz gewährt. »So ist das Motiv der Vatersehnsucht identisch mit dem Bedürfnis nach Schutz gegen die Folgen der menschlichen Ohnmacht; die Abwehr der kindlichen Hilflosigkeit verleiht der Reaktion auf die Hilflosigkeit, die der Erwachsene anerkennen muß, eben der Religionsbildung, ihre charakteristischen Züge.« (ebd. 346) Anerkennen muß? Handelt es sich um einen biologischen Zugzwang? Das Kind wird als nicht nur psychophysisches, sondern auch soziales Mängelwesen bestimmt. Doch lassen sich Hilferufe, die sich zunächst an irgendjemanden, dann gezielt an jemanden richten, sowie Hilfeleistungen, die jemandem gewährt oder vorenthalten werden, adäquat beschreiben, ohne daß Andere als Adressaten einbezogen und nicht bloß funktional als Instanz der Wunscherfüllung in Rechnung gestellt werden? Bedeutet der Appell zur Fremderhaltung, der sich an Andere richtet, die bloße Verlängerung oder Erweiterung eines Triebs zur individuellen Selbsterhaltung? Geht es nicht von Anfang an um mehr als um bloße Lebenserhaltung, nämlich um Lebenssteigerung? Ist der pure Trieb zur »Selbsterhaltung« nicht schon »Anzeichen des gehemmten, geschwächten Lebens«, wie Scheler im Anklang an Nietzsche moniert? (1972, S. 75)

Die Rollenverteilung zwischen Vater und Mutter, die sich auf die Religionsbildung auswirkt, wird in den religionshistorischen Schriften mehrfach erörtert, namentlich im Zusammenhang mit der Entstehung des jüdischen Monotheismus. Die Religion nimmt dabei entschieden patriarchalische Züge an, wie es der familiären Ursituation entspricht. So entdecken wir in jeder Gottesgestalt einen »väterlichen Kern« (GW XIV, 341), und das Ichideal enthält als »Ersatzbildung für die Vatersehnsucht« den »Keim« für alle Religionen (GW XIII, 265). Der Mord an dem Urvater weicht im Christentum einer vorbildlichen Versöhnung mit dem Vater, so daß die Vaterreligion einer »Sohnesreligion« weicht (GW IX, 186). Es versteht sich, daß nur ein männlicher Nachkomme stellvertretend für den Vater einspringen kann. Beiläufig werden zwar mit Seitenblick auf Bachofen »große Muttergottheiten« erwähnt, die den männlichen Göttern vorausgehen, darunter Mutter Erde, deren Bearbeitung der inzestuösen Libido eine symbolische Befriedigung verschafft (IX, 183); doch die weiblichen Gottheiten stehen der »Wiederkehr des einen, einzigen, unbeschränkt herrschenden

Vatergottes« nicht im Wege (XVI, 189). Der Ödipuskomplex stellt die Weichen für eine Religionsauffassung, die einzig auf göttliche Allmacht baut und sich an eine Verbotsinstanz anlehnt, die den erotischen Kontakt mit der Mutter unterbricht. Eine Mutterliebe, die natürlichen Impulsen folgt, scheint auf eine religiöse Überhöhung nicht angewiesen, anders als die Person eines »großartig erhöhten Vaters« (GW XIV, 431). So verwundert es nicht, daß Freud Romain Rollands »ozeanisches Gefühl«, das in seiner Grenzenlosigkeit den Stufenbau des Hierarchischen hinter sich läßt, nur als »rein subjektive Tatsache« durchgehen läßt (GW XIV, 422); immerhin hat sie den französischen Autor vor der 1914 ausbrechenden Kriegshysterie bewahrt.

Die Familisierung Gottes und der Götter stößt im übrigen auf ähnliche Probleme wie die Reduktion der Eltern auf Elternrollen. Der religionsgeschichtliche Parforceritt läuft Gefahr, den namhaften Unterschied zwischen Jahwe und Zeus, zwischen Narration und Mythos einzuebnen. In seinem Rom-Vortrag »Die Vatergestalt – Vom Phantasma zum Symbol« weist Paul Ricœur anhand der alt- und neutestamentlichen Exegese nach, daß in den biblischen Schriften die Bezeichnung ›Vater‹ ebensowenig wie die des ›Sohnes‹ am Anfang der Gottesrede steht. »Jahwe wird zuerst mit einem Namen bezeichnet, bevor man ihn ›Vater‹ nennt. In gewissen psychoanalytischen Kreisen [ein leichter Seitenhieb auf Lacan] hat man eine Vorliebe dafür, vom Namen des Vaters zu sprechen. Doch gilt es, die Dinge gut auseinanderzuhalten, wenn nicht gar zu trennen. Der Name ist im strengen Sinn der Eigenname. Die Bezeichnung ›Vater‹ aber ist ein Beiwort (Epitheton). Der Name ist eine Konnotation, das Wort ›Vater‹ jedoch eine Beschreibung.« (1974, S. 337).[13] Mit der Ablösung der Göttlichkeit von der Figur des Vaters als dem leiblichen Erzeuger schwächt sich auch der Unterschied von Väterlichkeit und Mütterlichkeit ab, allen maskulinistischen Tendenzen zum Trotz (S. 341 f.).

Ricœurs eigene Engführung von Psychoanalyse und Theologie

13 Stéphane Mosès weist als jüdischer Interpret ebenfalls darauf hin, daß der von Gott geschaffene, hebräisch mit Artikel als *haAdam* bezeichnete Mensch zunächst als Urbild des Menschen, also weder als Mann noch als Frau zu verstehen ist und daß einer mystischen Tradition des Judentums zufolge im Wesen Gottes die Zweiheit des Männlichen wie des Weiblichen auf gewisse Weise vorgebildet ist, obwohl es beide transzendiert (2004, S. 15 f.).

beruht auf der Voraussetzung, daß die Psychoanalyse, gleich der Leibnizschen Monade, zwar das Ganze sieht, aber eben aus einem bestimmten Blickwinkel, der durch den theoretischen Ansatz der Triebökonomie und eine ihr gemäße Methode vorgegeben ist (S. 321). Mit der Dreistufung seiner Untersuchung, die das Vatermotiv durch eine Ökonomie des Begehrens, eine Phänomenologie des Geistes und eine Hermeneutik religiöser Symbole hindurch verfolgt, fördert Ricœur viele Querverbindungen zutage. Fraglich bleibt allerdings, daß am Ende, ähnlich wie in dem großen Freud-Buch, der Hegelschen Dialektik die Aufgabe zugewiesen wird, gegabelt in absteigende Archäologie und aufsteigende Teleologie eine »systematische Einheit« zu erstellen (S. 486). Käme die Dialektik voll zum Zuge, so würden von der originären Fremdheit, auch vom Tod des göttlichen und des menschlichen Vaters, nur Spuren einer zu tilgenden Entfremdung übrigbleiben.

Das *Über-Ich*, das für die Herkunft von Schuld und Gewissen verantwortlich gemacht und vielfach als Kern der Freudschen Religionspsychologie angesetzt wird (vgl. etwa F. Meerwein in: Nase, Scharfenberg 1977, S. 347), stellt uns vor ähnliche Probleme einer einseitig maskulinen Geschlechterorientierung. Die übergeordnete Instanz geht aus dem Vaterkonflikt hervor und tritt dem Ich zunächst nicht als Anwalt eines Andern gegenüber, sondern »als Anwalt der Innenwelt, des Es«, dessen Triebschicksale es in idealisierter Form verkörpert (siehe oben, S. 140). Die Identifizierung mit der Verbotsinstanz schafft einen Elternersatz; die fremde Autorität wird als Gewissen internalisiert. Sie tritt auf als ein Ichideal, das dem Ich selbst wiederum narzißtische Befriedigung verschafft (GW XIV, 334) und ihm Ersatz bietet für den verlorenen Narzißmus der Kindheit als einer Frühzeit, in der der Mensch »sein eigenes Ideal« war (GW X, 161). Melanie Klein weist jedoch darauf hin, daß die Idealisierung nicht makellos gelingt; eine exzessive Idealisierung kann in der Abwehr gegen aufkommenden Neid destruktive Impulse und Verfolgungsangst hervorrufen (1994, S. 232).

Das Gewissen selbst beschränkt sich laut Freud auf die »innere Wahrnehmung von der Verwerfung bestimmter in uns bestehender Wunschregungen«, und das zugehörige Schuldbewußtsein gilt als »Wahrnehmung der inneren Verwerfung solcher Akte« (GW IX, 85). Das daraus erwachsende Schuldgefühl erklärt sich damit, daß man sich einer inneren Instanz gegenüber schuldig *fühlt*, nicht aber, daß man sich einem Anderen gegenüber als schuldig *bekennt*, etwa indem man das Opfer einer Untat um Verzeihung bittet.[14] Wie aber kommt es dazu, daß das ›Heilig-machen‹, das im *sacri-ficium* steckt, sich im Töten äußert? Wo bleibt der Unterschied zwischen dem Opfer als *sacrificium* und dem Opfer als unterlegenem *victima*, zwischen Darbringen einer Opfergabe und Zum-Opfer-fallen, zwischen Sich-für-Andere-aufopfern und Etwas- oder Jemanden-opfern?[15] Eine Theorie des Opfers, die sich im Zirkel individueller oder kollektiver Selbsterhaltung verfängt, verkürzt das Phänomen. Wie man es auch wendet, eine Frage wie »Kain, wo ist dein Bruder Abel?« findet in der Rekonstruktion einer Urszene der Ichwerdung, das heißt in der »Beseitigung des Urvaters durch die Brüderschar« (GW IX, 186), keinen Ort. Wie soll denn jemand sich einem brüderlichen Mittäter gegenüber verantwortlich fühlen? Wie soll aus der Kumpanei gemeinsamen Tötens ein Ethos der Brüderlichkeit entspringen?[16]

In Freuds Konstruktion eines Über-Ichs taucht der Andere zwangsläufig im Gehalt allgemeiner Verbote auf, die auf jedermann zutreffen; er begegnet uns dagegen nicht in der zweiten Person eines Adressanten, der mich anspricht, und eines Adressaten, der mein Schuldbekenntnis entgegennimmt.[17] Das »Du sollst nicht« wird zum Derivat eines »Ich verzichte auf etwas«, das selbst wiederum meinen Wünschen entspringt. »Das Gewissen ist die Folge des Triebverzichts«, die immer weiteren Triebverzicht fordert (GW XIV, 488), und die Gewissensangst, die das Gewissen affektiv unterfüttert, hat ihren Vorläufer in einer kindlichen »Realangst« (GW XV, 68). Aufs Ganze gesehen ist das Über-Ich ein Ableger des Ich und nicht etwa ein Dritter, der stellvertretend für mich wie für den

14 Ricœur skizziert eine »Phänomenologie des Geständnisses« im Rahmen der symbolischen Bekenntnissprache (*Symbolik des Bösen*, 2002, Vorwort).

15 Vgl. Ricœur 1974, S. 344-347; zur speziellen jüdisch-biblischen Tradition siehe Mosès 2004, Kap. 2: »Warum Isaak nicht geopfert wurde?«

16 Zur ethnologisch geprägten Opferdebatte, die in *Totem und Tabu* fortgeführt wird, vgl. Därmann 2005, S. 206-218.

17 Zur performativen Rolle des Geständnisses, das zwar einem Geständniszwang ausgesetzt ist, aber als »Reden von mir zum Anderen« responsive Züge aufweist, vgl. AR 398-412 und in Auseinandersetzung mit Michel Foucault SA Kap. 18: »Wahrsprechen und Antworten«. Foucaults Kritik an der Psychoanalyse als einem Willen zum Wissen (1977) greift zu kurz, da sie dem »Wahrhören« im Vergleich zum »Wahrsprechen« zu wenig Gewicht einräumt.

Anderen spricht. Daher kann ich Paul Ricœur nicht beipflichten, wenn er an einer Schlüsselstelle seiner großen Freud-Interpretation zwar die erste Topik auf den innerpsychischen Bereich solipsistischer Triebbesetzungen beschränkt sieht, in der zweiten Topik dagegen eine intersubjektive Dialektik zwischen verschiedenen Personenrollen entdeckt: »Der Wunsch befindet sich von Anfang an in der intersubjektiven Situation.« (1969, S. 488) Von Anfang an? Dies gilt nur unter einer bestimmten Voraussetzung. Nur wenn eine grundlegende Identität vorausgesetzt wird, die auf eine Aufhebung des verdrängten Anfangs hindrängt, kann die Hegelsche Dialektik von Herr und Knecht ihren Lauf nehmen, so daß wir hoffen dürfen, die Teleologie des Bewußtseins werde am Ende gutmachen, was der Archäologie zu Beginn fehlt. Bei der vorgeblichen Intersubjektivität kommt es jedoch nicht darauf an, *ob* der Andere auftritt, sondern darauf, daß er *als Anderer* auftritt und nicht als Spiegelung des *solus ipse*. Das Über-Ich kann den angedeuteten Umschwung nicht herbeiführen, solange es seine Kräfte meinem eigenen Begehren entlehnt.

Grammatisch gesehen gilt für Freud, daß der Imperativ,[18] der sich in Form der zweiten Person als Aufforderung, Bitte oder Befehl *an mich* oder *an dich* richtet, einerseits im Banne des Optativs steht, in dem sich die Wünsche des Ichs ausdrücken, andererseits im Banne des Indikativs, der im Modus der dritten Person eine Realität bezeichnet, welche sich um meine Wünsche nicht schert. Hierzu paßt Freuds Kritik am Gebot der Nächstenliebe, bei der kein Bezug genommen wird auf die literarische Form biblischer Parabeln und ihre Kontextualität. Die Liebe wird geradezu den »Idealforderungen« eines »Idealichs« zugezählt. Wenn ich einen anderen lieben soll, so muß er es verdienen. »Er verdient es, wenn er mir in wichtigen Stücken so ähnlich ist, daß ich in ihm *mich selbst* lieben kann; er verdient es, wenn er so viel vollkommener ist als ich, daß ich *mein Ideal von meiner eigenen Person* in ihm lieben kann.« Die Eigensphäre greift zwar über auf die Mitwelt, sie schließt den Schmerz des Freundes ein: »[...] der Schmerz des Freundes, wenn ihm ein Leid zustößt, wäre auch *mein Schmerz*«; dennoch wäre es ein Unrecht, Fremde den Meinen gleichzustellen,

18 Angemessener wäre es, für diese Verbform im Deutschen den flexibleren Ausdruck ›Aufforderungsform‹ zu wählen an Stelle der rigiden ›Befehlsform‹; der griechische Terminus προστακτική ist ebenfalls weiter gefaßt.

da Angehörige meine *bevorzugte* Liebe genießen (GW XIV, 468). Wenn Fremdliebe zum Vorschein kommt, so einzig als erweiterte Selbstliebe.

Das Liebesgeschick durchläuft verschiedene Phasen. Beginnt die Liebe mit der Verliebtheit als einem »Überströmen der Ichlibido auf das Objekt«, so endet sie unter günstigen Umständen mit einer narzißtischen Objektwahl, die einen »Rückweg zum Narzißmus« öffnet, hin zu einer »Heilung durch Liebe«, genauer: durch Selbstliebe (vgl. GW X, 168 f.). Nimmt der Narzißmus überhand wie im Falle narzißtischer Neurosen, so stößt der Analytiker auf eine »narzißtische Mauer«, über die er nur mit Glück einen Blick werfen kann (GW XI, 439).[19] Welche Wege die libidinöse Liebe auch einschlagen mag, am Primat des narzißtischen Selbstbezugs rüttelt kein Zweifel. Von da aus ist es nur ein Schritt zur Hobbesschen Formel vom *homo homini lupus*, die in den Phantasien des Wolfsmannes körperliche Gestalt annimmt. In dieser Urfeindschaft steckt ein »gern verleugnete(s) Stück Wirklichkeit« (XIV, 470). Doch ist die Kategorie des Nächsten bloß eine psychologische und nicht vielmehr eine ethische Kategorie?

Man könnte auf dem gleichen Weg fortfahren. Auch die Gestalt des Doppelgängers entspringt einem Ich, das *sich selbst* verdoppelt. Im Beobachtungswahn spaltet sich das Kontrollorgan vom Ich ab, und in der Triebabwehr wird »als etwas Fremdes aus dem Ich hinausprojiziert«, was ihm in der Folge als »Schreckbild« gegenübertritt, ähnlich wie die Dämonen laut Heine als Nachfahren der Götter fortleben (GW XII, 248). Angst und Schrecken bilden die Kehrseite des eigenen Wunsches; das Selbst kreist um sich, auch wenn es sich verkennt und verliert. Die Entmachtung des Ichs, das sich von sich selbst entfremdet, kommt aus dieser Sicht keinem menschlichen oder göttlichen Du zugute, außer in einer sekundären Form. Zwar weist Freud selbst nicht nur auf die fremden Stimmen hin, die im Verfolgungswahn überhand nehmen (GW X, 163), sondern auch auf die Herkunft des Über-Ich aus dem Gehörten; doch der Inhalt des Über-ichs zerfällt einerseits in das, was im Vor-

19 Der »Illusion, die uns dazu antreibt, die Wahrheit des Subjekts jenseits der Mauer der Sprache zu suchen« und gleichsam auf »Klopfzeichen hinter einer Mauer« zu warten, setzt Lacan die Sprache entgegen (*Écrits*, S. 307 f., dt. *Schriften* I, S. 152 f.); doch dabei kommt es auf die Richtung des Sprechens an sowie auf ein leibhaftiges Antworten, das sich nicht auf verbale Verlautbarungen beschränkt.

bewußten als meine Hörwahrnehmung aufbewahrt ist, andererseits in neutrale Besetzungsenergie, die dem Unbewußten entstammt (GW XIII, 282). Das Hören *auf jemand* geht unter im Hören *von etwas*, das bereits meinen Wünschen folgt. Damit nimmt der gesamte »moralische Spuk«, der dem Hören von Geisterstimmen entstammt, sein Ende (GW XV, 67). Es verwundert uns dann nicht, daß die »widerhallende (*resonabilis*)« Nymphe Echo, soweit ich sehe, bei Freud keine Aufmerksamkeit findet, während Narziß, ihr unerreichbarer Geliebter, der sich »mit unersättlichen Blicken (*incompleto lumine*)« selbst umarmt und sich jeder fremden Liebe verweigert, zu einer Grundfigur der Psychoanalyse geworden ist. Diese Einseitigkeit schwindet bei Autoren wie Lacan und Laplanche, die mit der Sprache des Unbewußten auch das Gehör und die fremde Stimme neu entdecken. Was Ovids mythische Ästhesiologie betrifft, so läßt sie sich generell als eine Bilderzählung verstehen, in der ethische und religiöse Alterität sich berühren.

Ein Blick in fremde Kulturen könnte ebenso lehrreich sein. In der japanischen Schamkultur, die lange Zeit allzu schroff einer westlichen Schuldkultur entgegengesetzt wurde, finden wir Formen von »Sozialphobie«, die eben nicht einseitig auf das Ich zentriert sind. Dazu gehört eine »Blickfurcht«, »die nicht nur eine Angst vor Selbstentblößung durch den eigenen Blick meint, sondern vor allem als Ausdruck von Scham darüber zu begreifen ist, durch die Gewaltsamkeit des eigenen Blicks andere zu bedrängen«; dem entspricht ein Verhalten, das von »Blickschonung« geprägt ist und einen »antwortenden Nicht-Blick«, ein »responsives Wegschauen« einschließt.[20] Die alte, bis auf Aristoteles zurückgehende Formel vom Freund als einem *alter ego* kann doppelt gelesen werden, mit dem Ton auf dem *ego* oder mit dem Ton auf dem *alter* – doch wo entspringt diese Alterität?

20 Vgl. Birgit Griesecke, *Japan dicht beschreiben* (2001), S. 130-140. Auch Musil erwähnt im geschwisterlichen Gespräch zwischen Ulrich und Agathe eine »Scham der Vernunft«, die bei aller empfindsamen Nähe einen Abstand wahrt (Musil 1978, S. 1088). Ähnliches finden wir bei Dostojewski, wenn die eigene Scham in fremde Beschämung umschlägt, so in einer Szene mit Fürst Myschkin, in der es heißt: »Er schämte sich so sehr für seine Besucher, daß er im ersten Augenblick nicht einmal wagte, sie auch nur anzusehen.« (*Der Idiot*, S. 386)

## 5. Im Aufwind des Antwortens

Für einen Ausbruch aus dem Reich der Wünsche sprechen auch klinische Gründe. Ich beziehe mich hier wie noch öfters auf den Neurophysiologen Kurt Goldstein, der Krankheit als Irresponsivität, Gesundheit als gelingende Responsivität definiert. Responsivität wäre im Deutschen mit Antwortlichkeit wiederzugeben; es geht also um das Antworten und noch nicht um das Verantworten. Ganz allgemein verstehe ich unter Antworten, daß wir anderswo beginnen, anstatt um uns selbst zu kreisen. Doch an dieser Stelle geht es speziell darum, daß jemand auf das eingeht, was ihm widerfährt, was ihn anrührt, auffordert, anspricht, anblickt, was ihn affiziert oder an ihn appelliert. Ich spreche in diesem Zusammenhang, wie schon erwähnt, von *Pathos* und *Response*, von *Widerfahrnis* und *Antwort* als einem Doppelereignis, das einer Scheidung in Subjekt und Objekt, aber auch einer Scheidung in Subjekt und Subjekt vorausgeht. *Es* widerfährt mir etwas, *es* erfreut, schmerzt oder ängstigt mich, *es* fällt mir ein, entfällt mir oder leuchtet mir ein, ohne daß ich in all diesen Fällen der Urheber entsprechender Akte wäre. Die Erfahrung nimmt Sinn und Regel an in der Weise, daß das, was uns widerfährt, *als etwas* aufgefaßt, verarbeitet und wiederholt wird. Dies alles gehört zu den Grundmotiven einer responsiven Phänomenologie.

Die pathisch-responsive »Urszene«, die sich hier abzeichnet, hebt sich deutlich ab von der wunschzentrierten »Urszene«, von der Freud ausgeht. Der Mensch ist kein bloßes Mängelwesen, das sich mit Ersatzformen behilft, von Anfang an ist er auch ein Überflußwesen. Was ihm fehlt, ist da, indem es sich entzieht; immerzu ist mehr da, als notwendig gebraucht wird. Jedes Phänomen ist überbestimmt, wie es auch auf die Dinge in Freuds Traumanalyse zutrifft; ein jedes hat Züge eines Hyperphänomens, das eine aus dem Gegensatz von Selbem und Anderem hervorgehende Dialektik sprengt, das aber kein ideales Ziel abgibt für einen endlosen Prozeß der Annäherung. Keineswegs handelt es sich darum, eigene Wünsche in einen sublimen »Wunsch nach oben« zu verlegen, als hätte die Illusion am Ende doch eine Zukunft, wogegen Pontalis sich unter Berufung auf Freud zur Wehr setzt (1968, S. 96). Das besagte Mehr entspringt vielmehr der gesuchten Alterität. Das eigene Begehren stößt auf fremdes Begehren; darin melden sich Ansprüche Anderer, die nicht nur weit über die Befriedigung meiner vitalen Bedürfnisse hinausgehen, sondern auch über den zu erwartenden Lustgewinn. Wenn Lacan in solchen Fällen von *désir* und *jouissance*, von Begehren und Genuß spricht, so denkt er zugleich an den Fremdbezug, der eine *demande* des Anderen, einen fremden Anspruch einschließt. Die Nähe zu Hegels Begierde ist unverkennbar; doch läßt man sich darauf ein, so stellt sich die Frage, wie die Fremdheit des fremden Begehrens vor der dialektischen Aufhebung in einem geistigen Wir zu bewahren ist, wonach am Ende gelten würde: »*Ich*, das Wir, und *Wir*, das Ich.«[21]

Folgen wir dem vorgeschlagenen pathisch-responsiven Ansatz, so ändert sich auch unsere Vorstellung von Pathologie. Das Pathologische ist dann nicht mehr nur ein Gemenge aus Triebschicksalen, es läßt sich als eine Verformung des Pathischen wie des Responsiven begreifen. Hierbei zeichnen sich grosso modo zwei polare Tendenzen ab. Einerseits kommt es zur Annäherung an eine *Response ohne Pathos*. Die Schwächung des pathischen Anteils hat zur Folge, daß der Patient sich mit mehr oder weniger fertigen Antworten begnügt, sich auf Antwortmechanismen verläßt, sich skrupulös an Regeln hält und einem Wiederholungszwang unterliegt. Dies entspräche der neurotischen Realitätsbearbeitung. Andererseits droht die Annäherung an ein *Pathos ohne Response*. Der Patient fühlt sich überwältigt von dem, was ihm widerfährt, so daß er in Schreckenspanik gerät, traumatisch verstummt, Wahnvorstellungen entwikkelt, sich von fremden Stimmen und Blicken verfolgt fühlt. Exemplarisch ist Rousseaus Bericht von dem Sturz, der durch eine heranstürmende Dogge ausgelöst wird, einem *accident*, das sich in den Straßen der Stadt ereignet und das zur Vorgeschichte des einsamen Spaziergängers gehört (1978, S. 651-653). Was die zugehörige Therapie angeht, so würde sie über die »Erziehung zur Realität« hinaus (GW XIV, 373) auf eine Weckung der Responsivität abzielen. Diese Therapie wäre nicht restaurativ und resignativ, sondern

21 *Phänomenologie des Geistes*, Werke 3, 145. Zum Schillern von Begriffsworten wie Wunsch, Begehren, Begierde, Lust vgl. die Artikel »Wunsch« und »Wunscherfüllung« in: Laplanche, Pontalis 1973. Ilka Quindeau vertritt die These, daß die Entstehung des Wunsches bereits die Befriedigung durch den/die Andere/n und die Erinnerung daran einschließt, doch fügt sie hinzu, daß bei Freud, sofern er an einer »Subjekt-Objekt-Relation« festhält, die »Intersubjektivität des Wunsches« nicht wirklich ausgeführt wird (2004, S. 110 f.); dem kann ich nur beipflichten.

eben responsiv, und zwar auf zwiefache Weise, indem sie sich im Medium des Antwortens vollzieht und zugleich bemüht ist, die Antwortfähigkeit im Patienten zu stärken und wiederherzustellen.

## 6. Geburt und Tod als An- und Abwesenheit

Die Ausartung des Pathischen ins Pathologische findet ihren Boden vorzüglich in Grenzbereichen, in denen Außerordentliches hervorbricht, so daß Verunsicherung und Verwirrung, Sinnverlust und Entregelung um sich greifen. Damit kehren wir zu unserer Kernfrage zurück. In den gleitenden Übergängen zwischen Pathischem und Pathologischem überkreuzen sich klinische und religiöse Motive, und dabei spielt der Andere in seiner Fremdheit eine ganz entscheidende Rolle.

Nehmen wir als erstes die *Geburt.* Freud geht in seiner Analyse zurück bis auf die »Urangst« der Geburt, die der Trennung von der Mutter entstammt (GW XIV, 167). Allerdings läßt er offen, in welchem Maß der Geburtsakt eine Zäsur darstellt und ob nicht eine weitgehendere Kontinuität zwischen Intrauterinleben und erster Kindheit anzunehmen ist (ebd. 169).[22] Die erlebte Angst beschränkt sich nicht auf die Atemnot bei der Abnabelung vom mütterlichen Körper, sie bezieht sich auf die Trennung von der Mutter als der ersten Anderen; diese Trennung lebt fort in kindlichen Phobien und in Formen von Lebensangst (GW XI, 411). Die Trennung, die sich als Kehrseite einer ursprünglichen Bindung erweist, schafft eine Fernnähe, die sich *zwischen Mutter und Kind* ausbreitet, und zwar als ein gestaltetes Ineinander, das mit Projektionen und Introjektionen durchsetzt ist, sich aber nicht auf solche zurückführen läßt. Winnicott nähert sich dieser Nähe in der Ferne, bleibt aber im Vagen, indem er von einer Trennung spricht, »die eigentlich keine Trennung, sondern eine Form der Einheit ist« (1973, S. 113). Anders verhält es sich wiederum mit Laplanche, der entschieden weiter geht. Er sieht den narzißtischen Wunschkreis aufgesprengt in einer Urverführung des Kindes durch die Mutter; in der Nah-

22 Inzwischen neigt man zu der Annahme, die vorgebliche Zäsur entspreche eher der Beobachterperspektive; vgl. Golse, Roussillon, S. 76 f. mit Hinweisen auf W. R. Bion und P. Aulagnier. Doch hierbei handelt es sich wohl eher um Akzente als um Alternativen.

rungsgabe und in der Aussendung einer Botschaft »implantiert« diese sich förmlich in das Kind, indem sie eine nicht bloß wiedergebende, sondern antwortende Übersetzung hervorruft (Laplanche 1996, S. 164). Das Kind bekommt (oder bekommt nicht) mehr, als es braucht. Vergils *risu cognoscere matrem*, das René Spitz in seinen Studien zur Säuglingsentwicklung und zum Hospitalismus als Motto benutzt (1967, S. 104), ist nicht als bloße Reaktion auf einen Außenreiz zu verstehen, sondern als *Rückantwort*, in der das Kind sich im *Anlächeln* der Mutter entdeckt. Das Ich beginnt, um einen Ausdruck von Husserl zu verwenden, als Vor-Ich. Ich frage mich, ob die Zärtlichkeit, die Freud als »zielgehemmte Liebe« von der »vollsinnlichen Liebe« unterscheidet (GW XIV, 462), wirklich auf eine triebgesteuerte Verbotsinstanz zurückzuführen ist, ob sie nicht vielmehr, wie Levinas es uns nahelegt, aus einem »ethischen Widerstand« erwächst, der aus dem Gesicht des Anderen spricht.

Die leibliche Geburt ist untrennbar verbunden mit der sozialen Geburt in der *Namensgebung*. Dies hat zur Folge, daß der Rufname, auf den jemand hört, bis zu einem gewissen Grad ein Fremdname ist und bleibt. Das Namenstabu, das Freud so sehr betont und ethnologisch dokumentiert und das sich beispielsweise in dem Verbot niederschlägt, den Namen des Verstorbenen auszusprechen (GW IX, 69 f.), läßt vergessen, daß das Reden über Tote generell ein Reden über Abwesende einschließt und daß Verstorbene durch Verwandlung in ein pures Worüber einer symbolischen Tötung ausgesetzt werden, als ginge es in der normalen Trauer darum, »den Tod zu töten« (Pontalis 1968, S. 166, nach Lagache). Denkbar ist hingegen, daß Trauer »an einem anderen Ort als dem des Inneren« stattfindet (Därmann 1995, S. 457). Es gibt Totenklagen, Gedenkreden und Lebensberichte, die *von* Anderen *her* sprechen und eben nicht bloß *über* sie. Wenn Geburt und Namensgebung eine religiöse oder halbreligiöse Aura aufweisen in Gestalt von Geburtstagen (wäre die Geburt ein bloßes Faktum, was gäbe es da zu feiern?), von Namenstagen, Taufen und Jubiläen, so ist dabei immer der Andere im Spiel. Welche Rolle Namen in der jüdischen Tradition spielen, zeigt sich ganz abgesehen von der Unaussprechlichkeit des Tetragramms darin, daß Namen wie Abraham, Isaak oder Jakob nicht nur anzeigen, wie jemand heißt, sondern was jemandem verheißen ist; so sind sie sowohl als Signet einer verdichteten Geschichte wie auch als Vorzeichen einer kommenden Geschichte zu hören und zu lesen und keineswegs nur als Wunsch- oder Drohadressen.[23] Dies entspricht der Art von Widerfahrnissen, die etwas *zu sagen* und *zu tun* geben und also eine Zukunft eröffnen, innerhalb derer nicht nur vergangene Wünsche und Ängste in eine spätere Zeit hinein verlängert und alte Konflikte weitergetragen werden. Lacan und der späte Merleau-Ponty beziehen sich in diesem Zusammenhang auf ein zweites Futur (siehe unten, S. 214). Diese Zukunft, die uns vorauseilt, läßt Raum für Unerwartetes, im Gegensatz zu utopischen Wunschvorstellungen, unter die Freud die Ankunft des Messias ebenso subsumiert wie die Sehnsucht nach einem Goldenen Zeitalter (GW XIV, 353).

Eine ähnliche Nähe von Psychoanalyse und Religion stiftet der *Tod*, wenn man ihn nur recht bedenkt. Gleich der Geburt gehört er zu den Grenzzonen des Mitseins. Grabriten sind Abschiedsriten, doch wie ist der Abschied zu verstehen? Todesphantasien gehören zum Leben. In seiner *Traumdeutung* bemerkt Freud, daß unbewußte Phantasien von einem Fortleben nach dem Tode mit Rückphantasien eines »unheimlichen Lebens vor der Geburt« verschmelzen (GW II/III, 406). Doch dies betrifft primär die Sorge um das eigene Leben. Um das Abscheiden naher Mitmenschen geht es in der Trauerarbeit, wie sie in der Schrift *Trauer und Melancholie* beschrieben wird. Der Prozeß allmählicher Ablösung nimmt die pathologischen Züge der Melancholie an. Die Gesundheit kehrt erst zurück, wenn Trauernde sich mit dem »Realverlust« der Verstorbenen abfinden; der Verzicht auf das »Objekt« würde demnach mit der »Prämie des am Leben Bleibens« vergolten (GW X, 444 f.). Sollte jemand als Überlebender ein schlechtes Gewissen haben, so wäre dies nichts weiter als »genußreiche Selbstquälerei« oder Rache an den Verstorbenen »auf dem Umwege über die Selbstbestrafung« (ebd. 438). »Das Normale ist, daß der Respekt vor der Realität den Sieg behält.« (ebd. 430) Der anhaltende Respekt vor der Abwesenheit des verstorbenen Anderen wäre auf die Dauer nichts weiter als eine pathologische Form des Realitätsverlusts. Der Realtod, der sich als Normaltod ausgibt, hat für das Fortleben Anderer keinen Platz, die Abwesenheit der Toten fällt auf die Dauer zusammen mit ihrer Nichtexistenz. Die Trauerarbeit bestünde dann darin, die Ablösung zu verwirklichen. »Jede einzelne der Erinnerungen

23 Zur bedeutsamen Rolle biblischer Personennamen vgl. St. Mosès, *Eros und Gesetz* (2004), Kap. 4.

und Erwartungen, in denen die Libido an das Objekt geknüpft war, wird eingestellt, überbesetzt und an ihr die Lösung der Libido vollzogen.« (ebd.) Laplanche weist darauf hin, daß hier alles davon abhängt, wie man diese »Lösung« versteht, als befreiendes »Zerschneiden eines Fadens« oder als »Entwirren der Fäden«, letzteres ganz im Sinne der Ana-lyse, die sich mit der geduldigen Arbeit der Penelope vergleichen läßt (1996, S. 80, 87, 132).

Es stellt sich weiter die Frage, ob nicht schon die Abwesenheit zu Lebzeiten vielfach unterbewertet wird. »*La morte si sconta vivendo* – Den Tod büßen wir lebend ab«, schreibt Giuseppe Ungaretti in seinem Gedicht *Sono una creatura* (1961, S. 42 f.). Das vielkommentierte Fort-Da-Spiel, das Freud bei seinem Enkel entdeckt hat und in seiner späten Schrift *Das Ich und das Es* so eindringlich beschreibt, läßt sich durchaus verstehen als der Versuch einer Eingewöhnung in die unvermeidliche Abwesenheit der Mutter. Eine derartige Revision der anfänglichen Lesart, die wir hier nur in Ausschnitten behandeln, bahnt sich schon zeitig bei den Nachfolgern Freuds an, und sie setzt sich im Frankreich der Nachkriegszeit auf intensive Weise fort.[24]

Beginnen wir mit Melanie Klein. Sie unterscheidet ähnlich wie Freud zwischen der normalen Trauer, die den Verlust eines geliebten Menschen verarbeitet, und der pathologischen Trauer, die sich an das Verlorene anklammert und im Verlorenen versinkt, indem sie in Form der Melancholie ins Innere umschlägt. Doch im Hintergrund sieht die Autorin eine Frühform der Trauer, eine »infantile depressive Position«, deren unbewußte Phantasien den Verlust der »guten Mutter« wachhalten (1994, S. 119). Anders als bei Freud kehrt die Normalität nicht zurück mit der Anerkennung des Realverlustes, die das Ich für neue Bindungen empfänglich macht, son-

24 Im Zentrum steht die leibhaftige Abwesenheit des Anderen, wie sie sich in den Erfahrungen von Trauer und Tod kundtut. Zu dieser Debatte, die sich weitgehend auf der Schwelle von Phänomenologie und Psychoanalyse bewegt, haben R. Barthes, J. Derrida, J. Lacan und E. Levinas Entscheidendes beigetragen. Vgl. dazu von deutscher Seite Iris Därmann, *Tod und Bild* (1995), Kap. VI: »Tod und Trauer«. Ähnlich äußert sich Burkhard Liebsch, der den Aporien der Freudschen Trauerarbeit eine »dritte Trauer« entgegenstellt, »die das verlorene Objekt weder affektiv einfach vergleichgültigt noch durch das pathologische Surrogat einer melancholischen Identifikation ersetzt«, sondern es in seiner Abwesenheit der Erinnerung aufgibt; vgl. *Geschichte im Zeichen des Abschieds* (1996), Kap. III, 1-2, hier S. 305.

dern mit der Wiederherstellung von Bindungen, mit der Wiedereinsetzung der guten Eltern, mit dem Wiederaufbau einer inneren Welt, in der das Verlorene fortlebt. Charakteristisch für die normale Trauer ist also, »daß das Individuum das verlorene Objekt in sich aufbaut, dies aber nicht zum ersten Male tut, vielmehr durch die Trauerarbeit sowohl *dieses* Objekt wie auch seine geliebten *inneren* Objekte, die es verloren zu haben meint, wieder aufbaut. Es stellt damit wieder her, was es bereits in der [glücklichen?] Kindheit erworben hatte.« (S. 120) Dieses aufwärtsgerichtete, belebende ›Wieder‹ steht in deutlichem Kontrast zu dem abwärtsgerichteten, todesnahen ›Wieder‹ des Freudschen Wiederholungszwangs.

Doch es bleiben Fragen. Der anvisierte *Wiederaufbau* weist zurück auf einen *Aufbau*, der bei Husserl ›Konstitution‹ heißt, nur daß es bei der Psychoanalytikerin nicht um eine intentional gerichtete, sondern um eine affektiv gesteuerte Aufbauleistung geht. Doch gehen wir von einem Pathos aus, also von dem, was uns in der Kindheit so gut wie im Erwachsenenalter widerfährt und was in Form der Angst auch bei unserer Autorin eine fundamentale Rolle spielt, so greift die Metapher des Bauens zu kurz. Das ›Aufbauen‹ einer neuen Bezugswelt wäre ebenso wie das ›Verarbeiten‹ der Trauerarbeit bereits eine Form des Antwortens, die es gerade nicht mit bloßen Materialien zu tun hat, sondern mit fremden Ansprüchen. Zudem kann die Antwort auf den Verlust, der laut Melanie Klein mit der beängstigenden Abwesenheit der Mutter als dem »früheste(n) Angstinhalt« einsetzt (S. 165), den Verlust und die damit verbundene Abwesenheit nicht wettmachen und die Lücke nicht schließen. Statt von normaler Trauer würde man passender von normalisierter Trauer sprechen, die ihrerseits pathologische Züge annimmt, sobald der Normalisierungsprozeß vergessen oder verdrängt wird. Hören wir nochmals Herrn Cogito; er liest in der Zeitung die »Meldung vom Tod der 120 Soldaten [...] / sie sprechen die Vorstellungskraft nicht an / sie sind zu viele / die Ziffer Null am Ende / macht sie zur Abstraktion / nachdenkenswertes Thema / Mathematik des Mitgefühls.« (Herbert 1974, S. 107 f.)

D. C. Winnicott, der nicht nur bei Freud, sondern auch bei Melanie Klein in die Schule ging, kommt einem sachgerechten Verständnis von Trauer und Verlust näher. Das besagte Fort-Da-Spiel, führt er fort mit dem therapeutischen Gebrauch eines Bindfadens, den er als Übergangsobjekt einsetzt, um Trennungssituationen in der Erinnerung durchzuspielen (1973, S. 26-31). Die junge Patientin, von der hier berichtet wird, erlebt die Abwesenheit der Mutter, die nicht ganz da ist oder für eine Weile fort ist, als eine Art Tod. Was ins Gewicht fällt, ist die Ungewißheit, ob die Mutter da bleibt oder wiederkommt. Die unter dem Verlust Leidende spielt mit dem Gedanken, daß etwas ausgelöscht wurde und daß dieser leere Fleck am Ende allein real war, daß also das Negative realer ist als das Positive oder daß es gar das einzig Positive ist (33-36). Aus dieser kindlichen Dialektik von Sein und Nichts sucht Winnicott einen Ausweg, indem er einen intermediären Raum ins Spiel bringt, der von »Übergangsobjekten« besetzt, aber nicht ausgefüllt ist. Er vermeidet konstruktivistische Ersatzlösungen, indem er von einer paradoxen Annahme ausgeht: »Das Kleinkind erschafft das Objekt, aber das Objekt war bereits vorher da, um geschaffen und besetzt zu werden.« (siehe oben, S. 72) Diese Deutung ist allerdings nicht im eigentlichen Sinne paradox, sondern zirkulär. Erklärt man Selbstbezug durch Fremdbezug und umgekehrt Fremdbezug durch Selbstbezug, so wird man weder dem einen noch dem anderen gerecht. Ein Ausweg bietet sich an, wenn wir von einer responsiven Kreativität ausgehen, also von einer Kreativität, die *als Antwort* kreativ ist, nämlich in der Weise, wie sie auf fremde Anreize und Ansprüche eingeht (vgl. SA 282-288). Jedes Lächeln oder Stirnrunzeln, jedes Hinschauen oder Hinhören, jedes Anfassen oder Zurückzucken, jede Zu- oder Abwendung sind als Antwortmodi zu verstehen und nicht als bloße Mechanismen; die Reduktion auf bloße Mechanismen wäre ihrerseits eine Antwortflucht oder Antwortvermeidung. Der Hiatus zwischen Pathos und Response wäre dann der Ort, wo Übergangsphänomene ihren Ort oder besser: ihren Nicht-Ort finden, wo Abwesendes anwesend und Anwesendes abwesend ist, ohne daß diese Seinsweisen sich widersprechen. Er wäre letzten Endes der Übergangsort, wo das Leben sich abspielt (Winnicott 1973, S. 123).

Vom menschlichen Tod sprechen heißt schließlich auch, von der Tötung des Mitmenschen sprechen. Damit kehren wir zurück auf das Feld der Feindschaft, das für die Religionen eine ständige Herausforderung darstellt und dem auch Freud nicht aus dem Weg ging. Was die Tötung des Feindes angeht, so scheint ein allgemeines *Tötungsverbot* den normalen Bedingungen der Selbsterhaltung zuwiderzulaufen. Warum soll ich den Tod des Anderen nicht herbeiwünschen und ihn gegebenenfalls herbeiführen? Das Gebot »Du sollst nicht töten« findet seinen urgeschichtlichen Rückhalt im »Totschlag des primitiven Vaters«, der als »Urbild Gottes« dient. »Die religiöse Lehre teilt uns also die historische Wahrheit mit, freilich in einer gewissen Umformung und Verkleidung; unsere rationelle Darstellung verleugnet sie.« (GW XIV, 365 f.) Steckt hinter der Verkleidung nur die Nacktheit der Selbstliebe, die sich altruistisch drapiert? Könnte dahinter nicht auch die Nacktheit des fremden Antlitzes stehen, *la nudité du visage*, aus der die Worte sprechen: »Du wirst keinen Mord begehen« oder schlicht »Du wirst nicht töten«? Was darin zum Ausdruck kommt, ist ein erlebtes Nichtkönnen, das stärker ist als jedes Sollen, welches bereits ein Können voraussetzt.[25] Dies würde bedeuten, daß hinter der alltäglichen Gewalt und hinter dem Paroxysmus des kriegerischen Gemetzels nicht lediglich das Überhandnehmen eines Todestriebs steht, sondern ein »Ausfall der Sprache«, ein Verlust jener Sprache, die aus dem fremden Anspruch erwächst, eine ethische Form der Aphasie.[26]

## 7. Erfahrung im Rohzustand

Angesichts der Disparatheit der behandelten Gesichtspunkte fällt es schwer, die Betrachtung mit einem sachlichen Resümee enden zu lassen. Ich begnüge mich daher mit methodischen Hinweisen, die an den Erfahrungsgehalt der biblischen Eröffnungsgeschichte anknüpfen. Wie steht es am Ende mit der Auseinandersetzung zwischen Psychoanalyse und Religion? Wäre das Leben ein Schachspiel, so könnte man die Partie mit einem Patt enden lassen. Doch es geht hier nicht um vergleichbare Lösungsangebote, sondern um heterogene Zugänge zur Erfahrung. Unter Erfahrung verstehe ich

25 Zu diesen bei Levinas häufig wiederkehrenden Formeln, die in der Vermeidung eines negativen Imperativs ihre Herkunft aus dem Hebräischen verraten (vgl. z. B. *Totalität und Unendlichkeit*, S. 285), sowie zum Gesicht des Anderen als dem zentralen Motiv einer Ethik des Anderen vgl. *Idiome des Denkens* Kap. 10.

26 Ich verweise auf das philosophische Kriegsbuch von Antje Kapust: *Der Krieg und der Ausfall der Sprache* (2004), vgl. speziell S. 118-124: »Autismus und Mutismus: Die Absenz der Sprache«. Die Autorin versucht, über alle Pragmatisierung, Technisierung und Moralisierung hinweg die Tiefendimension der sprachzerstörerischen Gewalt zur Sprache zu bringen, welche uns zwingt, das »Unmögliche zu denken« (Hannah Arendt).

das, wovon wir immer schon ausgehen, wenn wir fragen, was etwas ist und wer wir selbst und die Anderen sind.

Um diese Erfahrung *in flagranti* zu erfassen, nutze ich Husserls methodisches Angebot einer *Epoché*, das heißt einer Urteilsenthaltung, aber auch einer Blickenthaltung, eines Anhaltens, eines Ansichhaltens, das den natürlichen Gang der Erfahrung stocken läßt und so verhindert, daß wir lediglich auf das stoßen, was wir schon kennen und können. Die Erfahrung, die auf diese Weise freigelegt wird, ist eine Erfahrung im Rohzustand, die es mit einem *être brut* im Sinne von Merleau-Ponty, mit einem *être brut de l'ordre* im Sinne von Foucault zu tun hat. – Nicht fern dieser Epoché ist das Pathos des *Erstaunens*, das θαυμάζειν, das Platon genealogisch mit dem Meeresgott Thauma in Verbindung bringt (*Theaitet* 155d). Mit dem Staunen läßt er nicht nur die Philosophie beginnen, sondern auch eine sowohl qualitativ beschreibende wie mathematisch berechnende Naturforschung, der – wie Kant allem Rationalismus trotzend versichert – »ein glücklicher unsre Absicht begünstigender Zufall« zu Hilfe kommt (KU B XXXIV).Von bloßem Wunschdenken kann hier schwerlich die Rede sein. Für Freud bedeutet die Vermenschlichung und Vergöttlichung der Natur einen illusionären Versuch, da deren unpersönliche Kräfte und Schicksale uns »ewig fremd« bleiben (GW XIV, 338). Es fragt sich aber, ob nicht schon das Leben in und mit der Natur nuancierter zu beschreiben ist, nämlich aus einer leiblichen Zugehörigkeit heraus, die sich nicht auf einen Machtkampf beschränkt und die nicht a limine ausschließt, daß im Glauben an eine Schöpfung und in den Lobgesängen des Psalmisten Gott aus den Werken der Natur spricht, daß er für einen modernen Komponisten wie Oliver Messiaen auch aus der Stimme der Vögel ertönt oder daß Hölderlin seinen Gesang *An den Äther* richtet, an den Vater Äther: »[...] und sänftigest selbst das strebende Herz mir, / und ich lebe nun gern, wie zuvor, mit den Blumen der Erde.« Wenn es laut Freud eine psychische Realität gibt, warum dann nicht auch so etwas wie eine interpsychische Realität, die mit der Alterität im Bunde steht? Das Interpsychische ist allerdings nicht zu verwechseln mit einer ausschweifenden Form von Allbeseelung.

Wir stoßen auch in der Psychoanalyse auf eine Form von Epoché, wenn Freud in seinen praktischen Ratschlägen eine *gleichschwebende Aufmerksamkeit* und in seinen technischen Anweisungen eine *freie Assoziation* empfiehlt. Diese offene Form der Sinnfindung, die zwar durch eine deterministische Hintergrundüberzeugung und durch deterministische Tendenzen der Metapsychologie abgeschwächt wird, untergräbt einen hartgesottenen Rationalismus, der vielfach durch flaue Esoterik kompensiert wird. Ein einseitiger »Primat des Intellekts« (GW XIV, 377) entspräche dem oben erwähnten Zusammenspiel von Pathos und Response ebensowenig wie ein einseitiger Primat des Gefühls. Freuds Psychoanalyse läuft Gefahr, die Ergebnisse, die in den Fallstudien mittels einer der Phänomenologie und der Hermeneutik nahen Form dichter Beschreibung gewonnen und analytisch bearbeitet werden, durch metapsychologische Konstruktionen zu überdecken. Als Kinderanalytiker bemerkt Winnicott: Der entscheidende Augenblick der Therapie ist der, »*in dem das Kind in Verwunderung gerät.* Nicht der Augenblick, in dem ich eine kluge Deutung gebe, ist der entscheidende.« (1973, S. 63) In einem ähnlichen Zusammenhang habe ich eine *responsive Epoché* ins Feld geführt, die den Bann des Schon-Gesagten oder Schon-Gesehenen durchbricht, indem sie auf das *Worauf* des Antwortens zurückgeht als auf das, was uns in Anspruch nimmt (AR 538). Wenn ein sachbezogener Konnex zwischen Psychoanalyse und Religion (fügen wir hinzu: und Kunst) zu erwarten ist, dann im Ausgang von der Verarbeitung primärer Erfahrung, nicht von deren begrifflichen Destillaten.

Aufs Ganze gesehen würde dies bedeuten, daß es für uns Menschen im strengen Sinne weder rein religiöse noch rein sexuelle Phänomene gibt. Es gäbe lediglich Phänomene, die *als sexuell* oder *als religiös* verstanden und eingestuft werden. Ähnlich wie wir zwischen dem Politischen und der Politik, dem Ökonomischen und der Ökonomie, zwischen dem Künstlerischen und der Kunst unterscheiden können, wäre im Anschluß an Freud zu unterscheiden zwischen dem leibhaftigen Liebes- oder Sexualleben und der Sexualität im Sinne des Genitalen oder Prägenitalen. Um eine Formulierung aus der aristotelischen Seelenlehre zu verwenden: alles ist »auf gewisse Weise« sexuell oder religiös, nichts ist einzig und allein sexuell oder religiös. Kein Totalaspekt, auch der des Guten, Wahren, Lustvollen oder Heiligen, deckt das Ganze ab. Selbst Schleiermacher, der dem Gefühl ein so starkes Gewicht in der Religion einräumt, stellt in der zweiten Rede *Über die Religion* fest: »[...] die religiösen Gefühle sollen wie eine heilige Musik alles Thun des Menschen begleiten; er soll alles mit Religion thun, nichts aus Religion.« (KGA 1, 2, S. 219) Wie immer man diese Gefühle einschätzen mag, fest steht auch hier, daß Religion nicht um sich selbst kreist und in sich selbst gründet. Emmanuel Levinas, der anders als Schleiermacher nicht der christlich-protestantischen, sondern der jüdischen Tradition entstammt, stimmt mit Freud überein, wenn dieser im Hinblick auf die infantilen Ursprünge der Religion feststellt: »Die Erfahrung lehrt uns: Die Welt ist keine Kinderstube.« (GW XV, 181) Doch im Gegensatz zu Freud propagiert er eine »Religion für Erwachsene«. In seiner programmatischen Schrift *Schwierige Freiheit* spricht er sich für einen Monotheismus aus, der den Atheismus überwindet und umschließt, der aber jedem verwehrt ist, »der nicht das Alter des Zweifels, der Einsamkeit und der Auflehnung erreicht hat« (1992, S. 27). Wieweit darin Kindliches überdauert, das nicht als kindisch anzusehen ist, wäre eine andere Frage und zwar eine wichtige Frage; denn es gibt auch einen »Dilettantismus des Erwachsenseins«, wie Ernst Bloch bemerkt.

Die Religion herrscht nicht unangefochten, sie genügt nicht sich selbst. Dürfte ähnliches nicht auch für die Psychoanalyse gelten? Dann aber gäbe es auch keine rein klinischen Phänomene, sondern nur anomale Phänomene, die *als pathologisch* zu beschreiben und zu analysieren wären. Dieses winzige Als, das unter Phänomenologen und Hermeneutikern als intentionales oder hermeneutisches Als bekannt ist, würde als Drehscheibe fungieren, mittels derer das, was uns widerfährt, was uns affiziert und an uns appelliert, in wiederholbare Sinngestalten und Regelstrukturen transformiert oder eben deformiert wird. Dieses Als ist nur im Plural denkbar, es ist ein Herd für Konflikte. Es meldet sich im Gegenzug zu bestehenden Deutungen, da das, was uns widerfährt, Antworten provoziert, sich aber in keiner von ihnen erschöpft. In diesem eingeschränkten Sinne kann man sagen, daß jeder Hermeneutik Züge einer »negativen Hermeneutik« anhaften (vgl. Warsitz, Küchenhoff 2015, S. 128). Antworten, denen ihre Herkunft anhängt, sind nämlich keine Lösungen. Das »so und nicht anders« läßt Abweichungen und analogische Zwischenwerte zu, die sich dem binären Schema von Positivität und Negativität oder auch der digitalen Formel von 1 und 0 entziehen. Weltanschauungskämpfe entstehen zwischen Religion und Psychoanalyse, aber auch innerhalb beider immer dann, wenn das Wovon des affektiven Getroffenseins zusammen mit dem Worauf des Antwortens in einen festen Bestand und Besitz überführt wird, aus dem ein religiöser, aber auch ein szientistischer oder politischer Fundamentalismus seine Nahrung zieht. Was immer sich in der alltäglichen wie auch in der religiösen oder der klinischen Erfahrung zeigt, bedeutet nicht nur, was es ist, es bedeutet immer auch mehr und anderes. Phänomene entpuppen sich als Hyperphänomene, als Paraphänomene, auch als Antiphänomene, wenn man ihre Genese in Betracht zieht.

Es liegt im Wesen methodischer Forschung, daß sie nicht nur selektiv, sondern auch *reduktiv* verfährt; so ist dann ein Paranoiker ein Paranoiker, ein Sünder ein Sünder, ein Opfer ein Opfer. So lassen sich pathische Phänomene, wie sie auch in der Religion und in der Moral auftreten, *als pathologisch* betrachten, was eben nicht besagt, daß sie von Grund auf *pathologisch sind*. Es gibt einen religiösen oder einen klinischen Gesichtspunkt, ähnlich wie es einen *moral point of view* gibt; dessen Verabsolutierung endet im Moralismus, so wie eine Verabsolutierung des medizinischen Gesichtspunkts im Medikalismus, eine Verabsolutierung des juridischen Standpunktes im Legalismus oder eine Verabsolutierung des ästhetischen Standpunktes im Ästhetizismus endet. Um künstlich errichtete oder professionelle Schranken zu durchbrechen, bedarf es einer *hyperbolischen* Lektüre der Erfahrung, die in den Rissen und an den Rändern der Erfahrung immer wieder ein Mehr und Anderes aufspürt und jeder wissenschaftlichen oder religiösen Orthodoxie Züge einer Heterodoxie entlockt.

# 5. Kulturanalyse im Reich der Illusionen und Phantasien

In seinen späten kulturdiagnostischen Schriften weitet Freud die klinische Perspektive aus, doch er verläßt sie nicht. Die Werke der Kultur betrachtet er als symptomatischen Ausdruck eines Leidens unter der Kultur, das zwar keine Heilung erwarten läßt, aber nach Linderung verlangt. Die Überprüfung der Linderungsmittel, die von verschiedenen Seiten angeboten werden, ist Sache der Kulturanalyse. Der Urkonflikt zwischen Triebwünschen und Realität gibt weiterhin den Ton an, nur daß die individuelle und familiär bedingte Versagung phylogenetische Wurzeln erkennen läßt und sich zu einer »Kulturversagung« ausweitet (GW XIV, 457). Hierbei spielen Illusionen und Phantasien eine entscheidende Rolle, wovon in besonderem Maße das Spielen nebst dem Kunstschaffen und dem Kunstgenuß betroffen sind. Die Konflikte, von denen im dritten Kapitel die Rede war, rücken damit in ein neues Licht. Das gleiche gilt für die Frage einer desillusionierten Zukunft und für den Überhang des Vergangenen, mit dem die Psychoanalyse offenkundig zu kämpfen hat. Das Motiv der Enttäuschung beginnt zu schillern.

## 1. Nährboden für Illusionen

Illusionen sind nicht zu verwechseln mit Irrtümern, die sich durch bessere Einsicht korrigieren lassen. Während Illusionen von Täuschungen im Bereich des anschaulich Gegebenen herrühren, gehören Irrtümer der Urteilssphäre an.[1] In der Psychoanalyse spielen Illusionen eine besondere Rolle. Freud betrachtet sie als Leidenssymptome und führt sie wie alle Symptome auf triebgesteuerte Selbsttäuschungen zurück, die sprichwörtlich als Wunschdenken bekannt sind. Ihre Verankerung in der menschlichen Natur teilen sie mit dem »transzendentalen Schein« als einer »natürlichen

1 Vgl. dazu von phänomenologischer Seite Max Schelers Abhandlung »Die Idole der Selbsterkenntnis« (GW 3, S. 213-292), in der die Differenz zwischen Illusion und Irrtum vielseitig beleuchtet wird.

und unvermeidlichen Illusion«, die auf »subjektiven Grundsätzen beruht«, wie Kant in seiner transzendentalen Vernunftlehre ausführt (vgl. KrV B 354). Illusionen entspringen dem psychischen Prozeß eines Phantasierens, das sich mit verschiedenen Mitteln der Macht der Realität zu entziehen trachtet oder aber auf pathologische Abwege gerät, sobald es gegen die Realität ankämpft und sie verleugnet. Eine zentrale Rolle spielt die Phantasie in den Bereichen von Religion und Kunst, die zunächst im Zuge der Mythenbildung ineinandergreifen, die aber in der Moderne im Zuge einer zunehmenden Ausdifferenzierung der Rationalität getrennte Wege gehen. Während der religiöse Mensch Freud zufolge seinen Illusionen erliegt, indem er in einer Art »Massenwahn« an seine Phantasiegebilde glaubt, als seien es höhere Realitäten, zeichnet sich der künstlerische Mensch dadurch aus, daß er Illusionen bewußt nutzt und sie als eine »milde Narkose« wirken läßt. Diese Art der »Lebensröstung«, die von fern noch an eine religiöse Trostspendung erinnert, ist jedoch von beschränktem Nutzen; sie vermag lediglich eine »flüchtige Entrückung aus den Nöten des Lebens herbeizuführen und ist nicht stark genug, um reales Elend vergessen zu machen« (GW XIV, 439).

Die Frage, ob und wieweit man sich selbst oder anderen solche Drogen zumuten soll, gilt als eine Frage der kulturellen Diät; die Frage, was sie zu leisten vermögen, entscheidet sich, sobald man sich entschließt, »Gefühle wissenschaftlich zu bearbeiten« (ebd. 422). In dem vorliegenden Kapitel geht es um die Frage, wie Freud Kunst und Phantasie im Zusammenhang mit dem Seelenleben einschätzt; doch nicht weniger geht es um die Frage, ob seine Einschätzung der Kunst und seine Bewertung der Phantasie nicht möglicherweise unter ähnlich brüchigen Voraussetzungen leiden wie seine Religionskritik. Die klinische Kompetenz scheint nicht auszureichen, wenn allgemeine Fragen nach dem rechten Leben zur Erörterung anstehen, es sei denn, man betrachtet das Leben selbst als eine Form der Krankheit, aber gemessen woran?

## 2. Linderungsmittel gegen die Unbilden des Lebens

In Freuds Essay *Das Unbehagen in der Kultur* von 1930[2] werden die kurz zuvor unter dem Titel *Die Zukunft einer Illusion* vorgelegten religionskritischen Erwägungen in einem weiteren Rahmen fortgesetzt. An den Grundlinien einer Kulturkritik in therapeutischer Absicht ändert sich nichts. Gegen die Schwere des Lebens werden »Linderungsmittel« aufgeboten, die mit den unerläßlichen »Hilfskonstruktionen« aus Fontanes *Effi Briest* verglichen werden.[3] Aus dem Angebot dieser Lebensapotheke werden drei Elixiere besonders hervorgehoben: Erstens »Ablenkungen, die uns unser Elend gering schätzen lassen«, zweitens »Ersatzbefriedigungen, die es verringern«, drittens »Rauschstoffe, die uns für dasselbe unempfindlich machen« (432).

Beginnen wir mit den *Ablenkungen*. Sie werden im Einklang mit dem »Programm des Lustprinzips« als *Libidoverschiebungen* gedeutet (437-439). Die Triebziele dauern unvermindert fort, doch verlagern sie sich in innerpsychische Bereiche, die von der »Versagung der Außenwelt« direkt nicht getroffen sind. Dabei denkt Freud speziell an die wissenschaftliche Tätigkeit, die der Problemlösung und der Wahrheitssuche gilt. Generell würdigt er die Berufstätigkeit, die den Einzelnen »wenigstens in ein Stück der Realität, in die menschliche Gemeinschaft sicher einfügt«, wobei allerdings die Arbeitsfreude mit einer »natürlichen Arbeitsscheu« zu kämpfen hat. Hinzu kommt die Freude des Künstlers am eigenen Schaffen, an der »Verkörperung seiner Phantasiegebilde«, eine Schaffensfreude, die sich allen kunstverständigen Betrachtern mitteilt. In diesem Falle geht es nicht um die Befriedigung allgemeiner Geltungsansprüche wie im wissenschaftlichen Diskurs oder in der Diskursethik, sondern um den Kunstgenuß als partikuläre Befriedigung

2 GW XIV, 419-506; dieser Text wird in diesem Kapitel mit bloßen Seitenzahlen zitiert. Zur kulturtheoretischen Bedeutung dieser in den dreißiger Jahren erschienenen Schrift vgl. die 2016 von Wolfgang Müller-Funk herausgegebene und kommentierte Sonderausgabe.

3 In diesem Roman äußert sich Baron Instetten, der glücklose Gemahl der unglücklichen Effie, wie folgt: »›Glauben Sie mir, Wüllersdorf, es geht überhaupt nicht ohne ›Hilfskonstruktionen‹. Der das sagte, war ein Baumeister und mußte es also wissen. Und er hatte recht mit seinem Satz. Es vergeht kein Tag, der mich nicht an die ›Hilfskonstruktionen‹ gemahnte.‹« (1998, S. 342) Auf das gleiche Motiv bezieht Freud sich in den *Vorlesungen* (GW XI, 95 f., 386-391).

individueller Wünsche, die im Mitgenuß und in der Ausbildung eines Kunstgeschmacks sozial geteilt werden, sich aber nicht unbeschränkt verallgemeinern lassen. Die Lust, die von Aristoteles als ein »hinzukommendes Ziel (ἐπιγιγνόμενόν τι τέλος)« den jeweils auf ein bestimmtes Gut ausgerichteten Tätigkeiten zugeordnet und so in die Zielstrebigkeit des Lebens eingebunden wird (*Nik. Ethik* X, 4, 1174b33), entfaltet bei Freud eine Eigendynamik, die lediglich von der Härte der Realität in ihre Schranken gewiesen wird. Anders als bei Platon lautet der Grundgegensatz nicht »Nus versus Ananke«, sondern »Hedone versus Ananke«, und alles Wichtige spielt sich zwischen diesen beiden Polen ab. Dabei geht es nicht lediglich darum, ob alles, was uns bewegt, mit Lust durchsetzt ist, selbst noch die Krankheit, von der Freud immer wieder betont, daß sie einen »Krankheitsgewinn« abwirft; es geht einzig und allein darum, ob es letzten Endes die Lust ist, die den Ausschlag gibt.

Wissenschaft, Arbeit und Kunst verrichten ihre Tätigkeit im Rahmen von Sonderwelten, ohne daß sie deswegen die reale Welt verlassen. Sie betrachten die Realität nicht als ihren Feind wie der Eremit, der dieser Welt den Rücken kehrt,[4] wie der Paranoiker, der dem Wahnsinn verfällt, indem er die Wirklichkeit den eigenen Wünschen gemäß umbildet, oder wie der Religiöse, der in einem kollektiven »Massenwahn« Halt sucht. Mit dem Wahn läßt sich kein Kompromiß schließen, denn »den Wahn erkennt natürlich niemals, wer ihn selbst noch teilt« (440). Die alternativ angeführten Kulturkräfte behandeln die Realität nicht geradezu als ihren Feind, dennoch fehlt vieles, um sie als Freund zu betrachten. Die Leidabwehr, auf die es bei der Umlenkung der Triebziele ankommt, bleibt in ihrer Reichweite und ihrer Intensität beschränkt. Triebregungen, die in die kulturellen Betätigungen einfließen, »erschüttern nicht unsere Leiblichkeit«; sie gewähren keinen vollkommenen »Leidensschutz«, vor allem dann nicht, wenn der eigene Leib

4 Die Suche nach Gott in der Einsamkeit, die ja kein Monopol des christlichen Mönchtums ist, bleibt unerwähnt; sie würde an der Realitätsflucht, die der Religion als solcher nachgesagt wird, in der Tat nichts ändern. Ebenso unerwähnt bleibt die Einsamkeit von Rousseaus *promeneur solitaire*, der in sich selbst die Natur und in der Natur sich selbst sucht: »*Me voici donc seul sur la terre, n'ayant plus de frère, de prochain, d'ami, de société que moi-même* – So bin ich nur allein auf Erden, ohne Bruder, ohne Nächsten, ohne Freund, meiner eigenen Gesellschaft überlassen«, so heißt es am Anfang der *Rêveries* (1978, S. 639).

betroffen ist (438). Die Arbeit, die als *labor improbus*, im Gegensatz zum alles bezwingenden *amor*, ihre Mühen behält (vgl. Vergil, *Georg.* I, 145 f.), gehört zum partiellen Triebverzicht, den uns die Kultur notgedrungen abverlangt, ohne daß es religiöser Sanktionen bedarf. Aus dieser Einsicht resultiert Freuds Skepsis gegenüber allen Weltverbesserungsprojekten, darunter die kommunistische Abschaffung des Privateigentums als »Erlösung vom Übel«, die er an der *condition humaine* scheitern sieht (472 f.).

Doch von Anfang an stellt sich die Frage, ob die »lebendige Auseinandersetzung des Organismus mit der Umwelt«, die der Neurophysiologe Kurt Goldstein als »schöpferische Leistung« bis in die elementaren Formen der leiblichen Sinnlichkeit zurückverfolgt (2014, S. 268), hinreichende Berücksichtigung findet, wenn kulturelle Betätigungen samt und sonders als umweghafte Formen der Triebbefriedigung eingestuft werden. Wie sehen Alternativen aus? Husserl wertet die »Alltagswahrheit des praktischen Lebens« auf, indem er selbst dem wägenden und zählenden Händler am Markt seine eigene »Marktwahrheit« zugesteht (Hua XVII, 284), man müßte die »Marktunwahrheit« hinzufügen. Als Sozialphänomenologe schließt Alfred Schütz sich an Husserls Konzeption der Lebenswelt an. Ähnlich wie zuvor schon William James unterscheidet er zwischen »mannigfaltigen Wirklichkeiten«, die in ihrer Vielförmigkeit je spezifische Sinnstrukturen und Relevanzen aufweisen, zuunterst die alltägliche Welt des Wirkens, am Rande die speziellen Welten des Traumes und der Literatur, alles überlagernd die Welt der Wissenschaft und der Technik (vgl. 1971, S. 237-298). Dieser Wirklichkeit im Plural entspricht eine Rationalität im Plural, wie sie Max Weber seiner Soziologie der Institutionen zugrunde legt; handlungstheoretisch unterscheidet er zwischen einer »faktischen objektiven Richtigkeitsrationalität« und einer »subjektiven Zweckrationalität«, wobei er ausdrücklich betont, daß sich beide nicht aus psychologischen Sachverhalten herleiten lassen (Weber 1973, S. 434). Dies alles legt den Gedanken nahe, daß die Pluralität der soziokulturellen Wirklichkeit unterbestimmt und unterbelichtet bleibt, wenn sie letzten Endes auf ein Geflecht, Gemenge und Gedränge von Affektregungen zurückgeführt wird. Man könnte geneigt sein, Husserls Urteil über Galilei, demzufolge der Begründer der mathematischen Physik als »entdeckender und verdeckender Genius« anzusehen ist (Hua VI, 53), auf Freud anzuwenden.

Freud hat das menschliche Triebgeschehen, seine kindlichen Frühstufen, seine leibliche Vielfalt und seine pathologischen Abgründe so gründlich durchleuchtet wie niemand vor ihm; doch zugleich stoßen wir auf die Mängel eines rudimentären Sinnbegriffs, demzufolge jeglicher Sinn auf der bloßen Tendenz zur Wunscherfüllung beruht und Sinn teilweise mit Absicht gleichgesetzt wird (vgl. GW XI, 33, 311). Dies hat zur Folge, daß Husserls Intentionalität, die aus einer triadischen Relation von Akt (Noesis), Bedeutung (Noema) und Gegenstand besteht, auf eine duale Relation von Akt und Gegenstand verkürzt wird; dies hat ferner zur Folge, daß die Frage der Bewußtheit und der Realität des Bewußten gegenüber der Frage nach der Organisation und Strukturierung der Erfahrung ein Übergewicht erhält. Die signifikative und appetitive Differenz, die laut phänomenologischem und hermeneutischem Verständnis darin besteht, daß jeweils etwas *als etwas* gemeint und *in etwas* erstrebt wird und nicht etwa nur Wahrnehmungen und Triebe durch reale somatische Reize aktiviert werden (vgl. SA 268), droht zwischen physischer Außenwelt und psychischer Innenwelt zerrieben zu werden.

Diese Lücke läßt sich auch nicht von oben her schließen durch das Eingreifen eines Über-Ichs, solange dieses seine Kraft selbst wieder aus den Wünschen und Triebregungen des Ichs bezieht. Die Zwischenwelt der ikonisch, rhythmisch oder verbal verkörperten Bedeutungen, die – ob im Sinne von Husserl, Heidegger, Frege, Peirce oder Wittgenstein oder im Sinne von Th. S. Kuhns wissenschaftlichen Paradigmen – einer Heterogenese, nämlich einer permanenten Transformation der Erfahrung entstammt, kommt auf diese Weise zu kurz. Nehmen wir als Beispiel die Zahl. Der triebhafte Antrieb zum Zahlengebrauch, wie er in den Zahlengestalten der Traumsymbolik, aber auch in der Zählneurose zutage tritt, berührt die Bedeutung der Zahl, wie sie aus Freges Sprachlogik oder aus Husserls Phänomenologie der Arithmetik und deren Fundierung in Akten des Zählens und Rechnens zu entnehmen ist, nur am Rande. Für die eigentümliche Farblogik der Malerei oder für die melodischen und rhythmischen Klanggebilde der Musik gilt ähnliches, warum aber nicht auch für die Gesetze von Recht und Moral, für Phänomene wie Stolz, Scham und Schuld, die einer eigenen *logique du cœur* gehorchen? Die psychodynamische Analyse von Libidoverschiebungen droht auf die Ebene eines kruden

Psychologismus zurückzufallen, wenn sie sich nicht methodische Zurückhaltung auferlegt und einen Überschuß an Sinn und Regel respektiert. Sofern dieser Überschuß aus einem fremden Anspruch oder einer Botschaft des Anderen entspringt, steht er für eine »dritte Realität« jenseits der Dichotomie von materieller und psychologischer Realität (siehe oben, S. 116). Husserls Bedeutungslehre steht der Freudschen Trieblehre an Radikalität nicht nach. Die Brücke zwischen beiden Ansätzen wäre in dem transformativen Als zu suchen, dem Freud sich auf seine Weise mit der Differenz von Trieb und Triebrepräsentanz und mit dem Bastelbegriff einer psychischen Realität annähert, aber eben nur annähert.

Begonnen haben wir mit der Libidoverschiebung, die als negative Form der Leidvermeidung in Kraft tritt. Damit ist es für Freud nicht getan. Die negative Form wird ergänzt durch eine positive Form, von der es heißt: »[...] sie wendet sich nicht von der Außenwelt ab, klammert sich im Gegenteil an deren Objekte und gewinnt das Glück aus einer Gefühlsbeziehung zu ihnen.« (440) Zu solchen Formen der Glücksgewinnung zählt Freud die *Liebe*, zumal die geschlechtliche Liebe, sowie den Genuß der *Schönheit* in all ihren natürlichen und künstlichen Formen. Man könnte auch die Leibesübungen des Sports mit ihrer eigentümlichen Bewegungslust dazu zählen sowie alle Formen der Funktionslust.

Da diese affektiv besetzten »Objekte« jedoch der realen Welt entstammen, ist ihr »Glückswert« gefährdet wie alles, was realen Wirkungen ausgesetzt ist; ja, er ist um so gefährdeter, je mehr wir unser Herz daran hängen. »Niemals sind wir ungeschützter gegen das Leiden, als wenn wir lieben, niemals hilfloser unglücklich, als wenn wir das geliebte Objekt oder seine Liebe verloren haben.« (441) Diese hohe Bewertung der Liebe ändert nichts an der Überbetonung der Selbstliebe. Sie ändert nichts daran, daß Lieben und Geliebtwerden zwar in einem Atemzug genannt werden, daß aber bei drohendem Verlust des »Liebesobjekts« dem libidinösen Ich mit all seinem Liebesglück und Liebesunglück das erste und letzte Wort bleibt. Der Liebende sucht im Anderen sich selbst, indem er sich mit ihm identifiziert, das heißt sich zu einem Anderen macht, der oder die er nicht sein kann. Somit geht jeder Fremdverlust letzten Endes zurück auf einen Selbstverlust, wie Freud anhand der Trauerarbeit klinisch wie auch außerklinisch zu zeigen versucht. All denen, die aus dem Leben geschieden sind, ist kein Nachleben vergönnt, sie sind ersetzbar. »Werden die Objekte zerstört oder gehen sie uns verloren, so wird unsere Liebesfähigkeit (Libido) wieder frei. Sie kann sich andere Objekte zum Ersatz nehmen oder zeitweise zum Ich zurückkehren.« (GW X, 360) Anders als beim platonischen Eros fehlt es an einer *vis a fronte*, an einer die eigene Lust übersteigenden Zug- und Schwungkraft, wie Platon sie dem Guten zuspricht (*Symp.* 205e) und Musil sie in seiner Utopie eines exakten Lebens als »Urfeuerähnliches von Güte« dem bloßen »Herdfeuer eingeschränkter Empfindungen« entgegenhält (Musil 1978, S. 247). Und ebenso fehlt es an einer entsprechenden »Umlenkung (περιαγωγή)« (*Politeia* VII, 518d), einer Konversion, die sich nicht damit begnügt, ständig wiederkehrende Triebziele zu verschieben oder in ihr Gegenteil zu verkehren, die vielmehr aus den Bahnen des selbstbezogenen Luststrebens ausbricht und eine Kehre einleitet, ohne daß immer nur das Gleiche wiederkehrt. Als zentrale Form der Triebabwehr gilt für Freud die »Verkehrung ins Gegenteil«; diese äußert sich bevorzugt in der Wendung von Aktivität zur Passivität, in der Verwandlung von Lieben in Hassen und in der Erzeugung von Mischformen wie Sadomasochismus und Gefühlsambivalenz (vgl. *Triebe und Triebschicksale*: GW X, 219-232). Doch es bleibt bei einem Prozeß der Verkehrung, der gewissermaßen auf der Stelle tritt.[5]

Mit dem Schönen, das bei Platon die Tugenden der Gerechtigkeit und der Besonnenheit mit einem auratischen Glanz umgibt und die Seele beflügelt (*Phaidr.* 250a-d), ist es nicht viel anders bestellt. Gerade weil Freud, wie vor ihm schon Schopenhauer und Nietzsche, immer wieder die Nähe zu Platon sucht, fällt der Abstand um so mehr ins Auge.[6] »Der Genuß der Schönheit hat einen besonderen, milde berauschenden Empfindungscharakter« (441), so heißt es. Mit der vorsichtigen Milderung des Rauschcharakters und dem Hinweis auf eine »zielgehemmte Regung«, die das Sexu-

5 Kurt Goldstein erörtert die fragliche Dynamik des Lebens in Auseinandersetzung mit Freud, Scheler und Cassirer, indem er einem inneren »Widerspiel« von Geist und Leben das Wort redet (2014, S. 365).

6 Die Rolle des Platonismus in Freuds Psychoanalyse wäre ein eigenes Thema. Was die problematische Rolle des Eros bei Platon betrifft, so verweise ich auf *Platon* (2017), Kap. IV: »Der Grundton des Begehrens und die Macht des Eros«; ich beziehe mich dort auf eine »erotische Kehre« (S. 129) und wiederholt auf die platonische Mania als eine inspirierende Form des Wahnsinns, die vom verblendenden Wahn zu unterscheiden ist (S. 143, 168, 271-274).

alempfinden unterbricht (442), unterscheidet sich der Genuß des Schönen von dem ungehemmten Gebrauch von Rauschstoffen, der als eine dritte Art von Linderungsmittel aufgeführt wird. Letztere hat seit den Zeiten Freuds bekanntlich eine Popularität erlangt, die weit über eine experimentelle Neugier für sinnliche Grenzphänomene hinausgeht und als technologisch induziertes und verstärktes Suchtphänomen pathologische Züge annimmt. Doch was den Eigencharakter der Schönheit betrifft, so hüllt Freud sich in Dunkelheit. Für eine »kulturelle Notwendigkeit« der Schönheit sieht er keine Anzeichen, als ob nicht gerade in der Nichtnotwendigkeit ihre Kraft läge. Der zuständigen Wissenschaft der Ästhetik wird die Fähigkeit, über Natur und Herkunft des Schönen aufzuklären, ausdrücklich abgesprochen, und erst recht gilt dies für die Psychoanalyse: »Leider weiß auch die Psychoanalyse über die Schönheit am wenigsten zu sagen.« (441)[7] Schauen wir also, ob die Ersatzbefriedigungen, die neben der Libidoverschiebung als zweite Form der Linderungsmittel angeboten werden, mehr erbringen. Wie wir sehen werden, kommt die Unergründlichkeit ästhetischer Qualitäten unter diesem kompensatorischen Aspekt ausführlicher zur Sprache; dies gilt auch für die kleineren Schriften zur Kunst und Literatur, die wir ergänzend hinzuziehen. Immer wieder stoßen wir auf Unergründliches als auf einen dunklen Rest.

## 3. Traum, Spiel und Kunst im Bannkreis von Wunschphantasien

Die Ersatzbefriedigungen, um die es im folgenden geht, werden Freud zufolge aus Illusionen gewonnen, »die man als solche erkennt, ohne sich durch deren Abweichung von der Wirklichkeit im Genuß stören zu lassen« (439). Dabei verschwindet der Bezug zur Realität nicht, doch er lockert sich, stärker noch als in den zu-

7 Sebastian Leikert versucht über Freud hinauszugehen und eine psychoanalytische Ästhetik zu entwerfen, indem er die Schönheit von der strengen Bindung an die Sexualität löst und der Vorlust, von der noch die Rede sein wird, die Sublimierung entgegenstellt (2012, S. 95). Doch für die daraus erwachsende »kinästhetische Ästhetik«, die sich als »Bedeutung schaffendes System« auf »rhythmisch gegliederte und durch Formwiederholung organisierte Wahrnehmungen« stützt (S. 74), stellt sich nach wie vor die Frage nach der Kraft, die den Aufschwung bewirkt.

vor erwähnten Ablenkungsmanövern. Illusionen stammen nämlich aus einem Reservoir, in dem sich all das versammelt, was bei der Entwicklung des Realitätssinns den »Ansprüchen der Realitätsprüfung« entzogen wurde und ebendeshalb zur »Erfüllung schwer durchsetzbarer Wünsche« taugt. Dieses präreale Ursprungsfeld der Illusionen bildet die Domäne des »Phantasielebens«, in dem das Lustprinzip uneingeschränkt regiert. In den *Vorlesungen* wird dieses Reich der Phantasie mit einem »Naturschutzpark« verglichen, mit dem sich der Mensch als unverbesserliches »Lusttier« schadlos hält (GW XI, 387).

Ziehen wir die 1908 erschienene Studie *Der Dichter und das Phantasieren* zu Rate, so sehen wir, wie sich die künstlerische Phantasietätigkeit näher bestimmt, sobald man sie von verwandten Tätigkeiten abgrenzt. Den Ausgangspunkt bildet das *kindliche Spiel*, das nicht als Wettkampf verstanden wird, also als ein geregeltes *game* mit verteilten Rollen, sondern als offene Form des *play*, bei dem das Kind nach Belieben die Rollen wechselt (vgl. Mead 1973, S. 193f.). Die Einbeziehung von Mitspielern, die ja nicht nur am Wettkampf, sondern auch an Alltagsspielen wie dem Versteckspiel beteiligt sind und im gemeinsamen Spiel einem vereinten Phantasieren freien Lauf lassen, wird bei Freud, anders als bei Mead, nicht eigens berücksichtigt. Das Spiel der Phantasie findet ähnlich wie der Traum im »einsamen Seelenleben« statt. Als entscheidend gilt dabei nicht der Gegensatz von Spiel und Ernst, der dem Grad an innerer Beteiligung entspricht, sondern der Gegensatz von Spiel und Wirklichkeit, der das Spiel auf eigene Füße stellt. Diese Vorentscheidung verhindert, daß sich Spielerisches in den Ernst des Lebens einschleicht und Spiel und Ernst, παιδιά und σπουδή sich verschwistern wie bei Platon, dem das »Spiel als des Ernstes Bruder« gilt (*6. Brief* 323d). Allerdings wird dem kindlichen Spiel eine *Anlehnung* an greifbare und sichtbare Dinge zugestanden, so daß zwar eine Distanz zur Wirklichkeit besteht, aber die spielerische Phantasie vom reinen Phantasieren der Dichtkunst unterschieden bleibt. Der *Dichter* schafft sich eine »Phantasiewelt, die er sehr ernst nimmt, d.h. mit großen Affektbeträgen ausstattet«, die er jedoch durch eine scharfe *Sonderun*g von der Wirklichkeit und deren Einwirkungen freihält (GW VII, 214). Phantasiegebilde der Kunst sind nicht von dieser Welt. Wenn Balzac seinen Romanfiguren auf der Straße begegnet, so halluziniert er, anders als bei der Begegnung mit den Schuldeintreibern, denen er durch die Hintertüre seines Pariser Hauses entflieht.

Doch Freud begnügt sich nicht mit dem schroffen Gegensatz von kindlichem Spiel, das der Realität verbunden bleibt, und künstlerischem Phantasieren, das von der Realität abrückt. Er führt als Zwischenstufe die *Tagträume* der Erwachsenen ein, die sich nicht an die Realität anlehnen, sondern sie mittels einer *Surrogatbildung* ersetzen (ebd. 215).[8] Die nächtlichen Träume, die eine ähnliche Struktur aufweisen, werden in diesem Zusammenhang nur beiläufig erwähnt, da sie uns ohne unser Zutun in eine andere Welt entführen. Was die Tagträume angeht, die uns im Wachen heimsuchen, so werden sie, wie Freud betont, im allgemeinen nur schamhaft und mit schlechtem Gewissen zugelassen, da man von Erwachsenen erwartet, daß sie realitätsgerecht in der wirklichen Welt handeln und sich nicht in »kindisch« zu nennende Phantasien verrennen. Nur durch Zügelung der eigenen Phantasien vermeiden wir den Realitätsverlust, unter dem Neurotiker und Psychotiker leiden, da bei ihnen die Phantasien alles überwuchern und übermächtig werden. Die Lehre von den Phantasien geht über in das Feld der Pathologien, sobald Phantasien sich als »seelische Vorstufen der Leidenssymptome« herausstellen (ebd. 218).

Die so nachdrücklich hervorgehobene *Scham* läßt ahnen, daß das Phantasieren keine unschuldige Angelegenheit ist. Die Zensur des Über-Ichs ist in Tagträumen wie in Nachtträumen auf der Hut. Phantasien gelten als Symptome des Ungenügens, nicht als Zeichen einer Fülle. So heißt es lapidar: »[...] der Glückliche phantasiert nie, nur der Unbefriedigte.« Vor allem ehrgeizige und eroti-

8 Bei Bion sind die Tagträume als emotional aufgeladene *rêverie* von besonderer Bedeutung für die frühe Mutter-Kind-Beziehung (vgl. 1990, S. 18, 84 f.). Es lassen sich Bezüge herstellen zu den *Rêveries du promeneur solitaire* von Rousseau, der seinen Kopf ganz freigibt und seine Gedanken ungehindert und ohne Zwang sich selbst überläßt, wobei diese allerdings ausschließlich um das eigene Selbst kreisen (1978, S. 648). Ferner ergeben sich Bezüge zur *Poétique de la rêverie* von Gaston Bachelard (1960) und zur »unbewußten Rumination« als einem »Denken ohne Bewußtsein« bei Schopenhauer (1976, S. 69). Hierzu eine literarische Kostprobe: Wilhelm Raabe, *Horacker* (1998), S. 333, wo es vom Konrektor Eckerbusch heißt: »Er ruminierte, wir aber, wenn wir das lateinische Wörterbuch nachschlagen, finden daselbst: rumen, der Schlund – ruminare, wiederkäuen [vgl. frz. *ruminer* = wiederkäuen und *ruminant* = Wiederkäuer], etwas hin und her bedenken, erwägen, reiflich überlegen.«

sche Wünsche, wie wir sie aus den großen Bühnenstücken kennen, sind es, die offensichtlich unsere Phantasie antreiben; »[...] jede einzelne Phantasie ist eine Wunscherfüllung, eine Korrektur der unbefriedigten Wirklichkeit.« (ebd. 216) Im Alltag werden Phantasien also nur geduldet als eine wohltuende Art von Luftspiegelung.[9] Kommt es zum Konflikt zwischen Trieben und Realität, so stehen sie auf der Seite der Verlierer. Die normale »Erziehung zur Realität«, die uns aufgetragen ist, geht also nicht nur auf Kosten des Spiels, sondern auch auf solche der Phantasie.

Zum heiklen Charakter der Phantasien gehört nicht zuletzt ihr besonderes Verhältnis zur *Zeit*. Obwohl die Phantasietätigkeit sich nicht an eine konventionelle Zeitordnung hält, sind ihre Produkte nicht gänzlich außerhalb der Zeit angesiedelt, vielmehr empfangen sie von jedem neuen Eindruck eine besondere »Zeitmarke« (GW VII, 217). Dabei schwebt die Phantasie zwischen den drei Modi der Gegenwart, der Vergangenheit und der Zukunft. Sie knüpft an bei einem aktuellen Eindruck, der große Wünsche weckt; von da aus greift sie zurück auf die Erinnerung an ein früheres, zumeist infantiles Erlebnis, in dem dieser Wunsch erfüllt war; schließlich schafft sie von dort aus eine künftige Situation, die sich als Erfüllung dieses Wunsches darstellt: »Also Vergangenes, Gegenwärtiges, Zukünftiges wie an der Schnur des durchlaufenden Wunsches aneinandergereiht.« Wir erleben, »wie der Wunsch einen Anlaß der Gegenwart benützt, um sich nach dem Muster der Vergangenheit ein Zukunftsbild zu entwerfen« (ebd. 218). Phantasien sind »Rückphantasien«, die nicht nur auf die individualgenetische Vorzeit zurückgehen, sondern sich aus phylogenetischen »Urphantasien« speisen, die einst Realität waren und nun dafür sorgen, daß das Kind die Lücken der individuellen Wahrheit mit »prähistorischer

9 Zu diesem Alltagsrealismus vgl. abermals Fontane. In dem Familienroman *Die Poggenpuhls* (2006, S. 32) äußert sich der glückshungrige Leo wie folgt: »Wer was hat, nun ja, der kann das Leben so nehmen, wie's wirklich ist, der kann das sein, was sie jetzt einen Realisten nennen; wer aber nichts hat, wer immer in einer Wüste Sahara lebt, der kann ohne Fata Morgana mit Palmen und Odalisken und all dergleichen nicht existieren. Fata Morgana sag ich. Wenn es dann, wenn man näher kommt, auch nichts ist, so hat man doch eine Stunde lang gelebt und gehofft und hat wieder Courage gekriegt und watet gemütlich weiter durch den Sand. Und so sind denn die Bilder, die so trügerisch und unwirklich vor uns gaukeln, doch eigentlich ein Glück.«

Wahrheit« ausfüllt (GW XI, 386).[10] Doch selbst wenn wir von den Schwierigkeiten dieser urhistorischen Spekulationen absehen, hat das *Wunschbild der Zukunft* selbst nichts Zukünftiges im Sinne einer offenen Zukunft von der Art, daß etwas oder jemand auf uns zukommt, bei uns ankommt und wir dem Kommenden entgegengehen. Die Zukunft besteht letzten Endes aus verarbeiteter Vergangenheit. Sie zehrt von Vergangenem, das nachträglich aus symptomatischen Störungen der Gegenwart zu erschließen ist. Dazu liefert die Gegenwart Stichwörter; diese werden ihrerseits von der Deutung des Vergangenen her verständlich, als würde ein Souffleur das, was er den Schauspielern zuflüstert, erst verstehen, wenn es auf der Bühne erklingt.

Die vielerörterte Nachträglichkeit, die hier aufscheint, hat nichts zu tun mit einem hermeneutischen Zirkel, der sich innerhalb eines Wechselbezugs von Verstehendem und Verstandenem herausbildet und alles Finden in ein sublimes Wiederfinden, alles Erkennen in ein sublimes Wiedererkennen verwandelt, selbst dann, wenn der Kreis sich (noch) nicht schließt. Was speziell den Wunsch betrifft, so kehrt er in der Phantasie nicht geradewegs zu sich selbst zurück, er klebt vielmehr an seinem Scheitern. Ein Wiederholungszwang stellt sich ein, wenn der Urkonflikt der Wunschversagung nicht akzeptiert wird, so daß er sich blindlings wiederholt. Die Psychoanalyse leistet Hilfestellungen, um den pathologischen Zwang zu durchbrechen und die daraus resultierende Verblendung zu beheben. Platonisch gesprochen bestünde die Befreiung aus der Höhle darin, ausdrücklich zu erkennen und anzuerkennen, daß man aus einer Höhle kommt und in ihr lebt – bis auf weiteres, bis daß man stirbt.

»Was bleibet aber, stiften die Dichter«, so lesen wir bei Hölderlin. Woher aber nimmt der Dichter und allgemein der Künstler das gute Gewissen, das es ihm erlaubt, im Gegensatz zum verträumten Alltagsmenschen ungeniert zu phantasieren? Halten wir uns an das, was uns bisher angeboten wurde, so bleibt nur die karge Auskunft: Der Dichter durchschaut die selbstproduzierten Illusionen, ohne

10 Kritisch dazu Laplanche, Pontalis 1992; die Autoren beziehen sich auf eine Urphantasie, die um einen ursprünglichen Verlust kreist und deren Phantasieren nicht selbst Ursprung der Phantasie ist. Zu dieser verwickelten Problematik vgl. Ilka Quindeau, *Spur und Umschrift* (2004), Kap. II, 4: »Von der Reminiszenz zum Mythos«.

sich von seinen eigenen Produkten hinters Licht führen zu lassen, und ebendamit verschafft er sich und anderen einen Genuß, der über den Triebverzicht und das Lebensleid hinwegtröstet. Wie Freud in seinen Bemerkungen über *Psychopathische Personen auf der Bühne* bemerkt, hat der Genuß, den die Zuschauer empfinden, »die Illusion zur Voraussetzung, das heißt die Milderung des Leidens durch die Sicherheit, daß es erstens ein anderer ist, der dort auf der Bühne handelt und leidet, und zweitens doch nur ein Spiel, aus dem seiner persönlichen Sicherheit kein Schaden erwachsen kann.« (GW Nachtragsband, 656) Ähnlich äußert sich schon Kant in der *Kritik der Urteilskraft*. Das Schauspiel eines Meeressturms gewinnt nur vom sicheren Ufer aus betrachtet die Qualität des Erhabenen. Damit verbindet sich aber ein moralischer Mehrwert; der Anblick solcher Naturereignisse »wird nur um desto anziehender, wenn wir uns nur in Sicherheit befinden« (B 104). Doch Freud, dem die moralische Hintertüre verschlossen ist, wäre nicht Freud, würde er sich zufriedengeben mit einem Notbehelf aus künstlerischer Lebenshilfe und Lebensersatz, der dem Ernst künstlerischen Schaffens so wenig gemäß ist.

## 4. Das Rätsel der ästhetischen Wirkung

Am Ende seines Aufsatzes *Der Dichter und das Phantasieren* (GW VII, 222 f.) stellt der Autor mit leichter Verlegenheit fest, daß er über den Dichter kaum etwas gesagt hat. Aufschlußreich ist jedoch, wie er dieses Manko umschreibt. Die Probleme des »poetischen Effekts« verbinden sich für ihn mit der Frage nach der dichterischen »Stoffwahl« und nach den Mitteln, mit denen der Dichter seine »Affektwirkungen« erzielt; doch auf welche Weise dieser die »aus vielen Quellen zusammenfließende Lust« erzeugt, »das ist sein eigenstes Geheimnis«. Sein Geheimnis? Freud bedient sich hier eines Wortes, das aus dem Munde dieses wissenschaftlichen Aufklärers ungewohnt klingt, denn offenbar versteht er darunter mehr als ein noch ungelöstes Rätsel oder ein pathologisches Versteckspiel. Die abschließend skizzierte *Ars poetica* nennt zwei Mittel der poetischen Technik, die den poetischen Effekt erklären sollen: die Milderung des verschämten Charakters des »egoistischen Tagtraumes« und den »rein formalen, d. h. ästhetischen Lustgewinn«, den uns die

Darstellung der dichterischen Phantasie verschafft. Diese Lust wird als »Vorlust« bestimmt.[11] Der eigentliche Genuß der Dichtung liegt in der »Befreiung von Spannungen in unserer Seele«, die es uns erlaubt, unsere eigenen Phantasien »ohne Schämen zu genießen«. Die »Schnur des durchlaufenden Wunsches« reißt nicht ab, aber der Wunsch entlädt sich in einem Abbau der Spannung, wie sie von Anfang an dem Akt der sexuellen Befriedigung zugeschrieben wird (GW V, 112).

»Er kennt nur die Lust der Entspannung, *nicht die Lust der Spannung*«, bemerkt Kurt Goldstein, indem er Freuds Verhältnis zur Biologie überprüft (2014, S. 267). Führt die einseitig betonte Aufhebung der »Erregungsdifferenz« nicht eo ipso auf die Bahnen des Todes, der unter Opferung des Lebens lediglich das »Glück der Ruhe« herbeischafft? (GW XIV, 437) Das Glück der Ruhe hat etwas Schillerndes. »Wer die Schönheit angeschaut mit Augen, ist dem Tode schon anheimgegeben.« Doch »Ruhe, Ruhe« lauten auch die letzten Worte von Effi Briest, ausgesprochen mit einem »Gefühl der Befreiung«. Eine negative Ästhetik wirft gleich der negativen Theologie Probleme auf, die eng mit dem Charakter des Negativen zusammenhängen, das entweder als bloße Kehrseite des Positiven hervortritt oder aber zur Selbstaufhebung hindrängt. Doch davon einmal abgesehen, läßt sich eine solch lebensnahe Wirkungsästhetik noch länger als formal bezeichnen?

Der im Jahre 1914, also etwas später erschienene Text über den *Mann Moses* beginnt mit einem weit ausholenden ästhetischen Bekenntnis, in dem das »Geheimnis« der ästhetischen Wirkung nicht gelüftet, aber näher umkreist wird. Die Statue von Michelangelo fungiert nicht als kunsthistorisches Beispiel, sondern als eine Art Erweckungsbild, von dem Freud bekennt, er habe von keinem Bildwerk je eine stärkere Wirkung erfahren. Die Treppe hinauf zu San Pietro in Vincoli beschreibt er als eine Art Pilgerpfad (GW X, 174 f.). Was das einleitende Eingeständnis eines begrenzten Kunstverständnisses betrifft und das stärkere Angezogenwerden vom Inhalt eines Kunstwerks im Gegensatz zu dessen formalen und technischen Eigenschaften, so interessiert uns daran weniger die autobiographische Selbstcharakterisierung als die allgemeine

11 Vgl. hierzu den kurz zuvor erschienenen Essay über den Witz, wo die Vorlust mit der »freien Verwendung von Worten und Gedanken« in Zusammenhang gebracht wird (GW VI, 154).

Einschätzung des Kunstwerks, die einiges über den Charakter der Psychoanalyse verrät. Den Ausgangspunkt bildet die *Stärke der Wirkung* auf den Betrachter. Bei sich selbst konstatiert Freud eine Wirkungsskala, auf der Dichtung und Plastik obenan stehen, gefolgt mit einigem Abstand von der Malerei und endend weit unten bei der Musik. Diese persönliche Skala weicht nicht sonderlich ab von der klassischen, kantisch geprägten Ästhetik; tonangebend ist eine Hierarchie, die von einer affektgebundenen Materialität ausgeht und sich mit der graduellen Freisetzung der Form auf den Stufen einer zunehmenden Vergeistigung aufwärtsbewegt. So erhält in Kants *Kritik der Urteilskraft* die Zeichnung, die durch bloße Form gefällt, den eindeutigen Vorrang vor der Farbe, die durch sinnliche Reize verunreinigt ist, und die Musik gilt als bloße »Wirkung einer gleichsam mechanischen Assoziation«, die im Gegensatz zur Dichtung nicht viel zum Denken übrigläßt (vgl. KU B 41f., 218). Bekanntlich hat Schopenhauer mit der Höchstbewertung der Musik als unmittelbarem Ausdruck des Lebenswillens diese herkömmliche Skala umgekehrt. Man hätte erwarten können, daß Freud, dem es, wie er in seiner Studie zu Leonardo da Vinci ausdrücklich betont (GW VIII, 209), auch bei der Behandlung der Kunst um die »Triebe und ihre Umwandlungen« geht, versucht hätte, von der wechselnden Affektnähe der Künste zu profitieren.

Doch für seine persönliche Zurückhaltung gegenüber einem solchen Angebot führt Freud in den Vorbemerkungen zu seinem Moses-Aufsatz einen deutlichen Grund an. Es gehe ihm darum, so erklärt er, begreiflich zu machen, wodurch die Kunstwerke auf ihn wirken. »Wo ich das nicht kann, z. B. in der Musik, bin ich fast genußunfähig.« Für jemanden, der im Wien der alten und der neuen Klassik gelebt hat, ist dies ein erstaunlicher Satz. Doch der Autor fährt fort: »Eine rationalistische oder vielleicht analytische Anlage sträubt sich in mir dagegen, daß ich ergriffen sein und dabei nicht wissen solle, warum ich es bin und was mich ergreift«; er wehrt sich dagegen, Kunstschöpfungen zu bewundern, von denen man nicht weiß, »was sie vorstellen«. Natürlich ist dies im Falle Freuds keine bloße Frage mangelnder Kennerschaft, über die wir nicht zu befinden haben. Bewundert nicht auch und gerade der Kenner das, wovon er zwar vieles versteht, was er aber immer wieder neu zu hören und zu sehen bereit ist, weil das Verständnis sich nicht im Gehörten und Gesehenen erschöpft? Und ist nicht auch die Psychoanalyse in besonderem Maße auf ein drittes Ohr angewiesen, das Unhörbares hört? Freud scheidet voneinander, was auf gewisse Weise zusammengehört. Bei der Kunst geht es ihm um anderes als um ein »verstandesmäßiges Erfassen«, nämlich um die »Affektlage, die psychische Konstellation, welche beim Künstler die Triebkraft zur Schöpfung abgab«, entsprechend der »Absicht des Künstlers«, und eben diese Ausgangslage soll bei uns Kunstbetrachtern wieder hervorgerufen werden (GW X, 173).

Um die Absicht des Künstlers zu erraten und die Wirkung des Werks zu ergründen, wird eine Analyse verlangt, die den *Sinn und Inhalt* des Dargestellten herausfindet und ihn entsprechend deutet. Der Traumdeutung und der Deutung neurotischer Symptome entspricht nunmehr also eine *Kunstdeutung,* wie Freud sie in seinen Aufsätzen zur Kunst und zur Literatur mehrfach versucht hat. Doch am Ende der besagten Studie, deren Anfertigung von wiederholten und intensiven Pilgergängen zu Michelangelos Skulptur begleitet wurde, fragt er sich, ob er sich nicht zusammen mit anderen Interpreten auf einem Irrweg befinde. Ihm kommen Zweifel, ob jemand wirklich herauszubringen vermag, »was der Künstler weder bewußt noch unbewußt schaffen gewollt hat« (ebd. 201). Vielleicht waren viele Einzelheiten, die von der Deutung mit Bedeutung aufgeladen werden, dem Künstler recht gleichgültig, und er hat sie eben so gestaltet, »ohne etwas Geheimes in sie hineinzulegen«.

Gleich zu Anfang, in den einleitenden Vorbemerkungen heißt es, das Werk selbst müsse die Analyse ermöglichen, »wenn es der auf uns wirksame Ausdruck der Absichten und Regungen des Künstlers ist« (ebd. 173). Doch wie steht es, wenn es dies nicht oder nur teilweise ist? Es wäre ein Leichtes, darauf hinzuweisen, daß die *mens auctoris* in der neueren Hermeneutik oder in der (post-)strukturalistischen Autoren-Kritik längst ihre zentrale Rolle eingebüßt hat. Doch damit allein ist es nicht getan. Es fragt sich, ob der Triebwunsch überhaupt einen hinreichenden Leitfaden abgibt, um Kunst *in statu nascendi* zu erfassen. Kommt die Suche nach dem Warum des Ergriffenseins nicht immerzu zu spät, um den Prozeß des Ergriffenwerdens, den wir als Pathos bezeichnen, *in flagranti* zu erfassen? Ist nicht jede Deutung eine Rückdeutung? Ist jenes ominöse »Geheime«, das wie ein archaischer Fremdling in der Liste der Wünsche auftaucht, nicht geradezu als etwas *Undeutbares* zu verstehen, das nicht aus Mängeln der Deutung besteht, sondern sich wie alles Erstaunliche und Erschreckende inmitten der Deutung einer abschließenden Deutung entzieht? Schauen wir nochmals, mit welchen Worten Freud seinem Kunst*geständnis*, das weit über ein bemühtes Kunst*verständnis* hinausgeht, Ausdruck verleiht. Von Michelangelo heißt es, er hat »etwas Neues, Übermenschliches in die Figur des Moses gelegt, und die gewaltige Körpermasse und kraftstrotzende Muskulatur der Gestalt wird nur zum leiblichen Ausdrucksmittel für die höchste psychische Leistung, die einem Menschen möglich ist, für das Niederringen der eigenen Leidenschaft zugunsten und im Auftrage einer Bestimmung, der man sich geweiht hat« (ebd. 198). Nehmen wir dieses Fazit mitsamt seinen autobiographischen Untertönen ernst, so würde dies besagen, daß die These von der Geburt des Phantasierens aus dem Wünschen gründlich zu überdenken ist.

## 5. Im Zwischenreich des Spiels

Schalten wir an dieser Stelle wiederum Donald Winnicott ein als einen Autor, der gleichsam spielerisch den Bannkreis der egozentrischen Wünsche durchbricht. Der Originaltitel seines grundlegenden Werkes *Playing and Reality* läßt deutlicher als der deutsche Titel *Vom Spiel zur Kreativität*[12] den Anschluß an die Begrifflichkeit der Freudschen Psychoanalyse erkennen. Es geht darum, auf dem Weg über das Spielen den Bezug zu einer Realität herzustellen, die nicht aus bloßer Triebversagung hervorgeht und von Anfang an Momente einer Alterität mit sich führt. Die Frage nach dem »Ort, an dem wir leben«, die sich der Autor in Kapitel 8 stellt, findet ihre Antwort in einem Ort, an dem wir spielen, einem *Spielplatz*, einem *playground*, einem *terrain de jeux* im weiteren Sinne dieser Wörter. Als schöpferisches Handeln schafft sich das Spielen selbst seinen Raum und seine Zeit, es *findet statt* im buchstäblichen Sinne. Mit diesem Ansatz tilgt der Autor einige der cartesianischen Restbestände, die Freuds Analyse beeinträchtigen.

Die erste Revision betrifft die Dichotomie von Außenwelt und Innenwelt; dazwischen gibt es etwas Drittes, das nicht numerisch, sondern als eine Art dritter Dimension zu verstehen ist. »Dieser

12 Im laufenden Kapitel wird die 1973 erschienene deutsche Übersetzung mit bloßen Seiten- oder Kapitelangaben zitiert.

dritte Bereich des menschlichen Lebens [...] ist ein intermediärer Bereich von *Erfahrungen*, in den in gleicher Weise innere Realität und äußeres Leben einfließen.« (S. 11) Das *intermediate territory*, von dem der Autor spricht, läßt sich mit einem Ausdruck, der auch bei Freud und einigen seiner Zeitgenossen vorkommt und den ich selbst frühzeitig zur Kennzeichnung des Dialogs herangezogen habe, am besten mit ›Zwischenreich‹ wiedergeben, da der Ausdruck ›Zwischenraum‹ auf mißverständliche Weise an ein Intervall erinnert. Vom Sachgehalt der Erfahrung her besagt dies nicht, daß etwas dazwischen ist, sondern daß das Zwischen, das wir auch aus Ausdrücken wie ›Zwischen-leiblichkeit‹, ›Dia-log‹, ›Inter-aktion‹, ›Inter-kulturalität‹ oder ›entre-tien‹ kennen, selbst orts- und zeitbildend auftritt. So verstanden wird das ›Zwischen‹ zu einem Grundbegriff der Xenologie als einer Fremdheitslehre.

Doch es bleibt nicht bei der ersten Revision. Der Zwischencharakter der Übergangssphäre tangiert nicht nur den Hiatus von Innen- und Außenwelt, von Ich und Nicht-Ich, sondern auch den von Heimwelt und Fremdwelt, von Ich und anderem Ich. Das Zwischenreich ist bevölkert von kulturell geprägten Übergangsobjekten verschiedener Art, seien es Laute, Farben, Körperteile oder affektiv besetzte Dinge und Spielzeuge. Der »Spielplatz« fungiert anfänglich als ein »potentieller Raum zwischen Mutter und Kleinkind, der beide miteinander verbindet« (S. 59). Weder die Realität noch die Triebstruktur reicht allein aus, um dieses Zwischen zu erzeugen. In einer Atmosphäre des Vertrauens, die durch die Mutter geschaffen und gewährleistet wird, gelingt es dem Kind, »die Omnipotenz intrapsychischer Prozesse mit seiner Kontrolle der Wirklichkeit in Einklang« zu bringen. Triebe sind an dem Spiel beteiligt, doch »der wesentliche Aspekt des Spielens liegt darin, daß es stets mit einem gewissen Wagnis verbunden ist, das sich aus dem Zusammenwirken von innerer Realität und dem Erlebnis der Kontrolle über reale Objekte ergibt« (ebd.). Wagnis bedeutet Gefährdung, aber auch Chance; es ist eine Quelle von Unsicherheit und Angst, läßt aber auch Raum für ein »schönes Wagnis«, wie es uns Platon im *Phaidon* (114d) vor Augen führt. Im weiteren Lebensverlauf kommt es zur Überschneidung mehrerer Spielfelder. Dasselbe wiederholt sich im therapeutischen Bereich innerhalb des »gemeinsamen Spiels von Patient und Analytiker«, das den Boden abgibt für Deutungen, die sich mit dem »Inhalt des Spiels« befassen (S. 62 f.). Das therapeutische Sprachspiel, wie wir in Anlehnung an Wittgenstein sagen können, bemüht sich um ein Deuten, das nur dann weiterhilft, wenn es aus einem leiblichen Mitspielen entspringt. Die Einsamkeit eines »einsamen Seelenlebens« resultiert aus einer Bewegung des Rückzugs aus der Gemeinsphäre, Spielen bedeutet dagegen von Anfang an Mitspielen.

Der Rückzug aus der Gemeinsphäre hat jedoch ebenso wie die Einsamkeit etwas Zweideutiges. Die griechisch gedachte Einsamkeit (ἐρημία), die uns wohlvertraut ist von den Gestalten des ›Eremiten‹ und der ›Eremitage‹, hat einen ursprünglichen Bezug zur menschenleeren ›Einöde‹. Die Einsamkeit gewinnt indessen einen anderen Klang, wenn sie nicht primär negativ als Alleinsein, als ein ›Ohne-andere‹, gedacht wird, sondern als ein ›Mit-sich-selbst‹, das ein ›Mit-anderen‹ keineswegs ausschließt, das dem Mitsein allerdings Konkurrenz machen kann so wie in Rousseaus *Rêveries*, wo der Erzähler sich, ohne einen Gedanken auf Andere zu verschwenden, auf und von den Wassern des Bieler Sees treiben läßt. Camus' Begriffspaar *solitaire, solidaire* ist mehr als ein Wortspiel, es deutet hin auf einen verborgenen Zusammenhang. Gegenüber einer Euphorie der Vernetzung, die längst die Seele erreicht hat, und gegenüber einem Übermaß an Versprachlichung, das den Hintergrund des Schweigens übertönt, wäre an einem Selbst festzuhalten, das mehr bedeutet als einen Knotenpunkt im sozialen Netz und dessen Fremdbezug sich nicht in der Anschlußfähigkeit eines Netzbenutzers erschöpft. Grammatisch gesehen gleicht das Selbst eher einer Parenthese als einem Satzteil.

Was nun Winnicotts Übergangsobjekte betrifft, so dienen sie als Brücken im Zueinander von An- und Abwesenheit, das sich mit zunehmender Entwicklung der Sozialität vervielfältigt und ausdehnt, bedroht durch pathologisch bedingte Einbrüche und Zusammenbrüche. Was die Rolle der Illusion angeht, so rechnet Winnicott mit einem Prozeß unvermeidlicher Illusionsbildung, der schrittweise in einen Prozeß der Desillusionierung übergeht. Objekte im Sinne der Psychoanalyse werden nur auf dem Wege unvollkommener Anpassung zu »etwas Realem, das heißt zu geliebten und zugleich zu gehaßten Objekten«. Mit einer vollkommenen Anpassung an die eigenen Bedürfnisse würden wir im Stadium halluzinierter Objekte steckenbleiben.[13] »Es ist letzten Endes

13 Statt von Anpassung zu reden, ziehe ich es vor, schon auf dieser fundamentalen Ebene von einem Antworten auszugehen, das ein Passen einschließt, aber

Aufgabe der Mutter, das Kind allmählich zu desillusionieren; sie hat dabei jedoch keine Aussicht auf Erfolg, wenn sie nicht zuvor imstande gewesen ist, ihm ausreichend Gelegenheit zur Illusion zu geben.« (S. 21) Die Desillusionierung erscheint somit als ein Prozeß produktiver Ent-täuschung, der den Bereich des Scheinens und Erscheinens nicht verläßt, und keineswegs als bloßer Vorgang der Richtigstellung, der nichtbestehende gegen bestehende Sachverhalte austauscht wie bei der Korrektur eines Irrtums. Die Tatsache, daß das lateinische Wort *illusio* sich von dem Verb *ludere* herleitet, spricht ebenfalls für eine Nähe der Illusion zum Spiel der Einbildungskraft.

## 6. Phantasie in den Spielräumen der Erfahrung

Kehren wir nun zurück zur Frage nach dem Status der Phantasie, der sich auf den Charakter unserer Erfahrung insgesamt auswirkt. Die Schwierigkeit, den Künsten im Triebhaushalt einen eigenen Posten zuzuweisen, der nicht nur fremde Kosten deckt, leitet sich her aus dem Urkonflikt zwischen Lust und Realität, von dem schon ausführlich die Rede war. Um an diesen Ausgangspunkt zu gelangen, müssen wir den Faden der Phantasie zurückspulen bis hin zu den individuellen und kollektiven »Urphantasien«, auf die sich unsere »Rückphantasien« beziehen. Mit den Augen Freuds betrachtet erweckt das Werk der Phantasie den Eindruck einer nie endenden Penelopearbeit, an der Phantasie und Realität ihre schwer voneinander abzusondernden Anteile haben.[14] Unsere phänomenologisch ausgerichtete Gegenfrage lautet: Gibt es wirklich eine realitätsferne Urphantasie diesseits der Wahrnehmung? Haben wir nicht vielmehr mit einer »Realitätshaltigkeit der Phantasie« zu rechnen (Quindeau 2004, S. 26), die sich nicht als eine Form der »Überschätzung der Realität« und »Geringschätzung der Phantasie« abtun läßt, wovon sich der spätere Freud frei dünkt? (Vgl. den Zusatz

niemals vollkommen adäquat ist, da es mit einem uneinholbaren Anspruch des Fremden korrespondiert.

14 Freud zählt die kindlichen Sexualerfahrungen zum »eisernen Bestand der Neurose«, läßt ihren Status allerdings in der Schwebe: »Sind sie in der Realität enthalten, dann ist es gut; hat sie die Realität verweigert, so werden sie aus Andeutungen hergestellt und durch die Phantasie ergänzt.« (GW XI, 385)

in GW I, 440) Ist es nicht die Wahrnehmung selbst, die uns über alle fixierbaren Realobjekte hinaus mit einer fluktuierenden Wirklichkeit in Berührung bringt, indem sie als »Urglaube« dem Ja und Nein der ausdrücklichen Bejahung und Verneinung vorauseilt und als »Fremdglaube« den Kontakt mit Anderen herstellt?[15] Dieser Glaube entspränge keineswegs dem eigenen Wunschtrieb, der nach geeigneten Zielobjekten fahndet, sondern einem Widerfahrnis, auf das wir wohl oder übel zu antworten haben. Wirklich wäre, was auf uns einwirkt und in uns nachwirkt.[16]

Die Realität oder besser gesagt: die Wirklichkeit, verstanden als das, wovon wir in unserer Erfahrung immer schon ausgehen, wäre folglich durchsetzt mit der Fremdheit dessen, was uns beunruhigt, und mit der Alterität derer, die uns etwas abverlangen. Können wir dann noch von der Annahme ausgehen, daß die Phantasie im Zuge einer niemals voll gelingenden Wunscherfüllung selbst »Realität zu werden droht« (vgl. GW X, 372), so wie die Neurose »durch die Wirklichkeit überwunden« wird, sobald der Patient von ihr geheilt ist (GW V, 273)? Wäre es tatsächlich so, dann fände die Phantasie ihren Ursprung allein im Scheitern an der Realität, in einem Scheitern, das sie sich mit Ersatzbefriedigungen erträglich zu machen sucht; der Rest wäre Illusion. Im Falle von Lacan stellt sich eine ähnliche Frage. Läßt sich das Imaginäre wirklich auf Wunschbilder und auf eine duale Beziehung zwischen Lust-Ich und Wunschobjekt beschränken, ist nicht vielmehr anzunehmen, daß diese Imagination das Reale und das Symbolische durchdringt? Der Borromäische Knoten, den Lacan in seinen Seminaren als Modell heranzieht, stünde dann für ein Ineinander von Imaginärem, Symbolischem und Realem, das um ein »zentrales Loch« kreist (vgl. Duportail 2013, Kap. IV).

Wir fragen weiter: Gibt es wirklich ein Wünschen oder Begehren, das dem Bedeuten vorausgeht und erst nachträglich in Trieb-

15 Vgl. Husserl, *Ideen I*, Hua III, §§104-106 und speziell zur Ergänzung des ursprünglichen Weltglaubens durch einen gleichursprünglichen Fremdglauben vom Verf. *Das Zwischenreich des Dialogs* (1971), S. 25, 190 f. Husserls Begriff des ›Glaubens‹ erinnert sowohl an Platons *doxa* wie an Humes *belief.*

16 Der griechische Terminus *energeia*, wörtlich: das »Im-Werk-sein«, kommt der Wirkkraft der lebendigen Erfahrung näher als die *realitas*, der wir allzu schnell eine *res* unterschieben. Freud macht an den hier zitierten Stellen wie auch sonst keinen terminologischen Unterschied zwischen ›Wirklichkeit‹ und ›Realität‹.

objekten und Vorstellungen Gestalt annimmt, ähnlich wie sich bei Schopenhauer der Wille in Vorstellungen spiegelt und so das dionysische Chaos durch apollinische Formen besänftigt? Ist es nicht vielmehr so, daß das, was wir rückblickend Erfahrung nennen, sich in Bedeuten und Begehren zerteilt in Form einer doppelten Artikulation, deren Glieder sich mannigfach überschneiden wie etwa im begehrenden Empfinden und im empfindenden Begehren? Das »Es, das nicht sagen kann, was es will«, läßt sich nur fassen, wenn es jemanden gibt, den es sagen läßt, was es will, und sei es noch so zögernd und zagend wie im Schreien des Kleinkindes, in der stammelnden Rede oder im sprachlosen Erstaunen und Erschrecken.

Freud, der die Antriebe und Affekte einer jeglichen Erfahrung und allen Denkens und Wollens so mächtig hervorkehrt, schneidet sich mit seiner Trieblehre selbst das Wort ab. »Die Trieblehre ist sozusagen unsere Mythologie«, erklärt er beiläufig (GW XV, 101). Doch steckt nicht schon in jedem »Mythos«, bei aller großartigen Unbestimmtheit, die den Trieben als mythischen Wesen anhaften mag, das Wort und die Antwort, selbst wenn die Sprache sich in der »noch stummen Erfahrung« nur allmählich vordrängt und immer wieder unter dem Druck der Erfahrung verstummt? Besteht das Wunder der Erfahrung, das jeder Erklärung spottet, nicht darin, daß etwas *zur Sprache kommt*, was nicht schon Sprache ist? So besehen fände die Phantasie als *Realphantasie* ihren Ursprungsort im Herzen der Erfahrung und nicht etwa bloß an ihren Rändern als ein parasitäres Als-ob und auch nicht in einem Hexenkessel »voll brodelnder Erregungen« (GW XV, 80). Merleau-Ponty deutet in diese Richtung, wenn er in seiner Bild- und Sprachphänomenologie anmerkt: »Das Imaginäre haust in der Welt« (1984, S. 69). *L'imaginaire logé dans le monde*, heißt es im Original, das Imaginäre hat keinen festen Wohnsitz, sondern eine Herberge, es hält sich in der Welt auf als Logiergast. Dies bedeutet zugleich, daß es einer porösen Welt angehört, die nicht aus einer lückenlos massiven Realität besteht. Der französische Autor geht noch einen Schritt weiter. In einer seiner Arbeitsnotizen, die mit *Traum Imaginäres* überschrieben ist, schlägt er vor, das Imaginäre der Welt durch das Imaginäre des Leibes zu begreifen, nicht hervorgehend aus »Beobachtung«, sondern ausgehend von einem »imaginären Leib ohne Gewicht«, der als der »andere Schauplatz des Traumes«, von dem Freud spricht, zugleich Ort eines »oneirischen«, das heißt träumerischen Glauben ist (1986,

S. 330). Spielräume des Verhaltens, wie auch Winnicott sie in Anspruch nimmt, gehören zum Bestand einer jeden Leibphänomenologie. Eine leiblich orientierte Psychoanalyse kann nicht umhin, ebenfalls in einem Grenzbereich zu operieren, der Phantasmen einschließt und Spielräume eröffnet (Scharff 2010, S. 53-60).

In Robert Musils Roman *Der Mann ohne Eigenschaften*, der in der Wiener Nachbarschaft Freuds entstand, aber der Psychoanalyse gegenüber Distanz hält, setzt der Protagonist dem üblichen Wirklichkeitssinn einen Möglichkeitssinn entgegen. Ulrich beschließt, »sich ein Jahr Urlaub von seinem Leben zu nehmen« (1978, S. 47); in seinem »Verlangen nach Unwirklichkeit« spielt er mit dem Gedanken, »die Wirklichkeit abzuschaffen« (S. 288 f.). Diese ironische Infragestellung des Alltagsrealismus führt auf die Bahnen einer literarischen Epoché, die einiges mit Husserls phänomenologischer Epoché, manches aber auch mit der Urteilsenthaltung des Psychoanalytikers gemein hat. Der Möglichkeitssinn fungiert als kämpferische Instanz. Dabei geht es nicht um eine Bestreitung des Wirklichen, sondern gerade darum, das Wirkliche in seiner Wirkmacht aufzuzeigen und in seiner mehr oder weniger großen Gewichtigkeit abzuwägen, deren Skala von der Verwirklichung bis zur Entwirklichung, von der Irrealität bis zur Surrealität reicht.[17] Die phänomenologische Analyse der Erfahrung zeigt, daß Wirklichkeit und Möglichkeit enger miteinander verquickt sind, als es die anfängliche Frontstellung vermuten läßt. Die Erfahrung hat ihre eigenen Spielräume, die durchaus etwas Spielerisches haben und dafür sorgen, daß immerzu mehr möglich ist als bloß wirklich. Selbst die Wahrheit hat ihre nie völlig aufzuhellenden »Horizonte«, wie Husserl bemerkt (Hua XVII, 285). Das Spielerische gleicht dem Phantastischen, dem Ästhetischen, dem Technischen oder dem Politischen darin, daß es wirksam ist und unsere Erfahrung durchdringt, bevor es sich in fest umrissenen Spielzeugen, Spielzügen oder Bildskizzen verkörpert. Wünsche, die sich in einem Bereich der *experientia vaga* tummeln, haben eben deshalb anfangs leichtes Spiel.

Wie aber hängen Möglichkeit und Wirklichkeit normalerweise

17 Fragen nach der Gewichtung der Erfahrung, die in der Philosophie von Platon, Augustinus und Leibniz über Nietzsche bis zu Levinas und Simone Weil immer wieder auftauchen, stellen sich auch heute. Vgl. dazu die auf Zygmunt Bauman antwortenden Überlegungen von Ewa Kobylinska-Dehe (2012): »Freud und die flüchtige Moderne«.

zusammen, und wie geht Pathisches in Pathologisches über? Ich begnüge mich damit, wichtige Knotenpunkte einer Phänomenologie der Erfahrung zu markieren.[18] Jedwede Erfahrung artikuliert sich auf zwiefache Weise, in Form eines Bedeutens, worin *etwas als etwas* erfaßt wird, und in Form eines Begehrens, worin *etwas in etwas* erstrebt wird. Der ersten Differenz entspricht die phänomenologische, hermeneutische oder sprachanalytische Bedeutungslehre, die zwischen Bedeutung und Gegenstand unterscheidet, der zweiten Differenz entspricht Freuds Trieblehre, vorausgesetzt, man führt den Trieb nicht zurück auf ein Reservoir bedeutungsloser Energien oder eine Palette natürlicher Instinkte. Dieses differentielle Als und In, das weiter oben als *signifikative* und *appetitive Differenz* benannt wurde, läßt Raum für einen pathischen Überschuß. Was uns widerfährt, läuft durch das Filter des Als und In, ohne sich in dem Ausgefilterten zu erschöpfen. Es formt sich aus in wechselnden Bedeutungsstrukturen und Wunschzielen, die nicht als fixe Gegebenheiten vorauszusetzen sind. Daran hindert uns nicht nur ihre Selektivität, die jede Ordnung zu einer »Ordnung im Potentialis« macht und deren Kontingenz bei Freud in der »polymorph-perversen« Anlage der kindlichen Sexualität durchschlägt, daran hindern uns die schon vielfach hervorgehobenen Störungen und Erschütterungen der Erfahrung und die Durchmischung jeden Erwerbs mit Verlusten.

Unterstellen wir der Erfahrung einen originären Zweitakt aus Pathos und Response, so kommt es darauf an, wie sich das Wovon der Affektion in das Worauf einer Antwort verwandelt, wie die »Affektlage« beim Künstler, aber nicht nur beim Künstler, als »Triebkraft zur Schöpfung« wirksam wird und wie sie im Begehren eines Anderen über ihre eigenen Bedürfnisse hinauswächst. Sogenannte Mechanismen reichen nicht aus, wenn Singuläres zutage tritt, das zwar gewissen Bedingungen unterliegt, »ohne die es nicht geht«,[19] aber keine zureichenden Bedingungen kennt, so daß in

18 Ausführlicher zum folgenden: BE Kap. I, 3: Ineinander von Bedeuten und Begehren; SA Kap. 3: zu Angst und Furcht, Kap. 4: zu Geburt und Tod und Kap. 9: zu Transformationen der Erfahrung.

19 Vgl. die platonische Unterscheidung zwischen der Ursache und jenem *sine qua non*, ἄνευ οὗ οὐκ, »ohne das die Ursache nicht Ursache sein könnte« (*Phaid.* 99b), Sokrates bezieht sich an dieser Stelle auf die Differenz zwischen der vernünftigen Wahl des Guten und den Bedingungen der körperlichen Ausführung.

uns ein »Gefühl der unzureichenden Gründe« zurückbleibt (Musil 1978, S. 35). Ein Paradebeispiel, das sich, wenn auch in verschiedener Intonation, bei Heidegger und Kierkegaard wie bei Freud wiederfindet, wäre der Übergang des gegenstandslosen Wovor der Angst in das Was der Furcht, das sich in pathologischen Phobien verkörpert. Dieser Übergang äußert sich darin, daß sich das, wovon wir momentan getroffen sind, stabilisiert in Gestalt eines Etwas, auf das wir wiederholt zurückkommen können. Fixiert bleiben wir darauf, wenn die Wiederholung zwanghafte Formen annimmt wie das bissige Pferd beim kleinen Hans oder die bedrohliche Wolfsszene beim Wolfsmann.

Die sinn- und regelbildende Transformation gipfelt in dem Paradox einer *Wiederholung des Unwiederholbaren*. Das ursprüngliche Widerfahrnis, das im strengen Sinne sinn- und regellos daherkommt, ist uns immer schon entglitten, wenn wir es zu fassen und zu behalten versuchen. Zwischen Eindruck und Ausdruck klafft ein Spalt. Dies beginnt beim schlichten »Grasgrün« des häuslichen Rasens, das als Einzelerlebnis etwas namenlos »Unfaßbares« hat, wie Musil in einem zwischen Ulrich und seiner Schwester Agathe unter »Mondstrahlen bei Tage« geführten Tagtraumgespräch zeigt, in einem Gespräch, das in der Erinnerung an »Zwischengebilde aus Eingebung und Einbildung« phantasmagorische Züge annimmt, dabei aber keineswegs rein egoistisch oder solipsistisch abläuft (Musil 1978, S. 1089 f., 1095).

Bei dieser Gelegenheit stellt sich uns die Frage, ob der Traum wirklich als »absolut egoistisch« zu gelten hat (GW II/III, 274) und ob im Schlaf tatsächlich der »volle Narzißmus« wiederhergestellt wird (GW XI, 432).[20] Dies wäre nur dann der Fall, wenn die Welt des Schlafs übergangslos von der vorausgehenden und nachfolgenden Wachwelt geschieden und auch hier die Phantasie ganz und gar von der Wirklichkeit abgesondert wäre. Heraklits Diktum, die Schlafenden seien Wirkende (ἐργάτας) und Mitwirkende (συνεργούς) bei dem, was in der Welt geschieht (Diels, Frg. 92),

20 Samuel Weber macht geltend, daß das egoistische Ich als sprachlich gebrochenes ›Ich‹, als *shifter* im Sinne von Husserl, Jakobson oder Benveniste, kein identisches Ich ist, so daß es keineswegs mit dem Ich der zweiten Topik zusammenfällt (1990, S. 103-115). Doch damit ist die Frage nach einem affektiven Fremdbezug im Traum noch nicht wirklich gestellt. Was bedeutet es, vom Anderen zu träumen?

sowie die seit Platon nicht verstummende Metaphorik des Aufwachens und Einschlafens sprechen dagegen für die Aussparung von Übergangszonen. Freuds Traumdeutung beruht bekanntlich auf einer Grundannahme, die seiner latenten Anthropologie entspricht: Der Traum ist eine Wunscherfüllung, die sich letzten Endes aus infantilen Triebkonflikten speist.[21] Sollte jedoch zutreffen, daß unsere Erfahrung von Anfang an durch fremde Ansprüche in Gang gehalten wird, so drängt sich die gegenteilige Annahme auf, daß die Lockerung der Ichkontrolle im Schlaf immer auch die Erfüllung und Nichterfüllung fremder Ansprüche, ein unstillbares Begehren nach dem Anderen und ein Verfehlen des Anderen wachruft, daß wir, kurz gesagt, immer auch mit Anderen und von Anderen träumen und nicht ausschließlich von und mit uns selbst. Im Traum hören wir vertraute Stimmen, die beim Aufwachen nachklingen, deren Tonfall wir wiedererkennen, ohne daß wir sie nach Belieben nachmachen können. Von Petra Gehring stammt eine stark problemorientierte Untersuchung zu *Traum und Wirklichkeit* (2008), in der die Geschichte dieser Unterscheidung von der Antike bis in die Gegenwart hinein aufgerollt wird. Denkbar wäre es, diese Untersuchung zu ergänzen durch eine Behandlung von *Traum und Alterität*. Dabei wäre vieles zu erwägen, so etwa die Frage, ob Freud mit der schlichten Unterscheidung von Tagesresten und Nachtgedanken nicht zu kurz greift. Gibt es nicht auch so etwas wie durchgängige Lebensreste? Tagesreste könnte man *Alltagsträumen* zurechnen, die gleich dem Alltagswachen wiederkehrende Strukturen und Sequenzen aufweisen und in denen sich die Wirrsale und Abgründe des Außeralltäglichen nur andeuten. Diese Träume sind wie ein beruhigendes Getränk. Davon zu unterscheiden wären bestürzende, überraschende und beängstigende *Fremdträume*, früher hätte man gesagt: Schicksalsträume, in denen uns Fernes bedrohlich auf den Leib rückt. Mitunter geschieht dies in Form einer Surrealität oder einer Hyperrealität, die allen Deutungen zuvorkommt und in der Vergangenes mit Kommendem verschmilzt, ähnlich wie in heiklen Lebenssituationen, in denen mehr auf dem Spiel steht als die bloße

21 Diese Grundannahme stieß von Anfang an auf Widerspruch, wie die Geschichte der Traumdeutung zeigt (vgl. Marinelli, Mayer 2000, S. 47 f., 82, 113, 223 f., 235). Inzwischen wurde die kreative Dimension des Traums neu entdeckt, vgl. W. Bohleber, Editorial zu *Psyche* Heft 9/10, 67 (2013), S. 812 f.; doch die Alterität, auf die es uns im folgenden ankommt, spielt außer bei Lacan kaum eine Rolle.

Selbsterhaltung. In den aristotelischen Traumtraktaten der *Parva Naturalia* werden Wachwirklichkeit und Traum- oder Schlafwirklichkeit zwar akribisch unterschieden, aber nicht strikt voneinander geschieden, sie erweisen sich vielmehr als praktisch verbunden (vgl. Gehring 2008, S. 40). Hierbei kommen andeutungsweise auch Besonderheiten des Fremdbezugs ins Spiel. In der Schrift *Über Weissagungen im Schlaf* (464a24-29) wird Träumenden eine gesteigerte Empfänglichkeit und eine besondere Voraussicht für fremde Bewegungen (τῶν ξενικῶν sc. κινήσεων) zugestanden, sofern diese von nahen Bekannten und eng Vertrauten ausgehen, »da Menschen, die sich gut kennen, sich in besonderem Maße umeinander kümmern (διὰ τὸ μάλιστα τοὺς γνωρίμους ὑπὲρ ἀλλήλλων φροντίζειν)«. An dieser Stelle, an der eine elementare Form von affektiver Anteilnahme zutage tritt, zeigt sich, wie Aristoteles dem Traum nicht nur einen Bezug auf Außendinge, sondern eben auch einen Bezug auf Andere zuerkennt. Die gelegentliche Bezeichnung des Außenbezugs als θύραθεν (= wörtlich: ›von der Türe her, von draußen‹, so z. B. *Über Träume*, 260b2-3) verweist auf den dynamischen Austausch zwischen Eigenem und Fremdem als auf einen Bezug von Drinnen und Draußen, von Eintreten und Austreten, ohne den eine veritable Fremderfahrung nicht zu denken ist.

Doch kehren wir zurück zur Transformation der Erfahrung. Medien jener Transformation, die sich an den Schwellen der weltlichen Erfahrung abspielt, sind Substitute oder Supplemente, die sich zwischen das Wovon des Widerfahrnisses und das Worauf des Antwortens schieben, ohne den Spalt zu schließen. Dazu gehören Bilder, Töne, Gesten, Zeichen, Symbole, Rituale und Utensilien; bei Freud nehmen sie einen symptomatischen Charakter an, insofern sich darin Triebkonflikte mit den Mitteln der Verschiebung und Verdichtung enthüllen und verbergen. Diese Zwischeninstanzen unterliegen einer *medialen Differenz*, die aus der Linguistik als Differenz von Signifikat und Signifikant, aus der Bildtheorie als ikonische oder pikturale Differenz von Bildendem und Gebildetem bekannt ist. Ähnlich wie unser Leib gehören sie weder einer physischen Außenwelt noch einer psychischen Innenwelt an. In dieser Zwischenzone berühren sich Phänomene und Zeichen und überschneidet sich die Phänomenologie im Sinne Husserls mit der Semiotik oder Semiologie im Sinne von Peirce und Saussure.

In dem Prozeß der Medialisierung wiederholt sich nicht nur

Unwiederholbares, es kommt auf ebenso paradoxe Weise zu einer *Ersetzung des Unersetzlichen*. Hier wie dort handelt es sich um eine gelebte Unmöglichkeit, die jeder Setzung vorausgeht. Unersetzlich ist nämlich alles Singuläre, für das es nichts Gleichwertiges gibt, gegen das es ausgetauscht werden kann, sei es im Sinne einer Ökonomie der Lüste, einer Ökonomie der Ware oder einer Ökonomie kultureller Werte.[22] Und ebendies trifft zu auf das, was uns affiziert und an uns appelliert, bevor es als etwas oder als jemand eine wiederholbare Gestalt oder Rolle annimmt. Wenn Freud die sogenannte Trauerarbeit auf den »Respekt vor der Realität« und auf eine gelingende Anerkennung des »Realverlustes« abstellt (siehe oben, S. 167), so reduziert er das Sterben des Anderen auf die Tatsache des Todes, die den einen so gut wie den anderen oder die andere treffen kann. Durch die libidinös gesteuerte »Trauerarbeit« würde die Fremdheit des Anderen gleichsam abgearbeitet. Die Stummheit von Cordelia, »die liebt und schweigt«, für die Freud in seinem Text *Das Motiv der Kästchenwahl* so bewegende Worte gefunden hat, wird von der Traumanalyse her als Darstellung des Todes gedeutet (GW X, 28). Doch was heißt hier Tod, ist das Schweigen nicht ein beredtes und liebendes Schweigen? Ist diese Form der Abwesenheit wirklich mit einem zu verschmerzenden »Realverlust« gleichzusetzen? Wenn die Psychoanalyse lehrt, Begrenzungen der Realität zu akzeptieren, so kann dies nicht besagen, daß es jenseits der Grenzen nichts gibt.[23]

Der späte Freud führt uns immer wieder auf die Bahnen einer zwanghaften Wiederholung. Doch der Wiederholungszwang, gegen den die Analyse ankämpft, stellt sich nur dann ein, wenn das Unwiederholbare und Unersetzbare einer singulären Existenz her-

22 Kants moralphilosophische Unterscheidung von Würde und Preis liegt auf der gleichen Linie.

23 Vgl. dazu Jörg Scharff: »Eine Definition der Psychoanalyse könnte lauten, daß sie dem Patienten dazu verhilft, in der Konfrontation mit den unvermeidlichen Begrenzungen der Realität besser arbeitsfähig zu bleiben – im Erleben der Befriedigung wie der Versagung.« Dies würde bedeuten, daß in allem Verbindenden das »Getrenntsein« toleriert und umgekehrt in allem Trennenden auch die »Bedingung für das Bezogensein auf den Anderen« erkannt wird, gestützt auf ein »ausreichendes Vertrauen in die Objekte und in das Selbst« (2010, S. 66). Dieses Junktim schließt nicht aus, daß die Balance aus Selbst- und Fremdvertrauen prekär bleibt. Eine passende Deutung der Kästchenwahl findet sich bei Ewa Kobylinska-Dehe in: Walker 2014, S. 286.

abgestuft wird *auf ein Etwas, das sich nach Belieben wiederholen und ersetzen läßt.* Die Symptome, die Freud als Verkörperungen einer Ersatzbefriedigung betrachtet, wären dann als Substitute oder Surrogate zu verstehen, deren Ersatzfunktion vergessen und verdrängt wurde, so daß der Patient für bare Münze nimmt, was nur Ersatz ist. Das Symptom tritt an die Stelle des »Triebes selbst«, so wie der Fetisch das unfaßliche Liebesobjekt faßbar und genießbar macht. Es handelt sich in jedem Fall um einen originären Ersatz, da das zu Ersetzende einzig und allein im Ersatz auf indirekte Weise Befriedigung gewährt.

## 7. Gebundene und freie Phantasien

Wie aber mischt sich die Phantasie in die Arbeit der Sinne ein? Das Phantasieren, das sich in Phantasien, Phantasmen und Phantomen niederschlägt, durchläuft einen Prozeß der *Gestaltbildung*. Dieser hinterläßt in entsprechenden Nachbildern und Nachklängen Erinnerungsspuren, die zugleich Züge einer »Affektspur« aufweisen (vgl. GW XV, 88), so wie sich in jeder Farbqualität, in jeder Klangfolge und in jedem Geruch bestimmte Gefühlswerte verkörpern. Spuren sind »Spuren des Anderen«; sie zeichnen sich dadurch aus, daß sie nicht nur für etwas stehen wie das Zeichen, sondern daß in der Spur ein Ereignis zurückbleibt. Offenbar ist Freud der zeitgleich entstehenden Gestalttheorie bewußt aus dem Wege gegangen, ohne deren Kritik an der sensualistischen Annahme kontextfreier, konstant gegebener Empfindungsdaten zu beherzigen und sie für seine Zwecke zu nutzen. Gestalten im Sinne der Gestalttheorie, die längst auch in der Neurologie Beachtung gefunden haben, zeichnen sich dadurch aus, daß sie immerzu in materialisierter Form auftreten, so etwa die Rundung der Kreisgestalt, die sich nicht adäquat durch eine Kreisformel wiedergeben läßt, oder die Physiognomie des Gesichts, die sich nicht in typischen Merkmalen erschöpft. Solche Gestalten treten eben auch als Vorgestalten der Phantasie auf.

Die Phantasie ist kein bloßer Vorstellungsbehelf; nicht nur sprachlich ist sie verwandt mit dem Erscheinen als einem φαίνεσθαι, in dem etwas ans Licht (φῶς) tritt. Sie hebt sich ab vom bloßen Schein, der mehr und anderes vortäuscht, als da ist.

Die Abgrenzung zwischen Schein und Erscheinung changiert allerdings. Dies zeigt sich schon in der Sprache; so nimmt das deutsche Wort ›Einbildung‹ als Kern der Einbildungskraft einen hohen Rang ein, es bedeutet aber auch, daß sich jemand etwas vormacht; so begegnet uns die lateinisch-romanische Bezeichnung des ›Imaginären‹ sowohl in Form des *malade imaginaire* wie auch in Form eines *musée imaginaire*. Doch abgesehen davon haben wir zu unterscheiden zwischen Phantasien, die in die Erfahrung eingebunden sind, und ungebundenen Phantasien, die mehr oder weniger frei flottieren; diese Unterscheidung ist nicht ganz unähnlich jener zwischen freien und gebundenen Energien, die Freud zur Zweiteilung der Erregungsabfuhr in Primär- und Sekundärvorgang heranzieht (vgl. GW II/III, 605-608).[24]

Im Falle *eingebundener* Phantasien sind die Phantasien Teil der Erfahrung. Sie treten nicht statt des Wirklichen auf, sondern inmitten der konkreten Wirklichkeitserfahrung, und zwar in Form mehr oder weniger bestimmter Verweisungen, die Kennzeichen einer offenen Erfahrung sind. Zwischen Wirklichem und Möglichem, zwischen dem, was aktuell erfahren, und dem, was potentiell miterfahren wird, gibt es keine strikte Trennung, da jede Erfahrung über sich selbst hinausweist, anderes mit sich führt. Husserl spricht von Horizonten, William James von *fringes*. Diese »nebelhaften« Grenzzonen (Hua III, 59), die sich auch im Zustand des träumerischen Halbschlafs ausbreiten, lassen sich nicht in strikte Grenzlinien einschließen. Wo Neues auftaucht, entspringt es einem Prozeß des Sich-einsehens, wie wenn man aus dem Tageslicht in eine Dunkelkammer tritt, oder einem Prozeß des Sich-einhörens, in dessen Verlauf Sprachlaute und Musikklänge sich allmäh-

24 Husserl nähert sich unserem Problem in seinen Analysen des Zeitbewußtseins. Er sieht die Wahrnehmung »eingebettet« in das »Medium der Phantasie« und unterscheidet so zwischen *produktiver* und *reproduktiver Phantasie*, »die erste, ursprünglich der Wahrnehmung anhaftend, die Zeitausbreitung produzierend, die letztere die einmal produzierte wieder vergegenwärtigend« (Hua X, 409). Diese Terminologie gibt er später auf, da sie der Produktivität der freien Phantasie zu wenig gerecht wird. In den Analysen von *Phantasie, Bildbewußtsein, Erinnerung* bestimmt sich die Phantasie als eine anschauliche Vergegenwärtigung, die sich nicht auf etwas realiter Gegenwärtiges bezieht (Hua XXIII, 79); damit verbindet sich die Möglichkeit einer Bildlichkeit, die – wie etwa im Falle einer Theateraufführung – nicht den Charakter einer Abbildlichkeit hat (ebd. 515). Vgl. den Artikel »Phantasie« im *Husserl-Lexikon* (2010).

lich herausbilden. Moderne Lichtkünstler wie James Turrell oder Klangkünstler wie John Cage nutzen diese visuellen und auditiven Übergangszonen als Erprobungsfelder der Sinne.[25] Aber betroffen ist nicht nur die Artikulation der individuellen Erfahrung, sondern auch das kulturelle Lernen. Wie Herodot in seinen Vergleichsstudien zur ägyptischen und und griechischen Religion berichtet, wurden die Seherinnen von Dodona von der gewöhnlichen Bevölkerung als ›Tauben‹ bezeichnet; denn solange sie ihre unverständliche ›Barbarensprache‹ verwendeten, schienen sie wie Vögel zu sprechen (*Historien* II, 7). An solch komplexen sinnlichen Erfahrungen ist die Phantasie von Anfang an beteiligt; sie betätigt sich kinästhetisch als produktive *Einbildungskraft* oder auch, wenn man so will, als *Eintönungskraft*. Ohne deren Mitwirkung gäbe es nichts, was zu sehen, hören, schmecken, zu begehren oder zu bezeichnen wäre, wir wären einem »Gewühl von Empfindungen« oder einem »Gebrodel von Erregungen« ausgeliefert. Schließlich verleiht die Phantasie, die der Erfahrung innewohnt, auch der gewöhnlichen Erfahrung etwas Spielerisches, Träumerisches, Künstlerisches, das sich in den Ernst des Lebens einmischt.

Die Möglichkeit *ungebundener* Phantasien setzt dagegen voraus, daß wir uns in eine fiktive Welt des *Als-ob* versetzen, ähnlich wie wir uns in einem Akt ausdrücklich vollzogener Erinnerung oder Erwartung in ein vergangenes oder zukünftiges Gegenwartsfeld hineinversetzen. Die anfänglich gebundene Phantasie entspräche somit den auf implizite Weise vollzogenen Retentionen und Protentionen der Husserlschen Zeitlehre. Diese Bindung der Phantasie wird ausdrücklich aufgekündigt in einem Akt der »Neutralisierung«, der nicht als Privation zu verstehen ist, sondern als eine Modifikation, die den Wirklichkeitsglauben außer Kraft setzt und die Wirklichkeit »dahingestellt sein läßt« (Hua III, §§ 109-111). Neutralität spielt auch in der Psychoanalyse eine wichtige Rolle. Doch dabei wäre mit Laplanche zu unterscheiden zwischen Neutralität als einer Spiegelung, die lediglich Projektionen zurückpro-

25 Vgl. hierzu das Gespräch »Die Sinne denken«, das Johannes Picht als Psychoanalytiker mit dem Komponisten Hans Zender geführt hat (in: Walker 2014), sowie weiter ausholend den von Jörn Peter Hiekel herausgegebenen Band *Body Sounds* (2017), der mit der Berücksichtigung von »Aspekten des Körperlichen in der Musik der Gegenwart« und mit dem Rückgang auf ein »leibliches Musizieren« auch der Psychoanalyse zuarbeitet.

jiziert, und einer positiven, schöpferischen Art von Neutralität, die auf eine »Wiedereröffnung der Dimension der Alterität« bedacht ist (1996, S. 193 f.). Ein »blankgeputzter« Spiegel, der den Patienten »unverzerrt widerspiegelt« (Balint 1981, S. 253), würde dieser kreativen Form der Medialität nicht gerecht. Dies betrifft nicht zuletzt den Prozeß der Übertragung, der neue Möglichkeiten freisetzt, wann immer er gelingt.

In der frei beweglichen Phantasie konstituieren sich die Sonderwelten des Traums, des Spiels, der Kunst, des Mythos ganz im Sinne der mannigfaltigen Wirklichkeiten, die Alfred Schütz von der Alltagswirklichkeit abhebt. Winnicott geht in seiner Analyse des Träumens und Phantasierens vom Ungeformten aus und unterscheidet einerseits zwischen einem Phantasieren, das zu nichts führt wie das Patiencespielen oder das halbwache Träumen, andererseits einem gestaltenden Phantasieren und Träumen, das dem Traum »etwas Dichterisches« verleiht und Grundsätzliches über den Träumer aussagt (1973, S. 44-48). Mythische Figuren wie Atlas, Pegasus oder Aphrodite fungieren als Kristallisationskerne einer narrativ ausgestalteten Welt der Mythen, ähnlich wie Hamlet, Anna Karenina oder die Mona Lisa Bezugsgestalten einer literarischen und bildnerischen Welt sind. In keinem Fall beschränkt sich die Welt der Phantasie auf eine imaginäre Verdoppelung oder bloße Vervielfältigung der Alltagswelt.

Was dieser beschränkten Auffassung entgegensteht, ist einerseits die Genese der Kunstgestalten. Diese Genese besagt zunächst, daß die Werke der Kunst zurückverweisen auf eine *vorkünstlerische*, aber keineswegs kunstlose Erfahrung, in der sich das Kunstschaffen in Form einer gebundenen Phantasie vorbereitet. In seinem frühen Text *Von deutscher Baukunst*, verfaßt im Angesicht des Straßburger Münsters und getragen von dem jugendlichen Enthusiasmus einer plötzlichen Entdeckung, erklärt Goethe: »Die Kunst ist lange bildend, ehe sie schön ist«, und im Rückblick auf die frühe Vorzeit betont er, daß schon der »Wilde«, ausgestattet »mit abenteuerlichen Zügen« seine Kokos, seine Federn und seinen Körper modelt (1977, S. 24). Genese besagt aber auch, daß die Werke der Kunst vorausweisen auf eine *nachkünstlerische* Wirkung, in der die künstlerische Gestaltung erneut in Form gebundener Phantasien unsere alltäglichen Erfahrungen durchdringt. Insofern unterscheide ich in Kapitel 8 der *Sinnesschwellen* bei der Betrachtung der »Lebenswelt als Hörwelt« zwischen dem Musikalischen als einem Grundzug der Erfahrung und der Musik als einer Verfertigung spezifisch musikalischer Gebilde, und gleichzeitig ordne ich der Sonderwelt der Musik eine Phase des Vormusikalischen und eine Phase des Nachmusikalischen zu. Es gibt keine reine Musik, die ganz und gar bei sich selbst beginnt und endet. Eine ästhetische oder besser ästhetizistische Kunst wäre eine Kunst, die ihre Herkunft aus der Lebenswelt vergißt oder unterschlägt. Es gibt ein bildhaftes Sehen und ein klangliches Hören, das älter ist als das explizit künstlerische Sehen und Hören.[26]

Andererseits prägt die Genealogie der Kunst und der künstlerischen Phantasie den ontologischen Status kunstgerechter Phantasieprodukte. Gehen wir aus von einer natürlichen Erfahrung, die sich in künstlerische Produkte verwandelt, so bedeutet dies nämlich, daß wir nicht geradewegs Bilder vor Augen haben, daß wir vielmehr etwas *im Bilde* sehen und daß etwas *durch das Bild* hindurch auf uns einwirkt, wobei vorausgesetzt ist, daß wir etwas *als Bild* auffassen und auf uns wirken lassen. Diese mediale Erfahrung läßt sich mutatis mutandis auf andere künstlerische Erfahrungen wie Musik und Tanz übertragen. So kommt es zu einem vielfältigen Wechselspiel zwischen Sinnen und Künsten, das ich an anderer Stelle ausgiebig untersucht habe.

Was am Ende Freuds Psychoanalyse der Kunst betrifft, so hinterläßt sie einen zwiespältigen Eindruck. Daß Freud den Rahmen einer rein formalästhetischen oder kunsthistorischen Betrachtung überschreitet, liegt auf der Hand. Nicht nur führen seine Kunststudien immerzu in den Bereich frühgeschichtlicher, infantiler Konfliktsituationen, ebenso wird der Kunst ein »Rückweg von der Phantasie zur Realität« zugestanden (GW XI, 390). Ohne einen solchen Verkehr mit der Lebenswelt könnte die Kunst ihre Funktion als Linderungsmittel nicht wahrnehmen. Doch worin besteht das Künstlerische selbst, das sich in den Vorphasen und Nachwirkungen nur andeutet? Bei Freud wird die Kunst als eine Art Relaisstation zwischen unbefriedigten Wünschen und Ersatzbefriedigungen, zwischen Affektlagen und Affektwirkungen eingeschaltet. Was

26 Diese Tiefendimension bleibt verschlossen, wenn man sich damit begnügt, der psychologischen Gewichtung der Phantasie rein ästhetische Formverhältnisse gegenüberzustellen, etwa in Berufung auf Wilhelm Worringer (vgl. Jones 1984, Bd. 3, S. 476 f.).

in diesem Zwischenbereich geschieht, wird teils in Kunstinhalte und Kunstabsichten verlagert, die das spezifisch Künstlerische schon voraussetzen, teils in eine zum Geheimnis erklärte Nische verlegt. Was dabei nicht ausreichend zum Zuge kommt, könnte man als Kunstpsychoanalyse bezeichnen; sie wäre eine besondere Spielart klinischer Kunstpsychologie und böte Nutzungsmöglichkeiten für eine längst installierte Kunsttherapie. Das *missing link* zwischen Psychodynamik und Kunstgenuß wäre die künstlerische Transformation von Erfahrungen in Kunstgebilde, die im Sichtbarmachen des Unsichtbaren, im Hörbarmachen des Unhörbaren, im Faßbarmachen des Unfaßbaren, im Sagen des Unsagbaren kreativ auf das antwortet, was uns leiblich widerfährt.

Ich illustriere das Gesagte anhand eines sinnfälligen Beispiels, das ich schon in früheren Studien zu Angst und Tod verwendet habe und das sich nicht allzu weit von der Klinik entfernt. Edvard Munch berichtet in einer Tagebuchnotiz von 1892, wie er mit zwei Freunden bei Sonnenuntergang eine Straße hinabging und mit einem Male gewahrte, wie der Himmel sich blutig rot färbte und über dem blauschwarzen Fjord und der Stadt Blut und Feuerzungen lagen: »Meine Freunde gingen weiter – ich blieb zurück – zitternd vor Angst – ich fühlte den großen Schrei in der Natur.« (zitiert nach Stany 1972, S. 94) Aus diesem durchdringenden Erlebnis ging die bekannte Serie von Angst-Bildern hervor, die den Titel *Der Schrei* tragen und die inzwischen zum Kern einer unverwüstlichen Psycho-Ikone geworden sind. Dieses Beispiel ließe sich ergänzen durch andere Bildversuche, die stärker auf die kollektive Geschichte zurückgreifen wie Goyas *Desastres de la Guerra*, oder durch solche, die einen weniger dramatischen, friedlicheren Umgang mit den Dingen pflegen wie die vielen Stilleben und Landschaftsbilder, in denen nicht selten eine Todesfalle lauert in Gestalt von Vanitas-Symbolen, eines Totenschädels oder eines toten Baumstumpfs.

Machen wir uns klar, was in diesen Bildern zum Vorschein kommt, so verzweigen sich die Wege. Man kann ein Bild wie *Der Schrei*, in dem auf einzigartige Weise sichtbar wird, was an unser Ohr dringt und uns entsetzt, mit ästhetisch-stilistischen Augen anschauen, etwa als Wegbereiter des sogenannten Expressionismus; man kann es aber auch mit psychotherapeutischem Interesse betrachten als Dokument eines schockartig erlebten Leidens und eines Ausbruchs von Wahn. Oder nehmen wir ein Beispiel aus der

Literatur des ausgehenden 19. Jahrhunderts, nochmals aus dem hohen Norden. Man kann Ibsens Schauspiel *Rosmersholm* als ein Zeugnis zerfallender Bürgerkultur studieren und als einen untergründig wirksamen Fall von Inzest.[27] Man kann aber auch in die tödlichen Abgründe des Angsterlebens vorstoßen, angezogen durch die Strudel eines Mühlgrabens und aufgeschreckt durch ein weißes Pferd, das als apokalyptischer Todesbote durch das Stück geistert. Doch das, worauf es uns vor allem ankommt, ist das Pathos, das sich im Bild verkörpert, auf das der Maler mit seinem Pinsel oder seinem Zeichenstift antwortet, auf das in der Folge auch das Auge des Betrachters antwortet. Dieses Antworten verfestigt sich zu einem konventionellen Antworten, wenn der Maler in akademischer Manier abmalt, was wir schon kennen, oder der Betrachter in ein Sehen flüchtet, das nur sieht, was es wiedererkennt, und auf diese Weise einer Antwort auf Ungewohntes und Bedrängendes aus dem Weg geht. So oder so bleibt es bei einem Balanceakt zwischen dem, was Max Imdahl als sehendes und gesehenes Sehen und Merleau-Ponty als sprechende und gesprochene Rede unterscheidet.

Wir erleben, wie der Appell, der uns aus einem Bild entgegenschlägt, das mehr sein will als ein bloßes Abbild, gewohnte Bilder in »Erregungsbilder« verwandelt, wie wir mit einem Ausdruck aus der Warburg-Schule sagen können. Der Wunschzirkel mit all seinen Wunschträumen wird gesprengt, selbst wenn wir uns gegen übermäßige Bildansprüche wappnen. Unsere Antwort auf das Pathos, das bei Jacques Lacan als nicht einholbare Alterität des Realen auftritt und unser Begehren anstachelt, zehrt nicht allein von der Kraft des Symbolischen, sondern ebenso von der Wirkung des Imaginären; denn Antworten sind zu erfinden, auch wenn sie nicht gänzlich der Phantasie entstammen. Unter Bezugnahme auf die Phantasmen des Wolfsmannes betont Lacan: »Das Reale stützt das Phantasma, das Phantasma beschützt das Reale.« (1978, S. 47) Der fremde Anspruch, der an den Bruchstellen der Erfahrung zum Vorschein kommt, tritt auf mit einer Unausweichlichkeit, die Spielräume des Antwortens eröffnet, aber nicht selbst in einem solchen Spielraum Platz findet, als wäre er eine bloße Möglichkeit unter anderen. Dies entspricht der *responsiven Differenz*, die zwischen dem, worauf wir antworten, und dem, was wir antworten, unterscheidet.

27 Einzig hierauf konzentriert sich Freuds Essay *Einige Charaktertypen aus der psychoanalytischen Arbeit* (1915).

Darin begegnet uns erneut die Urfaktizität, von der schon in anderem Zusammenhang die Rede war.

Die Spielräume der Erfahrung, die Raum schaffen für das Wirken der Phantasie, sind aber zugleich Ursprungsorte diverser Pathologien. Diese lassen sich dem Kontrast von Wirklichkeitssinn und Möglichkeitssinn zuordnen, sie lassen sich nicht strikt absondern vom Normalen. Dies gilt auch für die Berührung von Kunst und Wahn, mit der wir uns im nächsten Kapitel befassen. Pathologische Exzesse treten auf, sobald Patienten sich an Wirkliches klammern, dem das Mögliche ausgetrieben ist, oder umgekehrt in die dünne Luft reiner Möglichkeiten entfliehen, denen die »Reibung mit der Wirklichkeit« abhanden kommt. Zwang des Wirklichen und Beliebigkeit des Möglichen sind Antipoden. So kommt es zu einem Wechselspiel von Stereotypisierung und absoluter Beliebigkeit, für die Piaget das Wort *n'importequisme* verwendet (vgl. Merleau-Ponty 1976, S. 49). Psychosen und Neurosen, die mit ihren vielen Spielarten zum Alltag der Psychoanalyse gehören, nisten sich entsprechend ein in den Grenzbereichen von Wirklichkeit und Möglichkeit.

## 8. Der Sog der Vergangenheit und die Zugkraft fremder Zukunft

Wer behauptet, die Psychoanalyse Freuds kämpfe an gegen einen Sog des Vergangenen und neige zu einer »Flucht in die Vergangenheit« (Laplanche 1996, S. 76), scheint nicht zu übertreiben. Diese Einschätzung hat nichts zu tun mit einem Alterspessimismus, der den späten Kulturanalytiker übermannt haben könnte; sie wurzelt in dem Urkonflikt zwischen Triebwünschen und Realitätsforderungen, der jeden Glauben an eine Vernünftigkeit des Wirklichen, eine Wirklichkeit des Vernünftigen als frommen oder moralischen Wunsch entlarvt. Dies hat zur Folge, daß alles Phantasieren an die Kette des Vergangenen gelegt ist, angefangen bei dem geheimen Räderwerk der Traumarbeit. Das frühe Werk *Die Traumdeutung* endet mit einem Paukenschlag, der jede Zukunft revoziert: »Indem uns der Traum einen Wunsch als erfüllt vorstellt, führt er uns allerdings in die Zukunft; aber diese vom Träumer für gegenwärtig genommene Zukunft ist durch den unzerstörbaren Wunsch zum Ebenbild jener Vergangenheit gestaltet.« (GW II/III, 626) Das Unzerstörbare, von dem es bei Kafka in einem Aphorismus heißt: »Der Mensch kann nicht leben ohne ein dauerndes Vertrauen zu etwas Unzerstörbarem in sich« (1992, S. 124), wäre dann nichts weiter als ein hoffnungsloser Wunsch.[28] Die Hoffnung auf eine künftige Erfüllung unserer Wünsche, ob für den Einzelnen oder für die Menschheit, ob religiös oder säkular, erwiese sich so besehen als eine permanente Illusion. *Die Zukunft der Illusion läge in ihrem schonungslosen und hellsichtigen Abbau.* Nicht umsonst werden die Triebe immer wieder mit einem quasi-politischen Ausdruck als »konservativ« deklariert (vgl. etwa GW XV, 113). Im Zuge einer Betrachtung, die von einer biologischen Psychologie in die Psychoanalyse hinübergleitet, werden Hunger und Liebe als die beiden Haupttriebe angesetzt, die einerseits der Selbsterhaltung, andererseits der Arterhaltung dienen (ebd. 102). Was dabei herauskommt, ist ein unglücklicher Konservatismus, der bewahrt, was sich nicht bewahren läßt. Der Rest wäre Stückwerk-Arbeit einer palliativen Therapie. Man kann darin Anzeichen einer »produktiven Resignation« erkennen, »die den Widerstand der inneren und äußeren Gewalten mäßigt und kanalisiert, sie sich aber auf raffinierte Weise zunutze macht«.[29] Für die Phantasie bedeutet dies jedenfalls, daß ihr Kern aus »Rückphantasien« besteht, die lediglich aus dem Vergangenen schöpfen und mit Vergangenem wuchern. Es gibt keinen Zeitpfeil, der vorausweist, keinen Lebenselan, der voranträgt. Man könnte geneigt sein, an Hegels »unglückliches Bewußtsein« zu erinnern, dem »nur das *Grab* seines Lebens zur Gegenwart kommen« kann (Werke 3, 169).

Dies ändert sich nicht, solange die Phantasie sich »an der Schnur des durchlaufenden Wunsches« fortbewegt und gegen den Widerstand der Realität anrennt oder sich ihm beugt. Die Lage ändert sich aber sehr wohl, wenn wir die Zeit des Wünschens er-

28 Freud spricht in seiner *Traumdeutung* (GW II/III, 619) ebenfalls von einem »Ungebändigten und Unzerstörbaren in der Menschenseele«, doch identifiziert er es, unter Bezug auf religiöse Traumvorstellungen »alter Völker«, mit dem »*Dämonischen*, welches den Traumwunsch hergibt«. Lacan bemerkt dagegen in einem seiner Seminare, das »Unzerstörbare« des Begehrens verlange nach einem Zeitmodus, der anders ist als jene Zeit, die sich auf eine dauerhafte Substanz der Dinge stützt (*Seminar* XI, 1978, S. 38).

29 So Wolfgang Müller-Funk in der Einleitung zu *Das Unbehagen in der Kultur* (2016), S. 44.

setzen durch eine *Zeit des Antwortens.* Im Antworten auf das, was uns widerfährt, stoßen wir auf eine Zukunft, die unseren eigenen Wünschen und Entwürfen zuvorkommt und sich, wie Luther Kings schlichtes *I have a dream*, nicht auf das Eigene beschränkt. Die Zeit des Antwortens läßt sich nicht linear fassen als stetige Zeiterstreckung und nicht rekursiv als Zeitkreis, wohl aber als eine originäre *Zeitverschiebung*, die daraus resultiert, daß der fremde Anspruch unseren eigenen Wünschen und Intentionen vorausgeht und daß unsere Antwort verspätet und verzögert eintritt in Form jener Nachträglichkeit, der Freud sich in seiner Analyse traumatischer Ereignisse annähert. Das Erinnern, das sich als antwortendes Erinnern in Erinnerungsspuren niederschlägt und in den Körper einschreibt (Quindeau 2004, S. 13), würde eine Retrospektive eröffnen, die in eine Prospektive umschlägt, in ein Erinnern, das sich »nach vorn erinnert«. Diese originäre Form der Zeitverschiebung würde uns einerseits mit *Unerinnerbarem* konfrontieren, das all unsere Erinnerungsbemühungen unterläuft, andererseits mit *Unerwartbarem*, das all unsere Erwartungen übersteigt. Lacan spricht von einer »Vor-Zukunft«, einem »zweiten Futur dessen, was ich für das werde gewesen sein, was zu werden ich im Begriffe stehe«.[30] Die *Zeit des Anderen*, die wir mit Levinas ins Auge fassen, erzeugt eine *andere Zeit*; an ihr partizipieren auch die Künste, indem sie dem blinden Fleck des Unsichtbaren und der Stille des Unhörbaren Beachtung schenken.

30 Vgl. *Écrits*, S. 300, dt. *Schriften* I, S. 143, ferner Merleau-Ponty 1986, S. 244. Zu dieser Zeitfigur, die ihre eigene Nachträglichkeit antizipiert, vgl. Samuel Weber 1990, S. 23-27. Ich selbst habe diese verwickelte Problematik in wechselnden Kontexten erörtert; siehe *Phänomenologie der Aufmerksamkeit* (2002), S. 88-90: »Zuvorkommen und Herkommen« und *Schattenrisse der Moral* (2006), Kap. X: »Zeit des Ethos«.

# 6. Zwischen Kunst und Wahn

In diesem Kapitel geht es nicht mehr um bloße Illusionen und Phantasien, sondern speziell um das Eindringen und den Einbruch pathologischer Phänomene in den Bereich der Kunst, um deren therapeutische Bearbeitung sowie um die schwierige Frage nach der Abgrenzung von Kunst und Wahn. Grundlegend für die folgenden Überlegungen ist die »Bildnerei der Geisteskranken«, die der Psychiater und Kunsthistoriker Hans Prinzhorn über Jahre hin gesammelt und 1922 unter diesem Titel publik gemacht hat. Diese Dokumentation fand große Beachtung, namentlich bei modernen Künstlern wie Paul Klee, Alfred Kubin und Max Ernst und bei den Surrealisten, bevor 1933 das Verdikt der entarteten Kunst eine künstliche Gesundung verordnete. Der Autor stellte 1928 in Frankreich die Hauptströmungen der deutschen Gegenwartspsychologie vor, in die er auch die Gestaltpsychologie, die Phänomenologie und die Psychoanalyse einbezog.[1] Den Anlaß, mich phänomenologisch mit Prinzhorns Sammlung zu befassen, bot eine Tagung, die im Mai 2012 in der Bibliothek der Heidelberger Psychiatrischen Klinik stattfand und reichlich Gelegenheit zu interdisziplinärem Austausch bot.[2]

## 1. Kunstbilder und Patientenbilder

Auf welche Weise soll man Bilder wie die der Prinzhorn-Sammlung betrachten? Wo findet eine solche ›Bildnerei‹, wie der Urheber der Sammlung vorsichtig formuliert, ihren Ort in der Welt der Bilder, im Kontext unserer Erfahrung und in der Institution einer Klinik?

1 Zur Wirkung von Prinzhorn in Frankreich vgl. *Phänomenologie in Frankreich* (1998), S. 37f., 464.

2 Vgl. hierzu den von Sonja Frohoff, Thomas Fuchs und Stefano Micali herausgegebenen Band *Bilderfahrung und Psychopathologie. Phänomenologische Annäherungen an die Sammlung Prinzhorn* (2014), in dem der Text dieses Kapitels erstmals erschien; im folgenden zitiert als Frohoff 2014. Vgl. ferner von denselben Herausgebern: *Fremde Spiegelungen. Interdisziplinäre Zugänge zur Sammlung Prinzhorn* (2017)

Würde man sie geradewegs als *Patientenbilder* einstufen, so ginge ihre eigentümliche Formkraft verloren. Man ginge an der offenkundigen Tatsache vorbei, daß einige von ihnen eine eigentümliche künstlerische Physiognomie aufweisen, die es erlaubt, von ›einem‹ Forster, Natter, Navratil oder Wölfli zu sprechen, so wie man unabhängig von der nachgewiesenen Echtheit von ›einem‹ Vermeer, Monet oder Schiele zu sprechen pflegt. Die Bilder von Anstaltsinsassen wären dann nichts weiter als eine Sammlung klinischer Dokumente, die man nach Art psychischer Röntgenbilder studieren könnte. Dies schlösse nicht aus, daß die diagnostischen Befunde ästhetische Aspekte aufweisen, wie wir sie auch an natürlichen Phänomenen wie Wolkenbildung, Sanddünen oder Feuerbränden entdecken können. Doch abgesehen davon wären die Hervorbringungen der Patienten bloße Anzeichen; es wären Symptome im Sinne der Semiotik, die ähnlich wie Tierspuren eine Quelle, aber keinen Adressanten und keinen Adressaten hätten (vgl. Jakobson 1974b, S. 169), oder es wären klinische Symptome, deren Bedeutungsgehalt nur durch medizinische Experten zu entschlüsseln wäre. Die ›Bildnerei‹ der Psychopathen bestünde letzten Endes aus Exponaten eines Kuriositätenkabinetts, in dem Krankheitsbilder zur Schau gestellt würden, ähnlich wie man zu Zeiten des Kolonialismus sogenannte Primitive in Käfigen vorzuführen pflegte. Doch würde man die Sichtweise umkehren und die Bildprodukte von Psychopathen wie gewöhnliche *Kunstbilder* behandeln, Seite an Seite mit Bildern von Dali, Dubuffet, Max Ernst, Kubin, Munch, Schiele oder Wols, denen sie sich mitunter bis zur Ununterscheidbarkeit annähern, so würde man den Leidensdruck und die therapeutischen Effekte aus den Augen verlieren, ohne die es keinen Sinn hätte, von Patienten und von Heilanstalten zu sprechen. Die Tatsache, daß der Status dieser Institution sich mittlerweile sehr verändert hat, macht aus Patientenwerkstätten noch keine Kunstschulen und Ateliers. Würde die Differenz zwischen ›Kunst und Wahn‹[3] völlig getilgt, so würde die Fremdartigkeit des Pathologischen sich in einer allgemeinen Kultursphäre verflüchtigen. Für außerordentliche Phänomene der Gewalt würde ähnliches gelten. Von Leid und Gewalt bliebe nur ein ästhetischer Mehrwert zurück.

3 Ich beziehe mich auf den Ausstellungskatalog *Kunst & Wahn*, herausgegeben vom Kunstforum Wien, 1997; diesem ausgezeichneten Dokument verdanke ich wichtige Anregungen.

Es muß also etwas dazwischen geben, für das weder der Kunstexperte noch der Psychiater allein zuständig ist. Nun fehlt es nicht an Tendenzen, die Kluft zwischen Kunst und Wahn kurzerhand zu schließen. So zeigen manche Kunstexperten, unter ihnen Hans Prinzhorn selbst, sowie manche Kunstproduzenten die Neigung, die Kunst von Psychopathen vereint mit den Schöpfungen von Kindern und sogenannten Primitiven zur echten, eigentlichen und ursprünglichen Kunst, zu einer Art Lebens-Kunst zu erklären. Doch einer solchen Verwesentlichung steht die Tatsache entgegen, daß es Bilder nur gibt, wenn etwas *als Bild* aufgefaßt wird, und daß das darin beschlossene pikturale ›Als‹ aufgrund der pikturalen Differenz von Bildendem und Gebildetem untrügliche Spuren einer Kontingenz an sich trägt. Das Wie der bildlichen Erscheinung bedeutet ein ›so und nicht anders‹, das andere Möglichkeiten ausschließt, sie aber als Möglichkeiten nicht austilgt, so wie die vielzitierte Reduktion von Komplexität die Komplexität nicht auslöscht.[4] Mit einer natürlichen Kunst stünde es ähnlich wie mit den sogenannten Naturvölkern, die keineswegs Teil der Natur sind, sondern nur in einem besonders engen Verhältnis zur Natur stehen und sich allein darin von den sogenannten Zivilisierten unterscheiden (vgl. Lévi-Strauss 1981, S. 24). In seinen Überlegungen zur »Eigenheit der ›Bildnisse der Geisteskranken‹«, die er zu dem erwähnten Prinzhorn-Band beigesteuert hat, beharrt Rudolf Bernet darauf, daß hier, anders als Prinzhorn vermutet, keine ursprüngliche Gestaltungskraft am Werk ist, die aus den Tiefen der menschlichen Natur aufsteigt, sondern eine »interpretative Gestaltung und anschauliche Artikulation«: »Das von einem Psychotiker gezeichnete oder gemalte Bild *repräsentiert* also nicht etwa vorgegebene und innerlich artikulierte Wahngedanken, sondern es *ist* der Wahn in bildlicher Gestalt.« (in: Frohoff 2014, S. 20)

Die fragwürdige Tendenz, Kunst und Wahn miteinander zu verschmelzen bis hin zur Ästhetisierung des Pathologischen und zur Psychopathologisierung der Kunst, ruft nach Scheidelinien. Die vorgeschlagenen Scheidungen fallen aber vielfach recht vage und konventionell aus. In den durchaus sachbezogenen Beiträgen des erwähnten Katalogs ist beispielsweise davon die Rede, daß

4 Zur pikturalen Differenz, zur Oszillation zwischen Ding-Bild und Bild-Ding und zur bildnerischen Arbeit am Referenten vgl. Der *Stachel des Fremden*, Kap. 13: »Das Rätsel der Sichtbarkeit«:

die Bilder bei Munch »bis ins Innerste vermittelt und reflektiert« sind (S. 13); der eigens gewollte »Verzicht auf Verstandes- und Vernunftkontrolle« wird im Anschluß an Breton einem »unwillkürlich assoziierenden Zeichnen« gegenübergestellt (S. 95); von den Werken der Psychopathen wird angenommen, daß sie nicht einem »Kunstwollen« entstammen, sondern Teil einer »oft eigenbrötlerischen Existenz« sind (S. 179); Dubuffet wird bei aller Anlehnung an die ›Art brut‹ zugute gehalten, daß seine Werke in »bewußt eingeleiteten und konsequent durchgeführten Strategien« wurzeln (S. 380), und so fort. Das leibliche Ineinander von Bewußtem und Unbewußtem, von Willentlichem und Unwillentlichem, von Gnostischem und Pathischem kommt in dualen Ansätzen, die Logos und Pathos gegeneinander ausspielen, ganz und gar zu kurz. Eine Zeitlupenaufnahme, die Matisse beim Malen zeigt, macht dieses leibliche Zusammenspiel verschiedener Kräfte auf lebendige Weise sichtbar. Dazu liefert Merleau-Ponty in seinen Überlegungen zur Malerei einen eindrucksvollen Kommentar: »Denselben Pinsel, der – mit dem bloßen Auge betrachtet – von einem Strich zum andern sprang, ihn sah man nun, wie er sich einen gedehnten und feierlichen Augenblick lang besann [...], wie er zu zehn möglichen Handlungen ansetzte, vor der Leinwand einen Versöhnungstanz tanzte, sie mehrmals fast streifte, bis er sie beinahe berührte, um schließlich wie ein Blitz den einzig treffenden Strich zu ziehen.« (*Die Prosa der Welt*, 1993, S. 65 f.) Es kommt also letzten Endes darauf an, den Kontrast von Künstlerischem und Pathologischem an der Bildgestalt und am Bildgeschehen aufzuweisen; beschränkt man sich auf psychische und neurophysiologische Begleiterscheinungen, so fällt man auf einen Psychologismus zurück, der das Bild als Bild und also auch die Differenz von Kunstbild und Patientenbild nicht zu fassen bekommt.

Man könnte versucht sein, Bilder aus einer doppelten Perspektive zu betrachten, das eine Mal als Kunstbild, das andere Mal als Patientenbild, so wie dieselbe Venus das eine Mal als Morgenstern, das andere Mal als Abendstern aufleuchtet. Man würde dann Van Goghs Bilder abwechselnd als Bilder eines Künstlers oder als Ausdruck eines zeitweiligen Psychopathen bewerten und auf diese Weise eine interdisziplinäre Zusammenarbeit pflegen. Doch wäre diese wirklich interdisziplinär zu nennen und nicht etwa bloß multidisziplinär? Worin bestünde denn dieses X, das solch komplementäre

Ansätze zuließe? Haben wir es etwa mit einem einheitlichen Bildsubstrat zu tun? Ein Bildsubstrat oder ein Bildding, wie Husserl sagt, würde bereits Bildlichkeit voraussetzen, und wir wären nicht weiter als am Anfang. Außerdem ginge eine Bildphänomenologie, die sich weder auf eine kunsttheoretische noch auf eine psychiatrische Kompetenz berufen kann, leer aus, wenn ihr keine eigentümliche Bildlichkeit zu Hilfe käme. Mein eigener Versuch, diesem Dilemma zu entgehen, stützt sich auf phänomenologische Schlüsselthemen wie den Gegensatz von Normalität und Anomalität, eine passende Bildauffassung und einen Konnex von Pathischem und Pathologischem.

## 2. Urdifferenz von Normalität und Anomalität

Es steht außer Zweifel, daß das Pathologische als Anomalie vom Normalen abweicht, doch Verschiedenheit bedeutet noch nicht Krankheit. So versichert der Neurologe und Hirnpathologe Kurt Goldstein: »Jedes Kranksein ist eine Anomalie, aber nicht jede Anomalie ist eine Krankheit. Wie man auch die Normalität definieren mag, es gibt gewiß viele Abweichungen von jeder Norm, die nicht Kranksein darstellen.« (2014, S. 330) Ähnlich äußert sich der Medizinhistoriker Georges Canguilhem, indem er sich ausdrücklich auf Goldstein bezieht: »Das *Anomale* ist nicht schon das Pathologische. Pathologisch enthält ja *pathos* [hier im engeren und geläufigen Sinne zu verstehen], das unmittelbare und konkrete Gefühl des Leidens und der Ohnmacht, das Gefühl eines beeinträchtigten Lebens.« (1974, S. 90) Die generelle Assimilierung des Anomalen an das Pathologische entspringt einer fragwürdigen Normalisierung und Medikalisierung des Lebens, die dessen Vielfalt und die daraus resultierenden Konflikte künstlich unterdrückt. Dahinter steht eine Biopolitik und Bioökonomie, wie Michel Foucault sie seit langem ins Auge gefaßt hat. Sind aber Anomales und Pathologisches nicht deckungsgleich, so bleibt Raum für andere Formen der Abweichung, darunter die kreativen Abweichungen der Kunst, die Alltägliches und Gewohntes verfremden und Unsichtbares sichtbar, Unsagbares sagbar machen.

Als entscheidend erweist sich dann die Frage, wie das Normale sich zum Anomalen verhält. Die Antwort hängt von der jeweiligen

Ordnungskonzeption ab. In einer klassischen Denkweise, für die eine umfassende oder grundlegende Ordnung, also eine Ordnung ohne die Schatten des Fremden maßgebend ist, gibt es einen *Kern des Urnormalen*, einen Kern des Natürlichen und Gesunden, der alle Formen von Anomalie als sekundär und defizitär erscheinen läßt. Im pathologischen Bereich reduzieren Krankheiten sich dann auf bloße Ausfallserscheinungen, ganz gleich, ob die Sinne, die Sprache, die Aufmerksamkeit, die raumzeitliche Orientierung, die sexuelle Beziehung oder die Handlungskontrolle betroffen ist. Die Kunst tendiert demgegenüber zu einer Idealkunst, die den goldenen Schnitt, die Zentralperspektive oder die Schönheit als rechte Proportion zur Norm erhebt. Diese Idealisierung verführt dazu, radikale Formen der modernen Kunst zusammen mit pathologischen Ausdrucksformen einer *entarteten Kunst* zuzurechnen. Die perverse Vorliebe totalitärer Regime für die klassische Kunst ist bekannt. Nationalsozialistische und faschistische Führerbauten zeugen davon ebensosehr wie stalinistische Kulturpaläste. Einstige Ideale überleben als Trophäen im Kampf.

Moderne Denkansätze orientieren sich dagegen an begrenzten Ordnungen, die jeweils Schatten des Fremden um sich verbreiten. Demgemäß beharren sie auf einer *Urdifferenz von Normalem und Anomalem.* Für den Menschen als ›nicht festgestelltes Tier‹ ist stets mehr möglich als wirklich, ohne daß überschüssige Möglichkeiten in eine einheitliche Entelechie eingebunden sind. Ordnungen, die es gibt, sind so und nicht anders, könnten aber auch anders sein. Daraus resultiert eine Scheidung in Ordentliches und Außerordentliches, in Gewohntes und Außergewöhnliches, in Vertrautes und Fremdes. Dem *Orthon* von Orthologie, Orthoästhesie, Orthodoxie oder Orthopraxie steht jeweils ein *Heteron* gegenüber, sei es als Heterologie, Heteroästhesie, Heterodoxie oder als Heteropraxie. Es gibt keinen *orthos logos* und keine *recta ratio*, wodurch alles endgültig begradigt wird.[5] Der Prozeß der Differenzierung, dessen Kontingenz in keinem *fait accompli* zum Stillstand kommt, erzeugt Anomalitätsfelder mit wechselnden Grenzzonen, Rändern und Übergängen. Dabei ergeben sich *Affinitäten* zwischen heterogenen Sinnbereichen und Rationalitätsformen, so wenn etwa die

5 Diese Denkweise deutet sich bereits bei Husserl an, kommt aber erst bei Autoren wie Schütz, Merleau-Ponty und Foucault zur vollen Auswirkung. Vgl. SA Kap. 10: »Normalität im Widerstreit«.

russische Revolution sich in ihren Anfängen mit der künstlerischen Avantgarde verbündete oder wenn Reformation und Gegenreformation ihre theologischen Spannungen in der bildfreudigen oder bildarmen Kirchenkunst austrugen. Auch die Revolutionierung der Wissenschaft, die den Gang der Normalisierung unterbricht, wird von Thomas S. Kuhn und Paul Feyerabend mit Formen des künstlerischen Gestaltwechsels in Zusammenhang gebracht. Man könnte in solchen Fällen von einer *transversalen* Anomalisierung sprechen, die quer durch heterogene Sinnbereiche läuft, ohne die Heterogenität aufzuheben.

Solche Querverbindungen färben ab auf das Verhältnis von Künstlerischem und Pathologischem. Die Moderne steht seit langem für eine spezielle *Allianz.* Auf der einen Seite betrifft dies die Psychopathologie; das Pathologische läßt sich als ein Außerordentliches bestimmen, das keineswegs jeder Norm entbehrt, sondern andere Normen hervorbringt. Für Canguilhem ist das Normale daher »kein statischer und friedlicher Begriff, sondern ein dynamischer und polemischer. [...] Eine Norm, ein Richtmaß also, dient dazu, gerade zu machen, zu richten und wieder aufzurichten.« (1974, S. 163) Sie macht gerade, was – gleich dem sprichwörtlichen krummen Holz – nicht schon gerade ist.[6] Auf der anderen Seite spielt in der modernen Kunst das Außerordentliche, Abweichende und Überschüssige eine prominente Rolle, da die mimetische Angleichung an eine vorgegebene Ordnung der Erfindung neuer Ordnungen und der Variation von Ordnungen Platz macht. Merleau-Ponty spricht mit André Malraux und den russischen Formalisten von einer »kohärenten Verformung«, die nicht bloß deformiert, sondern aus Altem Neues entstehen läßt, wobei die Koordinaten sich verschieben und Stellen umbesetzt werden (vgl. 2007, S. 74).

## 3. Das Pathische als Fundus des Ausdrucks

Wenn also das Künstlerische und das Pathologische zwei Spielarten des Anomalen bilden, deren Anomalität partiell zur Deckung kommt, so fragt es sich, worin ihre Schnittflächen bestehen. Ein ge-

6 Das »Krummholz« wurde im traditionellen Schiffsbau wegen seiner besonderen Flexibilität geschätzt.

meinsames Substrat (ὑποκείμενον) wäre entweder zu unbestimmt, um einen Austausch zu ermöglichen, oder es wäre als eigentümliche Materie (οἰκεία ὕλη) schon von einer vorgegebenen Ordnung bestimmt. Wir stoßen hier auf die aporetische Rolle der traditionellen *hyle*, die als rohe Materie zu wenig, als *mater formarum* zu viel erbringt. Anders steht es, wenn wir die Materie, die sich aristotelisch als das *Woraus* einer Poiesis bestimmt, durch ein Pathos ergänzen, das als das *Wovon* eines Getroffenseins und das *Worauf* eines Antwortens in Kraft tritt. Unter Pathos verstehe ich ein Widerfahrnis, in dem uns Überraschendes, Erstaunliches, Erschreckendes zustößt, das relativ unspezifisch ist und sich noch nicht auf die binären Leitdifferenzen von gut/böse, wahr/falsch, schön/häßlich, heilig/profan oder gesund/krank verteilt. Gemeinsam ist der Charakter des Abweichens, doch die Abweichung läuft in verschiedene Richtungen wie bei den Brechungen eines Lichtstrahls. Ein frühes Beispiel für ein derart changierendes Pathos finden wir bei Platon, der verschiedene Formen des Wahnsinns (μανία) unterscheidet, darunter die Poesie, die die Seele aufrührt und in einen bacchischen Rausch versetzt (*Phaidr.* 245a), und der Eros als ein Widerfahrnis, das den Liebenden aus den »menschlichen Bestrebungen heraustreten« läßt (249c-d). Der göttliche Wahnsinn hebt sich allerdings idealbildend ab von irdischen und menschlichen Formen des Wahnsinns, bei denen leidenschaftliche Zustände (παθήματα) mit krankhaften Zuständen (νοσήματα) verschmelzen (vgl. *Politeia* 439d).

Das Pathische differenziert sich in der Weise, daß das, *wovon* wir getroffen sind, sich in etwas verwandelt, *worauf* wir antworten. Uns widerfährt nichts, ohne daß wir darauf antworten, so wie ein Schmerz nichts wäre ohne jemanden, der ihn verspürt. Die *Umsetzung* des Wovon des Getroffenseins in ein Worauf des Antwortens, mit der die Normalisierung des Anomalen beginnt, vollzieht sich in verschiedenen Antwortmodi als Umsetzung des Pathos in Logos, Ethos, Eidos oder Hexis je nachdem, *als was* es aufgefaßt und *wie* es ausgeformt wird. Das Ungeschiedene, das sich erst in der Scheidung als solches bestimmt, ist mit einem anfänglichen Polymorphismus und Synkretismus behaftet, da es sich nicht vorweg auf eindeutige Weise einem bestimmten Antwortregister und einer festen Antwortskala zuordnen läßt, gleich als wüßten wir bereits, worüber wir staunen, wenn wir plötzlich erstaunen. Dazu nochmals Platons Beschreibung des vom Eros Erfaßten: »Er liebt also, aber wen, weiß er nicht, ja, was ihm widerfuhr, weiß er nicht und kann er nicht sagen ...« (*Phaidr.* 255d). Ähnliches findet sich auch andernorts. Welche Zauberkräfte werden abgewehrt, wenn apotropäische Zeichen wie das Gorgonenhaupt auf dem Schild oder das Löwenhaupt am Türportal auftauchen? Welche Art Schönheit ist es, die mit dem schieren Anblick den Tod bringt? Was für ein Schrecken ist es, der uns schockartig in alle Glieder fährt und uns laut Descartes erstarren läßt wie eine Statue? Wir haben es mit einem pathischen Überschuß und Übermaß zu tun, einem *excès*, wie es bei Descartes, einer ὑπερβολή, wie es in der aristotelischen Sinneslehre heißt.[7] Kunstbilder und Patientenbilder schöpfen in ihrer unvermeidlichen Ambivalenz und Polyvalenz aus einem gemeinsamen Fundus, der sich wie die Freudsche Libido auf verschiedene Instanzen verteilt, aber nicht vorweg schon aufgeteilt ist. Wenn Proust als Autor von einem »inneren Buch unbekannter Zeichen« spricht und wenn, wie Merleau-Ponty fortfährt, »Reden und Schreiben bedeutet, eine Erfahrung *zu übersetzen*, die doch erst zum Text wird durch das Wort, das sie selbst wachruft«, so gilt dies mutatis mutandis auch für das Malen und Zeichnen, das Proust in der Gestalt eines Elstir verkörpert sieht.[8] Es fragt sich wiederum, worin sich die künstlerische Übersetzung von den Bemühungen malender Psychopathen unterscheidet.

## 4. Pikturale und klinische Epoché

Die Prinzhorn-Sammlung konfrontiert uns nicht mit Patientenberichten, Diagnosen und therapeutischen Maßnahmen, sondern mit Bildern von Psychopathen. Alles, was wir über die Differenz von Normalität und Anomalität und über die Abgründe des Pathischen gesagt haben, müßte sich an diesen Bildern aufweisen lassen. Von den vielen Facetten einer zugehörigen Phänomenologie des Bildes sollen hier nur einige zentrale Gesichtspunkte hervorgehoben werden.

7 Vgl. Descartes, *Passiones animae*, Artikel 73, Aristoteles, *De anima*, II, 12; diese hyperbolische Denkweise ist das zentrale Thema der schon erwähnten *Hyperphänomene*.

8 Zu diesen Motiven bei Proust und Merleau-Ponty vgl. DFG Kap. 7: »Das Paradox des Ausdrucks«, hier S. 115.

Grundlegend ist die Annahme, daß Bilder zunächst nicht etwas sind, was wir sehen, sondern etwas, *worin* wir etwas als etwas sehen. Bilder sind eine Form von *medium quo*, bevor sie uns als *medium quod* gegenübertreten. Die Dreigliedrigkeit des sprachlichen Zeichens, die uns aus Karl Bühlers Sprachtheorie oder aus der Zeichentheorie von Charles S. Peirce bekannt ist, kennzeichnet auch das Bild, das zugleich eine Darstellungsfunktion, eine Ausdrucksfunktion und eine Appellfunktion ausübt, wobei ähnlich wie in der Sprache jeweils der Weltbezug, der Selbstbezug oder der Fremdbezug den Ton angeben kann. Ferner ist zu unterscheiden zwischen normalen Bildern, die zeigen, was wir schon ungefähr kennen, und innovativen Bildern, in denen Unvertrautes sichtbar wird. Hinzu kommt schließlich die vielfältige Bildwirkung, die darin besteht, daß Bilder als *medium per quod* fungieren, so daß unsere Sinne und unser Begehren durch Bilder hindurch affiziert, stimuliert und irritiert werden. So beginnt die Bildwahrnehmung wie jede Wahrnehmung damit, daß uns etwas auffällt und daß wir aufmerken. Jedes Bild fungiert als Blickfang. Die Erfahrung als eine Verwandlung des Wovon des Getroffenseins in ein Worauf des Antwortens vollzieht sich nicht nur, aber auch als Bildwerdung, sei es in der Bildverfertigung, sei es in der Bildbetrachtung. Da das, was unsere Einbildungskraft entfacht und ins Bild drängt, einem Abgrund der Bildlosigkeit entstammt, fungieren Bilder als *originäre Supplemente* im Sinne von Derrida, indem sie Unersetzliches ersetzen. Wir sehen im Bild, was sich wie die platonische Sonne dem direkten Blick entzieht oder was sich beim altersblinden Ödipus bis zum Paradox eines »lichtlosen Lichts (φῶς ἄφεγγες)« steigert (*Ödipus auf Kolonos* 1549). Das traditionelle Bilderverbot verbietet, was zwar nicht sein kann, aber dennoch nahezu zwangsläufig versucht wird. Es gibt keinen Bilderblick ohne Blendung und Faszination.[9] Unser Blick ist immer schon ein verfremdeter Blick, der über den bloßen Augenschein hinaustreibt. Um das Bild, in dem wir Sichtbares umschattet von Unsichtbarem zu Gesicht bekommen, als solches in den Blick zu nehmen, bedarf es einer besonderen Spielart von phänomenologischer Epoché, nämlich einer *pikturalen* oder *ikonischen Epoché*, die unseren Blick anhält, um ihn als bildhaftes Blickereignis zugänglich zu machen (vgl. SK 51-54).

9 Vgl. dazu den von Jacques Derrida zusammengestellten Katalog *Aufzeichnungen eines Blinden* (1997).

Ziehen wir nun den speziellen Fall von Patientenbildern in Betracht, so stoßen wir auf eine unvermeidliche Asymmetrie. Die Differenz zwischen Vernunft und Wahn, zwischen Normalem und Pathologischem ist eine Differenz, mit der die Normalvernunft von sich selbst abrückt, ähnlich wie der Traum als der »sozusagen physiologische Wahn des normalen Menschen« die Normalität des Wachzustandes durchbricht, wie Freud in seiner Studie zu Jensens *Gradiva* bemerkt (GW VII, 89). Sollte es eine pathologische Kunst geben, so wäre sie doppelt fremd, nicht nur als kunstfertige Anomalie im Normalen, sondern als eine Art Para-Normalität, die ihren eigenen Gesetzen folgt. Die Fremdheit des Psychopathen gleicht der Fremdheit der Kinder und der sogenannten Primitiven darin, daß sie zur Bevormundung einlädt. Dazu kommt es, solange sie bloß defizitär definiert wird als ein Mangel, über den man etwas lernen kann, ohne von ihm zu lernen.

Doch welche Rolle spielt das Pathologische in den Patientenbildern? An dieser Stelle sehen wir uns zu einer erneuten Epoché genötigt, nämlich zu einer *klinischen Epoché*, die dafür sorgt, daß die Voraussetzungen der Psychopathologie suspendiert werden. Andernfalls würden wir uns in einen klinischen *circulus vitiosus* verwickeln. Pathologisch wären Äußerungen, die von Psychopathen stammen, und Psychopathen wären Personen, die sich pathologisch äußern. Patientenbilder wären schlichte Zerrbilder von Kunstbildern, die im Gegensatz zu jenen den Vorzug hätten, von normalen Malern zu stammen. Der Unterschied von Normalem und Pathologischem wäre vorausgesetzt in Form eines Rasters, das Kunst und Wahn unwiderruflich voneinander trennt. Die Kunst selbst würde sich auf einen etablierten Bereich des schönen Scheins, ein Reservat ästhetischer Kritik oder einen institutionalisierten Kunstbetrieb beschränken. Die Bilder wären insgesamt auf dem Boden einer Kultur angesiedelt, ohne daß sie die allgemeine Kulturgläubigkeit in Frage stellen. Maßgebend wäre, mit Dubuffet zu reden, eine eng gefaßte »kulturelle Kunst«.[10]

10 Vgl. den Katalog *Kunst & Wahn*, S. 371. Merleau-Ponty spricht in seinem frühen Cézanne-Aufsatz (in: 2000, S. 24) ganz ähnlich von einer »sekundären Kunst«, die »schon fertige Ideen anders zusammenstellt und schon gesehene Formen präsentiert« und die zu dem gehört, »was man allgemein unter Kultur versteht«.

## 5. Pathologische Spuren im Bild

Was nun das Pathologische im Bild angeht, so sprechen wir mit Bedacht nicht von Eigenschaften, sondern von *Spuren* des Pathologischen.[11] Doch schon dies ist schwierig genug. Führen wir uns die vorliegenden Bildbeispiele vor Augen, so fällt es schwer, bestimmte Bildmotive, etwa einen extravaganten Bildaufbau, ein verwegenes Spiel mit Zeichen, eine ausgefallene Farbgebung oder die Auswahl seltener Materialien als pathologisch auszusondern. Eine probeweise durchgeführte Anonymisierung der Bilder, die allerdings bei Experten auf Grenzen stoßen würde, wäre ein mögliches Verfahren, um zu verhindern, daß der kritische Betrachter zu viel Pathologisches in die Bilder hineinliest. Der Niedergang des Rorschachtests, dessen Klecksbilder allzu phantastische Ausdeutungen zulassen, sollte uns eine Warnung sein.[12] In der Sprachtheorie ist es üblich, zwischen Sagen und Gesagtem, zwischen Aussagen (*énociation*) und Aussage (*énoncé*) zu unterscheiden. Es könnte uns weiterhelfen, wenn wir auf ähnliche Weise *Bilden* und *Gebilde*, also Bildgeschehen und Bildstruktur oder Bildgehalt auseinanderhalten. Das Bilden entspräche der Umsetzung des Pathos oder des Affekts ins Bild und der Übersetzung des Bildlosen in Bildhaftes. Dieser Vorgang wäre kein reiner Akt der Produktion, der Zweckhaftes *herstellt*, sondern ein zeitlich-räumlich ablaufendes Geschehen, das im entstehenden Gebilde Spuren *hinterläßt*. Dies beträfe die Rhythmik der Linienführung, die Stärke des Farbauftrags, die Gestaltung des Bildraums, die Setzung von Bildakzenten und vieles andere, das ein Bild in statu nascendi auszeichnet. Dies gilt selbst dann, wenn in der Pop Art und neueren Materialkünsten die individuelle Handschrift durch technische Verfahren wie Siebdruck

11 Zum reichen Bedeutungsgehalt der Spur, die als Überbleibsel eines Ereignisses über den Verweisungscharakter von Zeichen hinausgeht und von Freuds »Erinnerungsspuren« bis zu Levinas' »Spur des Anderen« reicht, vgl. AR 545-552.

12 Berichtet wird aus der USA von einer Mutter, der das Sorgerecht für ihr Kind abgesprochen wurde, weil sie in einem der Klecksbilder einen angebissenen Truthahn zu sehen glaubte, und umgekehrt von einem dreifachen Mörder, der beim anschließenden Rorschachtest einen maximal günstigen Punktwert auf dem Psychotiker-Index erzielte, was ihn allerdings nicht vor der Todesstrafe bewahrte. C. Weber, N. Westerhoff, »Wenn blaue Krabben Tango tanzen«, in: *Süddeutsche Zeitung* vom 6. 8. 2009.

oder Montage ersetzt wird. Die Komposition bleibt ein Prozeß, der in keinem fertigen Produkt zur Ruhe kommt, es sei denn, das fertige Bild läßt den Blick erlahmen und endet im Wandschmuck als einer Bildkulisse, die der musikalischen Geräuschkulisse gleicht.

Doch hartnäckig verfolgt uns die Frage nach dem pathologischen Charakter der verbleibenden Spurenelemente. Lassen sich überhaupt Elemente ausmachen, die als eindeutig pathologisch zu bezeichnen wären? Freud wendet sich immer wieder gegen den Versuch, Gesundes und Krankes, Normales und Pathologisches scharf voneinander abzusondern. So nimmt er in seiner Künstlerbiographie des Leonardo da Vinci für den »praktischen Begriff des Krankseins« nur die »Anzahl, Intensität und Verteilung« neurotischer Ersatzbildungen in Anspruch, nicht aber deren gelegentliches Vorkommen (GW VIII, 204). Ähnlich äußert sich Musil durch den Mund seines Protagonisten. Nachdem der des Lustmords angeklagte Moosbrugger seine Verurteilung mit der Bemerkung quittiert hat: »Ich bin damit zufrieden, wenn ich Ihnen auch gestehen muß, daß Sie einen Irrsinnigen verurteilt haben!«, sagt sich Ulrich, der dem Prozeß atemlos gefolgt ist: »Das war deutlich Irrsinn, und ebenso deutlich bloß ein verzerrter Zusammenhang unsrer eignen Elemente des Seins.« (1978, S. 76) Beide Kommentare sprechen dafür, daß das Pathologische aus dem Stoff des Normalen gemacht ist und daß es Anteile des Gesunden im Pathologischen wie auch Anteile des Pathologischen im Gesunden gibt. Das Pathologische wäre dann ein Amalgam, das durchaus Rückverwandlungen zuläßt; selbst wäre es mehr als bloß pathologisch.

Patientenbilder spielen eine besondere Rolle. Wir dürfen davon ausgehen, daß Künstler mit ihrem bildnerischen Schaffen die allgemeine, gewöhnliche, gelebte Erfahrung verarbeiten, verfremden, steigern, variieren und ihr zu einem ungeahnten Ausdruck verhelfen, was keineswegs ausschließt, daß diese Erfahrung von pathologischen Einsprengeln durchsetzt, durchlöchert und bedroht ist. Mit Psychopathen, die sich künstlerisch betätigen, steht es dagegen anders. Da ihre Existenzweise sie an den Rand der normalen Erfahrung drängt, bringen sie Bilder hervor, die sich auf gestörte und beeinträchtigte, auch auf katastrophale Erfahrungen beziehen und darauf abzielen, diese zerbrechende Erfahrung erlebbar zu machen. Es sind gleichsam Rettungsbilder, die einer Bewältigung von Krankheitskrisen dienen.[13] Die Crux einer derart marginalen Kunstbetätigung liegt in der mangelnden Distanz. Die Bildner werden gleichsam verschlungen von der fiktiven Welt, die sie selbst hervorbringen. Von einer pikturalen Epoché, die es erlauben würde, die Bilder als Bilder in den Blick zu nehmen und sie selbstkritisch zu überprüfen, dürften Patienten weit entfernt sein. Thomas Fuchs verbindet damit das Freudsche Motiv des Unheimlichen als einer besonderen Form der Fremdheit, die mit der »Auflösung von Ordnungen« und einem »Durchbruch abgründiger Mächte« einhergeht (in: Frohoff 2014, S. 76). Moosbrugger, der sich zu seinem eigenen Irrsinn bekennt, stellt einen Grenzfall dar, der dem Zwischenzustand des Halbschlafs oder des Wachtraums ähnelt. Nichts wäre nun abwegiger als die Annahme, Patientenbilder wären an sich selbst pathologisch, weil in ihnen pathologische Formen von Verzerrung, Spaltung oder Zerstückelung, von Besessenheit, Verwirrtheit oder Selbstzerstörung auftauchen; denn dann wären auch Künstler wie Munch, Schiele oder Baselitz klinische Fälle. Das Pathologische hat seinen Ort, so scheint es, in dem erwähnten Bezug zwischen Bilden und Gebilde, das dem Verhältnis von Sagen und Gesagtem entspricht. So besehen ist der Psychopath kein gewöhnlicher Maler und kein gewöhnlicher Literat, selbst wenn so manches an Schwitters Collagen, an Kafkas Verfolgungsgeschichten oder an dadaistische Sprachverdrehungen erinnert. Der Psychopath scheint infiziert von dem, was ihn affiziert. Dargestellte Wahnideen wie etwa Weltuntergangsvisionen oder klaustrophobisch verengte Räume drohen mit dem Darstellen des Wahns zu verschmelzen, ähnlich wie es vorkommt, daß ein stark Traumatisierter förmlich rot sieht, wenn er etwas Rotes sieht, das ihn an Blutspuren erinnert. Mildere Formen der Projektion finden sich auch in den Randzonen des Normalen, wenn etwa ein Autor seinen eigenen Romanfiguren auf der Straße begegnet oder ein Bildhauer von seinen Bildgestalten verfolgt wird. Hierbei kommt es in der Tat, wie Freud und andere betonen, auf die Dosierung an.

13 Bettina Brand-Claussen spricht diesbezüglich von »Krisenbewältigung«. Vgl. die Zeitschrift *Vernissage* (2013), S. 15. Aus dem gleichen Heft stammen die Bildbeispiele, auf die wir uns im folgenden mit bloßen Seitenangaben beziehen.

## 6. Proben aus der Sammlung Prinzhorn

Dem Prozeß der ›Verrückung‹ nähern wir uns, wenn wir den Zweitakt von Pathos und Response als einen labilen Balanceakt beschreiben. Die Störung der Balance läßt Grundmuster des Pathologischen entstehen mit einer Menge von Variationen. Sie tangieren auch die Bildentstehung, wie sich in den ausgewählten Bildbeispielen andeutet.

Die Erfahrung kann sich dem Extrem eines *Pathos ohne Response* nähern, bei dem der Erfahrende dem, was ihm widerfährt, was auf ihn einstürmt, was in den Eigenbereich einbricht und von ihm in Außenbereiche abgedrängt wird, mehr oder weniger hilf- und sprachlos ausgeliefert ist. Bilder sind dann wie Notschreie oder gewundene Gesten, mit denen der Patient einen Rest an Response wahrt und Widriges behelfsweise erwidert. Ohne solche Antwortversuche käme die Erfahrung förmlich zum Erliegen. – Das Bild von Josef Forster, ein Bild ohne Titel, das der schizophrene Künstler selbst mit dem Bildkommentar *Durch die Luft gehen* versieht (S. 5), kann man als einen Ausdruck der Haltsuche deuten: ein Gehen, das sich einem Fliegen und Springen nähert, aber über zerbrechliche Krücken Kontakt mit dem Erdboden hält, eine mühsam aufgehaltene Fallbewegung, die weder in den Lüften noch auf der Erde stattfindet. Der Luftgänger entsteigt einer Schrifttapete, die Wortstützen anbietet und an die frühere Tätigkeit als Tapezierer und Dekorationsmaler erinnert. – Der *Erduntergang* (S. 33) von Oskar Herzberg, einem früheren Moritatensänger, beschwört ein Weltereignis, das alles in Mitleidenschaft zieht. Eine von farbigen Himmelskörpern ausgehende zerplatzende Bewegung verläuft in eine unbestimmte Richtung. Im Hintergrund taucht als stummer Zeuge ein Komet auf. In einer schriftlichen »Erklärung« gibt sich der Künstler als Generaldirektor aus, womit er in einem amtlichen Titel Halt sucht.

Umgekehrt kann die Erfahrung sich dem Extrem einer *Response ohne Pathos* annähern. Die Antwort entleert sich, wenn sie keine fremden Affekte mehr aufnimmt und auf keine fremden Appelle mehr eingeht. Der Patient, dem es immer weniger gelingt, sich in einen Respondenten zu verwandeln, kreist autistisch um sich selbst, mauert sich ein, legt einen Panzer an. Seine Antworten verfestigen sich zu Stereotypen, die auf Vorrat angelegt und gleichsam eingefroren sind wie das Lächeln von Warhols Marylin Monroe. – Zu den Abwehrgesten passen Bilder, die bis an den Rand gefüllt sind und nichts und niemanden einlassen, von dem störende Ansprüche ausgehen könnten. Dies gilt für die *Dorfkirche* (S. 35) von Johann Knopf, ein mit Symbolen, Fabeltieren, Schriftzügen, aber auch fliegenden Waffen gespickter Hintergrund, davor ein dicht gefügter Kirchenbau mit Türen, durch die keiner geht, mit Fenstern, durch die keiner blickt. Die Wände bestehen aus durchscheinenden Fassaden, die ein leeres Inneres enthüllen. Auf andere Weise bekundet sich die responsive Starre in dem Blatt *Farbtabellen und Tabelle mit Symbolen* (S. 40) von Joseph Heinrich Grebing. Wir sehen ein aus Farbproben und Symbolkästchen zusammengefügtes Piktogramm von beängstigender Akkuratesse, das wie auch in anderen Fällen einen Anschein von Vollständigkeit erweckt. Hierzu gehört die scharfe Konturierung der Bilder, in denen die lineare Zeichnung überwiegt. Henri Maldiney weist darauf hin, daß die Welt des Schizophrenen sich durch eine Geschlossenheit auszeichnet, die sich in einem abgeriegelten Selbstausdruck potenziert. »Jede Linie ist eine Kontur – umschließende Grenze einer inneren Fläche. [...] Die Füllung ist eine Technik, die innere Leere zu reduzieren, wie die Umrandung der Reduktion der äußeren Leere dient. Alles ist derart gefüllt, daß nichts anderes mehr erscheinen kann. Im gesättigten Raum kann nichts *ankommen* (*ad-venir*).«[14]

Auf eine solche Polarisierung der Erfahrung, die zur wechselseitigen Ablösung von Pathos und Response führt, spielt auch Lacan an, wenn er, ausgehend von einem Vers aus Vergils *Bucolica* (II, 65), den Hysteriker mit dem Zwangsneurotiker konfrontiert: »*Trahit sua quemque voluptas* [Jeden reißt seine Begierde mit]; der eine identifiziert sich mit dem Schauspiel, der andere setzt selbst in Szene (gibt etwas zu sehen).« (*Écrits*, S. 304, *Schriften* I, S. 148). Die strukturelle Polarisierung verschärft sich in ihrem zeitlichen Ablauf. Zur Erfahrung, die uns als Widerfahrnis zustößt und also anderswo außerhalb unserer selbst beginnt, gehört eine zeit-räumliche Verschiebung, eine *Diastase*, wie ich es nenne. Was uns überraschend widerfährt, kommt stets zu früh, und die Antwort, die wir geben, kommt stets zu spät. Hierbei handelt es sich um eine originäre, un-

14 Vgl. den Essay *Verstehen* (2006), S. 109. Der französische Autor, der Ludwig Binswanger nahesteht, schlägt Brücken zwischen Phänomenologie, Hermeneutik, Psychopathologie und Psychoanalyse unter Einbezug der Bild- und Sprachkunst.

vermeidliche Zeitschiebung, im Gegensatz etwa zur traumatischen Nachträglichkeit, wie Freud sie in seiner Analyse des Wolfsmannes zutage fördert. Lockert sich das Band zwischen Vorgängigkeit und Nachträglichkeit, so nähern wir uns einer Vergangenheit, die nicht vergehen will, und ihr entspricht eine Zukunft, die nicht kommen will. Das völlige Zerreißen dieses Bandes wäre der Tod der Erfahrung. Ich verweise nochmals auf die *Dorfkirche* und ähnliche Ordnungsbilder. Sie erwecken den Eindruck, alles sei bereits gezeigt und gesagt, und selbst die Wiederholung scheint bereits geschehen: Gegenwart als rettende Insel, ungetrübt von Erinnerungen und Erwartungen.

Während Kunstbilder es also darauf anlegen, was uns hier und jetzt widerfährt, auf vielerlei Weise zu verarbeiten, umzugestalten und zu steigern, dienen Patientenbilder dem Versuch, einen Spalt zu öffnen oder offenzuhalten, der bei aller Beeinträchtigung und Schwächung eine Response zuläßt, die mehr bedeutet als einen bloßen Reflex oder eine bloße Repetition. Aus der phänomenologischen und hermeneutischen Tradition kennen wir das intentionale, apophantische, hermeneutische oder pikturale ›Als‹, das unsere Erfahrung artikuliert und modalisiert. Das Was und das Wer der Erfahrung verbinden sich auf diese Weise mit einem wechselnden Wie der Erfahrung. Das winzige Als, ohne dessen Mitwirkung es nichts gäbe, was wir erfahren, und niemanden, der etwas erfährt, steht auf dem Spiel, wenn das Verhältnis zu den Dingen, zu uns selbst und zu den Anderen grundlegend gestört ist, sei es durch Konfusion, sei es durch Spaltung. Das Als kann sich verflüssigen, so daß die Konturen der Erfahrung verschwimmen; es kann sich verfestigen, so daß die Erfahrung in festen Grenzen erstarrt.

Ein altes Sprichwort aufgreifend könnte man jedoch sagen, daß es den Patienten in ihren starken, re-kreativen Phasen gelingt, »auf krummen Zeilen gerade zu schreiben«, so daß die Krankheit im Zuge einer Kreation, die zwar aus dem Pathologischen kommt, aber darüber hinausschießt, Züge eines *felix morbus* annimmt, vergleichbar der *felix culpa* aus der Osterliturgie. In der Sammlung finden sich zahlreiche Bildwerke wie die ägyptisierenden Mischwesen von August Natterer (Deckblatt und S. 28), wie das Aquarell einer najadenhaften Geigerin von Wilhelm Müller (S. 29) oder die an Schwitters gemahnende Erinnerungs-Collage von Max Junge (S. 40), denen die klinische Herkunft nur schwer, wenn überhaupt, anzusehen ist. Aufschlußreich sind in diesem Zusammenhang Grenzreaktionen wie Lachen und Weinen, die sich ebenfalls am Rande des Normalen abspielen, indem sie auf unbeantwortbare Situationen die einzig passende Antwort finden. Als allgemeiner Rahmen bietet sich eine responsive Therapie an, die – wie Kurt Goldstein es am Falle des Patienten Schneiders durchexerziert – die Responsivität zwar nicht völlig wiederherstellt, sie aber doch unter den Vorgaben eines »eingeschränkten Milieus« verstärkt und so das auftretende Leiden lindert.

## 7. Bilder als Leidenssymptome

Aus unseren Überlegungen ergeben sich folgende Konsequenzen. Bilder von Psychopathen sind als Bilder nicht selbst pathologisch, so wie das Rechenresultat eines Zahlenneurotikers vielleicht falsch, aber auf keinen Fall selbst neurotisch ist. Auch Patientenbilder folgen einer eigentümlichen Bildlogik und entwickeln eigene Qualitäten, die sich nicht auf psychische und psychopathologische Prozesse reduzieren lassen. Doch abgesehen davon entspringen solche Bilder einem pathologischen Umfeld und unterliegen einem spezifischen Leidensdruck. Eine definitive Trennung von ästhetischer Geltung und *pathischer* Genese erscheint generell als fragwürdig. Als doppelt fragwürdig erweist sich eine Trennung von ästhetischer Geltung und *pathologischer* Genese, da die Produktionen von Psychopathen in eine Leidensgeschichte eingeschrieben sind und an der von Freud erforschten Körpersprache der Symptome und an unseren Körperbildern partizipieren. Durch das Symptom hindurch wird das Symbol »mit Buchstaben des Leidens in das Fleisch des Patienten eingeschrieben«, wie es bei Lacan heißt (*Écrits*, S. 306, *Schriften* I, S. 151). Als Antworten auf spezifische Leiden, die sich dem eigenen Wissen und Wollen entziehen, tragen Symptome die Spuren dessen an sich, worauf sie antworten. Sie erfordern daher einen Doppelblick, der sich nicht nur auf das richtet, was im Bild sichtbar wird und zum bildlichen Ausdruck kommt, sondern gleichzeitig auf das, was die Bildner darin sehen und zu sehen glauben. Man würde diese Bildzeugnisse unzulässig beschneiden, wenn man sie von der persönlichen und beruflichen Vorgeschichte der Patienten, von ihrer Krankengeschichte, von der Prägung durch die Anstaltsenklave und von den kunsttechnischen Hilfsmitteln ablösen wollte. Es scheint nahezu unmöglich, Einzelbilder, die nicht Teil eines künstlerischen Entwurfs und einer Künstlerkarriere sind, gehörig einzuschätzen, wenn das spezifisch klinische Umfeld fehlt. Es wäre so, als würde man eine Lösung analysieren, ohne das Problem zu kennen, das es zu lösen gilt.

Damit nähern wir uns erneut den generellen Anforderungen einer Kunstphänomenologie und Kunsthermeneutik, selbst wenn sich die psychopathologische Dimension der Patientenkunst nicht darin erschöpft. Sammlungen wie die von Prinzhorn erfordern einen eigenen Rahmen, der ausschließt, daß man sie wie eine gewöhnliche Bildergalerie aufsucht, indem man Anzeichen von Verrücktheit ästhetisch und marktgerecht verbucht und ihnen eine Art pathologischen Mehrwert entnimmt. Man kann solche Sammlungen aber durchaus für Überraschungen nutzen. Man kann sie betreten als eine Art Schattenkabinett, in dem dinghafte, impressionistische, expressionistische, phantastische, tachistische, divisionistische, skripturale oder surreale Elemente ihr Spiel treiben, fern den üblichen Erwartungen einer Kunstöffentlichkeit und den Steuerungen eines Kunstmarkts. Auf diese Weise würden die längst nicht mehr bloß schönen Künste pathisch unterfüttert und vertieft. Eine untilgbare Osmose von Kunst und Wahn verspricht nicht nur heilende, sondern auch produktiv irritierende Wirkungen. Das Pathos des Fremden, das in den Anomalien von Kunstbildern wie in denen von Patientenbildern zum Vorschein kommt, verschiebt die Grenzmarken einer ›ausdifferenzierten Vernunft‹. Gibt es Methode im Wahnsinn, so auch Wahnsinn in der Methode.

# 7. Doppelte Fremdheit in der Ethnopsychiatrie und Ethnopsychoanalyse

## 1. Fremdheit

Die inter- oder transkulturell ausgerichtete Ethnopsychiatrie, die den Rahmen abgibt für unsere eigenen Überlegungen, steht ebenso wie die Ethnospsychoanalyse vor einer Reihe grundlegender Fragen.[1] Dies beginnt mit der Frage, auf welche Weise kulturell tradierte Lebensformen und individuell erlebtes Leiden ineinandergreifen. Dabei kann Kultur im Sinne universaler Strukturen begriffen werden, die den Menschen als solchen bestimmen, oder aber als eine Vielzahl von Lebensformen, die historisch und geographisch variieren. Demgemäß unterscheidet Husserl in seiner *Krisis*-Schrift zwischen der einen *Lebenswelt* mit ihren universalen Strukturen und konkreten *Lebenswelten*, die in ihrer soziokulturellen Ausprägung immer nur im Plural auftreten. Wie aber verhalten sich Einheit und Vielheit zueinander? Gleichzeitig stellt sich die Frage nach dem Zusammenhang von Kultur und Natur. Für eine Phänomenologie, die sich an der Erfahrung orientiert, aus der alle bedeutsamen Differenzen entspringen, verweist das Zusammenspiel von Kultur und Natur auf aktuelle Vollzüge und habituelle Dispositionen unseres *Leibes*, durch den wir in der Welt verankert sind. Wie Maurice Merleau-Ponty in seiner *Phänomenologie der Wahrnehmung* feststellt, gibt es beim Menschen nichts, was nicht zugleich künstlich hergestellt wie auch natürlich wäre (1966, S. 224), sei es Vater- oder Mutterschaft, das Geschlechterverhältnis, der Geschlechtsverkehr, dazu das Lächeln, das Hantieren, das Sitzen, Gehen und Schlafen mitsamt den entsprechenden Körpertechniken, die Marcel Mauss als Ethnologe detailliert erkundet hat (1975, S. 199-220).

Für unsere Überlegungen, die den Status einer transkulturellen Psychiatrie und Psychoanalyse umkreisen, kommt es in besonderem Maße auf das Motiv der *Fremdheit* an, das ein kritisches

1 Der vorliegende Text geht zurück auf einen Vortrag im Rahmen einer Tagung der Transcultural Psychiatry Section der World Psychiatric Association, die 2006 in Wien stattfand.

Korrektiv darstellt gegenüber allen Versuchen, das Eigene in den Mittelpunkt zu rücken oder umgekehrt alle Eigenarten zu universalisieren oder zu globalisieren. Ich erinnere nur kurz an das, was in meinen Fremdheitsstudien ausführlich behandelt wird. Wenn man im Englischen gemeinhin von *otherness* und ähnlich im Deutschen von *Andersheit* spricht, so muß man sich vor einer Begriffsverwirrung hüten, die uns wiederholt begegnet. Es gilt zu unterscheiden zwischen dem logisch-ontologischen Anderen mit seiner *Verschiedenheit*, die durch Abgrenzung entsteht, und dem topologischen Fremden mit seiner *Geschiedenheit*, die aus einem Prozeß gleichzeitiger Ein- und Ausgrenzung entspringt. Das Andere (gr. ἕτερον) gehört seit Platon zum Grundbestand des Denkens, nicht so das Fremde (gr. ξένον oder ἀλλότριον), das auch heute noch vielfach als bloßes Defizit oder als Derivat behandelt wird. Was und wer fremd ist, ist nicht bloß anders, sondern anderswo. In Wörtern wie *strange(r)* oder *étrange(r)*, die sich vom lateinischen *extraneus* herleiten, klingt dieser Ortsaspekt mit an. So gibt es eine Topographie des Fremden, die sich auf keine Ontologie des Anderen oder Verschiedenen zurückführen läßt, die dafür aber eine gewisse Nähe zu Freuds Topikmodellen aufweist. Fremderfahrung, in der sich das Fremde als Fremdes zeigt, besteht nicht darin, daß wir etwas noch nicht oder nicht mehr kennen, sie beschränkt sich auch nicht darauf, daß etwas im positiven Sinne unbestimmt ist.[2] Sie äußert sich darin, daß uns etwas affiziert und anspricht, bevor wir selbst es als etwas erfassen; sie besteht darin, daß etwas da ist, indem es sich uns entzieht. Die Fremdheit rührt an das Unheimliche, das uns im eigenen Hause heimsucht. Wir haben es mit einer leibhaften Abwesenheit zu tun, die wir gleich unserer eigenen Vergangenheit als Abwesenheit erfahren. Diese radikale Form der Fremdheit, die auf nichts anderes zurückgeführt werden kann, prägt auch den *eigenen Leib*, der zugleich als *Fremdleib* auftritt, und sie durchzieht die allgemeine Lebenswelt, die sich von Anfang an in *Heimwelt* und *Fremdwelt* zerteilt. In beiden Fällen ist nicht an eine strikte Trennung von Eigenem und Fremdem zu denken, sondern an mannigfache Übergänge, so daß eine Zwischenleiblichkeit, eine Zwischenwelt, ein Zwischenmensch entsteht. Dieses *Zwischen* ist mehr als

2 Zur verwickelten Problematik des Unbestimmten, das zwar nicht mit dem Phänomen des Fremden zusammenfällt, ihm aber nahe kommt und auch die Psychoanalyse tangiert, vgl. Gerhard Gamm, *Flucht aus der Kategorie* (1994).

eine bloße Redensart, es ist ein Ingrediens jeder Fremderfahrung. Es nimmt auch interkulturelle Gestalten an wie etwa in Form des *Ki*, das der japanische Psychiater Kimura in den Mittelpunkt seiner therapeutischen Bemühungen rückt (Kimura 1995) und von dem aus sich Brücken schlagen lassen zur Phänomenologie des Leibes (Yamaguchi 1997).

Von daher stellt sich die Frage nach der spezifischen Weise, in der sich nicht nur die Psychoanalyse, sondern ebenso die Psychiatrie mit dem Fremden konfrontiert sieht. Was einerseits das Verhältnis von Psychoanalyse und Ethnologie angeht, so plädiert Georges Devereux für eine komplementäre Vorgehensweise, da beide sich auf ihre Weise, die eine im Medium der Psyche, die andere im Medium von Kultur und Gesellschaft, mit Prozessen der Individuierung und Differenzierung des Menschlichen beschäftigen.[3] Was andererseits das Verhältnis von Psychiatrie und Ethnologie betrifft, so ist die Bezeichnung *transkulturelle Psychiatrie*, die sich dank Autoren wie Georges Devereux, Wolfgang M. Pfeiffer und Eric D. Wittkower seit den 70er Jahren durchgesetzt hat, ebenso zweideutig wie der Begriff der Andersheit. Das Präfix trans- kann zwiefach verstanden werden, nämlich im Sinne eines *Überstiegs*, der eine Grenze überwindet und bei einem gemeinsamen Dritten endet, oder im Sinne eines *Übergangs* von einem zum anderen (vgl. lateinisch *transcendere* vs. *transcurrere*). Im ersten Falle würde eine transkulturelle Psychiatrie *jenseits* spezieller Kulturen Fuß fassen, im zweiten Falle würde sie sich *zwischen* den Kulturen bewegen.[4] Dies entspricht dem Unterschied zwischen der transsubjektiven Geltung von Argumenten und Gesetzen und einem intersubjektiven Austausch, einem Unterschied, der allzu leicht verwischt wird. Dort, wo es auf das Phänomen des Fremden ankommt, bevorzuge ich meinerseits das weniger mißverständliche Adjektiv *interkulturell* oder eben die Ausdrücke *Ethnopsychiatrie* und *Ethnopsychoanalyse*, die sich in ausdrücklicher Anlehnung an Ethnologie und Ethnographie auf Ethnien beziehen,

3 Vgl. *Normal und anormal* (1974), S. 314f. Was die Weiterentwicklung der Ethnopsychoanalyse betrifft, die vor allem auf die Züricher Schule um Paul Parin zurückgeht, sei verwiesen auf Reichmayr 2003.

4 Georges Devereux, dem Ethnopsychiatrie und Ethnopsychoanalyse Wichtiges verdanken, unterscheidet, um Mißverständnisse zu verringern, ausdrücklich zwischen einer »interkulturellen (*cross cultural*)« und einer »trans-« oder »metaethnograpischen« bzw. einer »metakulturellen Psychiatrie« (1974, S. 129).

und zwar primär auf solche fremder Kulturen und Kontinente. Die Tatsache, daß die sogenannten Ethno-Wissenschaften den verfremdenden Blick auf das Eigene nicht aussparen, erzeugt einen zusätzlichen Effekt, den die Beschäftigung mit dem Fremden nicht außer acht lassen kann.[5] Definieren wir die Ethnologie als eine »Wissenschaft vom kulturell Fremden«, wie es Karl-Heinz Kohl in seiner Einführungsschrift (1993) tut, so führt dies in der Ethnopsychiatrie und Ethnopsychoanalyse zu einer Verdoppelung des Fremden. Die Fremdheit des *Kranken als eines Fremden*[6] steigert sich zur Fremdheit des *Kranken als eines kulturell Fremden*. Damit ist der Weg der folgenden Überlegungen vorgezeichnet.

## 2. Der Kranke als Fremder

Wenn vom Kranken als Fremdem die Rede ist, so unterscheide ich wie gewohnt zwischen einem relativ und einem radikal Fremden. Das Kranke als *relativ Fremdes* hängt ab vom jeweiligen Stand der Medizin. Was deren diagnostische und therapeutische Möglichkeiten überschreitet, ist *noch nicht* heilbar, es ist aber prinzipiell dem ärztlichen Blick und dem ärztlichen Zugriff zugänglich. Darüber, wieweit die Heilungserwartungen sich erfüllen, entscheidet abgesehen vom Gang der medizinischen Forschung das ständig wachsende Angebot von Technologie und Pharmazeutik, darüber entscheiden aber auch die Vorgaben von Gesundheitsökonomie und Gesundheitspolitik, aufgrund derer Zeitbedarf und Materialaufwand bei der Behandlung in Rechnung gestellt werden. Im Rahmen des Gesundheitswesens wird das Krankheitserlebnis ganz selbstverständlich als ein *Krankheitsfall* unter vergleichbaren anderen Fällen behandelt.

*Radikal* Fremdes begegnet uns dagegen in der Person von *Kranken*, die als Patient oder Patientin an etwas oder unter etwas lei-

5 Zum weitverzweigten Feld der »Ethno-Disziplinen«, in dem kliniknahe Ethnopsychiatrie und alltagsnahe Ethnopsychoanalyse vielfach ineinander übergehen, vgl. den von Hans-Jürgen Heinrichs herausgegebenen und mit einem resümierenden Nachwort versehenen Gesprächsband *Das Fremde verstehen* (1982).

6 Ich verweise auf das derart lautende Kapitel in: *Grenzen der Normalisierung* (1998, $^{2}$2008), das in den neunziger Jahren im Umfeld der Klinik entstand und das ich an dieser Stelle in einem weiteren Rahmen fortsetze.

den, wobei gewöhnlich die Mitwelt mit ihnen leidet. Das Leiden ist trotz aller wiederkehrenden Züge, die den Kranken als einen typischen Diabetiker, als einen typischen Paranoiker oder Autisten auszeichnen, ein in seinem Kern singuläres und außerordentliches Ereignis, da sich für niemanden eine eindeutige und endgültige Schmerz- oder Leidensrechnung aufmachen läßt. Das Schmerzverhalten läßt sich lernen, und dies mit beträchtlichen kulturellen Unterschieden, wie wir aus dem alten Sparta und aus vielen Krankengeschichten wissen; das gleiche gilt aber nicht für das zugehörige Schmerzerleben, das für den Leidenden einen pathischen Charakter annimmt und bis an den Rand des Erträglichen führen kann. Schmerzen kommen, wie Gedanken kommen, selbst wenn sie eigenhändig herbeigeführt werden. Die Linderung und erst recht die Quantifizierung gehört bereits zur Schmerzbehandlung, die auf ein schmerzhaftes Pathos antwortet, und ähnliches gilt für den Umgang mit anderen Lebensphänomenen wie Lust, Angst, Folterqual oder Lärmbelästigung.

Im Prozeß der Medikalisierung, der mit dem Aufnahmegespräch oder der Zwangseinweisung und dem Aufnahmeprotokoll einsetzt, vollzieht sich ein Prozeß der *Transformation*. Die singuläre Leidenserfahrung verwandelt sich in einen Krankheitsfall, der einen allgemeinen Namen trägt und allgemeinen Gesetzen gehorcht. Diese Umwandlung ist unerläßlich; sie gehört zur Klinik als einer Institution, zur Medizin als einer Profession und zur Sonderwelt des Kranken als einer der von Alfred Schütz unterschiedenen »mannigfaltigen Wirklichkeiten«. Doch Transformation bleibt Transformation. Ein Gefühl der Niedergeschlagenheit wird zur Depression, eine fixe Idee zur Wahnidee, aus Angst wird eine Angstneurose, aus Juckreizen eine Allergie und so fort. Doch all diese klinischen Begriffe sind ebenso diskursabhängig wie das Atom, das schwarze Loch, die elektrische Spannung oder Meineid und Totschlag. Schizophrene, Neurotiker und Depressive gibt es nicht einfach, als müßte man Patienten nur nach Merkmalen sortieren und statistisch erfassen. Spielt man die entsprechenden Transformationen herunter und erspart man sich die Übersetzungsarbeit, die notwendigerweise in beide Richtungen läuft, vom ärztlichen Fachwissen zur Krankenerfahrung, aber auch umgekehrt von der Leidenserfahrung zum Fachwissen (Blankenburg 1989, S. 123), so resultiert daraus ein alle Fremdheiten übertünchender Mischmasch aus

Alltagserfahrung, Wissenschaftsjargon und Pharmazeutik. Wenn Moosbrugger, dieser Held wider Willen aus Musils Roman, sich dagegen auflehnt, so trifft er einen wunden Punkt. »Deshalb haßte er auch niemand so inbrünstig wie die Psychiater, die glaubten, sein ganzes schwieriges Wesen mit ein paar Fremdworten abtun zu können, als wäre es für sie eine alltägliche Sache.« (Musil 1978, S. 72)

Es ist nicht zu leugnen, daß der Patient eine Schwelle überquert, wenn er den Krankenbereich betritt, und daß er abermals eine Schwelle übertritt, wenn er ihn wieder verläßt – und sei es auf der Bahre. Eine Therapie, die durch fremdes Leiden in Gang gesetzt wird, nimmt selbst pathische Züge an, welche sich nicht völlig durch ärztliche Maßnahmen regulieren lassen, und sie nimmt darüber hinaus Züge einer responsiven Therapie an, indem sie auf den Appell des Leidenden antwortet, wie zulänglich oder zulänglich auch immer. Jede Krankheitsgeschichte enthält Spuren einer Fremdheitsgeschichte.[7] Das Überqueren der Behandlungsschwelle ist ohne geeignete *rites de passage* und ohne Hermeskünste nicht denkbar, es sei denn, Arztpraxis oder Krankenzimmer nähern sich einer Reparaturwerkstatt. Interkulturelle Vergleiche, die in ihrer Aktualität über frühgeschichtliche Forschungen hinausgehen, erweisen sich als lehrreich, wenn es um die unerläßliche Rahmung ärztlicher Handlungen geht.

Die Tatsache, daß jede ärztliche Untersuchung und Behandlung, ob man es wahrhaben will oder nicht, von einer spezifischen Fremderfahrung in Gang gesetzt wird, wirkt sich unmittelbar aus auf unser Verständnis von Krankheit. Eine einbrechende oder schleichende Krankheit zeigt anfangs Züge einer Anomalie, selbst wenn man sich auf die Dauer an sie gewöhnt. Doch nicht jede Anomalie und auch nicht jede somatische oder psychische Störung erweist sich als pathologisch, sondern nur jene, die über eine partielle »Betriebsstörung« hinaus den Gesamtorganismus beeinträchtigt und die Existenz des Kranken gefährdet.

7 Ich verweise in diesem Zusammenhang auf eine einschlägige sozio-medizinische Untersuchung von Gerhard Riemann: *Das Fremdwerden der eigenen Biographie. Narrative Interviews mit psychiatrischen Patienten* (1987). Der Autor ließ sich anregen von Soziologen wie Harald Garfinkel. Erving Goffman, Anselm Strauss und Fritz Schütze, deren Forschungen aus einem engen Kontakt mit der klinischen Praxis hervorgingen und die in einem lockeren Kontakt zur phänomenologischen Zugangsweise stehen.

Anomalie steht gemeinhin für die Abweichung von einer Norm, von einem Richtmaß, einem Verhaltensniveau, und dies wiederum in einem relativen und einem radikalen Sinne. Beschränken wir unsere Sichtweise auf den Rahmen eines bestehenden Medizinsystems, so bildet die Anomalie lediglich eine *relative Variante*, die in der jeweiligen Ordnung ihren Platz findet, und demgemäß reduziert sich der pathologische Aspekt auf einen bloßen *Störfall* oder einen *Defekt*, der für vorübergehende Unordnung sorgt. Das Leiden gehört dann gleichsam zu den Spesen, die bei der Funktionserneuerung anfallen. Diese Betrachtungsweise entspricht einer methodischen Medikalisierung des Lebens, die von konkreten Lebensbezügen absieht; dagegen ist ebensowenig zu sagen wie gegen die Mathematisierung der Natur, gegen die Verrechtlichung von Handlungen oder gegen die Messung von Intelligenz. Problematisch wird es erst dann, wenn die Erfahrung, die aus den Sachen selbst spricht, durch methodische Konstrukte betäubt oder ersetzt wird. Die unerläßliche Normalisierung schlägt um in einen Normalismus, wenn der Prozeß der Normalisierung hinter der fungierenden Normalität verschwindet. Man übersieht auf diese Weise den radikalen Charakter einer Abweichung, der dazu führen kann, daß die Gesundheitsnorm selbst *revolutioniert* wird. Es gerät außer acht, daß Leidenserfahrungen, Lebenserwartungen und Lebensängste, die *als normal* betrachtet und behandelt werden, nicht selbst geradewegs *normal sind.* Aus der Leidvergessenheit, die mit dem Vergessen der Lebenswelt Hand in Hand geht, erwächst ein Medikalismus, der eine besondere Form von Logozentrismus und Technizismus darstellt. Ein Mediziner, der sich darauf beschränkt, operativ *zwischen* normal und anomal, *zwischen* gesund und krank zu unterscheiden, bildet sich ein, er stünde schlechterdings *über* diesen Differenzen. Wir kennen diese Art von Rollenanmaßung aus anderen Formen der Zentrierung, so wenn Europäer lange Zeit dazu neigten und teilweise immer noch dazu neigen, sich nicht nur von Asiaten oder Afrikanern zu unterscheiden, sondern sich über diese Unterschiede zu erheben, als sei Europa die Inkarnation der Vernunft. Diese Zentrierung, deren traditionelle Formen zwar im Schwinden sind, verbirgt sich heute weitgehend hinter einem Prozeß der Globalisierung, der seine Spuren verwischt und jede Urheberschaft anonymisiert. Angesichts dieser Verschleierung nimmt jede Funktionalisierung, die unbekümmert voranschreitet, einen ideologischen Charakter an. Die Postmoderne, die mit so manchen Vorurteilen der Moderne aufgeräumt hat, kann auch als Alibi dienen.

Es geht bei all diesen Steuerungsprozessen nicht zuletzt um die unentbehrliche, doch auch problematische Rolle des *Dritten*, wie sie von Simmel, Sartre und Levinas, aber auch von Freud und Lacan ins Spiel gebracht wurde.[8] Der Dritte drängt sich vor als eine Instanz, die den Unterschied zwischen Eigenem und Fremdem zu *übergreifen* und alle Besonderheiten zu überblicken und zu beherrschen trachtet. Doch wenn es, wie wiederholt gezeigt wurde, einen Erfahrungsprozeß gibt, der sich in Form von Pathos und Response zwischen Eigenem und Fremdem abspielt, so kann die Instanz des Dritten nur klärend, verstehend und regulierend *eingreifen*. Der Mediziner, um den es hier geht, tritt dann zwiefach auf, als jemand, der vom Kranken als Fremdem angesprochen wird und selbst der Erkrankung ausgesetzt ist, und zugleich als jemand, der den Krankheitsfall beobachtet, beurteilt und behandelt.

Radikale Fremdheit besagt in diesem Falle, daß der Krankheit immer ein *Moment des Unheilbaren* anhaftet.[9] Die Medizin hat es mit dem Unheilbaren im Heilbaren zu tun, ähnlich wie es die Künste mit dem Unsagbaren im Gesagten, mit dem Unsichtbaren im Sichtbaren zu tun haben. Total heilbar wäre niemand, der unter etwas leidet, sondern nur etwas, das sich herstellen und bei Bedarf reparieren läßt. ›Heilen‹ ist wie das französische Verb *›guérir‹* nie allein im transitiven, sondern immer auch im intransitiven Wortsinn zu verstehen. Es gibt nicht nur sogenannte Spontanheilungen, vielmehr ist jede Heiltätigkeit auf spontane Momente eines Heilungsvorgangs angewiesen. Keine Heiltätigkeit ohne Heilungsvorgang, oder auf englisch: *no curing without healing*. Der Satz »Die Natur hilft sich selbst« gehört zu den Grundsätzen der hippokratischen Medizin. Heilung bedeutet demgemäß, daß nicht bloß Schäden behoben und normale Abläufe wiederhergestellt werden, sondern daß neue und andersartige Möglichkeiten erprobt werden oder

8 Eine höchst detaillierte Behandlung der entsprechenden sozialphilosophischen Modelle findet sich bei Thomas Bedorf in der bereits unter psychoanalytischem Aspekt zitierten Schrift *Dimensionen des Dritten* (2003).

9 Die Frage der Heilbarkeit und Unheilbarkeit ist ein altes Problem, das sich philosophisch bis auf Platon zurückverfolgen läßt; vgl. vom Verf. *Platon* (2017), S. 162-169.

daß Krankheitsmotive schwinden (Freud, GW V, 205). Kranksein würde dann besagen, daß kein bloßes *Aliter* vorliegt wie in jeder Abweichung, sondern auch ein *Minus* (Blankenburg 1989, S. 139); es würde aber ebensosehr besagen, daß kein reines Minus vorliegt, sondern auch ein *Aliter*. Die Heilung kann sich in leichteren Fällen der *restitutio ad integrum* annähern. Doch aufs Ganze gesehen »bedeutet Genesung niemals die Rückkehr zur biologischen Unschuld. Gesundwerden heißt, sich neue – manchmal höhere – Lebensnormen zu geben. Die biologische Normativität ist irreversibel.« (Canguilhem 1974, S. 155) Die Irreversibilität nimmt zu, wenn die Erkrankung ins Zentrum der Persönlichkeit vorrückt, wenn sie das Selbst des Patienten beeinträchtigt und nicht nur etwas an ihm antastet. In traditioneller Sprechweise sprechen wir immer noch von psychischen Erkrankungen oder Geisteskrankheiten, was nicht bedeuten kann, daß sie nicht somatisch, sondern nur, daß sie nicht *primär* somatisch bedingt sind. Die dualistische Schärfe der cartesianischen Sprechweise, von der schon in Kapitel 1 die Rede war, mildert sich im übrigen ab, sobald man bedenkt, daß *Psyche* einst das Lebendige in seiner Selbstbewegung bezeichnete und daß *Geist* als *pneuma*, *spiritus* oder *ruach* an den Lebensatem erinnert und nicht mit dem mentalen Innenbereich einer *mens* gleichzusetzen ist.

## 3. Der Kranke als kulturell Fremder

Unsere bisherigen Überlegungen gingen von einer Lebenswelt aus, die Patienten und Ärzte miteinander teilen. Doch bestimmt man alles, was in diesem Lebensraum vor sich geht, als *intrakulturell*, so liegt darin bereits eine beträchtliche Vereinfachung. Unsere Lebenswelt ist immer auch *interkulturell* geprägt, sei es diachron aufgrund einer vielfältig nachwirkenden Medizingeschichte, darin eingeschlossen eine »Geschichte des Wahnsinns«, der Foucault auf neuartige Weise das Ohr geliehen hat, sei es synchron in der Konfrontation mit heterogenen Krankheitsformen, Krankheitskonzeptionen und Heilmethoden.

Das Fremdwerden des kulturell Eigenen begegnet uns seit längerem in ganz verschiedenen Formen. Dazu gehört die Entdeckung eines »inneren Auslandes« bei Sigmund Freud; der verfremdende

Blick des Ethnologen auf die eigene Gesellschaft bei Marcel Mauss und Claude Lévi-Strauss; die Verdoppelung der Ethnologie bei Marc Augé, nämlich in eine »Auto-ethnologie«, die Fremdes bei uns selbst, und eine »Allo-ethnologie«, die Fremdes bei Anderen erforscht (Augé 1989); eine von Georges Devereux inspirierte »Ethnopsychiatrie im Inland«, die außerhalb der Mauern der psychiatrischen Klinik vergleichbare schizoide Formen der Gesellschaft aufspürt (Devereux 1974, S. 242-265). All dies sind Vorboten und Anzeichen jener Probleme, die einer transkulturellen Psychiatrie und Psychoanalyse zu schaffen machen. Die Steigerung des Fremden in Fremdes, das uns nicht nur in der Person gewöhnlicher Kranker innerhalb unserer eigenen Kultur begegnet, sondern von außen an uns herantritt in Form von Kranken aus dem Bereich fremder Kulturen, bedeutet also keine nachträgliche Zutat, sie ist von Anfang an in die kulturell geprägte Fremderfahrung eingelassen wie ein Sprengsatz. Gleichwohl verdient diese Fremdheitsverwicklung eine besondere Form der Aufmerksamkeit.

Radikale Fremderfahrung verteilt sich auf verschiedene Dimensionen (vgl. BE Kap V-VI). Sie tritt zunächst auf als *ekstatische* Fremdheit des eigenen Selbst, darin beschlossen das Unbewußte als etwas, das sich dem eigenen Wissen und Wollen entzieht. Hierbei können wir mit Devereux unterscheiden zwischen einem ethnischen Unbewußten, das ein Individuum mit der Mehrzahl der Mitglieder seiner Kultur teilt, und einem idiosynkratischen Unbewußten, das aus einzigartigen und spezifischen Belastungen hervorgeht (1992, S. 23-28). Weitere Dimensionen des Fremden bilden die *duplikative* Fremdheit, die mich mit dem Anderen als meinem Doppelgänger konfrontiert, die *extraordinäre* Form der Fremdheit, die jeder Ordnung anhaftet wie ein untilgbarer Schatten, und schließlich die *liminale Fremdheit*, deren Abgründigkeit das Unbewußte mit einschließt. Eine schattenlose Ordnung käme einem Ordnungskäfig gleich. Von besonderer Bedeutung ist in unserem Zusammenhang das extraordinäre Fremde, das in den Grenzzonen zwischen Ordentlichem und Außerordentlichem nistet.

Die Potenzierung der Fremderfahrung in Form einer Erfahrung dessen, was für Fremde fremd ist, beruht auf einer einfachen Überlegung, die erst bei weiterer Ausgestaltung kompliziertere Formen annimmt. Auf einer ersten Stufe interkultureller Fremderfahrung begegnen uns *normale* Erlebnis-, Verhaltens- und Ausdrucksweisen einer fremden Kultur, die insgesamt von denen unserer eigenen Kultur abweichen, seien es feudale Treueverpflichtungen innerhalb der mittelalterlichen Gesellschaft, sei es die Naturbezogenheit japanischer Festriten und Tempelanlagen, sei es die enge Familienbindung afrikanischer Ethnien, seien es mexikanische Totenkulte, seien es schließlich traditionale Gepflogenheiten von Fremden, denen wir im eigenen Land begegnen und die als »kultureller Sauerteig« (Devereux 1974, S. 121) eine durchaus stimulierende Wirkung entfalten können. Doch darüber hinaus enthält jede fremde Kultur ihre eigenen Formen der Fremdheit. Die Grenze zwischen Ordentlichem und Außerordentlichem trennt nicht nur die eigene von der fremden Kultur, sie zieht sich auch durch die fremde Kultur hindurch. Dies betrifft *abnormale* Sondergestalten wie die Seher im antiken Griechenland, die Auguren im alten Rom, die jüdischen Propheten, die sibirischen Schamanen; es betrifft außergewöhnliche Formen der Gewalt wie den ›heiligen Krieg‹, die familiäre Blutrache oder den Ehrenmord; es betrifft Opferriten und eine Opferbereitschaft, die im Harakiri oder im Selbstopfer islamistischer Attentäter kulminiert. Es betrifft schließlich auch Sonderformen der Erkrankung.

In diesem Zusammenhang unterscheidet Devereux eine Vielfalt »ethnischer Störungen« (1974, S. 60-103), die wie der Amoklauf, die Berserkerwut, die Verwandlung in einen Wolfsmenschen oder der Veitstanz allesamt kulturell geprägt sind und die sich spezifische Abwehrmechanismen und Symptome zunutze machen. Speziell weist er darauf hin, daß die prozentuale Verbreitung psychiatrischer Symptome je nach kulturellem Kontext variiert. So erklärt sich beispielsweise, daß echte Schizophrenie bei primitiven Bevölkerungen, die keinen »brutalen Akkulturationsprozeß« durchgemacht haben, geradezu fehlt (ebd., S. 77-79).[10] Die Vorstellung einer monolithischen Kultur, die sich en bloc von der unsrigen abhebt, bedeutet jedoch eine beträchtliche Simplifikation, die sich in Fremdheitsklischees, auch in Feindschaftsklischees niederschlägt. Wer so denkt, vernachlässigt die Verwerfungen, die innerhalb einzelner Gruppen oder Populationen auftreten und dazu führen, daß etwa ein westlich orientierter Istanbuler sich von seinen traditionell

10 Dazu gibt es inzwischen höchst detaillierte Vergleichsstudien. Vgl. die Akten des oben erwähnten Kongresses, auf dem eine Fülle von Forschungsbeiträgen vorgestellt wurden.

lebenden Landsleuten aus Anatolien oder von Heilspredigern der eigenen Religion viel weiter entfernt fühlt als von durchschnittlichen Mitteleuropäern, die einer anderen oder keiner Religion angehören. Man übersieht auf diese Weise aber auch das Pathologische, das die fremde Normalität ebenso von sich absondert wie die eigene.

Das *Fremde für den Fremden*, das uns hier als Steigerungsform begegnet, verliert sich nicht in einer Kette von Fremdheiten, es macht vor uns selbst nicht halt und schlägt auf uns selbst zurück. In Husserls *Cartesianischen Meditationen*, einem klassischen Text zum Problem der Fremderfahrung, heißt es: Ich stoße darauf, »daß ich den jeweilig Anderen erfahren kann nicht nur als Anderen, sondern als selbst wieder auf seine Anderen bezogen, und eventuell in einer iterierbar zu denkenden Mittelbarkeit zugleich auf mich selbst« (Hua I, 158). Mit der angeblichen Mittelbarkeit einer Fremderfahrung, die unmittelbar vom Ich als einem Ur-Ich und von der Eigenheitssphäre als einer Ursphäre ausgeht, verkennt Husserl allerdings, wie viele vor und nach ihm, den genuin pathischen Charakter der Fremderfahrung. Radikale Fremdheit läßt sich nicht aus Eigenem herleiten, als entstünde der fremde Blick aus *meiner* Konstitution des fremden Blicks *als* eines fremden Blicks und als sei ich ein Ich, schon bevor der fremde Blick oder das fremde Wort mich trifft. Die Iteration der Fremdheit, die von der Fremderfahrung auf mich selbst zurückschlägt, hat Husserl jedoch sehr wohl bemerkt.[11] Meine Erfahrung *des Fremden* kulminiert im *Fremdwerden* meiner eigenen Erfahrung. Alfred Schütz hat dies an den Lebensfiguren des Fremden und des Heimkehrers und literarisch an der historischen Schwellenfigur eines Don Quijote exemplifiziert (siehe *Ges. Aufsätze* II). In Affekten wie der Angst vor dem Fremden oder der Neugier auf das Fremde dringt Fremdes in uns selbst ein. Wenn Freud in *Jenseits des Lustprinzips* schreibt: »Schreck aber benennt den Zustand, in den man gerät, wenn man in Gefahr

11 Die Verkettung und Verflechtung von Fremderfahrungen ist nicht zu verwechseln mit einer transitiven Beziehung im Sinne der Relationslogik, in der ein Selbes auf ein Anderes und so auch auf ein Anderes des Anderen bezogen wird. Das Selbst (*self*) ist ebensowenig mit dem Selben (*same*) gleichzusetzen, wie der/die Fremde, der/die von mir geschieden ist, mit dem Anderen gleichzusetzen ist, das von mir verschieden ist. Zu den strittigen Fragen einer Erfahrung des Fremden bei Husserl vgl. DFG Kap. 3.

kommt, ohne auf sie vorbereitet zu sein« (GW XIII, 10), so trifft dies generell auf den bestürzenden Eindruck zu, der vom Fremden ausgeht und in die eigene Erfahrung eingeht. Wir tragen Anteile des Fremden in uns selbst. Das Fremde ist uns implantiert, wie Jean Laplanche es nennt. Von affektiven Prägungen und Verletzungen gereinigt wäre die Fremderfahrung keine Fremderfahrung mehr, sondern Ausdruck eines schieren Exotismus, der aus dem Fremden ein Gegenbild des Eigenen macht. Doch zur Fremderfahrung gehört ein Ineinander von Eigenem und Fremdem; dies verträgt sich nicht mit einer strikten Trennlinie, wie sie auf dem Reißbrett oder mit dem Lineal gezogen wird. Fremdheit in uns selbst und Fremdheit der Anderen sind eng miteinander verflochten; ebendeshalb gibt es ein inneres und nicht nur ein äußeres Ausland, und ebendeshalb ist das Außerordentliche niemals völlig außerhalb des Ordentlichen, das Anomale niemals völlig außerhalb des Normalen, das Kranke niemals völlig außerhalb des Gesunden angesiedelt. Dies führt dazu, daß Übernormalität und Überanpassung selbst Formen der Anomalität darstellen und daß die Norm bei ›Normopathen‹ ihrerseits pathogene Wirkungen entfaltet.

Von daher schwindet auch das Schreckgespenst eines kulturalistischen Relativismus, dem man vielfach mit den Waffen eines infra- oder suprakulturellen Universalismus zu Leibe rückt – als ginge es lediglich um das vertikale Gefälle von Partikularität und Universalität und nicht zunächst um die transversale Differenz zwischen Eigenem und Fremdem. Man tut so, als wären Krankheiten oder auch Lebenssitten, die eine besondere kulturelle Färbung aufweisen, in ihre jeweilige Kultur eingeschlossen wie in eine Muschelschale, solange man sie nicht mit den probaten Mitteln der Universalisierung aus ihrem Verlies befreit. Doch dieser Streit beruht auf gänzlich falschen Voraussetzungen.

Es gibt es keine reine Kultur, sondern stets nur ein vielfältiges Geflecht von Kulturen, das ein *Mehr oder Weniger an Fremdheit* zuläßt. Für einen aufgeklärten Europäer ist ein Attentäter, der sich mit seinem Opfertod einen Platz im Jenseits erkauft, gewiß fremder als ein Neurotiker, der an allem klebt, was er ist und hat, doch etwas Anstößiges, Befremdliches hat auch die Besessenheit von Geld und Reichtum, sofern man von gelebten und nicht von eingebildeten Bedürfnissen ausgeht. Europäer stoßen in Afrika, aber auch in ihren Völkerkundemuseen auf die Spuren einer von Gewalt gezeichneten Kolonialgeschichte, die als dunkles Kapitel die Versklavung mit einschließt. Insofern gehören Afrikaner zu unserer europäischen oder europäisch geprägten Geschichte, wie umgekehrt Europäer zur afrikanischen Geschichte gehören – und eben auch nicht gehören. Mit der Fremdheit anderer Lebensformen ist es nicht anders bestellt als mit der Fremdheit anderer Sprachen. Das Niederländische ist für einen gewöhnlichen Deutschen weniger fremd als das Russische oder gar das Arabische. Doch eine mögliche Übersetzung ist in keinem Fall ausgeschlossen; eine *Fremd*sprache, die absolut fremd wäre, wäre keine Fremd*sprache* mehr, sondern nur eine Abfolge von Lauten. Ähnliches gilt für das Verständnis von psychischen Krankheiten, das von dem Psychiater das Erlernen einer fremden Lebenssprache verlangt. Daß Fremdes sich unserem Zugriff entzieht, bedeutet nicht, daß es *ganz anders* ist als das Eigene, als gäbe es da nichts zu vergleichen; es bedeutet nur, daß die Singularität des Fremden, wie sie uns bereits in der individuellen Gestalt des Patienten begegnet ist, *mehr* ist als der bloße Teil eines Ganzen oder der bloße Fall eines allgemeinen Gesetzes. Wenn dem so ist, dann stellt sich die Frage, welche Rolle die Ethnopsychiatrie bei der Behandlung des Fremden spielt.

## 4. Ein Fall von Menschenopfer

Bei dem Versuch, einen geeigneten Ort für eine Psychiatrie des Fremden ausfindig zu machen, stoßen wir erneut auf die Rolle des intervenierenden Dritten. Um die Sachlage zu verdeutlichen, beziehe ich mich auf einen klinischen Fall mit forensischem Hintergrund, den Wolfgang Blankenburg, ein phänomenologisch versierter Psychiater, als Musterbeispiel einer Ethnopsychiatrie im Inland anbietet.[12]

Es handelt sich um einen 56-jährigen Iraker, der zehn Jahre hindurch in Deutschland als sogenannter Gastarbeiter tätig war. Er tötete seine über alles geliebte 9-jährige Tochter auf rituelle Weise, mit eigens angefertigten Nadeln, die ihr ins Herz gestochen wurden,

12 »Ethnopsychiatrie im Inland« (1984a). Dieser Aufsatz erschien in einem Georges Devereux zum 75. Geburtstag gewidmeten Sonderband. Ich weise in diesem Zusammenhang darauf hin, daß ich meinen ersten Vortrag über das Fremde 1985 in der von Wolfgang Blankenburg geleiteten Marburger Klinik für Psychiatrie hielt.

und so brachte er sie bei der Mitternachtsmesse am Heiligen Abend vor versammelter Gemeinde als ›heiliges Opfer‹ dar. Die erste Frage, die es zu entscheiden galt: Handelt es sich um eine zurechenbare Straftat oder nicht. Die Richter entschieden, gestützt auf medizinische Gutachten, auf einen *verbrämten Racheakt*. Rache gilt laut BGB als niedriger Beweggrund. Erst als der zu 15 Jahren Haft verurteilte Täter den Anstaltspfarrer, der sich sehr um ihn kümmerte, auf ähnlich grausame Weise angriff, ihn mit Benzin überschüttete und anzündete, wurde ein erneutes psychiatrisches Gutachten eingeholt. Diesmal sprach sich der Psychiater, nämlich Blankenburg selbst, unter Berücksichtigung eines vorausgegangenen lang anhaltenden Eifersuchtswahns, für eine *paranoide Psychose* aus, so daß der Täter in eine geschlossene psychiatrische Anstalt eingeliefert wurde.

Bis hierher hat alles seine formale Richtigkeit. Richter und Mediziner urteilen, wenn auch teilweise gegensätzlich, aus der Position von befugten Dritten, indem sie die Tat einem allgemeinen Strafbestand beziehungsweise einem allgemeinen Krankheitstyp zuordnen und von daher entsprechende Maßnahmen anordnen oder empfehlen. Befragen wir nochmals Devereux. Den ethnischen Charakter der Psychose sieht der Ethnopsychiater darin, daß der Patient die Kultur, der er angehört »de-kulturiert«. »Die kulturellen Materialien werden weiterhin verwendet – aber in rein subjektiver Weise und beinahe ohne Verbindung mit ihrem normalen sozialen Kontext.« Für den Psychotiker wird der Tisch zum Altar, das Bett zur Folterbank, die Tür zur Höllenmaschine und eben die Nadel zu einem kultischen Gerät. »Die kulturellen Materialien werden weiterhin benutzt, aber zu *nicht-kulturellen Zwecken*. Sie erleiden einen Funktionsverlust und eine Entwertung, ähnlich wie ein Skalpell, das benutzt würde, um einen Mord zu begehen.« (1974, S. 153 f.) Am Ende steht ein Tatbestand, der sich mit ähnlichen Tatbeständen, und ein Täterprofil, das sich mit ähnlichen Täterprofilen vergleichen und entsprechend einstufen läßt. Dies gilt auch für einen einheimischen Fremden wie den in Wien verurteilten Moosbrugger, dessen Fall Ulrich auf gewohnt skeptische Weise kommentiert: »In den Augen des Richters gingen seine Taten von ihm aus, in den seinen waren sie auf ihn gekommen wie Vögel, die herbeifliegen. Für den Richter war Moosbrugger ein besonderer Fall; für sich war er eine Welt, und es ist schwer, etwas Überzeugendes über eine Welt zu sagen.« (Musil 1978, S. 75)

Der spezifisch ethnische Charakter unseres Fallbeispiels würde gänzlich verblassen, ähnlich wie bei Rechtsentscheiden die Geschlechts- oder Religionszugehörigkeit ausgeblendet wird, würde Blankenburg nicht ausdrücklich den soziokulturellen Überschuß der *Opferhandlung* geltend machen. Er tut dies, indem er Menschenopfer aus griechischen Sagen heranzieht – man denke an das Schicksal von Iphigenie –, indem er aber vor allem an das im letzten Augenblick verhinderte Opfer Isaaks erinnert, das die jüdische und christliche mit der islamischen Tradition gemein hat. Würde man hier stehenbleiben, so würde man sich einem endlosen intrakulturellen, interkulturellen und auch interreligiösen Deutungsstreit ausliefern.[13] Die Einschätzung von Wahnvorstellungen oder Spaltungsvorgängen bliebe an die normativen Vorgaben kontingenter Lebensformen gebunden. Die unvermeidliche Relativität von Krankheitserscheinungen würde sich zu einem Relativismus der Krankheitsbeurteilung verfestigen. Blankenburg beruft sich daher auf Devereux, der für eine methodisch ausgeübte »kulturelle Neutralität« plädiert, vergleichbar der affektiven Neutralität in der analytischen Situation. Er schlägt also vor, transkulturelle Vergleiche anzustellen und im vorliegenden Fall ein allgemeinmenschliches *Opfermotiv* in Betracht zu ziehen.

## 5. Der Ethnopsychiater in der Rolle des Dritten

Die Debatte, die sich hier anspinnt, würde erneut einen fragwürdigen Verlauf nehmen, wollte man die Ethno-psychiatrie als bloße Vorstufe einer Anthropo-psychiatrie ansetzen. Auf diese Weise nämlich würde die Fremdheit innerhalb wie auch außerhalb der eigenen Kultur doch wieder herabgesetzt zur bloßen Variante innerhalb einer universalen Strukturgesetzlichkeit, wie es uns vom kulturanthropologischen Strukturalismus vorexerziert wird. Bei Claude Lévi-Strauss, dem Protagonisten dieser Richtung, wird der Trend zu einer umfassenden Wissenschaft vom *Universalen* allerdings immer wieder aufgefangen durch den Trend zu einer differentiellen Wissenschaft vom *Fremden*, die sich von Rousseaus Gang

13 Ich verweise exemplarisch auf eine neuere, aus der jüdischen Tradition schöpfende Auslegung dieser vielerörterten Opferszene durch Stéphane Mosès: »Warum Isaak nicht geopfert wurde.« (2004, Kap. 2)

und Blick in die Ferne inspirieren läßt. So gibt es auch von ethnologischer Seite einiges, das gegen eine unaufhaltsame Universalisierung spricht.[14]

Mit den kulturellen Universalien verhält es sich ähnlich wie mit den linguistischen Universalien. Man wird keineswegs bestreiten können, daß alle menschlichen Sprachen ebenso wie alle menschlichen Erkrankungen universale Merkmale und Regeln miteinander teilen, die teils in der präkulturellen und natürlichen Vorgeschichte angelegt sind, teils auf transkulturellen, vernunftgemäßen Kategorien beruhen; nichtsdestoweniger muß man zugeben, daß es sich in all diesen Fällen um bloße Formen einer *conditio sine qua non* handelt, also allenfalls um notwendige, nicht aber um zureichende Bedingungen für all das, was die einzelnen Kulturen hervorbringen. Die nicht zu leugnende Tatsache, daß das Deutsche und das Chinesische nicht toto coelo verschieden sind, macht den Unterschied zwischen Muttersprache und Fremdsprache keineswegs hinfällig. Die erforderlichen Lernanstrengungen und Übersetzungsleistungen, die sich in einem sprachlichen Zwischenfeld abspielen, können niemals durch den Rekurs auf allgemeine geistige oder natürliche Gesetze ersetzt werden, egal ob diese von oben her oder von unten her die Erfahrung ordnen, und ebensowenig können sie gänzlich durch Übersetzungstechniken wettgemacht werden.

Dies dürfte mutatis mutandis auch auf die Vielfalt der Krankheitserscheinungen und auf das Verhältnis zwischen dem Arzt und dem Kranken als einem kulturell Fremden zutreffen. So wie es Ordnung gibt, nicht aber eine einzige Ordnung, so gibt es auch Pathologien, nicht aber eine einzige Pathologie. Abweichungen sind so plural wie die Ordnungen, von denen abnormales Verhalten abweicht. Um eine solche, niemals völlig zu verallgemeinernde Eigenart des Denkens zu kennzeichnen, spreche ich, im Anschluß an Derridas Behandlung der Nationalitätenfrage in der Philosophie, von *Idiomen des Denkens* (2005, Kap. 17). Auf ähnliche Weise könnte man Idiome der Krankheit in Betracht ziehen. Dazu eindrückliche sprachliche Beispiele aus Freuds Schrift *Das Unbewußte*

14 Vgl. die von Didier Eribon aufgezeichneten Gespräche: *Das Nahe und das Ferne* (frz. 1988, dt. 1996) sowie *Die andere Seite des Mondes. Schriften über Japan* (2012), worin der Autor der japanischen Kultur für seine Person eine Anziehungskraft zugesteht, die sich nicht verallgemeinern läßt. Dies entspricht dem, was wir als das Pathische in der Erfahrung berücksichtigen.

(GW X, 296f.): »Die Augen sind nicht richtig, sie sind verdreht [...], er ist ein Heuchler, ein *Augenverdreher*, er hat ihr die Augen verdreht, jetzt hat sie verdrehte Augen, es sind nicht mehr ihre Augen, sie sieht die Welt mit anderen Augen.« Oder: »Sie steht in der Kirche, plötzlich gibt es ihr einen Ruck, sie muß sich *anders stellen, als stellte sie jemand, als würde sie gestellt.*« So klingen die Wortspiele eines schizophrenen Mädchens, das wegen eines Zwistes mit dem Geliebten in die Klinik gebracht wurde. Zu den allgemeinen Charakteristika schizophrener Sprachstörungen gehört ein »Kurzschluß zwischen Überabstraktion und Hyperkonkretismus«, wie Wolfgang Blankenburg feststellt (1984b, S. 105). Doch selbst diese Sprachprodukte sind nicht als sinnloses Kauderwelsch zu verstehen, als bloßer »Wortsalat«, wie Devereux formuliert (1974, S. 154), sondern als ein hilfloser, gleichwohl produktiver Versuch, auf empfindliche, leibhaftige Störungen eine Antwort zu finden. Österreichische oder deutsche Leser werden bei den zitierten Äußerungen des Mädchens nicht umhin können, an Wortkaskaden bei Thomas Bernhard zu denken, wie sie etwa in einem Text zu finden sind, der den Titel *Gehen* trägt (1971, S. 85): »Wir können nicht sagen, wir denken, wie wir gehen, wie wir nicht sagen können, wir gehen, wie wir denken, weil wir nicht gehen können, wie wir denken, nicht denken, wie wir gehen.« Der idiomatische Klang solcher Sätze läßt sich zwar bis zu einem gewissen Grade in andere Sprachen übertragen, aber verallgemeinern läßt er sich nicht. Die »kulturellen Materialien«, aus denen laut Devereux der Psychopath seine Abwehrkräfte bezieht, darunter Mythen, die einen »kulturellen Kühlschrank« bilden, in dem durch innere Konflikte hervorgerufene Phantasien abgelagert werden (1974, S. 34), sind kein bloßes Rohmaterial, sondern geformte Angebote, die selbst noch im Unsinn einen eigentümlichen Sinn durchschimmern lassen. Lévi-Strauss spricht in seinen Mythologien ähnlich von Bricolage.

Der Verallgemeinerung sind also Grenzen gesetzt. Unter der anthropologischen oder humanistischen Perspektive eines *humani nihil a me alienum puto* würde die Fremdheit meiner selbst, die des anderen Menschen wie auch die der fremden Kultur, einem Einheitsideal zum Opfer fallen, das sich heute mit einem Globalisierungstrend verbindet. Demgegenüber gilt es daran festzuhalten, daß ein Dritter, der beobachtend, analysierend oder steuernd in eine Fremderfahrung eingreift, zwar vergleicht, und dies mit vollem Recht, daß ihm dies aber nur in der paradoxen Weise eines »Vergleichs des Unvergleichlichen« gelingt (Levinas 1992, S. 344 f.). Was gleich*gesetzt* wird, *ist* nicht gleich – außer man unterstellt, es gebe einen Vergleich *from nowhere* und Vergleichsmaßstäbe lägen bereit wie Rechenschieber. Nehmen wir nochmals das frühere Beispiel. Wenn es bei der anfänglichen juridischen und medizinischen Maßregelung bleibt, so kommt das Mädchen, das geopfert wurde und um das sich doch alles dreht, am Ende nicht mehr vor, als sei dessen Tod nur ein Auslöser für juridische und medizinische Prozeduren. Ähnliches gilt für die Quelle der Eifersucht, die zumeist von einer enttäuschten Liebe zehrt, sowie für den Übergang vom Sich-beobachtet- und Verfolgt-fühlen zum Verfolgungswahn, das heißt für den Prozeß des Erkrankens, der immer schon begonnen hat, wenn Befragung und Behandlung einsetzen.

Die Ethnopsychiatrie könnte von den Aporien lernen, die der Ethnologie und der Ethnographie von ihren Anfängen her zu schaffen machen. Als Xenologie, als Fremdheitswissenschaft also, ist die Ethnologie keine normale Gesetzeswissenschaft, die sich als Allgemeinheitswissenschaft mit der Suche nach allgemeinen Regeln und Gesetzen zufriedengibt; denn ein begriffenes und erklärtes Fremdes wäre keines mehr. In der *Topographie des Fremden* spreche ich demgemäß vom »Paradox einer Wissenschaft vom Fremden«; dieses Paradox betrifft alle Ethno-Disziplinen, also auch die Ethnopsychiatrie und die Ethnopsychoanalyse. Boris Malinowski, ein bahnbrechenden Vertreter seines Faches, der sich frühzeitig an die Feldforschung heranwagte, mühte sich ab mit dem Programm einer *teilnehmenden Beobachtung*. Wie die enttäuschten Bemerkungen in Malinowskis Tagebüchern zeigen, endet dieses Programm unweigerlich in einem Desaster, sobald man das Zugleich von Teilnahme und Beobachtung, von Zugehörigkeit und Distanz, von Reden mit … und Reden über … und letzten Endes auch das Zugleich von Reden und Hören als Koinzidenz versteht. Dies hieße nämlich, daß man die eigene Erfahrung des Fremden mit dem neutralen Blick eines Dritten kollabieren läßt, um dann vielleicht schlechten Gewissens zum Fremden zurückzukehren. Doch ein schlechtes Gewissen ist kein guter Ratgeber.

Eine Alternative böte sich an in Gestalt einer *indirekten Form* des Blicks, der Rede, des Handelns, die sich ihrer fremden Herkunft bewußt bleibt und sich demgemäß eines Doppelblicks, eines

Doppelgehörs und einer Doppelrede befleißigt.[15] Die Rede, die *aus der Fremde* kommt und *auf das Fremde* antwortet, würde niemals mit der Rede *über das Fremde* zusammenfallen. Was die Psychiatrie angeht, so ist sie ebenso wie die Psychoanalyse eine spezifische Disziplin und Praktik, die ihren eigenen Methoden und Techniken folgt, und zu Unrecht würde man von ihr verlangen, daß sie alle Horizonte des Fremden ausleuchtet und alle Tiefen der Fremdheit ergründet. Doch um ihrem Anspruch als Ethnowissenschaft gerecht zu werden, müßte sie Türen und Fenster offenhalten, um Windstöße des Fremden einzulassen.

15 Ich verweise auf meine kritischen Ausführungen zu den »Paradoxien ethnographischer Fremddarstellung« in: *Vielstimmigkeit der Rede* (1999), Kap. 6.

# 8. Response, Resonanz und Resistenz

Im Blickpunkt des folgenden Kapitels stehen mit Response und Resonanz zwei Konzepte, die weder zum herkömmlichen Begriffsbestand der Philosophie noch zu dem der Psychoanalyse gehören. Ich selbst habe die Wortbegriffe ›Response‹ und ›Responsivität‹ bestimmten Einzeldisziplinen entnommen und sie zusammen mit dem deutschen Wort ›Antwort(en)‹ zur Ausbildung einer responsiven Form der Phänomenologie genutzt. Mit der ›Resonanz‹ steht es nicht ganz so; sie taucht bei mir und, wenn ich recht sehe, auch bei anderen Philosophen lediglich beiläufig auf, nämlich in speziellen Beschreibungsfeldern, und ähnliches dürfte auf die Psychoanalyse und auf die medizinische Psychosomatik zutreffen. Hartmut Rosa geht entschieden darüber hinaus, indem er neuerdings den Versuch macht, die Resonanz in den Rang eines Grund- und Schlüsselbegriffs zu erheben. Diesen Versuch siedelt er in der Soziologie an, doch genauer gesagt dient der Versuch einer anthropologisch erweiterten Soziologie, die weitgehende normative Ansprüche erhebt. Die Tragweite dieses Versuchs bleibt zu überprüfen. Ich werde im folgenden von der Konzeption der Responsivität ausgehen und mich dem Phänomen der Resonanz von der phänomenologischen Seite aus nähern, mit wiederholten Seitenblicken auf ähnliche Problemlagen in der Psychoanalyse und der Medizin.

Fragen wir uns, was die Konzepte Response und Resonanz miteinander verbindet, so stoßen wir sprachlich gesehen auf das unscheinbare Präfix Re-, in dem sich die Rück- und Gegenläufigkeit einer Bewegung andeutet. An diese Rekursivität erinnert Paul Valéry, dem das erste Wort gegönnt sei. Der französische Autor spricht in seinen poetologischen Reflexionen, in Abwehr einer modernistischen Neuerungssucht, von der Qualität ›Wieder‹ (Re-), die besagt, daß ein Werk wiedergehört, wiedergedacht, wiedergesehen werden kann, getreu dem Motto: »*Conserver la merveille dans l'accoutumance* – Im Gewohnten das Wunder bewahren.« (*Cahiers* II, 954, dt. 6, 508) Das Re- entstammt selbst nicht der Gewohnheit, sondern einer leibhaftigen Response, die unseren Geist und seinen Weltbezug prägt: »*L'esprit est un moment de la réponse du corps au monde.* – Der Geist ist ein Moment der Antwort des Körpers auf die

Welt.« (I, 1125, dt. 3, 312). Die Antwort hinkt nicht hinter der Frage her, sie hat ihr eigenes Gewicht: »*Même lorsqu'il demande, l'esprit est réponse.* – Selbst wenn er fragt, ist der Geist Antwort.« (I, 988, dt. 3, 155) Auch die Resonanz fehlt bei Valéry nicht. Ihr begegnen wir vorzüglich in den Zonen der Affektivität und der Sensibilität. Doch diese gehören selbst zu einem eigentümlichen *corps de l'esprit*: »*La pensée n'est pas sérieuse que par le corps.* – Das Denken ist allein ernsthaft durch den Körper.« (I, 1120, dt. 3, 306) Als Phänomenologe und Leser Nietzsches würde ich vom ›Leib‹ sprechen, der sich in einem leibhaftigen Denken äußert. Die Plazierung des Ungewohnten im Gewohnten, die uns von Valéry nahegelegt wird, erzeugt eine Spannung, die unsere Überlegungen vorantreiben wird. Nicht umsonst waren die Schriften von Valéry eine wichtige Quelle der Inspiration für Merleau-Pontys Phänomenologie der Leiblichkeit.

## 1. Vom Pathos zur Response

Das Antworten betrachte ich als einen Grundzug des menschlichen Verhaltens und Erlebens, der sich nicht auf die Sprache beschränkt, sondern in Form eines »leiblichen Responsoriums« unser gesamtes Verhalten zur Welt, zu uns selbst und zu den Anderen prägt und dabei das Sehen und Hören als »das antwortende Hinsehen, Hinhören« mit einschließt (Hua XV, 462). Die Pointe besteht kurz gesagt darin, daß das Antworten als solches anderswo beginnt. Wer antwortet, antwortet zwar mehr oder weniger als er oder sie selbst, aber nicht aus eigener Initiative, sondern einem fremden Impuls folgend oder sich ihm widersetzend. So besehen verschmilzt die responsive Phänomenologie mit einer Phänomenologie des Fremden, die ebenfalls aus der Ferne kommt. Genauer gesagt bedeutet dies, daß erst das Antworten dem Fremden Raum gewährt. Das Antworten erlaubt es uns nämlich, *vom Fremden her* zu reden, bevor wir *über Fremdes* reden und bevor das Eigene und das Gemeinsame dem Fremden den Rang ablaufen. Als Grundzug des Verhaltens geht die Responsivität über bekannte Grundzüge wie Intentionalität, Regularität und Praktikabilität hinaus; denn hinter der Frage, welches Ziel wir verfolgen, nach welchen Regeln wir uns richten und unter welchen Umständen wir tätig werden, steht immerzu die Frage, *wovon* wir jeweils angerührt, angesprochen und angeregt werden und *worauf* unsere Worte und Taten antworten. In »Anspruchsmodalitäten« wie Anreiz, Antrieb, Aufforderung oder Herausforderung (AR 243, BE 102-109) verkörpert sich das Movens unseres Verhaltens, das in variablen Formen der Ansprechbarkeit, Achtsamkeit, Empfindlichkeit oder Empfindsamkeit seine leibliche Ausprägung findet. Dabei gehört die anfängliche Stummheit zur Erfahrung, so wie das hintergründige Schweigen zur Rede gehört.

Mit dem Gebrauch des Konzepts der Responsivität knüpfe ich an verschiedene Disziplinen an. An erster Stelle nenne ich die Neurophysiologie und Neuropsychologie im Stile von Kurt Goldstein. Dieser deutschjüdische Mediziner war 1914 bis 1930 in Frankfurt tätig, baute dort zusammen mit dem Gestaltpsychologen Adhémar Gelb eine Rehabilitationsklinik auf, widmete sich einer systematischen Erforschung des Zusammenhangs von Hirnverletzung und Verhaltensstörung und war danach bis zu seiner Verhaftung und Vertreibung in Berlin-Moabit tätig. Er geht aus von einer durchgängigen Auseinandersetzung des Organismus mit seiner Umwelt. Dabei unterscheidet er zwischen der *Responsivität*, die den gesunden Organismus instand setzt, den Anforderungen seines Milieus zu entsprechen, und der *Irresponsivität* des Kranken, bei der die Antwortfähigkeit beeinträchtigt ist. Sein grundlegendes Werk *Der Aufbau des Organismus*, das seit langem auf französisch und auf englisch vorliegt, erschien auf deutsch 1934 kurz nach der Vertreibung des Autors in Den Haag und erst 2014, also 80 Jahre später, in einer von Thomas Hoffmann und Frank W. Stahnisch besorgten Neuausgabe, erstmals auf deutschem Boden.[1] Auch dies eine verspätete Antwort, weit ab von einer unmittelbaren Resonanz. Beiläufig sei bemerkt, daß die Kritik des Autors sich unter anderem gegen eine bestimmte Resonanztheorie richtet, nämlich gegen jene von Paul Weiss, die von präformierten Erregungsbahnen ausgeht (2014, S. 77 f.). – Verwandt mit dem responsiven Ansatz der Medizin ist der antibehavioristische Ansatz der Berliner Gestalttheoretiker, unter ihnen Kurt Lewin, Wolfgang Köhler und

1 Der Kommentar der Herausgeber unterrichtet auch über den weltweiten, interdisziplinären Einfluß dieses Autors, der angefangen mit der Philosophie von Cassirer, Scheler, Gurwitsch und Merleau-Ponty über die Linguistik von Jakobson, über die Medizingeschichte von Canguilhem und über die russische Psychologie und Neurologie von Wygotski und Lurija bis hin zu Sacks, Pearls und Rogers in Übersee reicht.

Max Wertheimer. Sie beziehen sich auf *Aufforderungsqualitäten* und *Gefordertheiten* der Dinge, die uns etwas zu tun, zu sehen, zu hören oder zu spüren geben, auf das wir mit unserem Leib sensomotorisch antworten. Diese Antriebskräfte des Verhaltens kehren in der Ökopsychologie von James Gibson wieder als *affordances*. Ähnliches findet sich schon bei George Herbert Mead in seinen Analysen eines responsiven Sozialverhaltens. – Schließlich spielt bei dem russischen Literaturtheoretiker *Michail Bachtin* die *Antwortlichkeit* (*otvetnost'*) eine zentrale Rolle. Sie ist elementarer anzusetzen ist als die Verantwortlichkeit im Sinne einer Übernahme von Verantwortung (*otvetctvennost'*). Innerhalb der Polyphonie der Rede, in die unsere Äußerungen eingebettet sind, nimmt jede Rede einen Antwortcharakter an; das eigene Wort, in dem fremde Worte mit anklingen, entpuppt sich als »halbfremdes Wort«, das »mit fremden Intentionen besetzt, ja überbesetzt«[2] ist. Diese Herkunftsliste läßt erkennen, wie wenig sich das Motiv der Responsivität auf ein bestimmtes Idiom beschränkt, und im Lebensschicksal der ausgewählten Autoren, von denen keiner einen ruhigen Ort fand, deutet sich an, daß Antworten nicht wohlfeil zu haben sind. Wer antwortet, setzt sich wechselnden Risiken aus.

Wechseln wir über zur Philosophie, so gilt es vorweg zu unterscheiden zwischen alltäglichen, normal geregelten Wort- und Handlungsfolgen eines Dialogs, bei denen Äußerung und Gegenäußerung miteinander abwechseln und mehr oder weniger aufeinander abgestimmt sind, und neuartigen Situationen, bei denen die gewohnten Antworten, die sich auf ein Repertoire stützen können, versagen. Das Antworten, das hier verlangt wird, ist weit entfernt vom Lösen von Kreuzworträtseln oder vom Ausfüllen von Fragebögen. Was speziell die Phänomenologie betrifft, die sich von Anfang an vornimmt, im Logos der Phänomene die Erfahrung zum Sprechen zu bringen, so rechnet sie mit Situationen, die uns nicht nur mit Neuem, sondern mit Neuartigem konfrontieren, so daß mehr

2 Michail M. Bachtin, »Das Wort im Roman« (russ. 1965/75), in: ders., *Die Ästhetik des Wortes* (1979), hier S. 185. Vgl. dazu vom Verf. *Vielstimmigkeit der Rede* (1999), Kap. 7: »Hybride Formen der Rede« und *Platon* (2017), S. 46-56: »Polyphonie in Bachtins Romantheorie und in Dostojewskis Romanen«. Wie sehr der russische Autor seinerseits dialogphilosophische und phänomenologische Anregungen aufgegriffen hat, zeigt eine jüngst erschienene Arbeit von Carina Pape: *Autonome Teilhaftigkeit und teilhafte Autonomie. Der Andere in M. Bachtins Frühwerk* (2015).

oder weniger die Ordnung der Erfahrung und mit ihr die Ordnung des Lebens auf dem Spiel steht. Foucaults Diktum »Es gibt Ordnung« besagt auch: »Es gibt etwas zu antworten«, was nicht schon als heimliche oder fertige Lösung vorliegt.

Was auf diese Weise hervortritt, läßt sich beschreiben als ein Doppelereignis aus Pathos und Response, das uns schon mehrfach begegnet ist und das wir hier nochmals in seinen Grundzügen skizzieren. Das Wort *Pathos* steht für alles, was uns widerfährt, wovon wir getroffen, affiziert, erschüttert, erhoben oder verletzt sind. Im Erschrecken oder im Erstaunen, das uns aus der Fassung bringt, nimmt dieses Pathos eine exzessive Form an. Das Pathos ist kein Akt, den ich mir als Autor zuschreiben kann. Ich bin an ihm beteiligt, aber nicht im Nominativ eines Ich, sondern im Dativ oder Akkusativ eines Mir oder Mich, das mich in einem weiten Sinne als *Patienten* bezeichnet. – Das Pathos realisiert sich in Form einer Antwort, die mir als einem *Respondenten* abverlangt wird. Die Antwort liegt nicht fertig vor, sie ist mehr oder weniger zu erfinden; sie wird gegeben oder verweigert, ausgehend von dem, was mich affiziert oder ausdrücklich an mich appelliert. Zwischen dem Worauf des Antwortens und dem Was und Wie unserer Antworten besteht eine responsive Differenz, die Raum läßt für Erfindungen und auch für das Wirken des Unbewußten. Das *Geben* der Antwort deckt sich nicht mit der *gegebenen* Antwort. Das Selbst, das diesem Antwortgeschehen entspringt, erweist sich, ähnlich wie das Ich in der Psychoanalyse, als geteiltes Selbst. – Das Antworten braucht Zeit. Der Spalt, der das Selbst durchzieht, hat die Form einer originären Zeitverschiebung, die ich mit einem Ausdruck, der sich schon bei Plotin und später bei Levinas findet, als *Diastase* bezeichne. Wörtlich bedeutet dies ein Auseinandertreten, das den fremden Appell von der eigenen Antwort absondert, indem es unserem Zugriff einen Widerstand entgegensetzt, auch einen ethischen Widerstand, wie es bei Levinas heißt, der sich im fremden Antlitz verkörpert und nicht in einer physischen Beschaffenheit (1987, S. 283-286). Es handelt sich also nicht bloß um eine berechenbare Gegenkraft, sondern um ein qualitativ erfahrbares Wogegen. Was hier Zeitverschiebung genannt wird, besagt, daß das, was uns überraschend widerfährt, zu früh kommt, gemessen an unseren Vorwegnahmen und Vorkehrungen, und daß umgekehrt unsere Antworten zu spät kommen, gemessen an dem, was uns zustößt und entgegentritt.

Diese Vorgängigkeit wirft auch ein Licht auf die strittige Annahme präverbaler oder präsymbolischer Erfahrungen. Dieses Prä- kann nicht bedeuten, es gebe etwas vor der Sprache; es kann nur heißen, daß das Sprachliche sich selbst vorausgeht, und zwar derart, daß etwas *zur Sprache kommt* und nicht einfach innerhalb oder außerhalb der Sprache vorkommt. In diesem Sinne spricht Husserl von einer vor-prädikativen Erfahrung und Merleau-Ponty von einer Vor-Sprache (*pré-langage*).

Was schließlich die Ordnung angeht, die als responsive Rationalität aus der Antworterfahrung hervorgeht und sie artikuliert, so entspringt sie einer *Transformation*, die als Antwort kreativ und als Kreation responsiv ist. Was uns widerfährt, wird *als etwas* erfaßt, gesehen und gehört, gemeint und verstanden, indem es als perzeptive Gestalt, als Melodie oder als Bewegungsrhythmus wiederholbare Formen annimmt, und es wird *in etwas* begehrt, indem es die Qualitäten eines Triebobjekts annimmt. Dieser Umsetzungsprozeß gehört zur »Arbeit der Sinne«.[3] Er vollzieht sich nicht stetig und geradlinig; der Hiatus zwischen Anspruch und Antwort erweist sich vielmehr als ein Ort des Zögerns, Wartens, Erprobens, besetzt mit Vorahnungen, durchsetzt mit Vor- und Nachklängen, mit Vor- und Nachbildern. Auch die »Latenzzeit« oder »Latenzperiode«, die Freud als Unterbrechung der Sexualentwicklung ansetzt und mit dem »Untergang des Ödipuskomplexes« in Verbindung bringt, läßt sich als eine Phase der Antwortsuche verstehen.

Im Hinblick auf die Entwicklung des Selbst stellt sich die Frage, welche Folgen es hat, wenn die Prägephase durch ein verfrühtes, kulturell erzeugtes, technisch verstärktes Reizüberangebot erheblich abgekürzt wird. Warten wir auf Antwort, oder werden Antworten von uns erwartet?[4] Aus Platons *Menon* kennen wir die Aporie, daß Suchen in gewissem Sinne unmöglich ist. Entweder wir wissen schon, was wir suchen, und müssen es erst gar nicht suchen, oder wir wissen es nicht, können es aber dann auch nicht suchen, da wir

3 Vgl. vom Verf. »Die Arbeit der Sinne«, in: Walker u. a. 2014; eine erweiterte Fassung findet sich unter dem Titel »Transformationen der Erfahrung« in SA Kap. 9. Die Arbeit der Sinne wird getragen von einer »Arbeit der Erinnerung« im Verständnis von Ilka Quindeau (2004, Kap. II,3).

4 »Und ein Narr wartet auf Antwort«, lautet das Heine-Motto zu Hartmut Rosas Buch *Resonanz*. Doch es ist sicher kein Zufall, daß die moderne Literatur reich ist an Warteszenen, sei es bei Nietzsche, Kafka, Beckett oder Nabokov.

das Gefundene nicht als das Gesuchte identifizieren können. Für ein Antworten, das sich nicht auf das Abrufen fertiger Antworten und auf die eigene Antwortsuche beschränkt, gilt ähnliches. Ein geduldig sich vorantastendes Antworten sperrt sich gegen eine Digitalisierung, die mit formalisierten und diskreten Ja/Nein-Alternativen arbeitet. Die Verzögerung des Verhaltens ist kein Mangel, der sich durch beschleunigende Maßnahmen beheben ließe. Zwischen fremdem Anspruch und eigener Antwort liegt eine unaufhebbare Schwelle, die es zu überschreiten, nicht aber zu überwinden gilt.

Schließlich ist zu beachten, daß der pathische ebenso wie der responsive Anteil der Erfahrung vom Eigenen auf das Fremde übergreift. Die Affektion, die blitzartig auftreten, sich aber auch allmählich einschleichen kann, trifft nicht mich allein, als wäre ich im Besitz privater Empfindungen, die erst nachträglich sozialisiert werden. Vielmehr taucht das Wir schon in der Form des Uns auf, nämlich als *Koaffektion*, auf die wir gemeinsam in Form einer *Korresponsivität* und mit *Kointentionen* antworten, allerdings jeder auf seine Weise. Das Mit, das in der Kon-sonanz oder im Kon-sens steckt, ist performativ zu verstehen, nicht substantiell und nicht prädikativ.

Besagte Grundkonstellation aus Pathos, Response und Diastase bildet den Kern einer *Antwortlogik*, wie sie in den Schriften *Antwortregister* und *Bruchlinien der Erfahrung* detailliert entfaltet wird. Mit ihr kommen traditionelle Positionen und Disjunktionen ins Schwanken.

(1) Betroffen ist zunächst die *Singularität* pathischer Ereignisse, die nicht als bloße Besonderheiten einer gesetzlichen Allgemeinheit oder einem geregelten Wechsel unterworfen sind, sondern aus der Reihe des Gewohnten treten. Davon betroffen sind die leibliche Geburt und der Klang der Stimme ebenso wie die Kette kollektiver Stiftungsereignisse, die als Renaissance, Reformation oder Revolution die Ordnung der Dinge verändern. Es gilt ferner für katastrophale Einbrüche wie die derzeitige Flüchtlingsnot oder die Terrorgefahr.

(2) Ferner tritt der fremde Anspruch mit einer *Unausweichlichkeit* auf, die als eine besondere Form praktischer Notwendigkeit nicht unter die Disjunktion von Sein und Sollen, Faktum und Norm, Deskription und Präskription fällt. Tritt ein fremder Anspruch an uns heran, so ist es unmöglich, nicht zu antworten.

Selbst das Nichtantworten wäre eine Antwort, so wie das Wegsehen und Weghören als sinnliche Verdrängung ein anfängliches Sehen und Hören einschließt. Diese Unausweichlichkeit läßt sich bis in die Untergründe des Sinnlichen hinein verfolgen und nimmt hier Formen einer affektiven Resonanz an, die sich der bewußten Steuerung entzieht. Hören wir nochmals Valéry: »*Nos émotions résultent d'une impossibilité plus ou moins durable de réduire nos impressions à elles-mêmes. Nous sommes obligés de résonner.* – Unsere Emotionen entstehen aus einer mehr oder weniger dauerhaften Unmöglichkeit, unsere Eindrücke auf sie selbst zurückzuführen. Wir sind gezwungen, mitzuschwingen.« (*Cahiers*, II, 365, dt. 4, 576)

(3) Schließlich unterliegt das Verhältnis von fremdem Anspruch und eigener Antwort einer *Asymmetrie*, der zufolge Anspruch und Antwort gegenläufig auftreten und die frontale Alterität des Anderen die laterale Sozialität eines Wir oder Man übersteigt. Der fremde Anspruch kommt von einem Ort, an dem ich als Antwortender nicht sein kann. Nur auf dem Weg über einen medialen Dritten, der mich mittels einer »Dialogverschiebung« (BE 226) mit dir und den Anderen gleichsetzt und der Züge eines Über-Ich wie eines Über-Du aufweist, gelangen wir zu symmetrischen Verhältnissen und universalen Verantwortlichkeiten, die den Verständigungsraum eines Wir bilden und sich zu einer sozialen Ordnung zusammenfügen. Tiefer als jede Gesetzesmoral reicht demgemäß eine responsive Ethik, die einem Ethos der Sinne entstammt, sinnliche Impulse aufgreift und Recht und Moral mit ihrer eigenen Genealogie konfrontiert. Diese originäre Fremdheit ist nicht zu verwechseln mit Verlusterfahrungen, die einer sekundären Entfremdung entstammen.

## 2. Response oder Resonanz?

Können wir nun ohne weiteres vom Leitbegriff der Response zu dem der Resonanz überwechseln? Was verbindet ein Antwortverhalten, das aus der Ferne kommt, mit dem synchronen Mitschwingen von Resonanzkörpern und der Entstehung von Resonanzräumen? Es fällt nicht leicht, eine Brücke zu schlagen, die beiden Seiten gerecht wird. Entwickelt die Resonanz tatsächlich eine Integrations- und Leitkraft, die der wechselnden Rolle von Intentionalität, Regularität, Praktikabilität oder eben jener der Responsivität ebenbürtig wäre? Was haben wir überhaupt unter Resonanz zu verstehen, wie fügt sie sich ein in unsere Erfahrung?

Die buchstäbliche, sinnfällige Bedeutung der Resonanz als *Widerhall* läßt sich durchaus über den Hörbereich hinaus ausweiten, wie schon die Parallelisierung von Echo und Spiegelung zeigt. Resonanz macht sich zudem innerhalb der Sprache bemerkbar in Form von Reim, Alliteration oder Versfuß. Doch welche Rolle spielt die Verdoppelung und Vervielfältigung im Bereich des Hör- und Sichtbaren? Ist sie grundlegend für die Erfahrung, die wir mit den Dingen, mit uns selbst oder mit dem Anderen machen? Was hat das Wiedertönen eines Nachklangs mit einem Hören zu tun, das auf einen Anspruch eingeht, auf ihn antwortet, ihm mehr oder weniger gerecht wird oder ihn verfehlt? Was hat dies alles mit den Deutungen der Psychoanalyse oder den Explorationen einer ärztlichen Untersuchung zu tun?

Wir verlassen den Boden der sinnlichen Erfahrung, sobald wir den harten Bedeutungskern der Resonanz in Betracht ziehen, nämlich das »Mitschwingen eines Systems bei der Einwirkung von periodisch veränderten Kräften oder Feldern, bei der die Frequenz gleich oder nahezu gleich ist der Eigenfrequenz des Systems«.[5] Das *Mitschwingen* ist ein präziser Terminus der physikalischen Dynamik. Er bezieht sich auf das Phänomen gekoppelter Schwingungen, die dieselbe Schwingungsdauer und Schwingungszahl aufweisen und deren Schwingungsenergie sich auf den resonierenden Körper übertragen läßt. Der Gebrauch des Saiteninstrumentes oder der Stimmgabel schlägt eine Brücke zur Hörerfahrung und Hörtechnik. Über die Neurophysiologie gelangt die Resonanz in den Bereich des Psychischen, wobei materielle Qualitäten, Eingangsmuster und zeitliche Abläufe eine besondere Rolle spielen. Doch die Resonanz scheint sich hierbei auf eine diffuse Bedeutung zu beschränken, die sich im Schatten wechselnder Erfahrungsdaten und Forschungsexperimente ausbreitet. Gilt dies nicht auch für die neuentdeckten Spiegelneuronen, denen mitunter allzu unvermittelt ein alteritärer Mehrwert zugesprochen wird? Im Lichte eines laxen, oftmals vag metaphorischen Sprachgebrauchs, der sich einzubürgern beginnt, sieht es so aus, als wären Response und Resonanz ungefähr dasselbe.

5 Vgl. *Historisches Wörterbuch der Philosophie*, Bd. 8 (1992), Sp. 916.

Doch schon in der Alltagsbeschreibung, die sich weder im theoretischen noch im therapeutischen Diskurs überspringen läßt, stoßen wir auf sachliche Divergenzen. Das Antwortverhalten schreiben wir einem leiblichen Selbst zu, das als *Respondent* Antworten gibt oder verweigert und dabei einen mehr oder weniger großen Spielraum nutzt. Bei formalisierten Antwortverfahren und vorgegebenen Antwortrepertoires schrumpft dieser erheblich zusammen. Vielfach würde ein Antwortapparat ausreichen, um den gewünschten Effekt zu erzielen. Joseph Weizenbaum berichtet davon, wie ELIZA, eine künstliche Computerfigur, dazu taugt, plausible Antworten zu geben, allerdings nur solange der Fragende die vorgegebenen Frageschienen nicht verläßt (Weizenbaum 1977, S. 253-267). Man müßte allen Patienten also den guten Rat geben: »Erkranke so, daß du das Heilungsprogramm (und das Budget der Krankenkasse) nicht überforderst!« Was von der Performanz eines hörenden Antwortens bleibt, würde sich letzten Endes reduzieren auf die Korrektheit der Ausführung, bei der die Bedeutung der Krankheit nicht eigentlich auf dem Spiel steht. Seit den Zeiten, da Weizenbaum im MIT solche Versuche anstellte, hat sich einiges ereignet. Die Probleme sind nicht nur geblieben, sie haben sich gesteigert, zusammen mit den Illusionen einer datensüchtigen Digitalkultur und alltäglichen Praktiken wie dem blitzschnellen Zücken des Smartphones, das mit seiner Authentizitätshascherei die Produktion fertiger Antworten fördert.[6] Doch all dies kann nicht darüber hinwegtäuschen, daß Antworttechniken und Antwortmedien immer noch Teil des leibkörperlichen Antwortverhaltens sind, und das Gleiche trifft zu auf entsprechende Technopathologien (vgl. AR 107-121). Für die psychoanalytische Praxis stellt sich das Problem, wie sie mit digitalen Medien und Netzwerken umgehen will, ohne ihr Eigenstes aufzugeben. Dazu gehört die zentrale Frage, wieweit das Unbewußte und die Dynamik von Übertragung und Gegenübertragung auf diesem Wege überhaupt erfaßt werden kann und ob nicht dabei die nötige Vertraulichkeit auf der Strecke bleibt.[7]

Reduziert man unsere gelebte Erfahrung auf bloße Resonanzwirkungen, so treten an die Stelle des Respondenten schwin-

6 Vgl. David Pfeifer, »Ich bin hier« in: *Süddeutsche Zeitung* vom 17./18. 5. 2017.

7 Vgl. aus jüngster Zeit Reinhard Herold, »Notizen aus der digitalen Provinz«, in: Allert 2017, sowie das Rundgespräch »Psychoanalyse mit digitalen Mitteln« in: Johne 2018.

gungsfähige Resonanzkörper oder Resonanzsysteme, die je nach natürlicher Beschaffenheit oder künstlicher Vorrichtung als *Resonator* fungieren. Ein Körper, der je nach physischer Beschaffenheit Licht- und Schallwellen reflektiert oder absorbiert, antwortet nicht wie ein lebendiger Organismus oder wie ein leibliches Selbst aus einer Situation heraus. Im strengen Sinne ist das ›Resonieren‹ ein Vorgang, der sich zwischen materiellen Körpern oder innerhalb eines materiellen Körpers abspielt, ohne daß ein Körper *sich* auf den anderen und auf sich selbst bezieht. Dieser Selbstbezug, der das Lebendige auszeichnet, wird verwischt, wenn man das ›Antworten‹ gegen ein ›Reagieren‹ vertauscht und zwischenmenschliches Verhalten schlicht als wechselseitiges Feedback beschreibt oder als einen Regelkreis, bei dem Außen- und Innenzustand sich aneinander anpassen. Das Mit- der Mitschwingung verführt zu sozio- und psychophysischen Mixturen, vielfach unterbaut durch kosmologische Spekulationen, die das alte Gesetz des »Gleiches durch Gleiches« heranziehen und einer konfliktfreien Sphärenharmonie oder einer allgemeinen Homoiosis zuneigen. Der laxe Sprachgebrauch verführt zu Scheinlösungen.[8]

Nehmen wir Hartmut Rosas neues Buch zur Hand,[9] so sehen wir, wie der Autor sich bei der Entfaltung einer Soziologie der Weltbeziehung von Anfang an mit Heidegger, Merleau-Ponty, Scheler oder Plessner auf die Ebene des menschlichen In-der-Welt-Seins, des Zur-Welt-Seins, der Weltoffenheit oder der exzentrischen Position begibt (S. 66). Dabei setzt er anthropologisch wie soziologisch die Resonanz als Schlüsselbegriff ein, versteht darunter jedoch strikt relational eine Weltbeziehung, die sich auf die drei »Resonanzachsen« von Sozialwelt, Dingwelt und Gesamtwelt verteilt. Die Resonanz findet ihren Gegenpart in der Entfremdung, die auf eine resonanzlose Welt zurückgeht. So kommt es zu einer anthropologisch fundierten und diagnostisch aufgefächerten Dichotomie von resonanten und stummen Weltbeziehungen. Die Resonanz selbst gilt als »bidirektional«, nämlich als »Af-fizierung« im Sinne eines

8 Wenn selbst ein methodisch so bedachtsamer Autor wie Thomas Fuchs schreibt: »Der Leib *ist* ein Resonanzkörper, der die innerseelischen ebenso wie die zwischenmenschlich erzeugten Schwingungen hörbar werden läßt« (2000, S. 248, Hervorhebung B. W.), so verführt dies zu Mißverständnissen.

9 *Resonanz. Eine Soziologie der Weltbeziehung* (2016), zitiert mit bloßen Seitenzahlen.

Berührt- oder Bewegtwerdens, und umgekehrt als »E-motion« im Sinne eines selbstwirksamen Berührens oder Bewegens (S. 755). Dem entspricht die Aufsplitterung der Weltbeziehung in eine primär »passive/pathische« und eine primär »aktive/intentionalistische« Beziehung (S. 211 f., 704 f.), desgleichen die Aufspaltung der Weltaneignung in mimetische Weltanverwandlung und verdinglichende Weltbeherrschung, worin Elemente der Kritischen Theorie Eingang gefunden haben. Zugleich wird die Resonanz strikt abgesetzt von reiner Spiegelung oder bloßer Echowirkung (S. 255, 260) und ebenso von einer linearen, durch mechanische Koppelung herbeigeführten Wechselwirkung. Der Begriff der Resonanz soll ausschließlich als »physikalisch-musikalische Metapher« dienen für die Beschreibung von Beziehungsqualitäten (S. 191, 281). Diese durchgängige Metaphorik erklärt das hohe Maß an abschwächenden Anführungszeichen, vor denen schon Adorno in seinen stilkritischen Noten zur Literatur gewarnt hat (1961, S. 167).

Man fragt sich, worin denn die eigentliche Resonanz besteht. Bei der Übertragung des physikalischen Resonanzkonzepts auf »psychosoziale Weltbeziehungen« wird unterschieden zwischen einer »Responseresonanz«, bei der zwei Körper aufeinander ›antworten‹, und einer »Synchronresonanz«, bei der die Körper schließlich im Gleichklang schwingen (S. 283). Als entscheidendes Kernmotiv schält sich die Tatsache heraus, »dass sich die beiden Entitäten der Beziehung in einem schwingungsfähigen Medium (oder Resonanzraum) wechselseitig so berühren, dass sie als *aufeinander antwortend*, zugleich aber auch *mit eigener Stimme sprechend*, also als ›zurück-tönend‹ begriffen werden können« (S. 285). *Auch* mit eigener Stimme? Wäre eine Antwort ohne eigene Stimme noch eine Antwort, wäre sie mehr als eine bloße Reaktion? Gelingendes Leben wird geradezu definiert als ein »resonantes Weltverhältnis«, hinter dem ein tiefgehendes »Resonanzverlangen« und eine umfassende »Resonanzverheißung« stehen (S. 733 f.). Der Resonanz wird also innerhalb des Begriffspaars ›Resonanz‹ und ›Responsivität‹ eine deutliche Prävalenz zugestanden; doch dies schließt nicht aus, daß beide Termini zumeist unterschiedslos gebraucht oder von Fall zu Fall durch ein einheitliches ›Antworten‹ ersetzt werden.

Meinen Eingangsbemerkungen ist unschwer zu entnehmen, daß sich Resonanz im Sinne des Buches *Resonanz* meines Erachtens nur partiell mit Response und Responsivität im Sinne des

Buches *Antwortregister* deckt, und dies betrifft nicht nur den Begriffsumfang, sondern auch den jeweiligen Begriffsgehalt. Die terminologische Großzügigkeit, die sich der Autor gestattet, macht seine Theorie höchst anschlußfähig, doch unter der begrifflichen Kontamination leidet sowohl die Schärfe des phänomenologisch-anthropologischen Ansatzes wie die der weitgespannten Diagnostik. Meinerseits begnüge ich mich damit, der sachlichen Frage nachzugehen, ob und wieweit Response und Resonanz, ungeachtet ihrer Verschiedenheit, einander ergänzen und befruchten können. Als Phänomenologe gehe ich von der Annahme aus, daß solche Berührungsstellen vorzüglich innerhalb der Sphäre unseres Leibes und unserer Zwischenleiblichkeit zu suchen sind, und dies unter Einbezug körperlicher und physischer Aspekte, die nicht erst durch nachträgliche Metaphorisierung leibtauglich gemacht werden müssen.

## 3. Leibliche Ansprechbarkeit und Beweglichkeit

Im Rahmen einer Phänomenologie des Leibes, die den cartesianischen Dualismus überwindet, ohne auftretende Spalte einfach zu überspringen, nimmt der Leib selbst Züge eines Fremdkörpers und der Eigenleib selbst Züge eines Fremdleibes an. Der Leib stellt sich dar als »Umschlagstelle« (Husserl) zwischen Geist oder Kultur und Natur, zwischen Eigenem und Fremdem. Dem Junktim von Leibsein und Körperhaben (Plessner), dem chiasmatischen Ineinander von Selbst- und Fremdbezug in Form einer »Zwischenleiblichkeit« (Merleau-Ponty) entspricht das Bezugsfeld eines Leibes, der in der variablen Nähe und Ferne eines Leibkörpers nie ganz und gar mein Leib ist.

Dazu gehört die Rolle des Gehirns als eines Bezugsorgans im Sinne von Thomas Fuchs. Dieser Autor, auf dessen grundlegende philosophisch-medizinische Schriften sich auch Hartmut Rosa ausgiebig bezieht, unternimmt den Versuch, Responsivität, die ähnlich wie bei Goldstein als ein Antworten des Organismus auf die Anforderungen der Umwelt verstanden wird, mit Resonanz zu verbinden. Er geht davon aus, daß das Gehirn nicht als isolierter Apparat zu betrachten ist, sondern als Organ eines Lebewesens in seiner Beziehung zur Umwelt und des weiteren als Organ der menschlichen Person in

Beziehung zu ihrer Welt. Dabei versteht er das Gehirn nicht bloß allgemein als Beziehungsorgan, das zwischen Organismus und Umwelt vermittelt, sondern speziell als *Resonanzorgan*, das dafür sorgt, daß neuronale Netzwerke und Umweltreize durch isomorphe Schwingungsmuster aufeinander abgestimmt und miteinander synchronisiert werden und eine Kohärenz zwischen Organismus und Umwelt zustande kommt.[10] Aus der Sicht einer differenzierten Leibphänomenologie bedeutet dies: Der leibliche Organismus antwortet auf die Anreize der Umwelt, indem er körperlich mitschwingt, kurz gesagt: *Resonanz ist verkörperte Antwort*. Die Resonanz bestimmt das Wie des Antwortens, nicht das Worauf, darauf beruht ihre relative Neutralität und ihre Plastizität. Was speziell das Gehirn betrifft, so wirkt es als fungierendes Gehirn an der Erfahrung mit, bevor es sich durch Störungen bemerkbar macht und als spezielles Organ behandelt wird.[11]

Die Gebrochenheit einer leibkörperlichen oder leibseelischen Einheit, die im normalen Verhalten außer acht bleibt, bekundet sich spontan in Fehlleistungen wie Stolpern oder Stottern, in den Grenzzonen von Schlaf und Traum oder in der alltäglichen Müdigkeit, in der uns der eigene Leib entgleitet und er seine physische Schwerkraft ausspielt. Spaltungen werden künstlich herbeigeführt, wenn man den Leib abstraktiv und experimentell auf ein Körperding reduziert, das sich messen, manipulieren und durchleuchten läßt. Methodisch geübte Verfahren erlauben den Gebrauch physischer Modelle wie das der Schwingungsübertragung, doch bei jeder Analogisierung ist Vorsicht geboten, ganz zu schweigen von der Beachtung des Modellcharakters, dessen mangelnde Beachtung Whitehead als *fallacy of misplaced concreteness* rügt. Hinzu kommen pathologische Spaltungen, bei denen der Patient sich von seinem Leib entfremdet, die eigene Hand auf dem Tisch liegt, als wär's kein Stück von ihm, oder die eigene Stimme in fremde Gestalten auswandert und der Innenraum des Körpers sich mit fremden Eindringlingen bevölkert. Zu erwähnen ist schließlich die gewaltsame Dissoziation der leiblichen Existenz durch Gewaltausübung. Jorge

10 Thomas Fuchs, *Das Gehirn – ein Beziehungsorgan* (2013), speziell S. 165, 180 f.

11 Vgl. meinerseits das Kapitel »Mitwirkung des Gehirns« in: PhA 142-154. Zur Integration der Gehirnprozesse in das Gesamtverhalten vgl. schon Merleau-Pontys Erstlingswerk *Die Struktur des Verhaltens* von 1942 (dt. 1976) sowie die 1973 auf russisch erschienene Einführung in die Neuropsychologie von Alexander R. Lurija, die im Deutschen den Titel *Das Gehirn in Aktion* (1992) trägt.

Semprún beschreibt in seinen *Überlebensübungen* drastisch, wie ihm während der französischen Résistance beim Verhör unter der Folter die Realität seines Körpers bewußt wurde. »Vorher bildeten mein Körper und ich eine ununterscheidbare Einheit: ich war mein Körper, ohne es zu wissen. Und er war ich.« Und danach: »Ich habe meinen Körper so stark erfahren, daß er gewissermaßen eine getrennte – vielleicht autonome – gefährlich autonome – Entität, gleichsam ein Anders-Sein wurde.« (2013, S. 47 f.) Gleichzeitig betont der spanische Autor, der in Buchenwald weitere Leidenserfahrungen durchzustehen hatte, daß es ihm und seinen Schicksalsgenossen darum ging, »in der entsetzlichen Einsamkeit der Marter« einen Sinn für »Brüderlichkeit« zu wahren (S. 24). Die solidarische Antwort bestand in der Verweigerung der erpreßten Antwort, mit der er Andere verraten hätte. In der Zwischenleiblichkeit bekundet sich ein Ethos der Leiblichkeit.

Im folgenden werde ich einige Partien der Leiblichkeit herausgreifen, in denen die leibliche Responsivität sich auf exemplarische Weise mit solchen Phänomenen verbindet, die sich als Resonanzbeziehungen beschreiben lassen. Die Resonanz selbst behandle ich, grammatisch gesprochen, als Enklitikon, das heißt angelehnt an wechselnde Erfahrungsstrukturen. Der Begriff der Anlehnung, der einen flexiblen Einfluß anzeigt, ist Analytikern von Freud her ebenfalls geläufig. Vieles von dem, was der reichhaltigen Forschung der medizinischen Anthropologie, der Psychopathologie und der Psychoanalyse zu entnehmen ist, findet sich auch in dem *Resonanz*-Buch von Hartmut Rosa; strittig scheint mir jedoch der Deutungsrahmen, innerhalb dessen alles in das Gold der Resonanz verwandelt wird.

## 4. Resonanz der Sinne und Gefühle

Beginnen wir mit Helmuth Plessners Anthropologie des Leibes, speziell mit seinem Essay *Lachen und Weinen*, der bis auf 1941 und somit auf die Emigrantenjahre des Autors zurückgeht. Plessner gehört neben Merleau-Ponty nicht nur zu den Pionieren einer Phänomenologie der Leiblichkeit, bei ihm finden sich ähnlich wie bei dem französischen Autor auch Spuren des responsiven Ansatzes, von dem sich meine eigenen Überlegungen leiten lassen. Das Lachen und Weinen wird auf Grenzsituationen zurückgeführt, die mit normalen Mitteln des Verhaltens nicht zu bewältigen sind. So gibt der Körper Antworten, die der sprechenden und handelnden Person versagt sind: »Die effektive Unmöglichkeit, einen entsprechenden Ausdruck und eine passende Antwort zu finden, *ist* zugleich der einzig entsprechende Ausdruck, die einzig passende Antwort.« (Plessner 1982, S. 274) Hartmut Rosa bezieht sich ebenfalls auf diese Schrift. Seiner Kritik, Plessners Deutung berücksichtige einseitig negative Aspekte der Störung und Irritation der Weltbeziehung (Rosa, S. 134 f.), vermag ich jedoch nicht zu folgen. Rosa assoziiert Fremdheit durchweg mit Stummheit (S. 295, 317) und reißt eine Kluft auf zwischen Resonanz als einer »prinzipiell positiven« Form der Weltbegegnung und Entfremdung als einer Art »feindlichen, verletzenden Widerfahrens« (S. 744). Ist nicht die Unbeantwortbarkeit einer Situation der äußerste Fall einer Responsivität, deren Fremdheitsanspruch jeder Bewertung vorausgeht? Ähnlich äußert sich schon Paul Valéry: »Le rire est une *réponse*, dont la *demande* est une certaine impossibilité. – Das Lachen ist die *Beantwortung* eines Reizes, der in gewisser Weise eine Unmöglichkeit verlangt.« (*Cahiers*, I, 930, dt. 3, 88, Üb. leicht verändert)

Plessners Essay *Lachen und Weinen* enthält einen Abschnitt, der sich ausdrücklich mit der »Resonanz der Gefühle« befaßt. Wie schon Husserl, Scheler und Erwin Straus versteht auch Plessner Gefühle nicht als subjektive Gefühlszustände, sondern als ein intentionales Fühlen, das »sachverhaftet« ist. Als »distanzlose Sachverhaftung« unterscheidet es sich jedoch einerseits von bloßen Reaktionen, die reflexartig ausgelöst werden, andererseits von persönlichen Stellungnahmen. In diesem Zusammenhang spricht der Autor von qualitativ getönten »durchstimmenden Angesprochenheiten«, die im Menschen eine Resonanz wecken (S. 347). Das Gefühl bringt den Menschen gleich einem Echo zum »Erklingen«. So heißt es dann: »Als entsprechende Schwingung, in die tiefer oder flacher, stiller oder aufgeregter der ganze Mensch gerät, hält das Gefühl zwischen Reaktion und Antwort, den beiden Typen der Entgegnung, welche das Leben kennt, die Mitte.« (S. 349 f.) Es wird also deutlich unterschieden zwischen der Antwort, die jemand gibt, und der Resonanz, die in ihm geweckt wird. Als *Respondeo* ist das Antworten ein Akt, der »Angesprochenheit« und Ansprechbarkeit voraussetzt, der seinerseits aber weder auf äußere Anlässe noch auf körperliche Dispositionen und Kompetenzen zurückgeführt werden kann. Ein Antworten, das über gewohnte Anlässe hinausgeht, ist daher nur begrenzt erlernbar.

Plessner legt den Ton auf die Leibhaftigkeit dieses Geschehens, indem er den menschlichen Körper als »Resonanzboden« des Ausdrucks ansetzt. Dies gilt in erhöhtem Maße für Stimme und Gesicht (S. 251), aber auch für Geschmacksempfindungen, die eine besonders starke und differenzierte »mimische Resonanz« aufweisen (S. 269). Im Zuge dieser vermittelten Unmittelbarkeit fungiert der Leib, wie ich selbst es nenne, als eine Art Urmedium und Urinstrument. »Die Stimme hallt in sich selbst wider als ein Urmedium, das allen übrigen akustischen Medien eine Resonanzfläche bietet, allerdings auch von ihnen übertönt zu werden droht.« (Zitiert aus PhA 186) Response bedeutet somit mehr als Resonanz, deren Wirkungen wir auf elementare Weise ausgesetzt sind, doch findet sie ihren körperlichen Rückhalt in einer Resonanz, die uns auf das Zu-Beantwortende einstimmt. Eine solche Einstimmung zeichnet auch das kinästhetische Sicheinhören aus. Die Reduktion der fremden Stimme auf bloße Stimmung oder Gestimmtheit, zu der Heideggers Daseinsanalyse verführt, ruft allerdings bei Phänomenologen wie bei Psychoanalytikern begründeten Protest hervor (vgl. Küchenhoff, Warsitz 1992, S. 153).

Von gewissen Überdehnungen abgesehen findet die Resonanz in der leiblichen Dimension der Psychoanalyse durchaus ihren Unterschlupf. Didier Anzieu, der einer Kommunikation von Haut zu Haut eine grundlegende Rolle zuschreibt, dringt vor bis zu anfänglichen »Echorhythmien«, »Echothermien« und »Echotaktilismen«, die erst den Boden schaffen für die bekannteren »Echopraxien« und »Echolalien« (1992, S. 200). Letztere fügen sich ein in ein ganzes Feld von Resonanzen, das Jörg Scharff vor uns ausbreitet. Wir zitieren aus seinem Buch *Die leibliche Dimension in der Psychoanalyse* (2010). Resonanzen begegnen uns auf der Ebene der gestischen, phonetischen Körpersprache: in Form der »Echolalie« des Kleinkindes und der »poetischen Sprache« (Kristeva: S. 115 f.), der im Körper Widerhall weckenden »Musik des Sprechens« (Leikert: S. 116). Sie bekunden sich in der »Körper-Resonanz zwischen zwei Personen« (Leuzinger-Bohleber, Pfeifer: S. 181), im »Erspüren unserer leiblichen Resonanz« (S. 11), in der »Resonanz auf das Triebhafte« und der »Resonanz je eigener Erlebnisse mit dem Dargestellten«

(S. 21). Sie prägen schließlich auch die analytische Praxis mit der »geforderten anteilnehmenden Resonanz beim Analytiker« oder dem Abzielen auf die »Resonanz im Patienten« (S. 54 f.), in der Aktivierung »spezifischer Resonanzfelder« auf seiten des Analytikers (S. 119), generell in der Nutzung des »Resonanzraums verkörperter gleichschwebender Aufmerksamkeit« (S. 188). Der Resonanzbegriff wird in solchen Fällen allerdings weniger expliziert als operativ eingesetzt, und dies durchweg im Sinne einer verstreuten Affektwirkung. Ähnliches gilt für die folgenden Aspekte, die für die Psychoanalyse ebenfalls relevant sind.

Die Nähe der benannten Phänomene zum musikalischen Hören ist offenkundig, desgleichen ihre Bedeutung für die psychoanalytische Technik des Zuhörens, die sich eine »Anatomie des dritten Ohres« zunutze macht, eines Ohrs, das nicht mehr hört als die beiden anderen Ohren, aber anders hört.[12] Dabei kann es keineswegs darum gehen, einen Primat des Auges durch einen Primat des Ohrs zu ersetzen. Unsere leibliche Erfahrung hat a limine einen synästhetischen, kinästhetischen und synergetischen Charakter, geprägt von Motiven wie dem Pathischen, dem Rhythmischen, dem Responsiven und dem Intentionalen, die alle Sinne übergreifen und deren Zusammenspiel auch im neuronalen Geschehen seine Entsprechung findet in Form von »supramodalen« Verrichtungen und »modalitätsunspezifischen« Wirkungen (vgl. Lurija 1992, S. 148). Diese holistische Perspektive schließt wechselnde Dominanzen und Resonanzen, wie wir sie in verfeinerter Form im Bereich der Künste finden, nicht aus. Werfen wir einen Blick auf die Malerei, so sehen wir, wie auch sie ihren Beitrag zu einer pathisch grundierten Körperdarstellung leistet. Der leibliche Rückhalt, um den es dabei geht, bekundet sich auf drastische Weise in den Körperbildern von Maria Lassnig. Der »pathische Leib« ist hier »kein bloßer Träger oder Behälter von Gefühlen, sondern Ort und Resonanzfläche von Widerfahrnissen und Verletzungen, denen das leibliche ›Haut-Selbst‹ (Anzieu) inmitten aller Selbstsetzungen ausgesetzt und unterworfen ist.«[13]

12 Vgl. Küchenhoff, Warsitz 1992, Kap. VIII. Zu erinnern ist auch an Platons »Ohren des Geistes« aus *Politeia* VII, 531b oder an Goethes »Geistesohren« zu Beginn von *Faust* II.

13 Ich zitiere aus meinem Katalogtext: »Der Aufruhr des Leibes in der Malerei von Maria Lassnig« (2002, S. 21).

## 5. Mitbewegung des Leibes

Die Ansprechbarkeit, von der wir ausgingen, gewinnt ihre zentrale Bedeutung auf der Ebene der leiblichen Bewegung. Die *Kinesis* ist als Kinästhese eng mit der Antworttätigkeit der Sinne verknüpft, und als Synkinese verbindet sie eigene mit fremder Bewegung.[14] Dort entspringt ein Faden, der das physische Mitschwingen beweglicher Körper und Systeme über alle Differenzen hinweg mit dem zwischenmenschlichen Verhalten verknüpft, ohne daß man metaphorische Eselsbrücken in Anspruch nehmen muß. Übertragungen finden im Raum des Leibes statt, nicht erst zwischen Körper und Seele, wie von einer dualistisch angelegten Metapherntheorie vorausgesetzt wird. Die Eigenbewegung des Körpers wird durch die Bewegung eines fremden Körpers verstärkt oder gehemmt. Es beginnt mit der Selbstbewegung des Kleinkindes, das mit dem »Hin-zu« und »Von-weg« seiner »Bewegungsantwort« dem »Ruf der Dinge« folgt (Seewald 1992, S. 318). Ich erlaube mir, nochmals aus meinen früheren Schriften zu zitieren: »Die Eigenbewegung kann [...] als Mitbewegung bezeichnet werden, vergleichbar der Fortbewegung des Schalls in der Resonanz, im Mittönen.« (BE 106) Letzten Endes bedeutet dies: »Alles Mitsein hat Züge einer Mitbewegung.« (SK 217) Grundlegend ist jedoch ein gemeinsames Bewegungsfeld, in dem die Bewegungsbahnen sich verteilen und überkreuzen, und dies setzt Bewegungsgestalten voraus, die sich übertragen lassen, so daß, anders als in der cartesianischen Zwei-Welten-Lehre, Bewegen und Bewegtwerden nicht strikt voneinander geschieden sind.

Beispiele einer solchen Synkinesis finden sich reichlich in der leibhaftigen Kooperation, die auch bei Zunahme maschineller Operationen nicht völlig entbehrlich ist. In der Arbeitswelt gibt es eine persönliche Verläßlichkeit, die sich nicht allein durch Schalttafeln regulieren läßt, und es gibt eine Solidarität, die situativ verankert ist und sich in Form eines Betriebsklimas niederschlägt. Aber nicht nur das Miteinander der Zusammenarbeit, auch das kämpferische Gegeneinander entspringt einem Ineinander eigener und fremder Bewegungen, so etwa die Schlagfertigkeit, die es dem Bären in Kleists Essay *Über das Marionettentheater* erlaubt, fremde Attacken zu parieren, noch bevor sie ausgeführt werden.

14 Der medizinische Begriff der Synkinese als einer Mitbewegung von Körpergliedern (Goldstein 2014, S. 135) wird damit intersubjektiv ausgeweitet.

Der Kampfsport, bei dem Teams aufeinandertreffen, erweist sich als ein Exerzierfeld zwischenleiblicher Mobilität; ein guter Paß im Ballspiel zielt auf einen Ort ab, an dem der Mitspieler noch nicht ist, sondern vermutlich sogleich sein wird. Das Spielfeld ist durchzogen von richtungsgebenden Vektoren (Merleau-Ponty 1976, S. 193 f.). Dies entspricht dem hodologischen Raum im Sinne von Kurt Lewin. Auch der normale Straßenverkehr vollzieht sich nur dann ungestört, wenn jeder Teilnehmer auf fremde Bewegungen Rücksicht nimmt, ihnen ausweicht oder zuvorkommt. Diese Rücksicht läßt sich nicht mit automatisieren, wenn man neuerdings das Autofahren automatisiert. Entschuldigungen, die selbst im Falle eines bloßen Versehens abgegeben werden, fungieren als ein sozialer Kitt, der auf den stillschweigenden Absprachen einer *tacit sociality* beruht. Daß diese immer wieder durch brutales Verhalten aufgekündigt wird, macht sie nicht hinfällig, die Ungeselligkeit ist Teil der Geselligkeit. Weitere Beispiele einer geteilten Bewegung liefert der Tanz, der zu den ältesten Formen menschlicher Geselligkeit gehört. Dazu gehören der Pas de deux, in dem eigener und fremder Schritt sich verschränken, der Reigen und der Gruppentanz, aber auch die Szenerien des modernen Tanztheaters, die etwa bei Pina Bausch einen variablen Bühnenraum entstehen lassen.[15] Verwandt ist das gemeinsame Musizieren, dem der Sozialphänomenologe Alfred Schütz, selbst ein geübter Violinist, einen feinfühligen Essay gewidmet hat. Ein gelungenes Quartett, das ohne Dirigenten auskommt, verlangt, daß jeder Spieler hörend spielt und rhythmisch wie melodisch in den Zusammenklang einstimmt.[16]

Solche gemeinsam ausgeführten Bewegungen lassen sich weder auf eine Vielzahl individueller Betätigungen zurückführen noch einem kollektiven Ganzen zuschreiben. Das Mit verbindet, was nicht eins ist, sondern sich vereinigt und gruppiert. Wenn die Beteiligten ›wir‹ sagen, so ist es nicht das Wir, das ›wir‹ sagt, sondern ein Einzelner, der für die Gesamtheit spricht und sich von ihr einnehmen läßt. Wenn hierbei Resonanzen ins Spiel kommen, so nicht als reine Konsonanz, die von Dissonanzen verschont bliebe. Davon

15 Vgl. SK Kap. 8: »Leibliche Bewegung im Tanz«; ich unterscheide hier sorglich zwischen Eigenbewegung, Fremdbewegung und Zwischenbewegung.

16 Vgl. Alfred Schütz, »Gemeinsames Musizieren« (1972). Das »Einstimmen« wird in der Originalfassung mit *tuning-in* wiedergegeben. Die vertraute Ein-bildungskraft wäre durch eine Art Ein-tönungskraft zu ergänzen (siehe oben, S. 207).

abgesehen steht die Resonanz als wiederkehrender Vorgang quer zur Konsonanz und Dissonanz als der einheitlichen oder disparaten Gestimmtheit eines Klanggebildes.[17]

Die Mitbewegung macht nicht halt bei der zwischenmenschlichen Bewegung, sie greift über auf Tiere, mit denen wir zusammenleben, besonders eng im Falle von Pferd und Reiter. Sie greift über auf Dinge, mit denen wir hantieren, auf die Umwelt, die uns umgibt, die ihre Wärme und Kälte mit uns austauscht und uns den Eigenbewegungen von Wind, Wasser und Feuer aussetzt. Erwin Straus beruft sich auf eine »Kommunikation mit den Dingen«, die es uns erlaubt, Bewegung in der Welt als »Mit-Bewegtsein mit uns selbst« zu erfassen (1956, S. 245). Eine solche Art der Mitbewegung ist auch im Spiel, wenn Blinde sich ähnlich den Fledermäusen mittels einer »Echolokation« in ihrer Umwelt orientieren.

Ich greife ein weiteres Phänomen heraus, das sich geradezu aufdrängt, wenn es um Schwingungsvorgänge geht, nämlich die Vibration. Der Vibrationssinn ist Teil der haptischen Wahrnehmung. Er grenzt an den Gehörsinn, da Hörempfindungen bei abnehmender Frequenz in Vibrationsempfindungen übergehen und da die Stimme im Vibrato selbst zittrige Laute hervorbringt, bei denen »der ganze Leib mitschwingt«.[18] Er ist mitbetroffen von Erschütterungen bei starken Erdbeben, die ganze Städte verwüsten können, oder bei anhaltenden Bodenschäden, die wie im Falle des badischen Staufen eine ganze Stadt in eine Schieflage bringen.[19] Hartmut Rosa spricht immer wieder von einem vibrierenden »Resonanzdraht«, der uns mit der Welt verbindet, das Vibrieren bleibt bei ihm freilich ganz und gar metaphorisch (vgl. S. 513 f.). Doch zeugt die Vibration, die vor aller Messung am eigenen Leib gespürt wird, nicht von einer leibhaftigen Natur in uns? In Valérys Gespräch über die Seele und den Tanz schwingt Sokrates sich auf

17 Was Hartmut Rosa betrifft, so wendet auch er sich gegen die Verwechslung von Resonanz mit Konsonanz oder Harmonie. Hierbei wird Fremdes und Stummes nicht als Gegenbegriff, sondern als Grenzbegriff angesetzt, Resonanzfähigkeit gründet demnach auf der »vorgängigen Erfahrung von Fremdem« (S. 316 f.). Wie aber paßt dies zu der grundlegenden Dichotomie von resonanten und stummen Weltbeziehungen, von der weiter oben die Rede war?

18 Vgl. *Phänomenologie der Aufmerksamkeit* (2004), S. 197. Zur Stärke und Schwäche des distanzlosen Vibrationssinnes vgl. *Sinnesschwellen* (1999), S. 74.

19 Vgl. Arno Makowsky, »Erdbeben in Zeitlupe« in der *Süddeutschen Zeitung* vom 17./18. 6. 2017.

zu einer »Schwingung (*vibration*) des Lebens«, die in unseren zufälligen Gesten und Bewegungen nur ihr grobschlächtiges Material findet (1990, S. 111). Achten wir auf diese hintergründige Beweglichkeit, die, wie Valéry hervorhebt, im äußersten Fall mit der verzehrenden Kraft der Flamme hervortreten kann, so findet die Resonanz ihren Ort inmitten der Responsivität unserer Erfahrung.

## 6. Nachmachen und Mitmachen

Die Nachahmung, die als Mimesis eines Mimen ihren theatralischen Hintergrund verrät, ist ein menschliches Urphänomen par excellence. Aristoteles bezeichnet den Menschen, der von Kindheit an mit besonderem Vergnügen nachahmt, als das »nachahmendste (μιμητικώτατον)« unter allen Lebewesen (*Poetik* 4, 1448b 5-9). Es fragt sich nur, was man unter Nachahmung versteht. Heißt dies bloß, daß jemand dasselbe noch einmal tut, oder bedeutet es nicht vielmehr, daß man sich in eigener Form auf Fremdes einläßt?

Im ersten Fall wäre die Nachahmung primär als reproduktiv anzusehen, als eine Erstellung von Verhaltenskopien. Die reproduktive Nachahmung kann sich dem bloßen Nachäffen nähern. In Queneaus Roman *Zazie dans le métro* ist es ausgerechnet der Papagei, der dem Menschen seine Nachsprecherei vorhält mit der stehenden Floskel: *tu causes, tu causes, c'est tout ce que tu sais faire.* »Halte den Schnabel«, könnte man fortfahren. Dieser parodistisch gefärbte menschlich-tierische Lautwechsel gibt zu bedenken, ob tierische Nachahmung nicht zu Unrecht als bloß tierisch eingestuft wird. Für Oliver Messiaen bedeuten Vogelstimmen, die er, angeregt durch fernöstliche Formen der Musik und unterstützt durch eigene ornithologische Studien, in seine Kompositionen einbezieht, ein »Stück hörbarer Natur inmitten der Kultur«.

Doch halten wir uns an die menschliche Nachahmung, so stellt sich die Frage, ob das Mitmachen nicht als produktive Nachahmung immerzu über ein bloßes Nachmachen hinausgeht; dies wäre ganz im Sinne der erwähnten Mitbewegung. Im Rahmen seiner Spieltheorie stellt D. W. Winnicott generell fest: »Im kulturellen Bereich ist Plagiat eine unverzeihliche Sünde« (1973, S. 115). Was die Anfänge des kindlichen Sprachlernens betrifft, so bemerkt Roman Jakobson: »Das Kind schafft, indem es entlehnt.« Dies bedeutet, daß sich das Kind schon auf der Frühstufe der »Hörstummheit« in fremde Stimmen einhört, sie hörend vorwegnimmt, um schließlich, umhüllt von einer symbiotischen Klangwelt, sprechend in sie einzustimmen.[20] Unterstützt wird es darin durch eine Form von »Autoecholalie«, mit der es sich in seine eigenen Laute einhört, sofern es sich nicht autistisch im Eigenen verfängt.[21] Dieser Übergang vom Fremden zum Eigenen, vom Eigenen zum Fremden beschränkt sich nicht auf die Frühstufe des Spracherlernens. Schon Wilhelm Wundt führt, ungeachtet seines cartesianisch geprägten, individualpsychologischen Ansatzes, die Geburt der Gebärdensprache auf einen Übergang von der Mitbewegung zur Antwortbewegung zurück: Was der Rezipient tut, ist kein bloßer Reflex dessen, was der Produzent tut, »sondern aus der *Mitbewegung* ist eine *Antwortbewegung* geworden« (zitiert nach Graumann 1984, S. 224).

In jüngster Zeit sind es die sogenannten Spiegelneuronen, die – sehr vereinfacht formuliert – zeigen, wie ein Gehirn ›mittut‹, was es das andere Gehirn tun ›sieht‹.[22] Demnach finden sich bereits auf der neuronalen Ebene, wo Stromstöße und Botenstoffe ihr Werk verrichten, gewisse Anzeichen, die gegen eine ursprünglich individualistische Seelenhaushaltsführung sprechen. Doch besagt dies, daß das Gehirn, dessen leibhaftige Mitwirkung durch neuere diagnostische Verfahren minutiös sichtbar gemacht wird, seinerseits einen Dialog mit der Umwelt führt und auf andere Gehirne antwortet, wie mitunter in neurophilosophischer Nonchalance formuliert wird? Ist ein »anderes« Gehirn dasselbe wie ein »fremdes« Gehirn? Was bedeutet überhaupt »eigenes« oder »fremdes«,

20 Die symbiotische Klangwelt läßt sich bis auf das »sonore Objekt« im Mutterleib zurückverfolgen, und ähnliches ist für andere sensorische Einschreibungen nachzuweisen. Zur pränatalen Genese des Objekts vgl. Golse, Roussillon 2010, S. 77-80 unter Bezugnahme auf S. Maiello.

21 Zu den Frühstufen des Spracherlernens vgl. die psycholinguistischen Ausführungen in Roman Jakobsons Essay *Kindersprache, Aphasie und allgemeine Lautgesetze* (1969), hier S. 8, 19-24.

22 Doch schon bei der Mitwirkung von Neuronen besteht, wie die Forschung zeigt, ein Unterschied zwischen der »gehemmten Nachahmung«, die zwischen fremdem und eigenem Verhalten zu unterscheiden erlaubt, und psychiatrischen Erscheinungen der »Echopraxie« und »Echokinese«, bei denen diese Hemmung ausfällt. Vgl. Frank-M. Staemmler, *Das Geheimnis des Anderen – Empathie in der Psychotherapie* (2009), S. 170-189, ferner Thiemo Breyer (Hg.), *Grenzen der Empathie* (2013).

»mein« oder »dein« Gehirn? Kann man den Spiegelneuronen Empathie oder Responsivität zusprechen?[23] Abgesehen davon ist auch die Bildlichkeit des Spiegelbilds keine objektiv feststellbare physikalische Eigenschaft, als ginge es beim Abbild lediglich darum, daß Lichtwellen zurückgeworfen werden. Eine Resonanztheorie, die sich mit der Widerspiegelungstheorie verbünden wollte, wäre zutiefst zweideutig; Widerspiegelung im eigentlichen Sinne setzt voraus, daß etwas vom Wahrnehmenden *als Spiegel* aufgefaßt und genutzt wird, so daß sich das Sichtbare für den Sehenden verdoppelt. »Neuronen spiegeln nicht«, so bemerkt Thomas Fuchs (2013, S. 206), indem er überschwenglichen Neuro-Erwartungen einen Dämpfer verpaßt. Auf die Hörbarkeit des Echos als eines »replizierten Klangs« trifft ähnliches zu.[24]

## 7. Synkretistische Sozialität

Das mitmachende Nachmachen verweist schließlich auf eine »synkretistische Soziabilität« im Sinne von Merleau-Ponty.[25] Diese besagt, daß Eigenes und Fremdes sich ineinander schieben, ineinander übergehen. Die Psychoanalyse analysiert diese Vorgänge mit Begriffen wie Projektion, Introjektion und Übertragung, diese Begriffe sind allerdings von den cartesischen Schlacken einer Zwei-Welten-Theorie zu reinigen. Wer man ist, erweist sich allererst darin, wie man auf fremde Ansprüche antwortet. Es gibt keine fixen Identitäten, die diesen Prozessen zugrunde liegen, es gibt aber auch kein reines Lust-Ich, das anfangs noch von keinem anderen weiß. Die Frage »Wer spricht?« gehört zu den Grundfragen der Psychoanalyse. *Identitäten*, mit denen gegenwärtige Sozial- und Kultur-

23 Vgl. kritisch dazu Rolf-Peter Warsitz in: Allert 2017, S. 200.

24 Zur Unterscheidung zwischen originalem und repliziertem Klang vgl. Daniel Schmicking, *Hören und Klang* (2003), §§ 32-33.

25 Merleau-Ponty bezieht sich in seinen Sorbonne-Vorlesungen auf Entwicklungspsychologen wie Édouard Claparède und Henri Wallon: »Die Beziehungen des Kindes zum Anderen« in: *Keime der Vernunft* (1994), S. 316-331. Zum responsiven Rahmen dieses Ineinanders von Eigenem und Fremdem vgl. AR 431-437. Zum Übergangscharakter der werdenden kindlichen Erfahrung, wie er in Phänomenen wie Echopraxie, Übergangsobjekt, Haut-Selbst, Transitivismus, Mimetismus und Fremdeln auf spezifische Weise zutage tritt, vgl. den Aufriß von Regula Giuliani: »Sozialer Synkretismus im kindlichen Weltbezug«, in: Breyer 2013.

theorien oft allzu unbekümmert und allzu undifferenziert hantieren und die sich in extremen Formen eines Neonationalismus zum sogenannten »Identitären« verhärten, gibt es nicht ohne Prozesse der *Identifizierung*; darin stimmen Husserl und Freud ungeachtet aller Differenzen überein. Maßgebend ist der Unterschied von Selbst und Selbem, wie er bei Heidegger als Kontrast von »Selbstheit« und »Selbigkeit« (*Sein und Zeit*, S. 320) oder bei Paul Ricœur im »Selbst (*soi-même*) als ein Anderer« zutage tritt. Dieser Unterschied wird verwischt, wenn das ›*self*‹ in G. H. Meads *Self, Mind and Society* umstandslos mit ›Identität‹ wiedergegeben wird.

Identifizierung bedeutet zunächst nicht, daß da jemand *ist*, der sich mit einer anderen Person identifiziert; es bedeutet vielmehr, daß jemand zu jemandem *wird, indem* er sich identifiziert wie im Falle der kindlichen Identifizierung mit Vater und Mutter. Auch die Geschlechterdifferenz geht nicht der Identifizierung voraus als ein fertiges Muster, sondern als Differenzerfahrung entspringt sie der selektiven Identifizierungsrichtung und Kontrastbildung. Das eigene Geschlecht hat zur Kehrseite das fremde Geschlecht. Man *wird* männlich oder weiblich als Sohn oder Tochter, als Schwester oder Bruder; man wird es mehr oder weniger, je nach Art und Schärfe der Abgrenzung, die Raum läßt für eine »psychische Bisexualität« (Golse, Roussillon 2010, S. 81 f.).

Als »Beziehungsstiftung« hat die Identifizierung anfangs eine »passive« bzw. »mediale« Bedeutung, da »ihre Bewegungsrichtung zunächst noch gar nicht festgelegt ist: weder das Woher noch das Wohin der identifizierenden Bewegung ist fixiert«; was hier den Ton angibt, ist »das Flottierende, Unentschiedene in Bezug auf die Mitwelt, die Anderen, die Dinge« (Giuliani, a. a. O., S. 391). Wie auch Freud in *Das Ich und das Es* ausdrücklich betont, ist eine solche Identifizierung »eine direkte und unmittelbare und frühzeitiger als jede Objektbesetzung« (GW XIII, 259).

Was unser Generalthema betrifft, so bedeutet Identifizierung mit dem Anderen eine Form der Antwort, die Resonanz weckt, aber mehr ist als bloße Resonanz. Eine solch originäre Form der Identifizierung entspricht nicht nur der Psychogenese der Psychoanalyse, sie entspricht ebenfalls der genetischen Phänomenologie, die sich von dem Urteil einer fertigen Umwelt ebenso freimacht wie von der Annahme einer fertigen Sozialwelt. Phänomenologie ist laut Merleau-Ponty auf der Suche nach einem weltlichen und historischen *Sinn in statu nascendi* (1966, S. 18), doch ebenso ist sie auf der Suche nach einem *Selbst in statu nascendi*. Die umstandslose Rede von bestehenden oder zu verteidigenden ›Identitäten‹ widerspricht also der Radikalität einer genetischen und dynamischen Sichtweise, wie sie sowohl für die Phänomenologie maßgeblich ist wie für die Psychoanalyse, solange beide nicht kulturalistisch verwässert und vorhandenen Kulturen angepaßt werden.

## 8. Echo und Spiegelung als Verdoppelung des Leibes

Wenn von Resonanz die Rede ist, taucht immer wieder das Echo auf. Doch was bedeutet dies? Echowirkungen, die sich wellenförmig ausbreiten, beschränken sich nicht darauf, daß derselbe Ton zweimal oder mehrmals erklingt, als könne man Sinneseindrücke zählen wie separate Entitäten. Vielmehr ist es so, daß derselbe Ton *als derselbe* und folglich als *nicht völlig derselbe* erklingt, da er sich in eine bestimmte Klangfolge und in ein bestimmtes Klangfeld einreiht. Nur auf diesem Wege können wir uns in neue Klänge einhören; nur so hören wir lernend, was wir hören, und nur so überhören wir vieles, was an unser Ohr dringt. Das Hören und Sehen, das mit einer *libido audiendi* und *libido videndi*, mit einem Hör- und Schautrieb verquickt ist, unterliegt eigenen Formen der Verdrängung. Zudem schließt jede auditive Wiederholung Unwiederholbares, Unerhörtes ein, so etwa das niemals gutzumachende »Fehlläuten der Nachtglocke«, das Kafkas Landarzt verfolgt wie eine geheime Botschaft. Sofern Schall, Ton und Stimme aus dem Schweigen kommen, haftet dem Hören ein Moment der Asymmetrie an; im Gegensatz zum Hin und Her einer normalen Pendelbewegung, deren Anstoß sich im rückläufigen Wechsel von Wirkung und Gegenwirkung verliert, haben wir hier mit der Möglichkeit eines Umschwungs zu rechnen.[26] Die Asymmetrie, die mit der

26 Ich füge hinzu, daß es selbst bei physischen Vorgängen, die sich wie die Pendelbewegung in einem dynamischen System abspielen, Umschwünge und Instabilitäten gibt, die sich einer perfekten Vorausberechnung entziehen, so etwa beim Pendel der Übergang von der Rotation zur Oszillation (vgl. Prigogine, Stengers 1986, Kap. IX). Doch während man in Anlehnung an Freuds »Triebschicksal« durchaus von einem »Antwortschicksal« sprechen kann, ergäbe die Rede von einem »Resonanzschicksal« strenggenommen keinen Sinn.

Vorzugsstellung eines affektiven und appellativen Gegenübers einhergeht, verliert sich in der Schaukelbewegung verhaltensgestörter Heimkinder. René Spitz erklärt dies damit, daß die autoerotische Betätigung kein bevorzugtes »Objekt« hat und sich auf das leibliche Selbst als auf ein Objekt des primären Narzißmus beschränkt.[27] Eine solch »objektfreie« Betätigung wäre keineswegs resonanzlos, sie läßt sich jedoch als irresponsiv bezeichnen. Feine Unterschiede verwischen sich, wenn Hartmut Rosa unter Berufung auf Fuchs, Adorno und Levinas die Aufforderung, die vom Anderen ausgeht, als »Resonanzaufforderung« (S. 666) bezeichnet und wenn er nicht nur eine »Resonanzblockade« geltend macht, sondern auch eine »Resonanzverweigerung« (S. 258 f.), wo es sich unseres Erachtens um eine Form der »Antwortverweigerung« handelt (vgl. AR 65, 362-367).

Kern der leiblichen Echowirkung ist der Akt des Sichsprechenhörens, verbunden mit dem Fremdwerden und Entschwinden der eigenen Stimme, auf die man immer nur antwortend zurückkommt. Von der Akustik des Leibes führt ein Weg zur Raumakustik von Gebäuden, die einen Eigenklang entwickeln und deren Resonanz, etwa in Form einer geeigneten Fassadengestaltung, zur Klanggestalt der Umwelt beiträgt. Eigenklänge des Raumes setzen allerdings voraus, daß dieser nicht als Behälter gefaßt wird, sondern als ein Ort, an dem Hörende sich leibhaftig befinden und den sie mitprägen.[28]

Ähnliches wie auf die leiblich-räumliche Echowirkung trifft zu auf den Spiegelreflex und den eigenen Blick *in den Spiegel*, dem Lacan in Form eines Spiegelstadiums eine wichtige Funktion in der Ichbildung zuweist, beginnend mit dem Frühstadium des Spiegelleibs. Entscheidend ist dabei, daß der Spiegel nicht als bloßes Reproduktionsgerät begriffen wird, mit dem sich unser Gesichts-

27 Vgl. hierzu Spitz 1967, S. 260 f., ferner zum gestörten Spiel mit dem Ball oder der Wippe bei autistischen Kindern Bettelheim 1967, S. 579 f. Freud berücksichtigt das Schaukeln einzig als ein Beispiel mechanischer Erschütterungen, die sexuelle Erregungen hervorrufen (GW V, 103). Um aber nochmals *Effie Briest* anzuführen: Das Schaukeln taucht hier unübersehbar als Leitmotiv auf, im Lebensübermut des jungen Mädchens, in einer bewegten Zeit des Umbruchs und kurz vor dem Ende als imaginäres Himmelsgefährt, als ein gefährlich verlockendes Auf und Ab, nicht als Hin und Her (1998, S. 37, 138, 333).

28 Vgl. hierzu Christoph Metzgers Schriften *Architektur und Resonanz* (2015) und *Bauen für Demenz* (2016) mit Vorschlägen für ein altersgerechtes Wohnen.

feld lediglich erweitern würde. Im Spiegel sehen wir uns als leibliche Wesen aus einem Blickwinkel, aus dem uns Andere sehen. Die Entdeckung des eigenen Gesichts verhilft uns zu einer medial gebrochenen Identität. Zieht man diese intersubjektive Genese in Betracht, so erscheint auch das Imaginäre als ein »imaginäres *Fremdes*« und nicht als ein *bloß* Imaginäres; das imaginär Fremde wäre vom real oder symbolisch Fremden ebenso kontaminiert wie dieses von jenem.[29]

Das visuelle ist wie das auditive Selbst ein geteiltes Selbst, sehend und gesehen, hörend und gehört. Dieser Spalt läßt sich nicht durch Spiegelreflexe und Echowirkungen schließen, als bestünde unsere Welt aus lauter Spiegelkabinetten oder Echokammern. Auch hier bedeutet Response mehr als eine rekursive Form von Reflex oder Resonanz, die dem Imaginären verhaftet bleibt und die Schwelle fremder Ansprüche nicht überschreitet.

## 9. Response und Resonanz in psychoanalytischer Deutung

Einen Grenzfall stellt die psychoanalytische Deutung der fremden Rede dar, wie Jacques Lacan sie in seinem Rom-Vortrag von 1953 präsentiert.[30] Wenn hier wechselnd und ohne präzise Abgrenzung von Response und von Resonanzen gesprochen wird, so geschieht dies aus der Perspektive des Analytikers, der sich mit den Erwartungen des Analysanden oder Patienten konfrontiert sieht. So heißt es gleich zu Beginn: »Ob sie sich als Instrument der Heilung, der Berufsausbildung oder der Tiefeninterpretation versteht, die Psychoanalyse hat nur ein Medium: das Sprechen des Patienten.« Allgemein gesagt bedeutet dies: »[...] *toute parole appelle réponse* – jedes Sprechen appelliert an eine Antwort, ruft eine Antwort herbei.« Wenn folglich das psychoanalytische Setting eine Versuchsanordnung erzeugt, die das Ohr betont, das Zuhören begünstigt und die Musikalität der Sprache berücksichtigt (vgl. Küchenhoff, Warsitz

29 Vgl. *Vielstimmigkeit der Rede* (1999), S. 10, sowie Bedorf 2003, S. 205-212, ferner John O'Neill: »Der Spiegelleib. Merleau-Ponty und Lacan zum frühkindlichen Verhältnis von Selbst und Anderem«, in: Métraux, Waldenfels 1986.

30 Vgl. *Écrits*, S. 289-322, dt. *Schriften* I, S. 131-169, besonders Abschnitt II: »*Les résonances de l'interprétation* – Die Resonanzen der Deutung« (die Übersetzung wurde leicht abgeändert).

1992, S. 147), so entspricht dies einer Urkraft der Responsivität, die der Analyse zutiefst innewohnt.

Es geht hierbei nicht um pragmatische Erfolgsbedingungen eines Sprechakts, sondern um ein Grundgesetz jedweden Sprechens, sofern dieses etwas für jemanden *zur Sprache bringt* und sich nicht darauf beschränkt, Operationen einer funktionalen Zeichensprache auszuführen. Solange ein Zuhörer da ist, gibt es »kein Sprechen ohne Antwort«, selbst wenn das Sprechen auf Schweigen stößt (*Écrits*, S. 247, dt. *Schriften* I, S. 84 f.). Dies besagt, daß »das Sprechen subjektiv immer seine Antwort einbezieht«; was hier nachklingt, ist ein fernes Echo auf den von Augustinus und Pascal überliefertem Ausspruch Gottes: »Du würdest mich nicht suchen, wenn du mich nicht gefunden hättest.« (S. 298, dt. 142)[31] Anders gesagt: »Was ich im Sprechen suche, ist die Antwort des Anderen.« Eine solche Suche läuft nicht auf den stetigen Bahnen eines natürlichen Glücksstrebens, das sich in einem Wunschzirkel verfängt. Die Suche nach dem Anderen wird vielmehr angehalten durch die besondere Zeitfigur des zweiten Futur. Dieser gebrochenen Zeitfolge entspricht in der responsiven Phänomenologie die schon erwähnte Diastase, die besagt, daß das, was an uns appelliert, unserer eigenen Initiative zuvorkommt, daß es ungeahnte Antworten hervorruft, die nicht nur Vergangenes wiederholen oder auf Gegenwärtiges reagieren.

In diesem Zusammenhang treten Fragen auf, die wir hier nur streifen werden. Die eigene Rede entpuppt sich als eine Rede, die aus dem Hörensagen kommt: ἐξ ἀκοῆς, *ex auditu*. Platon gebraucht diese Formel, um damit die Zeugenaussage vor Gericht als ein Wissen aus zweiter Hand einzustufen (*Theaitet* 201b-c).[32] Doch das Sich-ein-hören in die Stimme des Patienten, das die Psychoanalyse in Gang setzt und in Gang hält, ist keineswegs von bloß sekundärer, abkünftiger Bedeutung, verglichen mit einer primären

31 Dazu eine kühne Bemerkung von Lacan: Die zutreffende Formel für den Atheismus lautet nicht: »Gott ist tot«, sondern: »Gott ist unbewußt« (*Seminar* XI, 1978, S. 65). Natürlich könnte man hier eine ähnliche Frage stellen wie im Falle des menschlichen Angesichts, aus dem laut Levinas Gott spricht. Kann man den Satz »Gott ist unbewußt« umkehren in den Satz »Das Unbewußte ist Gott«? Wo beginnt eine solch verfremdende Rede? Ähnlich stellt sich bei Platon die Frage, ob »das Gute« oder nicht vielmehr »der Gute« den Zielpunkt des Strebens bildet.

32 Rousseau geht einen Schritt weiter, indem er den lügnerischen Büchern die Natur entgegenstellt, deren Stimme unmittelbar zu uns spricht und »die niemals lügt« (Vorwort zum *Zweiten Diskurs*, 1978, S. 71, 81).

Form der Ein-sicht, dem Sehen mit eigenen Augen, das aus der Medizin als Autopsie bekannt ist. Würden wir die Forderung nach Autopsie auf die Spitze treiben, so würde sie mit einer Autopathie verschmelzen. Am Ende wären die toten Opfer von Srebrenica, die ihre Hinrichtung am eigenen Leib erfahren haben, die einzigen, deren Wissen zählt. In Wirklichkeit bringt die Stimme der Anderen Fremdes zur Sprache, das sich dem direkten Zugriff entzieht. Das, *worauf* wir hören und hörend antworten, erschöpft sich keineswegs in dem, *was* wir hören.

Auch für diese Deutung des Gesprächs als Ferngespräch gibt es religiöse oder religionsnahe Vorboten. Im Jüdisch-Christlichen findet sich die paulinische Glaubensformel *fides ex auditu.* Bemerkenswert ist, daß Paulus in *Röm.* 10, 17 die gleiche Gehörformel wie Platon benutzt; doch dabei korrigiert er die Geringschätzung des Hörensagens, indem er sich auf einen Glauben und ein Vertrauen beruft, bei dem das Gehör eine unersetzliche Rolle spielt: ἡ πίστις ἐξ ἀκοῆς, *fides ex auditu, auditus autem per verbum Christi.* Aus der griechischen Welt kennen wir die warnende Stimme des sokratischen Daimonion in der *Apologie* oder die erotische Stimme der Diotima im *Symposion.* Reduziert man das Hören jedoch auf ein *vernehmendes Hören,* wie Manfred Riedel es tut, der sich in seinen Überlegungen zum »Hören auf die Sprache«, in starker Anlehnung an Heidegger und Gadamer, auf eine »akroamatische Dimension der Hermeneutik« beruft (1990), so spielt ein *antwortendes* Hören, das durch Fremdes provoziert wird, keine besondere Rolle. Daß die Psychoanalyse dabei außer acht bleibt, versteht sich.

Wir werden hier Zeuge einer weitläufigen Debatte, in der es um den Rang des Gehörs geht und speziell um die rechte Einschätzung der fremden Stimme innerhalb des gesamten Sensoriums und innerhalb des Bereichs von Rede und Gespräch. Traditionelle Vorurteile, gegen die es anzukämpfen gilt, stammen aus einer eindeutigen Bevorzugung des Auges gegenüber dem Ohr und einer Überbetonung des Sprechaktes gegenüber dem Hörereignis, das in Wirklichkeit mit dem Lautwerden der Stimme einsetzt. In der Forderung nach einer Rehabilitation des »verkannten und mißdeuteten Gehörs« treffen responsive Phänomenologie und Psychoanalyse erneut aufeinander.[33]

33 Was sich aus Sicht der Phänomenologie zu Stimme und Gehör sagen läßt, braucht hier nicht nochmals wiederholt zu werden. Vgl. AR II, 8, speziell S. 245-247; III, 9; PhA Kap. VII sowie SK Kap. 6 und 7.

Was die Psychoanalyse angeht, so setzt sie als Gesprächskur an einem Ort an, wo der Andere tonangebend ist. Das Unbewußte erhält im Zuhören eine »resonante Dimension«.[34] Kehren wir also nochmals zu Lacan zurück. Er spricht in dem erwähnten Kontext von »semantischen Resonanzen« (*Écrits*, S. 294, dt. *Schriften* I, S. 137), doch dabei setzt er sich deutlich ab von dem, was informationstheoretisch und sprachökonomisch als Redundanz gefaßt wird. »Die Funktion der Sprache besteht ja hier nicht darin, zu informieren, sondern zu evozieren.« (S. 299, dt. 143) In Anlehnung an eine gewisse hinduistische Tradition wird die Eigenart eines solchen Sprechens in die Fähigkeit verlegt, »etwas zu Gehör zu bringen, was es selbst nicht sagt« (S. 294 f., dt. 138). Das Sprechen des Psychoanalytikers, das aus dem fremden Schweigen kommt, erweist sich als ein »Sprechen vor (*devant*) dem Echo seines eigenen Nichts« (S. 248, dt. 85). Eine derartige Resonanz, die Ungesagtes anklingen läßt, findet ihren Platz in einer Art von Psychoanalyse, die sich zuallererst im Antworten vollzieht und dabei ein symbolträchtiges »Zeremoniell« nutzt.[35] Sie erschöpft sich nicht in einem freien Mitschwingen, das die Redelust verstärkt und den Redefluß fortsetzt, vielmehr bearbeitet sie den Widerstand, der aus dem Unbewußten des Analysanden aufsteigt, »um Resonanzen des Sprechens in Gang zu setzen« (S. 291, dt. 134). Wir werden am Ende auf diesen wichtigen Aspekt zurückkommen.

## 10. Responsivität, Irresponsivität und Resistenz

Ausgegangen sind wir von Responsivität und Response. Unterfüttert wurden die Responsivität durch Resonanzphänomene, in denen sich diverse Aspekte einer leiblichen Ansprechbarkeit und

34 So plädieren M. B. Buchholz und G. Godde für eine »Komplementarität zwischen ›vertikaler‹ und ›resonanter‹ Dimension des Unbewußten«, in: *Psyche* 9/10 (2013), S. 844-880.

35 Vgl. dazu Freuds Ratschläge »Zur Einleitung der Behandlung«; bei der Gesprächsrahmung der Analyse liegt, ähnlich wie bei Eröffnung und Endspiel im Schach (GW VIII, 454), ein besonderes Gewicht auf den Anfangs- und Endphasen. Dies läßt sich nicht geradewegs auf informelle Gespräche übertragen, doch gänzlich formlos sind auch sie nicht, wie sich deutlich in Erving Goffmans Rahmen-Analyse zeigt.

Beweglichkeit widerspiegeln. Das Eingehen auf fremde Anstöße und Ansprüche wird getragen von einem Mitgehen, das fremde Bewegungsimpulse aufnimmt. Doch die Responsivität hat zu kämpfen mit den Schatten einer Irresponsivität, die sich unter anderem in mangelnder Ansprechbarkeit niederschlägt. Das Verhältnis von Pathos und Response entpuppt sich, fern jeder prästabilierten Harmonie, als labiles Gleichgewicht. Grob betrachtet kann es, wie schon wiederholt gezeigt, in zwei Extreme ausschlagen, in ein Pathos ohne Response oder in eine Response ohne Pathos. In gewisser Hinsicht entsprechen diese Extreme dem Schwanken zwischen manischen und depressiven Phasen, das sich bei bipolaren Störungen beobachten läßt. Beide sind als pathogene Annäherungen zu verstehen, andernfalls würde die Erfahrung an sich selbst zerbrechen.[36]

*Pathos ohne Response* besagt, daß das, was uns widerfährt, überhand nimmt, uns wegreißt oder uns in uns selbst versinken und verstummen läßt. Dies zeigt sich in Schockerfahrungen, in katastrophalem Verhalten, in lang nachwirkenden Verletzungen, aber auch in der affektiven Beeinflussung durch die Masse, zu der Freud in seiner Abhandlung *Massenpsychologie und Ich-Analyse* eine Brücke schlägt. Zeitlich betrachtet bedeutet dies, daß der Gang der Erfahrung jäh unterbrochen wird und sich die Erfahrung am Ende auf Vergangenes fixiert. Eine responsive Therapie, zu der die Psychoanalyse wesentlich beiträgt, zeigt sich bestrebt, die Antwortfähigkeit zu stärken oder nach Möglichkeit wiederherzustellen, auch unter erschwerten Bedingungen. So stellte Kurt Goldstein seine Rehabilitierungsversuche darauf ab, beim Patienten eine »Einschränkung des Milieus« zuzulassen und eine entsprechende »Einbuße an Freiheit« in Kauf zu nehmen (2014, S. 343-347). Dies entspräche den »Hilfskonstruktionen des Lebens«, auf die Freud sich im Anschluß an Fontane bezieht. Das Überhandnehmen des Pathos bei gleichzeitiger Schwächung der Response tritt aber nicht nur in abrupter Form auf, es kann sich auch sacht ausbreiten wie

36 Hartmut Rosa nähert sich dieser Polarisierung, indem er die Störung der Resonanz auf den konträren Gegensatz von Selbstverlust (Verlust an die Welt durch radikale Öffnung des Subjekts) und Weltverlust (Verlust der Welt durch radikale Selbstverschließung und Selbstverhärtung des Subjekts) zurückführt (S. 191). Dieses Denken in Alternativen entspricht jedoch nur entfernt dem diastatischen Doppelereignis von Pathos und Response, bei dem Fremdimpuls und Eigeninitiative ineinandergreifen.

beim träumerischen Versinken in Klangfluten und Bildfolgen, das den Hörer taub und blind macht für alles, was ringsum geschieht. Es ist nicht leicht zu sagen, wann Abschirmung vor fremden Einflüssen in Abwehr von fremden Ansprüchen übergeht. Zwischen Pathos und Response breitet sich eine Grauzone aus, die sich niemals rein visuell oder rein auditiv bestimmt und die niemals frei ist von den Verlockungen des Sicht- und Hörbaren.

*Response ohne Pathos* würde umgekehrt besagen, daß Antworten, die sich von lebendigen Ansprüchen und Herausforderungen lösen, zu fertigen Klischees und ideologischen Schemata gerinnen und sich in der Fixierung auf fertige Antworten einer Apathie nähern, die eine leibhaftige Unansprechbarkeit erzeugt (vgl. BE 105). Zeitlich betrachtet entleert sich die Zukunft; sie unterwirft sich einem Wiederholungszwang, der jeden fremden Anspruch erstickt. Gestalttheoretisch betrachtet bedeutet dies eine Monotonie, die alles, was uns widerfährt, in der Gleich-gültigkeit eines Grau-in-Grau versinken läßt, indem sie das affektive Relief, aus dem die Erfahrung ihre Spannkraft bezieht, einebnet. »Mir ist alles gleich«, so lautet die Redensart, die diesem Erfahrungsschwund entspricht; sie hat immer wieder in literarischen wie in bildlichen Verkörperungen des Indifferenten ihren lebendigen Ausdruck gefunden. Watteaus *L'indifférent*, diese schwebende und schwankende Figur, hat sozusagen mehrere Gesten im Köcher, wird eine am Ende den Ausschlag geben? Wiederum begegnen wir einer Grauzone, nur daß die Gewichte anders verteilt sind. Die Unentschiedenheit bildet ein gewisses Pendant zur Überdeterminiertheit von Traumelementen und Symptomen.

Roman Jakobson nähert sich der besagten Polarisierung als Linguist, indem er zwischen zwei Formen der Aphasie unterscheidet, bei denen entweder die Selektionsfähigkeit geschwächt ist, die es dem Sprecher erlaubt, zwischen verschiedenen sprachlichen Möglichkeiten zu wählen, oder aber die Kombinationsfähigkeit, die ihn dazu befähigt, Zeichen zu kombinieren und sie in geeignete Kontexte einzufügen. Im ersten Fall tendiert das Sprechen zu einer Kombination ohne Selektion, so daß das Sprechen sich in einem beliebig offenen Kontext bewegt, im zweiten Fall tendiert es zu einer Selektion ohne Kombination, so daß es in einen geschlossenen Kontext eingezwängt wird. Das erste Mal überwiegt das Metonymische der Sprache, das dazu dient, ein Miteinander von Bedeutungen herzustellen, im zweiten Fall überwiegt das Metaphorische, das es erlaubt, ein Statteinander von Bedeutungen zum Ausdruck zu bringen. Jakobson bezieht sich dabei en passant auf die Unterscheidung von Verschiebung und Verdichtung in Freuds *Traumdeutung*.[37] Diese *aphatischen* Störungen haben zur Kehrseite *apathische* Störungen, die das Pathos als eine Form der Ansprechbarkeit auf verschiedene Weise beeinträchtigen. Die Aphasien äußern sich einerseits in einem reaktiven Sprechen, das unter mangelnder Initiative leidet und nur noch anderswo anknüpfen kann wie die »widertönende« Nymphe Echo; andererseits äußern sie sich stakkatoartig in einem Telegrammstil, der sich auf isolierte Ein-Satz-Äußerungen und Ein-Wort-Sätze beschränkt. Gestört ist in beiden Fällen das bewegliche Mit, das die Kommunikation in Gang hält, indem es fremde Appelle und eigene Erwiderungen miteinander verbindet wie auch voneinander trennt.

Es fragt sich, was Resonanz, verstanden als ein beredtes Mitschwingen, ausrichten kann, wenn die Balance zwischen Eigenem und Fremdem nachhaltig gestört ist. Die Tatsache, daß etwas im landläufigen Sinne Resonanz weckt oder jemand entsprechende Resonanz bekundet, sagt noch nichts aus über die Qualität dessen, was Gehör sucht oder Aufmerksamkeit erregt. Propaganda, die sich ausbreitet, oder Reklame, die ihre Rufe ausschickt, gehören zu den unentbehrlichen, aber eben auch zweideutigen Machtspielen der politischen Öffentlichkeit und des ökonomischen Marktes, die unsere Aufmerksamkeit vielfach unmerklich steuern.[38] Es liegt auf der Hand, daß sich in Mehrheitsbeschlüssen, Einschaltquoten, Auflagenhöhen oder Zitierhäufigkeit faktische Resonanzen bekunden, hinter denen sich jedoch vielerlei Antwortbarrieren und Antwortverweigerungen verstecken. Was bei den Griechen »Reden um

37 Vgl. Roman Jakobsons 1956 auf englisch erschienenen Aufsatz »Zwei Seiten der Sprache und zwei Typen aphatischer Störungen« (dt. 1974a, S. 138; in der Übersetzung wird ›displacement‹ unzutreffend mit ›Verdrängung‹ wiedergegeben). Jakobson bezieht sich in seinem Aufsatz unter anderem auf Alexander R. Lurija und Kurt Goldstein, und Lacan berücksichtigt seinerseits den Aufsatz von Jakobson in: »Das Drängen des Buchstabens im Unbewußten oder die Vernunft seit Freud« (*Écrits*, dt. *Schriften* II).

38 Reklame bedeutet in der ursprünglichen Druckersprache ein ›Zurückrufen‹, das zur Milderung des Seitensprungs das erste Wort der neuen Seite zu Füßen der endenden Seite verzeichnet. Zur Steuerung der Aufmerksamkeit durch Markierung von Auffälligkeiten vgl. PhA Kap. IX.

des Redens willen – λέγειν λόγου ἕνεκα« heißt, läßt sich auch als unadressiertes und antwortloses Gerede bestimmen, das bestenfalls dazu dient, den Redekontakt aufrechtzuerhalten, vielfach unterstützt durch alltägliche Sprechapparate, die vielleicht smart, doch in ihrer akustischen Aufdringlichkeit selten diskret sind.

Psychoanalytisch gesprochen gehört die Resonanz zu den Symptomen, die enthüllen, indem sie verhüllen. Psychoanalytiker mögen sich fragen, woher die Rede- und Mitteilungssucht stammt, die in ihrer Hemmungslosigkeit zusammen mit dem Fremdgespräch auch das Selbstgespräch verstummen läßt. Was das Mitschwingen betrifft, so unterliegt es schwankenden Einflüssen und Einflüsterungen. Eine neuerlich um sich greifende Gedankenlosigkeit wie die Rede von »Resonanzstraftatsachen« führt dazu, daß das Konzept der Strafhandlung medientechnisch aufgeweicht wird. Resonanzen lassen sich jedoch nicht zuschreiben wie Handlungen, für die jemand Rede und Antwort zu stehen hat. So stellt sich die dringende Frage, ob Resonanz nicht, sobald zwischenmenschliche Kontakte ins Spiel kommen, auf Resistenz und Resonanzbekämpfung angewiesen ist. Das Moment des Widerstands, ob als ethischer Widerstand wie bei Levinas, ob als triebdynamischer Widerstand in der Übertragung wie bei Freud, verweist auf Kräfte, die aufeinanderstoßen und nicht nur einander in Schwingung versetzen. Wenn es zu einer zwischenleiblichen Resonanz zwischen Patient und Analytiker kommt, so bedarf es bei letzterem einer »disziplinierten Zurücknahme«; denn wie Jörg Scharff feststellt: »In dem Moment, in dem ich mir des einlullend suggestiven Erzählgestus meines Patienten bewußt werde, vollzieht sich schon ein erster Trennungsschritt, der mich ahnen läßt, daß mich da etwas im ›Erzähl doch einfach weiter‹ auch betäuben möchte.« (in: Walker 2014, S. 20) Solche Formen des Widerstandes sprechen nicht schlichtweg gegen die Verwertung des Resonanzmotivs, sehr wohl aber gegen dessen ethische Überforderung und semantische Überdehnung.

Abschließend sei an ein mythisches Paar erinnert, in dem Response und Resonanz sich auf unnachahmliche Weise verkörpern und sich zugleich auf tödliche Weise aus dem Weg gehen. Ich denke an die verfehlte Begegnung von Narziß und Echo in Ovids *Metamorphosen*. Das Rendezvous von Gesicht und Gehör, das uns der Dichter vor Augen führt, zerbricht, bevor es in Gang kommt.

Wie uns erzählt wird, verliebt Narziß sich in sein eigenes Spiegelbild, ohne einer Anderen wie der Nymphe Echo einen Blick zu gönnen. Schließlich versinkt er in dem spiegelnden Wasser des Brunnens. Aus psychoanalytischer Sicht besagt dies: »Es gibt nur ein Ebenbild meiner – ein Anderer der Ich ist –, weil das Ich ursprünglich ein Anderer ist. [...] Narziß ist vor allem sein eigener Rivale; daran geht er zugrunde.« (Pontalis 1968, S. 48) Herbert Marcuse, der Freud mit Marx auf die Sprünge hilft, sucht Narziß vor sich selbst zu retten, indem er den primären Narzißmus kosmisch ausweitet: Narziß »zieht die Umgebung in sich hinein, indem er das narzißtische Ich mit [sic] der objektiven Welt integriert« (1979, S. 146). Eine solche »Doppelrichtung des Narzißmus«, derzufolge »Verwurzelung mit dem Urzustand« mit »Allverbundenheit« verschmilzt, wurde schon zu Lebzeiten Freuds und gegen dessen Einspruch von Lou Andreas-Salomé ins Auge gefaßt (vgl. Seewald 1992, S. 163). Doch auf diese Weise bleibt vom Narzißmus nur eine ausufernde Selbstliebe zurück, der nichts fremd ist und die keinen Anderen zum Antipoden hat.

Echo dagegen, die als *resonabilis Echo*, als widertönende Echo auftritt, ist dazu verdammt, lediglich das soeben Gehörte zu wiederholen, ohne selbst das Wort ergreifen zu können. »Laßt uns hier zusammenkommen«, »... zusammenkommen«, so tönt es refrainartig zurück. Didier Anzieu gibt allerdings zu bedenken, ob nicht in Ovids Mythos der »Laut-Spiegel«, der dem primär weiblichen Charakter der Stimme entspricht, der Entstehung des visuellen Spiegels vorausgeht (1992, S. 222). Jedenfalls bleibt es das eine Mal bei einem Selbstbezug ohne Fremdbezug, das andere Mal bei einem Fremdbezug ohne Selbstbezug. Antworten hieße dagegen, sich im Anderen auf sich selbst und sich in sich selbst auf den Anderen beziehen. Mit dem bloßen Mitschwingen ist es nicht getan.

# 9. Responsive Therapie im Zeichen der Sorge

Das Schlußkapitel, das mit dem Motiv der Sorge der Heilkunde einen anthropologischen Hintergrund erschließt, gibt uns Gelegenheit, dem Verhältnis von Selbstbezug und Fremdbezug, von Ipseität und Alterität, das sich wie ein roter Faden durch unsere Überlegungen zieht, einen berufspraktischen Rahmen zu geben. Die responsive Phänomenologie setzt sich in der responsiven Therapie einer besonderen Bewährungsprobe aus, bei der Freuds Realitätsprüfung sich mit einer Alteritätsprüfung verbindet.

## 1. Heilkunde als gemischter Diskurs

Der Mensch ist nicht nur ein »nicht festgestelltes Tier«, das seinen Ort in der Welt sucht, er ist auch ein gefährdetes Wesen, anfällig für Störungen, Verletzungen und Gebrechen jeder Art. Die »Gebrechlichkeit (fragilitas) der menschlichen Natur«, die Kant zu Beginn seiner Religionsschrift herausstellt, beschränkt sich nicht auf die moralische Beschaffenheit, sie kennzeichnet die Conditio humana insgesamt. Freud berücksichtigt diese Grundtatsache, indem er in der Psychogenese von der Hilfsbedürftigkeit des Neugeborenen ausgeht. Aus der Sicht einer responsiven Phänomenologie bedeutet dies, daß das *Pathische*, das gleichzeitig die Stärke und Schwäche der Erfahrung ausmacht, Aspekte des *Pathogenen* aufweist, die im *Pathologischen* zum Ausbruch kommen. Der Mensch ist ein krankheitsanfälliges Wesen. Therapien antworten mit ihren vorbeugenden, lindernden und heilenden Maßnahmen auf diese Grundsituation.

Die Heilkunde mit all ihren Spielarten, zu denen auch die Psychoanalyse gehört, bestimmt sich als ein »gemischter Diskurs«, in dem viele Fäden zusammenlaufen. Dies zeigt sich schon in den griechischen Anfängen der Medizin, die von Philosophen aufgegriffen werden. Platon unterscheidet im *Gorgias* (464a-b) zwischen dem Wohlbefinden der Seele und dem des Leibes. Die *Pflege* (θεραπεία) des Leibes zerteilt sich ihrerseits in *Gymnastik*, die mit Leibesübungen für die rechte Ordnung sorgt, und *Iatrie*, die durch

Heilung die körperliche Ordnung wiederherstellt. Diese Ordnung hat einen kosmo-theologischen Rückhalt, wie er im *Timaios* ausführlich dargestellt wird. Der Zusammenhalt von Seele und Leib wird gewährleistet durch die Zugehörigkeit zu einem Kosmos, der als Lebewesen im großen selbst eine Weltseele und einen Weltleib aufweist und insgesamt unter der Fürsorge Gottes steht.

Diese Gesamtordnung zerbricht in der Neuzeit mit der Abspaltung einer Naturmechanik, deren Kausalität auf Lebensziele und somit auch auf das Leiden der Menschen keine Rücksicht nimmt. Nun ist es gerade die Medizin, die von ihrer spezifischen Aufgabe her gegen diese Aufspaltung in objektive Prozesse und subjektives Erleben rebelliert, die sie doch selbst mitverursacht hat, und es ist vielleicht nicht ganz zufällig, wenn entsprechende Bedenken von einer berufsfernen Frau ausgehen. Prinzessin Elisabeth ist es, die in einem Brief an Descartes erklärt, sie verstehe nicht, wie die immaterielle Seele einen Körper zu bewegen vermöge und wie seelisches Tun und Leiden »im Körper« vor sich gehen (AT III, 684). Man könnte mit Descartes' eigenen Worten aus der VI. *Meditation* fortfahren und hinzufügen, Schmerzen, die jemand hier und jetzt am eigenen Körper verspüre, seien keinem bloßen Maschinenschaden gleichzusetzen, der sich von außen beobachten und reparieren ließe wie der Bootsschaden eines Schiffers (AT VII, 81). Nachdem der Philosoph früher selbst schon seine Verwunderung darüber geäußert hat, daß es unter den vielen Naturkörpern einen gebe, von dem ich aufgrund einer Sonderbefugnis als von »meinem Körper« spreche (AT VII, 76), rät er seiner adeligen Briefpartnerin nun dazu, die Antwort auf ihre Frage genau dort zu suchen, wo sie auftauche, nämlich inmitten der häuslichen Sorgen, Gespräche und Gefälligkeiten, die sie selbst für ihre Begriffsstutzigkeit, ihre *stupidité*, verantwortlich macht. In seiner Erwiderung vom 28. Juni 1643 stellt er fest, die Vereinigung der Seele mit dem Körper lasse sich nur begreifen, wenn man sich auf »das Leben und gewöhnliche Gespräche«, also auf die Sinneserfahrung und die Alltagssprache verlasse (AT III, 692).[1] Die Spannung, die frühzeitig zwischen Medizin als Naturwissenschaft und Medizin als therapeutischer Kunst zutage tritt, hält bis heute an, wobei letztere sich von der Humanmedizin auf die Tiermedizin ausdehnt. Der therapeutische Überhang hat

1 Die zitierten Briefpassagen finden sich in dem *Briefwechsel mit Elisabeth von der Pfalz* (2015), S. 14-23.

zur Folge, daß die Medizin selbst dort, wo sie sich auf die somatischen Aspekte von Krankheiten und auf entsprechende Somatotechniken verlegt, nie ganz frei ist von psychischen Aspekten. In diesem umfassenden Sinne ist jede Therapie als psychosomatisch zu betrachten.

Auch Freud, der als Psychoanalytiker die Fäden zur klinischen Medizin nie abreißen ließ, kommt um diese Problematik nicht herum. Im Nachwort zu seinem 1926 veröffentlichten Text *Zur Frage der Laienanalyse*, in dem es um die professionelle Abgrenzung von Medizin und Psychoanalyse geht (GW XIV, 293-295), reklamiert er für die Psychoanalyse den Status einer »weltlichen Seelsorge«, die abgesehen von den religiösen Anklängen auch auf antike und anderweitige Formen der Menschenführung hindeutet. Doch in bewußter Distanz zu jederlei Zuhilfenahme religiöser oder sozialethischer Zusatzangebote beharrt er darauf, den Patienten einzig »aus seinem eigenen Inneren [zu] bereichern«, im Vertrauen auf die wohltätige Wirkung, die rein von der Aufklärung ausgeht. Von Bereicherung ist die Rede, nicht von einer bloßen Selbsterhaltung, die nur den Status quo sichern würde. In diesem Zusammenhang beruft er sich auf ein »Junktim von Heilen und Forschen«, das eine Verbindung herstellt zwischen dem, was offensichtlich divergieren kann. Dabei beschränkt er die erforderliche Forschung nicht auf den Bereich der Naturwissenschaften, er wünscht sich ausdrücklich die Mitarbeit von Personen, die in den Geisteswissenschaften vorgebildet sind. Generell hält er sich an die Annahme, daß man niemals ärztlich behandle, ohne »etwas Neues zu erfahren«, also ohne Aussicht auf »wissenschaftlichen Gewinn«. Natürlich liegt es Freud fern zu bestreiten, daß auch ein Lebensgewinn für den Patienten abfällt. Das behauptete Junktim von Heilen und Forschen läßt eine einseitige Gewinnrechnung nicht zu; dennoch bleiben Fragen offen, die sich auf die Antriebskräfte und die Ausrichtung des Gesamtprozesses richten.

In diesem Sinne kreisen die folgenden Überlegungen um den Ort, den die Therapie in der Erfahrung einnimmt. Als Schlüsselbegriff dient uns der Begriff der Sorge, der als ἐπιμέλεια oder *cura* seine philosophische Vorgeschichte wie auch seine Alltagsgeschichte hat und der in der speziellen Form der ›Kur‹ Medizinern wie Analytikern bis heute geläufig, wenngleich reichlich abgegriffen ist. Indem wir uns an dem Phänomen der Sorge orientieren, setzen wir einen besonderen Akzent, der unseren bisherigen Ausführungen entspricht. Wir richten unser Augenmerk nicht allein auf die Leiblichkeit des leidenden Selbst, sondern legen besonderes Gewicht auf die zwischenleibliche Verflechtung von Leiden und Heilen und den responsiven Charakter der ärztlichen Behandlung. Dies besagt, daß sich die Medizin als wissenschaftliche Disziplin zwar mit allgemeinen Krankheitsbefunden und Krankheitsursachen befaßt, daß sie dies jedoch nicht tut, ohne sich zugleich um einzelne Kranke zu kümmern, die ihre eigene Krankengeschichte mitbringen und nicht nur typische Krankheitsphasen durchlaufen. Der Arzt heilt nicht den Menschen, sondern einen Einzelnen wie etwa Sokrates; so äußert sich Aristoteles, Sohn eines Arztes, gleich zu Beginn seiner *Metaphysik* in dem Bestreben, das Erfahrungswissen und die ärztliche Behandlungskunst von dem Druck allgemeiner Prinzipienforschung freizuhalten. Die Theorie in Ehren, doch sie ist nicht alles. Die Frage nach der Alterität, die unsere Überlegungen zur Psychoanalyse und zur Psychopathologie von Anfang an begleitet hat, stellt sich angesichts der Sorge um den Patienten mit zunehmender Schärfe.

## 2. Sorge als Elixier des Lebens

Die Sorge ist ein altes Motiv. In ihrer vielfältigen Wirkkraft bietet sie sich an als eine Art Elixier des Lebens. In einer lateinischen Sage, die Martin Heidegger ausgegraben und philosophisch ausgedeutet hat, erscheint Cura, die personifizierte Sorge, als ein Mischwesen, bestehend aus himmlischem Geist und irdischem Leib. In ihr verkörpert sich der Status des Menschen als eines Zwischenwesens. Bis heute geistert die Sorge durch unsere Welt in mannigfacher Gestalt. Die Grundfigur ist das reflexive *Sichsorgen*, das sich als *Besorgen* um etwas oder als *Fürsorge* um jemanden kümmert. Im Hintergrund steht die ängstliche *Besorgnis* als chronische Befindlichkeit, als ein Gefühl der Beunruhigung. Die Sorge durchdringt unser Verhalten zu den Dingen, zu Anderen und zu uns selbst, indem sie die Lebensgewichte verschieden verteilt. Nicht alles kümmert uns auf gleiche Weise. Die Bibel erinnert an die Lilien auf dem Felde, und in Figuren wie Eichendorffs Taugenichts macht sich eine überschießende Sorglosigkeit breit, befreit von »Sorgen, Last und Not um

Brot«. Doch die Sorglosigkeit, die als Sinekure geradezu amtliche Züge annimmt, ist selbst ein Modus der Sorge, so wie Schweigen ein Modus der Rede und neuerdings das Entsorgen eine Weise des Besorgens ist. Ähnliches gilt für die Unbekümmertheit, die uns vom Kummer freihält.

Die allgemeine Besorgtheit umfaßt jene Alltagssorgen, die in der Bergpredigt einer göttlichen Fürsorge anheimgegeben werden: »Sorget nicht für euer Leben, was ihr essen und trinken werdet, auch nicht für euren Leib, was ihr anziehen werdet ...« (*Matth.* 6, 25). Uns soll es im folgenden weniger um diese hintergründige Besorgtheit gehen als um die Sorge als einen Grundzug der Lebenspraxis. Sie tritt im alltäglichen Verhalten auf als Übung der Sorgfalt oder in institutioneller Form als Sorge für Kinder und Alte, als medizinische Vorsorge, als staatliche Fürsorge, als Sorgerecht, als religiöse oder säkulare Seelsorge. Es fragt sich dann, was sich hinter dieser Sorge verbirgt, wo und wie sie im Leben verankert ist, wie sie den Menschen prägt und in welche soziokulturellen Gestalten sie sich kleidet.

## 3. Sorge als Selbstsorge und Gemeinsorge

Platon ist der erste westliche Philosoph, bei dem die Sorge als zentrales Motiv auftaucht. Die Sorge im griechischen Sinne der ἐπιμέλεια leitet sich her von μέλει: etwas liegt jemandem am Herzen, geht jemanden an. Sie begegnet uns auf pointierte Weise in der Verteidigungsrede des Sokrates (*Apol.* 29d-30b). Dieser bekennt von sich, er habe jedermann ermahnt, nicht für das *Seinige*, für leibliche Güter, Geld, Ruhm und Ehre zu sorgen, bevor er für *sich selbst*, für seine Seele gesorgt habe. Die Psyche ist hier nicht dualistisch zu verstehen als Gegenstück zum Soma, sondern als Instanz des Lebens, als das, »womit wir eigentlich leben« (*Politeia* IV, 445a). Sokrates mahnt des weiteren, man solle sich nicht um die besonderen *Angelegenheiten der Polis* kümmern, bevor man sich um die *Polis selbst*, also um das Gemeinwesen gekümmert habe.

Bei der Differenzierung dieser Ursorge ist einiges zu beachten. (1) Das Selbst der Sorge betrifft nicht das pure Leben (ζῆν), sondern das Gut-leben (εὖ ζῆν); die Sorge richtet sich darauf, daß das Selbst möglichst gut werde. (2) Die Selbstsorge ist eine erweiterte Selbstsorge, in der jeder im Sinne einer Gemeinsorge[2] für alle Anderen mit Sorge trägt. Das Gute, um das es einem jeden geht, ist ein gemeinsames Gut, ein Gut für uns alle, das die Grundlage schafft für ein geglücktes und einträchtiges Zusammenleben (συζῆν) von Freunden und Bürgern. (3) Die menschliche Sorge hat einen kosmo-theologischen Hintergrund. Gott sorgt für die Welt, für die Natur im Ganzen wie auch für das Geringste in ihr (*Nom.* X, 899d-905d). (4) Die Sorge prägt in Sonderheit bestimmte Berufe wie den des Politikers, der eine »fürsorgliche Kunst« ausübt (*Politik.* 276d), und den des Pflegers, der als Gymnastiker oder als Arzt den Leib umsorgt (*Gorg.* 464b).

Das Ethos der Sorge beruht also auf einer natürlichen Verwandtschaft zwischen den Menschen. Dies setzt sich fort in der Spätantike als eine Verbindung von Selbstsorge und Fremdsorge, die in soziale Praktiken umgesetzt und von Autoren wie Epikur, Seneca, Zenon oder Epiktet in eine Lebenskunst integriert, dabei allerdings weitgehend entpolitisiert wird. Michel Foucault behandelt diese spätantike Ethik der Sorge ausführlich im dritten Band seiner Geschichte der Sexualität, der den Titel trägt: *Souci de soi – Die Sorge um sich selbst* (dt. 1986). Dort kommt in Kapitel II die ἐπιμέλεια ausführlich zu Wort, beginnend mit Sokrates als dem »Meister der Selbstsorge« (S. 61). Durch ihre Einbettung in eine »Ästhetik der Existenz« und eine »Kultur des Selbst« erhält die Sorge allerdings eine moderne Färbung, die Fragen nach ihrer sozialen Verbindlichkeit aufwirft, sobald das Ich sich nicht mehr in einem übergreifenden Wir wiederfindet.

Was die Reichweite der kollektiven Selbstsorge betrifft, wie sie sich im Rahmen der antiken Welt- und Lebensordnung entfaltet, so zeigen sich schon hier deutliche Grenzen. Von Fremdsorge kann im strengen Sinne nicht gesprochen werden. Die Sorge ist zwar inklusiv, sie ist auf die Teilhabe an einem Wir, nicht auf ein solitäres Ich bezogen; doch die Zugehörigkeit zum Wir bleibt beschränkt, wenn wir an Sklaven, Barbaren, Ehrlose, Vernunftlose und Gottlose denken oder auch an Behinderte und selbst an den beschränkten Status der Frau. In der aristotelischen *Politik* (VII, 16) ist ein Gesetz vorgesehen, das es verbietet, ein verkrüppeltes Kind aufzuziehen,

2 Ich gebrauche diese Formulierung analog zu dem »Gemeindrang«, mit dem sich in *Faust II* (II, 5) das Volk anströmenden Fluten entgegenstemmt, um sein »paradiesisch Land« zu schützen.

und umgekehrt wird bei Überschreitung der festgesetzten Kinderzahl eine zeitige Abtreibung geboten. Das gute Leben nimmt hier die Form einer Eugenik an, die dem ins 5. vorchristliche Jahrhundert zu datierenden Hippokratischen Eid strikt zuwiderläuft. Was im Dritten Reich als »Vernichtung unwerten Lebens« praktiziert wurde, hat ebenfalls seine Vorgeschichte.

## 4. Widerstreit zwischen Selbstsorge und Fremdsorge

Die in einer natürlichen und göttlichen Ordnung verankerte Gemeinsamkeit bricht auseinander, wenn in der Moderne die *physis*, die sich als eine allumfassende Zielordnung präsentierte, einer *natura* weicht, die sich auf reine Wirkzusammenhänge und ein Spiel blinder Kräfte beschränkt. »Mutter Natur« wird zur Lieferantin »nahezu wertloser Rohstoffe«, wie John Locke in seinem *Zweiten Traktat über die Regierung* (V, 43) mit kühler Sachlichkeit notiert. Von der *mater* zur *materia*, so könnte man resümieren und für heute noch die *matrix* hinzufügen. In seinen *Pensées* verzeichnet Blaise Pascal die Erschütterungen, die den Menschen überkommen, der bislang an eine bergende Natur gewöhnt war. Von der Unermeßlichkeit der Räume, »die ich nicht kenne und die mich nicht kennen«, fühle ich mich verschlungen: »Das ewige Schweigen dieser unendlichen Räume erschreckt mich.« (Lafuma Frg. 68, 201) Da ist nichts, das auf meine Fragen antwortet und sich um mich kümmert. Dieser Einbruch führt zur Problematisierung der Sorge. Dies läßt sich exemplarisch bei maßgeblichen Denkern der Neuzeit nachweisen.

Der erste Denker sei *Thomas Hobbes*, der die praktische Philosophie auf ähnlich radikale Weise aufwühlt wie Descartes die theoretische. Das anthropologische Grunddogma lautet: »Das erste Gut ist für jeden die Selbsterhaltung (*conservatio sui*).« (*Vom Menschen* 11, 6) Diese Zentrierung auf das Selbstinteresse und auf die Eigenbedürfnisse der ersten Person vollzieht sich auf dem Hintergrund einer Grundgefährdung, die in den religiösen Bürgerkriegen des 17. Jahrhunderts eklatant hervortrat. Das »größte natürliche Übel«, das uns mit Angst erfüllt, ist der gewaltsame Tod aus fremder Hand; die Notwendigkeit, mit der jeder vor diesem Übel flieht, scheint nicht geringer als die Notwendigkeit, mit der ein

Stein zur Erde fällt (*Vom Bürger* I, 7). Als potentieller Todfeind ist der Mensch dem Menschen ein Wolf: *homo homini lupus.* Dies sind keine alten Geschichten, noch Freud zitiert diesen Satz in seiner kulturkritischen Schrift *Das Unbehagen in der Kultur* (GW XII, 471) als Ausdruck eines unbestreitbaren Naturgesetzes. Ein Ausweg aus dem naturgegebenen Unheil eröffnet einzig der künstliche Gesellschaftsvertrag, der den individuellen Egoismus in einen kollektiven Egoismus überführt. An dem Grundantrieb des Menschen ändert dies jedoch nichts, so ist die Sorge kein primäres Motiv. Bei dem jüdischen Denker *Baruch de Spinoza* setzt sich dieser Primat der Selbsterhaltung fort in einem ontologischen Seinsstreben (*conatus essendi*): »Jedes Ding strebt, soviel an ihm ist, in seinem Sein zu beharren«, so lautet einer der Lehrsätze der *Ethik* (III, 6). Diese *perseveratio*, die auf eine Art von moralischem Trägheitsgesetz hinausläuft, unterscheidet sich deutlich von der griechischen Form der σωτηρία (= Rettung, Erhaltung), die mit σῶς (= heil, unversehrt, wohlerhalten) verwandt ist und auf diese Weise eine Brücke schlägt zur Heilung. Bei Spinoza wird die der Beharrungskraft entspringende Egologie zwar theologisch aufgehoben in einer alles durchdringenden Liebe, mit der Gott in allem sich selbst liebt (V, 36), doch auch in dieser Divinisierung der Liebe gibt die Selbstliebe den Ton an.

Seit der frühen Neuzeit liegen *Egoismus* und *Altruismus* in einem Streit, der nicht enden will, da Satz und Gegensatz einander bedingen. Er nimmt totalitäre Züge an, sobald der Egoismus sich zu einem völkischen *Kollektivismus* ausweitet, der bekanntlich in Form einer »politischen Medizin« auch die hiesige Heilkunde nicht verschont hat. Mit dem Kollektivismus sozialer Klassen steht es nicht besser. Die Sorge um den Anderen schwindet, wenn die Fremdheit und Andersheit des Anderen aus dem Blick gerät. Wir fahren fort mit zwei weiteren Denkern, die auf gegensätzliche Weise versuchen, das Motiv der Sorge mit neuem Leben zu füllen.

Beginnen wir mit *Martin Heidegger*, der den Freiburger *genius loci* in starkem Maße geprägt hat, nachdem Edmund Husserl als Jude ebendort aus dem akademischen Leben vertrieben wurde. In dem 1927 erschienenen Werk *Sein und Zeit* (1953, §§ 26, 41 f.), das von den Eskapaden der *Rektoratsrede* und der *Schwarzen Hefte* noch wenig ahnen läßt, spielt die Sorge eine entscheidende Rolle. Sie wird existential-ontologisch bestimmt (S. 191-193). »Das Dasein ist Seiendes, dem es in seinem Sein um dieses selbst geht.« Das »es geht um …« entspricht dem μέλει, das den Kern der griechischen ἐπιμέλεια bildet. Wie steht es dabei mit dem Verhältnis von Selbstsorge und Fremdsorge? Das »es geht um …« bestimmt sich als »*Sich-vorweg-sein* des Daseins«. Temporalität, ja, aber auch Alterität? Den Ausdruck »Selbstsorge« erklärt der Autor ausdrücklich zur Tautologie, da das Selbst strukturell in der Sorge als einem *Sichsorgen* enthalten ist (S. 193). Die Selbstsorge beherrscht auch das *Besorgen* von etwas und die *Fürsorge* für jemanden. In letzterem Fall wird unterschieden zwischen dem *Mitsein* als einer strukturalen »Bestimmtheit des je eigenen Daseins« und dem faktischen *Mitdasein* Anderer. Dazu bemerkt Michael Theunissen in seiner Schrift *Der Andere* (1977, S. 169): »Die Ursprünglichkeit des Mitseins verstellt […] die Ursprünglichkeit des Mitdaseins. Denn während jene darin liegt, daß das Mitsein zur Struktur des Daseins gehört, besagt diese: das Mitdasein der Anderen ist *keine* Struktur meines Daseins.«

Entscheidend ist die Tatsache, daß das Dasein im Zirkel des Selbstseins befangen bleibt und die Anderen lediglich aus dem eigenen Sein erschlossen werden. Die Fürsorge bewegt sich zwischen den beiden Extremen einer einspringenden Fürsorge, die dem Anderen die Sorge abnimmt, und einer vorspringenden Fürsorge, die ihm die Sorge zurückgibt (*Sein und Zeit*, S. 122). Was fehlt, ist die mittlere Form einer helfend begleitenden Fürsorge, wie sie uns schon in der sokratischen Maieutik begegnet und wie sie alltäglichen und institutionellen Formen der Sorge zugrunde liegt. Die Scheidung des ›Ontischen‹ vom ›Ontologischen‹, wie sie in der Scheidung der »Bekümmernis über Seiendes« von der »Behütung und Bewahrung der Wahrheit des Seins« zum Ausdruck kommt,[3] hat zur Folge, daß die Fürsorge als »faktische Einrichtung« dem defizienten Modus eines »alltäglichen und durchschnittlichen Miteinanderseins« anheimfällt (S. 121). Soziale Grundmächte wie Geld oder Waffengewalt und soziale Grundnöte wie Hunger und Krankheit fallen gänzlich aus der Analyse des Mitseins heraus. Die Eigentlichkeit wirkt als Filter.

3 Vgl. *Die Metaphysik des deutschen Idealismus*, Vorlesung von 1941 (GA 49, S. 55). Weitere Nachweise finden sich in Helmuth Vetters *Grundriss Heidegger* (2014), S. 89 f., 342 f.

Dies wurde schon von *Emmanuel Levinas* kritisch vermerkt. Dieser Denker jüdisch-litauischer Herkunft, der zeitig nach Paris emigrierte, war in Freiburg bei Husserl und Heidegger zu Gast, bevor er später in deutliche Distanz zu Heidegger ging, und dies nicht nur aus politischen Gründen. In Kapitel IV seiner 1978 im Original erschienenen Schrift *Jenseits des Seins und anders als Sein geschieht* entwickelt er eine radikale Form originärer Stellvertretung (*substitution*), indem er das eigene Selbst von der Alterität des Anderen her denkt. Dabei fällt er ohne lange Vorbereitungen mit der Tür ins Haus: »Warum betrifft mich der Andere? – *Pourquoi Autrui me concerne?*« Er konfrontiert uns mit alten Fragen, mit der Frage aus dem *Hamlet*: »*What is Hecuba for him* ...?« und mit der Frage aus der Bibel: »Bin ich der Hüter meines Bruders«? Seine Antwort besteht nicht aus Argumenten, die immer schon zu spät kämen, seine Antwort lautet vielmehr: »Diese Fragen haben nur Sinn, wenn man bereits zur Voraussetzung gemacht hat, daß das Ich sich nur um sich sorgt, nur Sorge ist um sich selbst (*souci de soi*).« (1992, S. 260) Doch diese Voraussetzung erweist sich als hinfällig, wenn der fremde Anspruch meiner Initiative vorausgeht und meine Bedürfnisse durchkreuzt, und zwar unausweichlich, was besagt, daß mein eigenes Wort eine Form der Antwort ist und daß es von anderswoher kommt.

## 5. Therapie zwischen Pathos und Response

Die Frage nach dem Gewicht der Fremdsorge findet eine indirekte Antwort, wenn wir die ärztliche Therapie als eine Form von responsiver Therapie betrachten. Wie wir sehen, bedeutet Therapie keinen bloßen Anwendungsfall der Sorge; vielmehr entpuppt sie sich als eine spezifische Verkörperung der Sorge. Sie setzt kein reines Bewußtsein und kein reines Dasein voraus, sondern ein leibliches Selbst; als leibhaftige Sorge situiert sie sich in der Welt, und als zwischenleibliche Sorge ist sie vielfältig auf Andere bezogen. Für die medizinische Anthropologie, wie sie bis in die Gegenwart hinein von Autoren der Heidelberger Schule wie Thomas Fuchs vertreten wird, bedeutet dies ein Junktim von *Leib und Lebenswelt* (Fuchs 2008). Ich selbst beziehe mich, abgesehen von Viktor von

Weizsäcker als dem Begründer einer psychosomatischen Medizin[4] in besonderem Maße auf *Kurt Goldstein*, von dem schon öfters die Rede war. Sieben Jahre älter als von Weizsäcker, leitete er in den Zwischenkriegsjahren zusammen mit dem Psychologen Adhémar Gelb eine Frankfurter Klinik, in der es vor allem um die Behandlung Kriegsverletzter ging. Die Nähe zu Weizsäckers Entwurf einer medizinischen Anthropologie ist unverkennbar, doch es gibt wichtige Unterschiede, die nicht zu übersehen sind. Goldsteins grundlegendes Werk *Der Aufbau des Organismus*, das sich als »Einführung in die Biologie unter besonderer Berücksichtigung der Erfahrungen am kranken Menschen« versteht, erschien erstmals 1934 in Den Haag. Hingewiesen sei außerdem auf einen frühen Text, der einen ausdrücklichen Bezug zu unserer Thematik herstellt: *Die Behandlung, Fürsorge und Begutachtung der Hirnverletzten*, Leipzig 1919. Für mich spielte dieser Autor eine wichtige Rolle bei der Ausgestaltung einer responsiven Phänomenologie, wie sie der folgenden Skizze einer responsiven Therapie zugrunde liegt.[5]

## 5.1. Krankheit als mangelnde Responsivität

Wie eine Reihe anderer zeitgenössischer Forscher, unter ihnen Jakob von Uexküll, die Berliner Gestalttheoretiker, Erwin Straus und Viktor von Weizsäcker, beginnt auch Kurt Goldstein nicht mit einer Dualität von Subjekt und Objekt, von psychischer Innenwelt und physischer Außenwelt, sondern am Anfang steht für ihn die Auseinandersetzung des Organismus mit seiner Umwelt. Auseinandersetzung besagt Austausch, aber auch Spannung, Labilität, Störung, Beeinträchtigung, Erschütterung. In diesem Zusammenhang definiert Goldstein Gesundheit als Responsivität, das heißt als die Fähigkeit, den Anforderungen der Umwelt mehr oder weniger zu entsprechen, und Krankheit begreift er demgemäß als Irresponsivität. Heilung bestünde dann letzten Endes in der Stärkung oder Wiederherstellung der Responsivität. Goldstein bezieht sich

4 Er stand im Mittelpunkt der 2015 von der Viktor von Weizsäcker Gesellschaft ausgerichteten Tagung »Sorge um den Menschen«, für die der vorliegende Text anfänglich verfaßt wurde.

5 Dazu findet sich einiges mehr in GN Kap. 5: »Response und Responsivität in der Psychologie«, vor allem in Kap. 6: »Der Kranke als Fremder. Therapie zwischen Normalität und Responsivität«.

dabei auf die Virchow-Schule, speziell auf die *Grundlagen ärztlicher Betrachtung* (1921) von Louis R. R. Grote (Goldstein 2014, S. 334). Dies bedeutet, daß er den sozialen Bedingungen der Erkrankung ein beachtliches Gewicht einräumt. Berühmt geworden sind die langjährigen Untersuchungen, die er und seine Mitarbeiter an dem Patienten Schneider durchgeführt haben. Dabei handelt es sich um einen Kriegsverletzten, der unter einer Splitterverletzung in der optischen Hirnzone litt, bei dem aber alle Bereiche des Verhaltens wie Wahrnehmen, Sprechen, Zählen, Zeigen, Fingieren und Sexualität auf spezifische Weise mitbetroffen waren. Im folgenden geht es uns allein um die Grundaspekte einer Responsivität, wie sie innerhalb der Therapie in Erscheinung treten. Wenn im folgenden von Arzt und Therapeut, von Ärztin und Therapeutin gesprochen wird, so sind diese stillschweigend als *partes pro toto* zu verstehen; sie stehen für all jene, die an der Behandlung und Pflege der Kranken beteiligt sind. Die Gemeinsamkeit der Sorge wäre ein eigenes Thema.

## 5.2. Urszene der ärztlichen Behandlung

Ähnlich wie Viktor von Weizsäcker es zu Beginn seines Aufsatzes *Die Schmerzen* tut, bezeichne ich den Ausgangspunkt der Behandlung mit einem Freudschen Ausdruck als Urszene. Eine solche Urszene läßt sich immer nur als Präsupposition fassen, als eine implizite Voraussetzung des ärztlichen Tuns. Sie kommt dem nahe, was der späte Husserl in seiner *Krisis*-Schrift als Urstiftung bezeichnet. Eine Stiftung wie etwa der Ursprung der Geometrie oder die Geburt der Tragödie erweist sich immer erst in der nachträglichen Rückbesinnung als ein Stiftungsereignis, das nur in seinen Nachwirkungen faßbar ist. Ähnliches gilt für das, was Foucault Geburt der Klinik genannt hat. Die medizinische Urszene, um die es uns hierbei geht, besteht darin, daß der Patient nicht bloß als Klient auftritt, der inmitten einer Kundschaft Dienste in Anspruch nimmt, sondern daß er buchstäblich als Leidender oder Leidende zum Arzt kommt oder zum Arzt gebracht wird. »Der kranke Mensch, der eine Not hat, der Hilfe bedarf und dafür den Arzt ruft«, stellt ein »Urphänomen« dar, das heißt ein Phänomen, das nicht von anderem hergeleitet werden kann, so äußert sich Viktor von Weizsäcker (»Der Arzt und der Kranke«, GS 5, S. 13). Hinter dem Pathos steht keine separate Ur-*sache* (*Gestaltkreis*, GS 4, S. 314). Das Pathos fällt vielmehr zusammen mit seiner Wirkung. Es bekundet sich in Form eines *Urappells* wie »Ich bin krank« oder »Ich habe Schmerzen«. Doch mit diesem »Ich« ist schon zuviel gesagt, genauer müßte es heißen: »Es schmerzt *mich*« oder »Es tut *mir* weh«. Dies ist kein Prozeß, der sich in der dritten Person, aber auch kein Akt, der sich umstandslos in der ersten Person beschreiben läßt.

Doch Viktor von Weizsäcker tut sich offensichtlich schwer damit, Ich und Es so miteinander zu verbinden, daß sie ihre Eigenqualität behalten. In dem frühen Aufsatz »Der Arzt und der Kranke«, in dem deutlich Bubers Schrift *Ich und Du* anklingt, springt der Autor von der Äußerung »Ich bin krank« unmittelbar über zu der Aussage »Etwas ist krank«, etwa die Lunge; hierbei wird das Ich unter Abstraktion vom Ich durch das Es ersetzt (GS 5, S. S. 23 f.). In dem Aufsatz »Die Schmerzen« wird ähnlich unterschieden zwischen »Ich-Zustand« und »Es-Zustand«, zwischen Ich und Umwelt, allerdings in der Weise, daß dem Schmerz als »Affektion des Ich durch das Es« ein »dynamischer Schwebezustand« zugeschrieben wird: Den Schmerz richtig zu denken hieße, ihn »als *schwebende* Entscheidung zwischen Ich und Es« denken (GS 5, S. 32 f.). Im *Gestaltkreis* (GS 4, S. 307 f.) begegnet uns weiterhin eine »Entgegensetzung von Ich und Es«, dazu eine »Verschieblichkeit der Ich-Es-Grenze im Bereiche der eigenen Leiblichkeit«. Das Basteln mit transzendentalen und spekulativen Versatzstücken wie Subjekt und Objekt, Ich und Nicht-Ich führt in die Nähe einer Phänomenologie der leiblichen Ambiguität, wie Maurice Merleau-Ponty sie zur gleichen Zeit, ansatzweise in *Die Struktur des Verhaltens* und vollends in der *Phänomenologie der Wahrnehmung*, entwickelt hat, aber es führt eben doch nur in deren Nähe. Im *Zwischenreich des Dialogs* (1971, S. 249-255) habe ich, unter gleichzeitiger Bezugnahme auf Buber und auf Weizsäcker, den therapeutischen ähnlich wie den pädagogischen Dialog als einen indirekten Dialog zu bestimmen versucht; ein solcher Dialog wendet sich dem Anderen zu, aber unter einer spezifischen Rücksicht, indem er sich zwischen Du und Es, zwischen Adressat und Sachbezug plaziert.

Für eine Phänomenologie, die von einem Spalt zwischen Pathos und Response ausgeht, verschieben sich die Koordinaten der Erfahrung. Als Patient bin ich am Schmerz von Anfang an beteiligt, aber eben nicht im Nominativ des Urhebers oder Täters, sondern im Akkusativ oder Dativ des Patienten. Die Ausgangsfrage richtet sich nicht darauf herauszufinden, wer etwas tut, sondern wem etwas widerfährt oder wen etwas anrührt und affiziert. Der Anfang wird »nicht von mir gemacht, sondern er kommt, wie der Patient kommt«, wie auch Weizsäcker betont (»Der Arzt und der Kranke«, GS 5, S. 26). Das Pathos findet seinen primären Ausdruck in der körpersprachlich oder wortsprachlich geäußerten »Klage« (ebd., S. 25), in einem Hilferuf also und nicht in einer Aussage oder einer Anklage. Demgemäß verdichtet sich alles, was der Arzt oder die Ärztin sagt und tut, auch die Fragen, die sie stellen, in einer *Urantwort*, die sich dem Schmerz zuwendet und die ihrerseits als Antwort *aus dem Hören* erwächst, aus dem Hören auf die fremde Stimme. Eine alte Formel abwandelnd können wir feststellen: *medicina ex auditu*. Es geht bei dieser Beschreibung der medizinischen Berufsausübung um das, was den Patienten zum Patienten und den Arzt zum Arzt macht, nicht um das, was jemand sich dabei denken oder nicht denken mag.

Wenn sich die Beziehung zwischen dem Krankem und dem Arzt asymmetrisch als Appell und Response darstellt, so bewegen wir uns jedoch in keinem geschlossenen Kreis, innerhalb dessen Sinn aus Sinn erwächst wie im hermeneutischen Zirkel wechselseitigen Verstehens. Wir bewegen uns auch nicht in einem »Lebenskreis« als einer Rückkehr in sich selbst, einer »Selbstbegegnung in ewiger Heimkehr zum Ursprung«, die im *Gestaltkreis* das letzte stammelnde Wort behält. Die Odyssee des Lebens scheitert wie schon Hegels Odyssee des Geistes an den Klippen der Fremdheit. Wollen wir an dem geometrischen Vergleich festhalten, so wäre weniger an einen Kreis zu denken, der einen einzigen Mittelpunkt hat, als an eine Ellipse, die zwei Brennpunkte aufweist: das Pathos und die Response, das Widerfahrnis und die Antwort. Schon Ludwig Feuerbach setzt in Paragraph 48 seiner *Grundsätze einer Philosophie der Zukunft* dem Hegelschen Kreis als einem »Wappen der *spekulativen* Philosophie« die Ellipse entgegen als dem »Wappen der *sinnlichen* Philosophie, des auf die *Anschauung* sich stützenden Denkens« (1966, S. 211). Die Antwort stellt keine gleichförmige Bewegung dar. Jede Antwort, die neu gegeben und nicht bloß wiedergegeben wird, beginnt woanders, im Gravitationsfeld eines Fremden, das sich dem eigenen Zugriff entzieht. In unserem Fall beginnt es beim Patienten als einem Anderen, dem eine Antwort gegeben oder vorenthalten wird.

Martin Buber weist in seiner Schrift *Gottesfinsternis* darauf hin, daß das Liebesgebot in *Leviticus* 19, 18 und 34 eine einzigartige Dativkonstruktion enthält, die wörtlich mit »Ich soll ›ihm‹ lieben« wiederzugeben wäre (1962, S. 545). Ähnlich äußert sich Thomas von Aquin: *Amor est alicui velle bonum* (*Summa theologiae* I/II, 26, 4). Ich habe in einem ähnlichen Zusammenhang von einer dialogischen Dimension des Handelns gesprochen (AR 452-456). Fragen wir uns also, wie es dann mit der Sorge steht. Wenn es in der Sorge generell jemandem um jemanden geht, so geht es dem Arzt als Arzt speziell um das Wohl des Patienten. Die Fremdsorge wohnt also der vom Arzt ausgeübten Sorge inne, ohne daß sie auf eine eigentätige Selbstsorge zurückgeführt werden kann. Diese Inanspruchnahme besagt nicht, daß Ärzte moralische Übermenschen sind, es besagt aber sehr wohl, daß sie ähnlich wie der Richter einem berufsmäßigen Anspruch ausgesetzt sind, ob sie es wollen oder nicht. Dieser Anspruch liegt auch dem uralten Hippokratischen Eid zugrunde, der zum Ausdruck bringt, was der Arzt zu tun hat, wenn er als Arzt auftritt, und Elemente davon finden sich in der psychoanalytischen Grundregel wieder, die der Eigenmächtigkeit des Analytikers einen Zaum anlegt. Sokrates bestätigt dies auf seine Weise, indem er jegliche Tätigkeit an ihrem Werkziel mißt. So besehen bezieht sich Klaus Dörners bekannter Titel *Der gute Arzt* auf den Arzt als solchen und nicht auf eine moralische Zusatzqualifikation.

## 5.3. Zeitverschiebung in der Therapie

Heidegger bestimmt die Sorge, wie wir gesehen haben, als ein Sich-vorweg-sein des eigenen Daseins. Das Doppelereignis von Pathos und Response spricht dagegen für ein *Sich-vorweg-sein beim Anderen und im Anderen*, mithin für eine Verquickung von Temporalität und Alterität. Der fremde Appell geht meiner Initiative voraus, umgekehrt ist die Antwort von einer unvermeidlichen Nachträglichkeit. Jede kreative Antwort, die sich nicht wie die routinierte Antwort mit fertigen Antwortmustern begnügt, ist im Verzug, da sie nicht bei sich selbst beginnt, sondern eine Fremdheitsschwelle überquert. Ich spreche in diesem Zusammenhang von einer originären Zeitverschiebung, einer Diastase. Ich bin, der ich war und der ich sein werde, ohne daß diese Vorgängigkeit und Nachträglichkeit sich zu einem selbstbezüglichen Ganzen rundet wie in der

Hegelschen Dialektik, in der der Geist zu sich selbst zurückkehrt und seinen Anfang in sich aufhebt. Wie bereits erwähnt, spricht Freud bei der Behandlung traumatischer Ereignisse, so etwa in der Behandlung des Wolfsmannes, von einer unerläßlichen Nachträglichkeit, die sich in den Nachwirkungen der Verletzung zeigt und die der Behandlung den Charakter einer Nachbehandlung aufprägt. Bei unserer eigenen Geburt als einer »Urvergangenheit, die nie Gegenwart war« (Merleau-Ponty 1966, S. 283), bei dem Geheiß des fremden Antlitzes, das aus einer »unvordenklichen Vergangenheit kommt: die niemals Gegenwart war, die in keiner Freiheit begonnen hat« (Levinas 1992, S. 198 f.), handelt es sich nicht darum, daß etwas *früher* schon einmal war, sondern daß etwas *zu früh* kommt, um völlig angeeignet und verstanden werden zu können. Pathos und Appell verweisen auf einen Voranfang, der sich nicht aufheben läßt. Ebendeshalb gibt es keine endgültige Antwort, im Leben nicht und nicht in der Therapie. Auch Freud betrachtet die Eigenanalyse als eine »unendliche Aufgabe« (GW XVI, 96).

## 6. Von der Leiderfahrung zum Krankheitsfall

Die Therapie findet ihren Ansatzpunkt in dem Hiatus, der Pathos und Response voneinander trennt. So betont Viktor von Weizsäcker sicher zu Recht den pathischen Anteil unserer Erfahrung, der nicht zu unserer freien Verfügung steht. Doch läßt sich das Pathische schlechterdings dem Ontischen entgegenstellen? Ist der pathische Zustand gleichbedeutend mit der Aufhebung des Ontischen, wie es im *Gestaltkreis* heißt (GS 4, S. 314)? Erwin Straus faßt in seiner 1936 erschienenen Schrift *Vom Sinn der Sinne* eine Polarität von Gnostischem und Pathischem ins Auge und verbunden damit »Übergänge vom Sich-richten-auf zum Getroffen-seindurch« (1956, S. 394). Eine Entgegensetzung von Logos und Pathos widerspräche in der Tat jeder Patho-logie, die das Pathos als Pathos zur Sprache bringt, und sie widerspräche der Psycho- und Somatotechnik, mit der die Medizin das Pathische bearbeitet. Ein Patho-Logos, der über die momentane Befindlichkeit hinausgeht, wäre unmöglich ohne die Verwandlung des singulären Leidens in *etwas*, das *als etwas*, als Herzinfarkt, Gallenstein, Allergie, Lähmung, Angstneurose oder Verfolgungswahn diagnostiziert, verstanden, erklärt und behandelt wird. Auf diese Weise wird aus dem singulären Leiden des *Kranken* der generelle Fall einer *Krankheit*, ähnlich wie durch juridische Verfahren die Gewalttat, die jemanden leibhaftig verletzt hat, als ein Fall von Körperverletzung oder als versuchter Mord eingestuft wird. Der Eigenleib, der als Leibkörper Züge eines Fremdkörpers aufweist, fungiert als »Umschlagstelle«, an der sich besagte Transformationsprozesse abspielen.

Diese Übergangszone ist gleichzeitig der geeignete Ort für spezifische Formen der *Anfälligkeit* oder *Verwundbarkeit*, die sich weder eindeutig dem lebendigen Leib noch eindeutig dem physischen Körper zuschreiben lassen. Auch die Prophylaxe findet in solchen Anfälligkeiten ihre Ansatzstellen. Daraus erwächst ein Gegengewicht gegen eine einseitig biologisch ausgerichtete Medizin, etwa bei der Behandlung von Schizophrenie. So ließe sich unterscheiden zwischen »Schizotaxis« im Sinne einer genetischen Veranlagung und »Schizotyp« im Sinne einer Persönlichkeitsstruktur, die sich aus einer Anamnese sozialen Lernens herleitet. Eine rein biologische Ätiologie wäre zu ersetzen durch eine multifaktorielle Ätiologie. Dies hieße: »Menschen erben keine Schizophrenie. Sie erben eine genetische Prädisposition (Diathese) für Schizophrenie, und sie entwickeln keine Schizophrenie, es sei denn der Stress durch andere Faktoren (z. B. psychologisch, sozial und umweltbedingt) überschreitet eine gewisse Schwelle.« (Henriksen, in: Breyer 2013, S. 399, 405) Der dänische Autor, den wir hier zitieren, knüpft an ältere Traditionen einer phänomenologisch ausgerichteten Psychopathologie an. Was die soziale Seite der Verwundbarkeit (*vulnérabilité*) angeht, so bedeutet sie für Levinas in ihrer »Ausgesetztheit gegenüber dem Anderen (*exposition à Autrui*)« ein entscheidendes Merkmal der Alterität (1992, S. 168). Die Exposition steht einer selbstgenügsamen und selbstherrlichen Position entgegen.

Anfälligkeiten und Verletzlichkeiten machen sich leiblich bemerkbar. Die störanfällige, pathogene Fremdheit des eigenen Leibes zeigt sich schon in der Ermüdung, die mich von mir selbst entfernt, und im Alter, in dem der Alternde etwas von sich selbst zurückläßt. Dies sind Paraphänomene, die von phänomenologischen Autoren als originäre Formen gelebter Passivität begriffen werden. Der Heidelberger Internist Herbert Plügge spricht in einem Text, der in kritischer Anknüpfung an Merleau-Ponty den »Körper als Phänomen« und entsprechend die Verwandlung der

*Leiblichkeit* in *Körperliches* behandelt, von einer »Erfahrung von Materialität« (1967, S. 41). Er bemerkt dazu, daß Todkranke und Alte sich mehr und mehr aus dem lebendigen Leib und aus ihrer Welt zurückziehen, so daß die Leiblichkeit zunehmend Merkmale bloßer Körperlichkeit annimmt und das Pflegebedürfnis anwächst (S. 39). Doch abgesehen von einem solch extremen Dahinschwinden der Leiblichkeit sind schon Freudsche Fehlleistungen wie Stolpern, Stottern und Sichversprechen leibkörperliche Prozesse, in denen Rede und Bewegung der eigenen Verfügung entgleiten. Eine bekannte Formulierung von Helmuth Plessner variierend können wir feststellen: Ich *bin* mein Leiden und *habe* eine Krankheit.

In dem Spalt, der sich im und am eigenen Leib auftut, findet die Medizin als Science und Techno-Science ihren Ort mit all ihren Diagnosen, Medikamenten, Operationen und Apparaturen, mit ihren bildgebenden und messenden Verfahren. Für eine Phänomenologie des Leibes, die mit den Möglichkeiten einer Dissoziation und eines Fremdwerdens des eigenen Leibes rechnet, besteht kein Anlaß, sich antitechnischen Affekten hinzugeben. Unabdingbar erscheint jedoch der Widerstand gegen eine technizistische Schwächung und Entmachtung der Erfahrung, wie sie von der ständig wachsenden Nutzung technischer Möglichkeiten zu befürchten ist. Dazu gehört die Neigung, das DSM als szientistische Bibel zu benutzen, sowie die Tendenz hin zu einem Digitalismus, der alles Gegebene auf berechenbare und manipulierbare Daten reduziert.

Die funktionale Überfrachtung und algorithmische Steuerung der Erfahrung geht auf Kosten der zeitlichen Entfaltung einer Krankheitsgeschichte, die eine unerläßliche Vor- und Nachbehandlung einschließt. Der Titel *Donner le temps*, den Jacques Derrida einem seiner Bücher gegeben hat, enthält einen Imperativ, der auch als therapeutischer Imperativ zu verstehen ist. Keine therapeutische Sorge kommt aus ohne Vorsorge und Nachsorge. Dazu gehört das Pathische am Anfang und am Ende. Gleich wie *es* am Anfang schmerzt, heilt *es* am Ende auch – wenn alles gutgeht. Dieser Geschehnischarakter findet seinen sprachlichen Ausdruck in der sowohl transitiven wie intransitiven Verwendung von Verben wie ›heilen‹ oder ›*guérir*‹. Die heilsame Medikalisierung schlägt um in einen Medikalismus, wenn das Heilen sich als reines Gesundmachen von seinen pathischen und responsiven Ursprüngen ablöst. Die »Verarmung des Ichs«, die Freud nicht nur auf libidinöse

Prozesse im Gefolge von Narzißmus und Melancholie zurückführt, sondern auch auf den Verdrängungsaufwand, den die Kultur dem Individuum abverlangt (GW VIII, 109), würde lediglich normalisiert. Zu warnen ist auch vor den Mixturen eines geistlichen Jargons, der »Spiritualität als Ressource« anpreist und sie von Leuten mit »ritueller Kompetenz« verabreichen läßt. Der analytische Philosoph Wolfgang Stegmüller bezeichnete solche sprachlichen Entgleisungen einst als semantische Umweltverschmutzung. Würde die Medizin ihren therapeutischen Impetus vergessen oder verdrängen, so bliebe nichts zurück als eine Medizin als Apparat, als Betrieb, als Geschäft, eine irresponsive Medizin, die als schwerhörig und am Ende gar als taub zu bezeichnen wäre. Wie jede andere Institution ist auch die Medizin nur responsiv, solange sie gegen ihre eigene Normalisierung ankämpft und auf den Weckruf des Fremden hört.

## 7. Wiederherstellung der Responsivität

Responsive Therapie bedeutet eine Intervention, die sich ebensosehr davor hütet, dem Anderen die eigene Antwort abzunehmen, wie davor, der fremden Antwort ungehemmt freien Lauf zu lassen. Zwischen bloßem *faire* und bloßem *laissez-faire* ist Raum für ein therapeutisches Einwirken, das weder bei sich selbst beginnt noch bei sich selbst endet. Jedes Antworten hat ein *a quo* und ein *ad quod*. So versteht Kurt Goldstein die Therapie als »helfendes Tun«, das der gefährdeten und verletzlichen Existenz des Menschen entspricht. Im Falle krankhafter Formen der Irresponsivität bedeutet dies, daß man Einschränkungen des Milieus in Kauf nimmt, die Anforderungen jedoch so hoch stellt, daß wirkliche Responsivität sich weiterhin als möglich erweist (siehe oben, S. 285).

Abschließend sei ein Heilungsversuch präsentiert, der genau diese Richtung einschlägt. Er findet sich bei Oliver Sacks, der sich ausdrücklich auf Kurt Goldstein beruft. In seinem bekannten Buch *Der Mann, der seine Frau mit einem Hut verwechselte* (dt. 1990) findet sich ein Kapitel, das den schlichten Titel »Hände« trägt. Viktor von Weizsäcker betrachtet die schmerzlindernde Berührung, deren schon ein Kind fähig ist, als »erste Heilhandlung« (»Die Schmerzen«, GS 5, S. 28). Bei Oliver Sacks handelt es sich um eine Spastikerin, die von Geburt an unter einer zerebralen Kinderlähmung litt.

Sie vermochte ihre physiologisch intakten Hände nicht zu gebrauchen und sah sich zeitlebens auf fremde Hilfe angewiesen. »Sechzig Jahre hatte sie gelebt, als sei sie ein Wesen ohne Hände.« Sacks schlägt vor, die Eßsachen auf dem Tisch etwas außer Reichweite zu rücken, um aus der Patientin eine manuelle Eigenbewegung herauszulocken. Der Versuch gelingt wie durch ein Wunder. Dazu der Kommentar des Autors: »›Im Anfang ist der Impuls‹. Nicht eine Tat, nicht ein Reflex, sondern ein ›Impuls‹, der eindeutiger und gleichzeitig doch geheimnisvoller ist als eine Tat oder ein Reflex.« (Sacks, S. 90 f.) Geheimnisvoll ist der Impuls in Anbetracht dessen, daß er nicht zum gewohnten Verhaltensrepertoire gehört. Er kommt überraschend, anderswoher, und dies nicht nur für die Patientin, die dem Impuls folgt, sondern auch für den Therapeuten, der ihm den Weg bahnt. Eine solche Therapie, die antwortet, indem sie antworten läßt, mag responsive Therapie heißen.

Die responsive Therapie fügt sich ein in eine responsive Ethik, die letzten Endes von fremden Ansprüchen ausgeht, nicht von eigenen Entwürfen. Nicht »Fremdes im Gegensatz zum Eigenen« lautet die Parole, sondern »Fremdes im Eigenen«, und somit auch Fremdsorge in der Selbstsorge. In dieser Gewichtsverlagerung treffen sich Phänomenologie des Fremden und Psychoanalyse des Unbewußten. Wie Levinas betont, ändert die Verpflichtung, die aus der Verantwortung für den Anderen entspringt, das soziale Schwerefeld: sie »versetzt das Gravitationszentrum eines Seienden außerhalb dieses Seienden« (1987, S. 266). Ähnlich äußert sich Laplanche, der Levinas spät für sich entdeckte (vgl. 1999, S. 162 f.). Die psychoanalytische Situation wiederholt die ursprüngliche Situation des Menschen mit ihren eigenen Mitteln, indem sie von Anbeginn an »das Gravitationszentrum im Anderen findet« (1996, S. 36). Eine responsive Therapie würde sich also nicht primär auf das Selbst des Analysanden konzentrieren; sie wäre bifokal angelegt, indem sie von fremden Ansprüchen ausgeht, die der Analysand in seinen Antworten verfehlt und auf den Analytiker überträgt. Pathologien wären durchgängig als Formen mangelnder Responsivität zu verstehen und einer Abwehr des Fremden zuzurechnen, die aus dem Wegschauen, Weghören Sichwegwenden erwächst. Die Achtung, die in der Ethik der Anerkennung eine so zentrale Rolle spielt, wäre eng verquickt mit der aufmerkenden Beachtung, die bereits in Kraft tritt, bevor »Idealforderungen« normierend eingreifen. Die

»Erziehung zur Realität«, die Freud in seinem Essay *Die Zukunft einer Illusion* einfordert, würde durch eine Erziehung zur Alterität nicht ersetzt, aber überboten. Abschließend sei Jacques Lacan das Wort gegeben. Er macht den Fortgang der Analyse und ihr mögliches Ende von der Dramaturgie des analytischen Gesprächs abhängig, indem er erklärt: »Der Patient beginnt die Analyse, indem er von sich (*de lui*) spricht, ohne zu Ihnen (*à vous*) zu sprechen, oder indem er zu Ihnen spricht, ohne von sich zu sprechen. Wenn er imstande ist, Ihnen gegenüber von sich zu sprechen, ist die Analyse zu Ende.« (*Écrits*, S. 373, *Schriften* III, S. 183) Anders gesagt, die Analyse gelingt nur, wenn in der eigenen Stimme die fremde Stimme durchklingt und in der fremden Stimme die eigene.

# Literatur

Folgende Kürzel wurden verwendet:

AR: B. Waldenfels, *Antwortregister*, 1994.
BE: B. Waldenfels, *Bruchlinien der Erfahrung*, 2002.
DFG: B. Waldenfels, *Deutsch-Französische Gedankengänge*, 1995.
GN: B. Waldenfels, *Grenzen der Normalisierung*, 2008.
PhA: B. Waldenfels, *Phänomenologie der Aufmerksamkeit*, 2004.
SA: B. Waldenfels, *Sozialität und Alterität*, 2015.
SK: B. Waldenfels, *Sinne und Künste im Wechselspiel*, 2010.


Adorno, Th. W., *Noten zur Literatur I*, Frankfurt/M. 1961.

Allert, G. u. a. (Hg.), *Das Fremde in uns – das Fremde bei uns*, Arbeitstagung der DPV (Bad Homburg 2016), Gießen 2017.

Altmeyer, M., H. Thomä (Hg.), *Die vernetzte Seele. Die intersubjektive Wende in der Psychoanalyse*, Stuttgart 2006.

Anzieu, D. (frz. 1985), *Das Haut-Ich*, übersetzt von M. Korte und M.-H. Lebourdais-Weiss, Frankfurt/M. $^{3}$1992.

Augé, M., »L'autre proche«, in: M. Segalen (Hg.), *L'autre et le semblable*, Paris 1989.

Bachelard, G. (frz. 1938), *Psychoanalyse des Feuers*, übersetzt von H. Naumann, Stuttgart 1959.

–, *La poétique de la rêverie*, Paris 1960.

Bachtin, M. M. (russ. 1965/75), »Das Wort im Roman«, in: ders., *Die Ästhetik des Wortes*, hg. von R. Grübel, Frankfurt/M. 1979.

Balint, M. (engl. 1952), *Die Urformen der Liebe und die Technik der Psychoanalyse*, Frankfurt/M., Berlin, Wien 1981.

Barthes, R. (frz. 1975), *Über mich selbst*, übersetzt von J. Hoch, München 1978.

– (frz. 1980), *Die helle Kammer, Bemerkungen zur Photographie*, übersetzt von D. Leube, Frankfurt/M. 1989.

Bayer, L., I. Quindeau (Hg.), *Die unbewußte Botschaft der Verführung. Interdisziplinäre Studien zur Verführungstheorie Jean Laplanches*, Gießen $^{2}$2014.

Bedorf, Th., *Dimensionen des Dritten*, München 2003.

Benjamin, W., »Die Aufgabe des Übersetzers«, in: *Gesammelte Schriften*, Bd. IV, 1, Frankfurt/M. 1972.

Bernet, R., *Force – Pulsion – Désir. Une autre philosophie de la psychanalyse.* Paris 2013.

Bernhard, Th., *Gehen*, Frankfurt/M. 1971.

Bettelheim, B. (engl. 1967), *Die Geburt des Selbst. The Empty Fortress. Erfolgreiche Therapie autistischer Kinder*, übersetzt von E. Ortmann, München 1977.
Bion, W. R. (engl. 1962), *Lernen durch Erfahrung*, übersetzt von E. Krejci, Frankfurt/M.1990.
Blankenburg, W., »Ethnopsychiatrie im Inland. Norm-Probleme im Hinblick auf die Kultur- und Subkultur-Bezogenheit psychiatrischer Patienten«, in: *Curare*, Sonderband 2 (1984), S. 39-52 (= 1984a).
–, »Störungen von Auffassung und Sprache bei Schizophrenen«, in: H. J. Bochnik, W. Richtberg (Hg.), *Sprache, Sprechen, Verstehen*, Erlangen 1984 (= 1984b).
–, »Der Krankheitsbegriff in der Psychiatrie«, in: *Psychiatrie der Gegenwart*, Bd. 9, hg. von K. P. Kisker u. a., Berlin/Heidelberg 1989.
Breyer, Th. (Hg.), *Grenzen der Empathie*, Paderborn 2013.
Buber, M., »Ich und Du«; »Gottesfinsternis«, in: *Schriften zur Philosophie* (Werke, Bd. I), München 1962.
Bühler, K., *Sprachtheorie* (1934), Stuttgart, New York 1982.

Canguilhem, G. (frz. 1943 bzw. 1972), *Das Normale und das Pathologische*, übersetzt von M. Noll, R. Schubert, München 1974.
Castoriadis, C. (frz. 1975), *Gesellschaft als imaginäre Institution*, übersetzt von H. Brühmann, Frankfurt/M. 1984.
Ciaramelli, F., *La distruzione del desiderio*, Bari 2000.

Därmann, I., *Bild und Tod. Eine phänomenologische Mediengeschichte*, München 1995.
–, *Fremde Monde. Die ethnologische Provokation der Philosophie*, München 2005.
Derrida, J. (frz. 1967), »Freud und der Schauplatz der Schrift«, in: *Die Schrift und die Differenz*, übersetzt von R. Gasché, Frankfurt/M. 1976.
– (frz. 1990), *Aufzeichnungen eines Blinden. Das Selbstporträt und andere Ruinen*, München 1997.
Descartes, R., *Der Briefwechsel mit Elisabeth von der Pfalz*, frz.-dt., Hamburg 2015.
Devereux, G. (frz. 1970), *Normal und anormal. Aufsätze zur allgemeinen Ethnopsychiatrie*, übersetzt von N. Th. Lindquist, Frankfurt/M. 1974.
Dornes, M., *Der kompetente Säugling. Die präverbale Entwicklung des Kindes*, Frankfurt/M. 1993.
Döser, J., »Das Dämonisch Fremde – oder: die unheimliche Tat«, in: Allert 2017.
Dostojewski, F., *Der Doppelgänger*, übersetzt von J. K. Rahsin, München 1975.

–, *Der Idiot*, übersetzt von S. Geier, Frankfurt/M. 1998.
–, *Die Brüder Karamasow*, übersetzt von S. Geier, Frankfurt/M. 2010.
Duportail, G.-F., *L'analytique de la chair*, Paris 2011.
–, *L'origine de la psychanalyse. Introduction à une phénoménologie de l'inconscient*, Paris 2013.

Elias, N., *Die Gesellschaft der Individuen*, Frankfurt/M. 1987.
Eßbach, W., *Religionssoziologie I*, Paderborn 2014.

Feuerbach, L., *Kleine Schriften*. Nachwort von Karl Löwith, Frankfurt/M. 1966.
Fichte, J. G., *Grundlage der gesammten Wissenschaftslehre*, in: *J. G. Fichte-Gesamtausgabe*, Bd. 2, Stuttgart-Bad Cannstatt 1965.
Fontane, Th., *Effie Briest* (Große Brandenburger Ausgabe. Das erzählerische Werk), Berlin 1998.
–, *Die Poggenpuhls* (Große Brandenburger Ausgabe. Das erzählerische Werk), Berlin 2006.
Foucault, M. (frz. 1976), *Der Wille zum Wissen* (Sexualität und Wahrheit, Bd. 1), übersetzt von U. Raulf und W. Seitter, Frankfurt/M. 1977.
– (frz. 1984), *Die Sorge um sich* (Sexualität und Wahrheit, Bd. 3), übersetzt von U. Raulff und W. Seitter, Frankfurt/M. 1986.
– (frz. 1969), »Was ist ein Autor?«, in: *Schriften in vier Bänden. Dits et Écrits*, Bd. 1, Frankfurt/M. 2001.
Frege, G., »Die Verneinung«, in: *Logische Untersuchungen*, Göttingen $^{2}$1976.
Freud, S., *Gesammelte Werke*, London und Frankfurt/M. 1940 ff.
–, *Aus den Anfängen der Psychoanalyse 1887-1902*, Frankfurt/M. 1975.
–, *Das Unbehagen in der Kultur*, hg. und kommentiert von W. Müller-Funk, Göttingen 2016.
Frohoff, S., Th. Fuchs, St. Micali (Hg.), *Bilderfahrung und Psychopathologie. Phänomenologische Annäherungen an die Sammlung Prinzhorn*, Paderborn 2014.
–, *Fremde Spiegelungen. Interdisziplinäre Zugänge zur Sammlung Prinzhorn*, Paderborn 2017.
Frostholm, B., *Leib und Unbewußtes. Freuds Begriff des Unbewußten interpretiert durch den Leib-Begriff Merleau-Pontys*, Bonn 1978.
Fuchs, Th., *Leib, Raum und Person. Entwurf einer phänomenologischen Anthropologie*, Stuttgart 2000.
–, *Leib und Lebenswelt. Neue philosophisch-psychiatrische Essays*, Kusterdingen 2008.
–, *Das Gehirn – ein Beziehungsorgan. Eine phänomenologisch-ökologische Konzeption*, Stuttgart $^{4}$2013.

Gamm, G., *Flucht aus der Kategorie. Die Positivierung des Unbestimmten als Ausgang der Moderne*, Frankfurt/M. 1994.

Gehring, P., *Traum und Wirklichkeit. Zur Geschichte einer Unterscheidung*, Frankfurt/M. 2008.

Giuliani, R. (Hg.), *Merleau-Ponty und die Kulturwissenschaften*, München 2000.

–, »Sozialer Synkretismus im kindlichen Weltbezug«, in: Breyer 2013.

Goethe, J. W. von, *Schriften zur Kunst* (Sämtliche Werke, Bd. 13), Zürich 1977.

Goldstein, K., *Die Behandlung, Fürsorge und Begutachtung der Hirnverletzten*, Leipzig 1919.

–, *Der Aufbau des Organismus. Einführung in die Biologie unter besonderer Berücksichtigung der Erfahrungen am kranken Menschen,* Den Haag 1934, Neuauflage Paderborn 2014.

–, *Selected Papers / Ausgewählte Schriften*, herausgegeben von A. Gurwitsch, Den Haag 1971.

Golse, B., R. Roussillon, *La naissance de l'objet*, Paris 2010.

Gondek, H.-D., *Angst Einbildungskraft Sprache. Ein verbindender Aufriß zwischen Freud – Kant – Lacan*, München 1990.

Graumann, C. F., »Wundt – Mead – Bühler. Zur Sozialität und Sprachlichkeit des Handelns«, in: ders., Herrmann, Th. (Hg.), *Karl Bühlers Axiomatik*, Frankfurt/M. 1984.

Griesecke, B., *Japan dicht beschreiben. Produktive Fiktionalität in der ethnographischen Forschung*, München 2001.

Grote, L. R., *Grundlagen ärztlicher Betrachtung*, Berlin 1921.

Gurwitsch, A., *Phenomenology and the Theory of Science*, Evanston 1974.

Hardt, J., »Mutative Momente in einer psychoanalytischen Fernbeziehung«, in: Johne 2018.

Hartmann, E. von, *Philosophie des Unbewußten in drei Teilen. Erster Teil: Phänomenologie des Unbewußten*, Leipzig [12]1923.

Hegel, G. W., *Phänomenologie des Geistes* (Werke 3), Frankfurt/M. 1973.

Heidegger, M., *Sein und Zeit*, Tübingen [7]1953.

–, *Die Metaphysik des deutschen Idealismus* (GA II/49), Frankfurt/M. 1991.

Heinrichs, H.-J. (Hg.), *Das Fremde verstehen. Gespräche über Alltag, Normalität und Anormalität*, Frankfurt/M., Paris 1982.

Hemecker, W. W., *Vor Freud. Philosophiegeschichtliche Voraussetzungen der Psychoanalyse*, München 1991.

Henriksen, M. G., »Die Verständlichkeit der Schizophrenie. Biologische und phänomenologische Perspektiven«, in: Breyer 2013.

Herbart, J. F., *Psychologie als Wissenschaft neu gegründet auf Erfahrung, Metaphysik und Mathematik* (Sämtliche Werke, Bd. V), Langensalza 1890.

Herbert, Z., *Herr Cogito. Gedichte*, übersetzt von K. Dedecius, Frankfurt/M. 1974.

Herold, R., »Notizen aus der digitalen Provinz«, in: Allert 2017.

Hesnard, A., *L'œuvre de Freud et son importance pour le monde moderne*, mit einem Vorwort von M. Merleau-Ponty, Paris 1960.

Hiekel, J. P., *Body Sounds. Aspekte des Körperlichen in der Musik der Gegenwart*, Mainz 2018.

Husserl, E., *Cartesianische Meditationen und Pariser Vorträge* (Hua I), Den Haag 1950.

–, *Ideen zu einer reinen Phänomenologie und phänomenologischen Philosophie.* Erstes Buch (Hua III) Den Haag 1950; Zweites Buch (Hua IV), Den Haag 1952.

–, *Die Krisis der europäischen Wissenschaften und die transzendentale Philosophie* (Hua VI), Den Haag 1954.

–, *Erfahrung und Urteil. Untersuchungen zur Genealogie der Logik*, Hamburg 1958.

–, *Zur Phänomenologie des inneren Zeitbewußtseins (1893-1917)* (Hua X), Den Haag 1966.

–, *Zur Phänomenologie der Intersubjektivität. Texte aus dem Nachlaß.* Dritter Teil (1919-1935) (Hua XV), Den Haag 1973.

–, *Formale und transzendentale Logik. Versuch einer Kritik der logischen Vernunft* (Hua XVII), Den Haag 1974.

–, *Logische Untersuchungen. Zweiter Band.* Erster/Zweiter Teil (Hua XIX/1-2), Den Haag 1984.

–, *Phantasie, Bildbewußtsein, Erinnerung. Zur Phänomenologie der anschaulichen Vergegenwärtigungen* (Hua XXIII), Den Haag 1980.

–, *Arbeit an den Phänomenen. Ausgewählte Schriften*, hg. von B. Waldenfels, München 2003.

*Husserl-Lexikon*, hg. von H.-H. Gander, Darmstadt 2010.

Jakobson R., *Kindersprache, Aphasie und allgemeine Lautgesetze*, Frankfurt/M. 1969.

–, *Aufsätze zur Linguistik und Poetik*, hg. von W. Raible, München 1974 (= 1974a).

–, *Form und Sinn*, München 1974 (= 1974b).

Janich, P., *Kein neues Menschenbild. Zur Sprache der Hirnforschung*, Frankfurt/M. 2009.

Johne, M., »›Dem Vergessen entgegenwirken‹«, in: Allert 2017.

Johne, M., u. a. (Hg.), *Veränderung im psychoanalytischen Prozeß – Entwicklung und Grenzen*, Arbeitstagung der DPV (Bad Homburg 2017), Gießen 2018.

Jones, E., *Sigmund Freud. Leben und Werk*, 3 Bde., übersetzt von K. Jones, München 1984.

Kafka, F., *Nachgelassene Schriften und Fragmente* II, hg. von J. Schillemeit, Frankfurt/M. 1992.

Kaiser, U., *Das Motiv der Hemmung in Husserls Phänomenologie*, München 1997.

Kant, I., *Werke* (in sechs Bänden), hg. von W. Weischedel, Darmstadt 1956-1966.

Kapust, A, *Berührung ohne Berührung. Ethik und Ontologie bei Merleau-Ponty und Levinas*, München 1999.

–, *Der Krieg und der Ausfall der Sprache*, München 2004.

Katalog *Kunst & Wahn*, hg. von I. Grubber, P. Gorsen, K. A. Schröder, Kunstforum Wien 1997.

Katz, D., *Der Aufbau der Tastwelt*, Leipzig 1925.

Kierkegaard, S., *Die Krankheit zum Tode. Furcht und Zittern. Die Wiederholung. Begriff der Angst*, Köln, Olten 1956.

Kimura, B., *Zwischen Mensch und Mensch. Strukturen japanischer Subjektivität*, übersetzt von E. Weinmayr, Darmstadt 1995.

King, V., »Geteilte Aufmerksamkeit. Kultureller Wandel und psychische Aufmerksamkeit in Zeiten der Digitalisierung«, in: Johne 2018.

Klein, M., *Das Seelenleben des Kleinkindes und andere Beiträge zur Psychoanalyse*, Stuttgart [5]1994.

Klinckwort, G., »›... wenn jemand spricht, wird es hell‹ oder Die Wirkkraft der Stimme und Sprache als Möglichkeit, Trennungen zu regulieren«, in: *Zeitschrift für psychoanalytische Theorie und Praxis*, 28 (2013), S. 396-412.

Kobylinska-Dehe, E., »Freud und die flüchtige Moderne«, in: *Psyche* Heft 8, 66 (2012), S. 702-727.

–, »Psychoanalyse und Decontainment der Welt«, in: Walker 2014.

Kodalle, K.-M., *Verzeihung denken*, München 2013.

Kohl, K.-H., *Ethnologie – die Wissenschaft vom kulturell Fremden*, München 1993.

–, *Die Macht der Dinge. Geschichte und Theorie sakraler Objekte*, München 2003.

Krohs, U., G. Toepfer (Hg.), *Philosophie der Biologie*, Frankfurt/M. 2005.

Küchenhoff. J., *Körper und Sprache. Theoretische und klinische Beiträge zu einem intersubjektiven Verständnis des Körpererlebens*, Neufaufl. Gießen 2012.

–, »Produktive und destruktive Negativität – zur Psychodynamik psychotischer Symptome«, in: N. Matejek, Th. Müller (Hg.), *Negation in der Psychose*, Göttingen 2017.

Küchenhoff, J., R. P. Warsitz, *Labyrinthe des Ohrs. Vom therapeutischen Sinn des Zuhörens bei psychotischen und anderen Erfahrungen*, Gießen 1992.

Kunz, H., *Schriften zur Psychoanalyse I. Aufsätze zu Sigmund Freud und zur Psychoanalyse (1928-1974)* (Ges. Schr. Bd. 9), Basel 2016.
–, *Die anthropologische Betrachtungsweise in der Psychologie und Psychopathologie. Aufsätze (1940-1966) und ausgewählte Rezensionen zur psychologischen und psychiatrischen Literatur (1928-1973)* (Ges. Schr. Bd. 8), Basel 2017.

Lacan, J., *Écrits*, Paris 1966, deutsch: *Schriften* I, Frankfurt/M. 1975, *Schriften* II, Olten 1975, *Schriften* III, Olten 1980.
– (frz. 1981), *Das Seminar*, Bd. III: *Die Psychosen*, übersetzt von M. Turnheim, Berlin 1997.
– (frz. 1986), *Das Seminar*, Bd. VII: *Die Ethik der Psychoanalyse*, übersetzt von N. Haas, Weinheim, Berlin 1996.
– (frz. 1973), *Das Seminar*, Bd. XI: *Die vier Grundbegriffe der Psychoanalyse*, übersetzt von N. Haas, Weinheim, Berlin 1978.
Lagache, D., *Les hallucinations verbales et la parole* (1934), in: *Œuvres* I, Paris 1977.
Laplanche, D., (frz. 1992) *Die unvollendete kopernikanische Revolution in der Psychoanalyse*, übersetzt von U. Hock, Frankfurt/M. 1996.
–, *Entre séduction et inspiration*, Paris 1999.
Laplanche, J., J.-B. Pontalis, *Das Vokabular der Psychoanalyse*, Frankfurt/M. 1973.
– (frz. 1964), *Urphantasie. Phantasien über den Ursprung, Ursprünge der Phantasie*, übersetzt von A. Looser, Frankfurt/M. 1992.
Lassnig, M., *Körperporträts*, Katalog, hg. vom Museum für Gegenwartskunst Siegen, 2002.
Leikert, S., *Schönheit und Konflikt. Umrisse einer allgemeinen psychoanalytischen Ästhetik,* Gießen 2012.
Leuzinger-Bohleber, M., »Den Körper in der Seele entdecken: Embodiment, Sinn und Sinnlichkeit in der Übertragung«, in: Walker 2014.
–, A. Simon, M. Solms (Hg.), *Das Unbewußte. Eine Brücke zwischen Psychoanalyse und Neurowissenschaften*, Göttingen 2017.
Levinas, E. (frz. 1951-1968), *Die Spur des Anderen*, übersetzt von W. N. Krewani, Freiburg, München 1983.
– (frz. 1961), *Totalität und Unendlichkeit*, übersetzt von W. N. Krewani, Freiburg, München 1987.
– (frz. 1974), *Jenseits des Seins oder anders als Sein geschieht*, übersetzt von Th. Wiemer, Freiburg, München 1992.
– (frz. 1963), *Schwierige Freiheit. Versuch über das Judentum*, übersetzt von E. Moldenhauer, Frankfurt/M. 1992.
Lévi-Strauss, C. (frz. 1949), *Die elementaren Strukturen der Verwandtschaft*, Frankfurt/M. 1981.

– (frz. 2011), *Die andere Seite des Mondes. Schriften über Japan,* übersetzt von E. Moldenhauer, Frankfurt/M. 2012.
Lévi-Strauss, C., D. Eribon (frz. 1988), *Das Nahe und das Ferne. Eine Autobiographie in Gesprächen*, übersetzt von H. H. Henschen, Frankfurt/M. 1996.
Liebsch, B., *Geschichte im Zeichen des Abschieds*, München 1996.
Lipps, Th., *Der Begriff des Unbewußten in der Psychologie*, München 1896.
Locke, J., *Über die Regierung*, übersetzt von D. Tidow, Stuttgart 1974.
Lorenzer, A., *Sprachzerstörung und Rekonstruktion*, Frankfurt/M. 1973.
–, *Sprachspiel und Interaktionsformen. Vorträge und Aufsätze zu Psychoanalyse, Sprache und Praxis*, Frankfurt/M. 1977.
Lurija, A. R. (russ. 1973), *Das Gehirn in Aktion. Einführung in die Neuropsychologie*, übersetzt von A. Métraux, P. Schwab, Reinbek 1992.
Lütkehaus, L. (Hg.), »*Dieses wahre innere Afrika*«. *Texte zur Entdeckung des Unbewußten vor Freud*, Frankfurt/M. 1989.

Maldiney, H. (frz. 1961), *Verstehen*, übersetzt von S. Metzger, Wien 2006.
Mann, Th., *Leiden und Größe der Meister*, Berlin 1933.
Marcuse, H., *Triebstruktur und Gesellschaft. Ein philosophischer Beitrag zu Sigmund Freud* (Schriften 5), Frankfurt/M. 1979.
Marinelli, L., A. Mayer (Hg.), *Die Lesbarkeit der Träume. Zur Geschichte von Freuds »Traumdeutung«*, Frankfurt/M. 2000.
Marx, K., *Ökonomisch-philosophische Manuskripte* (MEW, Erg.-Bd., 1. Teil), Berlin 1968.
Mauss. M. (frz. 1925), »Die Gabe«; »Die Techniken des Körpers«, in: *Soziologie und Anthropologie*, Bd. 2, München 1975.
Mead, G. H. (engl. 1934), *Geist, Identität und Gesellschaft*, übersetzt von U. Pacher, Frankfurt/M. 1973.
Meier, H., *Über das Glück des philosophischen Lebens. Reflexionen zu Rousseaus Rêveries*, München 2011.
Merleau-Ponty, M. (frz. 1945), *Phänomenologie der Wahrnehmung*, übersetzt von R. Boehm, Berlin 1966.
– (frz. 1942), *Die Struktur des Verhaltens*, übersetzt von B. Waldenfels, Berlin 1976.
– (frz. 1960), *Die Prosa der Welt*, übersetzt von R. Giuliani, München 1984.
– (frz. 1964), *Das Sichtbare und das Unsichtbare*, übersetzt von R. Giuliani und B. Waldenfels, München 1986.
– (frz. 1988), *Keime der Vernunft. Vorlesungen an der Sorbonne 1949-1952*, übersetzt von A. Kapust, München 1994.
–, *Parcours deux. 1951-1961*, Lagrasse 2000.
– (frz. 1948), *Sinn und Nicht-Sinn*, übersetzt von H.-D. Gondek, München 2000.

–, Vorwort zu Hesnard (frz. 1960), in: Giuliani 2000.
–, (frz. 1960), *Zeichen*, hg. von Ch. Bermes, Hamburg 2007.
Metzger, Ch., *Architektur und Resonanz*, Berlin 2015.
–, *Bauen für Demenz*, Berlin 2016.
Meyer-Drawe, K., *Leiblichkeit und Sozialität*, München 1984.
Montavont, A., *De la passivité dans la phénoménologie de Husserl*, Paris 1999.
Mosès, St., *Eros und Gesetz. Zehn Lektüren der Bibel*, übersetzt von S. Sandherr und B. Schlachter, München 2004.
Musil, R., *Der Mann ohne Eigenschaften*, Reinbek 1978.

Nase, E., J. Scharfenberg (Hg.), *Psychoanalyse und Religion*, Darmstadt 1977.
Nietzsche, F., *Kritische Studienausgabe* (KSA), hg. von G. Colli, M. Montinari, Berlin 1980.

O'Neill, J., »Der Spiegelleib. Merleau-Ponty und Lacan zum frühkindlichen Verhältnis von Selbst und Anderem«. in: A. Métraux, B. Waldenfels (Hg.), *Leibhaftige Vernunft. Spuren von Merleau-Pontys Denken*, München 1986.

Pape, C., *Autonome Teilhaftigkeit und teilhafte Autonomie. Der Andere in Michail Bachtins Frühwerk*, Paderborn 2015.
Plessner, H., *Lachen und Weinen* (1941), in: *Gesammelte Schriften* VII, Frankfurt/M. 1982.
Plügge, H., *Der Mensch und sein Leib*, Tübingen 1967.
Politzer, G. (frz. 1928), *Kritik der Grundlagen der Psychologie*, übersetzt von H. Füchtner, mit einem Nachwort von A. Lorenzer, Frankfurt/M. 1978.
Politzer, H., »Ödipus auf Kolonos. Versuch über die Gemeinsamkeit von Psychoanalyse und Literaturkritik«, in: *Psyche* Heft 7, 26 (1972), S. 489-519.
Pontalis, J.-B. (frz. 1965), *Nach Freud*, Frankfurt/M. 1968.
Prigogine, I., I. Stengers, *Dialog mit der Natur*, übersetzt von F. Griese München [5]1986.
*Psyche* 67 (2013), Heft 9: »Das Unbewußte«. – Heft 12: »Psychoanalytische Haltung – Abstinenz – Enactment«.

Quindeau, I., *Spur und Umschrift. Die konstitutive Bedeutung von Erinnerung in der Psychoanalyse*, München 2004.

Rank, O., *Der Doppelgänger. Eine psychoanalytische Studie*, mit einem Nachwort von M. Dolar, Reprint Wien 1993.
Reichmayr, J., *Ethnopsychoanalyse. Geschichte, Konzepte, Anwendungen*, Gießen 2003.

Ricœur, P. (frz. 1965), *Die Interpretation. Ein Versuch über Freud*, übersetzt von E. Moldenhauer, Frankfurt/M. 1969.
– (frz. 1969), *Hermeneutik und Psychoanalyse*, übersetzt von J. Rütsche, München 1974.
– (frz. 1975), *Die lebendige Metapher*, übersetzt von R. Rochlitz, München 1986.
– (frz. 1990), *Das Selbst als ein Anderer*, übersetzt von J. Greisch, München 1996.
– (frz. 1960), *Symbolik des Bösen. Phänomenologie der Schuld*, Bd. 2, übersetzt von M. Otto, Freiburg, München 2002.
– (frz. 1950), *Das Willentliche und das Unwillentliche*, übersetzt von D. Creutz, Paderborn 2016.
Riedel, M., *Hören auf die Stimme. Die akroamatische Dimension der Hermeneutik*, Frankfurt/M. 1990.
Riemann, G., *Das Fremdwerden der eigenen Biographie. Narrative Interviews mit psychiatrischen Patienten*, München 1987.
Rosa, H., *Resonanz. Eine Soziologie der Weltbeziehung*, Berlin 2016.
Rousseau, J.-J., *Schriften zur Kulturkritik. Die zwei Diskurse von 1750 und 1755*, Hamburg 1978.
–, *Träumereien eines einsamen Spaziergängers* in: *Schriften* Bd. 2, München, Wien [3]1978.
Ryle, G. (engl. 1949), *Der Begriff des Geistes*, übersetzt von K. Baier, Stuttgart 1969.

Sacks, O. (engl. 1985), *Der Mann, der seine Frau mit einem Hut verwechselte*, übersetzt von D. van Gunsteren, Reinbek 1990.
Sartre, J.-P., *Das Sein und das Nichts*, übersetzt von H. Schöneberg und T. König, Reinbek 1991.
Scharff, J. M., *Die leibliche Dimension in der Psychoanalyse*, Frankfurt 2010.
–, »Zwischenleiblichkeit: Zur Sprache des Sinnlichen«, in: Walker 2014.
Scheler, M., *Der Formalismus in der Ethik und die materiale Wertethik* (1916) (GW 2), Bern [5]1966.
–, »Die Idole der Selbsterkenntnis« (1915), in: *Vom Umsturz der Werte* (GW 3), Bern [5]1972.
–, *Wesen und Formen der Sympathie* (1913) (GW 7), Bern 1973.
Schleiermacher, F. *Reden über die Religion* (KGA 1, 2), Berlin 1984.
Schmicking, D., *Hören und Klang. Empirisch phänomenologische Untersuchungen*, Würzburg 2003.
Schmid-Gloor, E., »Das Fremde in uns – Unheimliches und Entliehenes«, in: Allert 2017.
Schneider, G., »Es gibt nicht das Wahre im Unwahren, wohl aber das Richtige im Falschen. Über Fehler, Probleme, die sie machen, und Fehler-

Leistungen in der Psychoanalyse«, in: *Jahrbuch der Psychoanalyse* 69 (2014), Themenschwerpunkt: »Fehler und Fehlleistungen«, S. 15-47.
Schopenhauer, A., *Parerga und Paralipomena* II (Sämtliche Werke, Bd. V), Darmstadt 1976.
Schütz, A., *Das Problem der sozialen Wirklichkeit* (Ges. Aufsätze I), Den Haag 1971.
–, »Der Fremde«, »Der Heimkehrer«, »Gemeinsames Musizieren«, in: *Studien zur soziologischen Theorie* (Ges. Aufsätze II), Den Haag 1972.
Seewald, J., *Leib und Symbol. Ein sinnverstehender Zugang zur kindlichen Entwicklung*, München 1992.
Semprun, J., *Überlebensübungen*, übersetzt von E. Moldenhauer, Frankfurt/M. 2013.
Spitz, R. (engl. 1965), *Vom Säugling zum Kleinkind. Naturgeschichte der Mutter-Kind-Beziehunge im ersten Lebensjahr,* übersetzt von G. Theusner-Stampa, Stuttgart 1967.
Staemmler, F.-M., *Das Geheimnis des Anderen – Empathie in der Psychotherapie*, Stuttgart 2009.
Stany, N., *Edward Munch*, übersetzt von G. Brook-Utne, Oslo 1972.
Stern, D. N., *Die Lebenserfahrung des Säuglings*, Stuttgart 1992.
Straus, E., *Vom Sinn der Sinne* (1936), Berlin $^{2}$1956.

Theunissen, M., *Der Andere. Studien zur Sozialontologie der Gegenwart*, Berlin $^{2}$1977.

Ungaretti, G., *Gedichte*, italienisch und deutsch, übersetzt von Ingeborg Bachmann, Frankfurt/M. 1961.

Valéry, P., *Cahiers*, 2 Bde., Paris 1973/74, deutsch: *Cahiers/Hefte*, 6 Bde., Frankfurt/M. 1987-93.
–, *Die Seele und der Tanz*, in: *Frankfurter Ausgabe in 7 Bänden*, Bd. 2: *Dialoge und Theater*, Frankfurt/M. 1990.
*Vernissage*. Die Zeitschrift zur Ausstellung: *Sammlung Prinzhorn* 163 (2013).
Vetter, H., *Grundriss Heidegger. Ein Handbuch zu Leben und Werk*, Hamburg 2014.

Waldenfels, B., *Das Zwischenreich des Dialogs. Sozialphilosophische Untersuchungen in Anschluß an Edmund Husserl*, Den Haag 1971.
–, *Der Stachel des Fremden*, Frankfurt/M. 1990.
–, *Antwortregister*, Frankfurt/M. 1994.
–, *Deutsch-Französische Gedankengänge*, Frankfurt/M. 1995.
–, *Topographie des Fremden*, Frankfurt/M. 1997.
–, *Phänomenologie in Frankreich*, Frankfurt/M. (1983) $^{2}$1998.

–, *Sinnesschwellen*, Frankfurt/M. 1999.
–, *Vielstimmigkeit der Rede*, Frankfurt/M. 1999.
–, *Bruchlinien der Erfahrung. Phänomenologie – Psychoanalyse – Phänomenotechnik*, Frankfurt/M. 2002.
–, *Phänomenologie der Aufmerksamkeit*, Frankfurt/M. 2004.
–, *Idiome des Denkens. Deutsch-Französische Gedankengänge II*, Frankfurt/M. 2005.
–, *Schattenrisse der Moral*, Frankfurt/M. 2006.
–, *Grenzen der Normalisierung*, Frankfurt/M. 1998, erweiterte Ausgabe 2008.
–, *Sinne und Künste im Wechselspiel*, Berlin 2010.
–, *Hyperphänomene*, Berlin 2012.
–, *Sozialität und Alterität*, Berlin 2015.
–, *Platon. Zwischen Logos und Pathos*, Berlin 2017.
–, »Flüchtlinge als Gäste in Not«, in: *Deutsche Zeitschrift für Philosophie* 65/1 (2017), S. 89-105.
Walker, Ch. C. u. a. (Hg.), *Sinnlichkeit und Sinn. Vom Reiz der Symbole*, Arbeitstagung der DPV (Freiburg 2014), Gießen 2014.
–, »Das Fremde in uns – das Fremde in der Kultur – einige Anmerkungen«, in: Allert 2017.
Warsitz, R. P. »›Fremde sind wir uns selbst‹ – die Flüchtlingskrise und die deutschen Verhältnisse«, in: Allert 2017.
Warsitz, R. P., J. Küchenhoff, *Psychoanalyse als Erkenntnistheorie – psychoanalytische Erkenntnisverfahren*, Stuttgart 2015.
Weber, M., *Gesammelte Aufsätze zur Wissenschaftslehre*, Tübingen [4]1973.
Weber, S., *Rückkehr zu Freud. Jacques Lacans Ent-stellung der Psychoanalyse*, Wien 1990.
Weizenbaum, J. (engl. 1976), *Die Macht der Computer und die Ohnmacht der Vernunft*, übersetzt von U. Rennert, Frankfurt/M. 1977.
Weizsäcker, V. von, »Der Arzt und der Kranke«; »Die Schmerzen«, in: *Gesammelte Schriften* 5, Frankfurt/M. 1987.
–, *Der Gestaltkreis*, in: *Gesammelte Schriften* 4, Frankfurt/M. 1997.
Winnicott, D. W. (engl. 1971), *Vom Spiel zur Kreativität*, übersetzt von M. Ermann, Stuttgart 1973.
Wittgenstein, L., »Bemerkungen über Frazers *Golden Bough*«, in: *Vortrag über Ethik und andere kleine Schriften*, hg. von J. Schulte, Frankfurt/M. 1989.

Yamaguchi, I., *Ki als leibhaftige Vernunft. Beiträge zur interkulturellen Phänomenologie der Leiblichkeit*, München 1997.

Zender, H., J. Picht, »›Die Sinne denken‹ – Ein Gespräch«, in: Walker 2014.

# Namenregister

# Sachregister